KB263434

韓國 中世 儒教政治思想史論 Ⅰ

金駿錫 敎授 遺影

연세국학총서 32
김준석유고집 2

韓國 中世 儒教政治思想史論 Ⅰ

金 駿 錫

지식산업사

Analyses of Confucian Political Thought
in Early Premodern Korea I

by

Kim, Jun-sŏk

韓國 中世 儒敎政治思想史論 I

초판 제1쇄 인쇄   2005. 4. 25.
초판 제1쇄 발행   2005. 4. 30.

지은이   김준석
펴낸이   김경희
펴낸곳   ㈜지식산업사
           서울시 종로구 통의동 35-18
           전화 (02)734-1978(대) 팩스 (02)720-7900
           인터넷한글문패   지식산업사
           인터넷영문문패   www.jisik.co.kr
           전자우편   jsp@jisik.co.kr
           등록번호   1-363
           등록날짜   1969. 5. 8.

책값은 뒤표지에 있습니다.

ⓒ 김준석, 2005

ISBN 89-423-1083-4 94910
ISBN 89-423-0046-4(전2권)

이 책을 읽고 문의하고자 하는 이는 지식산업사 전자우편으로 연락 바랍니다.

간 행 사

이 책은 본교의 사학과 교수로 재직했던 고 김준석 교수의 유고집이다. 김 교수는 대학 학부시절 홍이섭, 손보기, 이종영, 김용섭 선생 등 여러 스승으로부터 연세국학의 학문적 전통과 의미를 배운 이래 2002년 5월 작고할 때까지 오직 연세국학의 전통 위에서 올바른 한국사학의 정립을 위해 헌신하였다. 식민지시기 연희전문 국학의 선구자들이 조선후기의 실학과 그 전통을 재발견하여 일제하 한국사회의 민족문제 해결을 모색하려던 학문적 자세를 견지했던 바와 같이, 한국사의 체계화를 통하여 우리 사회 전반의 민주적 발전과 남북문제를 학문적으로 녹여내려고 노력하였던 것이다. 그리하여 김 교수는 1980년대 초 한남대학교 역사교육과 교수를 거쳐 1993년 모교인 연세대학교로 옮긴 뒤에도 학문연구에 정진하였다.

김준석 교수는 오랫동안 조선후기의 실학사상을 비롯하여 조선시대 유교사상사를 정열적으로 연구하였다. 실학사상의 정치적 의미를 깊이 천착하여, 주자학을 극복하고자 했던 조선후기의 진보적 사상활동의 역사성을 체계적으로 드러내고자 했다. 자연스럽게 김 교수의 학문적 관심은 주자학의 역사적 의미를 밝히는 작업에 모아졌고, 모교에서 후학을 가르친 약 10년 동안 사회사상·정치사상으로서 주자학을 조선의 사회·경제적 조건과 연관시켜 밝히고자 하였다. 그 일환으로 김 교수는 주자사상연구회를 조직하여 후학들과 함께 방대한 주자의 글들을 꼼꼼히 읽으면서 주자사상을 역사학적인 입장에서 이해할 수 있는 기초를 다지고자 했다. 그 결과 김 교수의 조선후기사상사 연구는 조선후기 사회변동에 대응하는 보수개량과 진보개혁의 논리를 밝혀, 이 시기 사상사의 역사적 성격을 거시적으로 살필 수 있게 하였다.

이 유고집은 김 교수의 갑작스러운 작고 이후 이를 아쉬워하는 동료, 후배 교수들의 논의 과정을 통하여 세 권으로 기획되었고, 김 교수의 연세국학에 대한 사랑을 기려서 이를 연세국학총서의 일부로 간행하기로 하였다. 제1권은 김 교수의 박사학위논문과 이를 보완하는 글 몇 편을 묶었는데, 여기에서는 조선후기 사회변동에 대응하는 國家再造論을 각 정파와 학파별로 나누어 계통적으로 살폈다. 제2권과 3권은 김 교수의 한국유학사·한국중세사상사를 바라보는 문제의식, 현대적 관점이 투영된 글들을 담고 있으며, 중세사상사의 전반적인 흐름이나 특정 주제와 인물에 대한 사상사적 의의 그리고 유학에 관한 시론적인 관점 등을 다루고 있다.

이 책의 발간으로 우리 학계는 한국사·한국정치사상사 연구가 이룬 훌륭한 성과를 또 한번 확인하는 기쁨을 누릴 수 있을 것으로 확신한다. 나아가, 이 책을 통해 한국사연구자로서 그리고 교육자로서 혼신의 열의를 다하며 한국사 이해의 폭과 깊이를 확장하고자 했던 김 교수의 학문적 깊이와 문제의식을 객관적으로 확인할 수 있을 것이다. 이 작업이 고인이 남긴 학문적 유업을 확인하고 이를 매개로 우리 역사를 더 깊이 있게 이해할 수 있는 계기가 된다면, 더할 나위 없이 보람된 일이 될 것이다. 한편으로는, 본인의 손으로 직접 정리하지 못하고 동료 교수와 후학들이 체제를 갖추어 출간하게 되어 고인의 구상이 온전히 드러나지 못할까 걱정이 앞서기도 한다.

김 교수의 한국사·국학 연구의 열정과 사랑은 고인이 세상을 떠난 뒤, 본 국학연구원의 '김준석문고'로 오롯이 이전되었다. 김 교수의 유족들은 고인의 평생 손때 묻은 귀한 도서와 자료 6천 4백여 점을 국학연구원에 기증하여 국학을 연구하는 학자와 후학들이 늘 활용할 수 있도록 배려하였으며, 국학연구원에서는 이를 '김준석문고'로 정리해서 그 뜻을 기리고 있다. 문과대학의 동료로서 본인은 김 교수가 국학 연구에 열정을 쏟았던 것을 지켜본 바 있었고, 다시 국학연구원의 원장직을 맡아 그의 遺作을 간행하게 되니 여러 면에서 감회가 새롭고 또 이를 매우 뜻 깊게 생각한다.

지금은 본 연구원이 국학진흥의 활황기를 맞고 있는 때여서 모두들 신명이 나 국학연구발표회를 꾸리고 있다. 이때 김 교수와 함께 일한다면 좀 더 내용을 알차게 할 수 있을 텐데 하는 아쉬움이 더욱 진하게 남는다. 그러나 김준석 교수는 높은 하늘 위에서 굽어보며 오늘 우리의 모습에 기뻐하리라 믿으면서 안위해 본다.

본서의 출간을 위해서 많은 분이 애를 쓰셨다. 사학과의 김도형, 방기중, 하일식, 도현철 교수는 이 글의 출판을 처음부터 기획하고 또 출판 시기를 놓치지 않도록 하였고, 정호훈, 구만옥, 원재린 연구교수를 비롯한 김용흠, 정두영, 김정신 박사생 등 학과의 여러 제자들은 원고 정리와 교정에 많은 공력을 기울였다. 또한 어려운 출판계의 사정에도 불구하고 출판을 맡아주고 훌륭한 책으로 완성되도록 정성을 다한 지식산업사에 감사드린다. 특히 김경희 사장은 평소 국학 진흥에 뜻을 두고 있었고, 이런 점에서 김 교수 생전에 저서를 간행하기로 약속하였던 바 있었지만, 어려운 여러 사정도 돌아보지 않고 더 많은 정성을 들이고 또한 직접 교정까지 보면서 좋은 책으로 만들어 주심에 다시 한번 감사를 드린다.

2003년 5월
연세국학연구단장
국 학 연 구 원 장   전 인 초

차 례

제2장 朱子道統主義의 확립과 畿湖士林

Ⅰ. 朝鮮 後期 畿湖士林의 朱子 認識
  ― 朱子文集·語錄 硏究의 전개과정

Analyses of Confucian Political Thought
in Early Premodern Korea I

제1장 儒敎思想의 傳統과 朱子學

I. 儒敎思想論

1. 머리말

어떤 사유체계·사상형태도 그 나름의 고유한 속성을 가지고 사회변동과 맞물려 轉變해가는 역사현상의 일부이다. 유교도 물론 여기에서 예외가 아니다. 처음 중국에서 전래하였으나 이 땅에 들어와 韓族의 국가·사회 운영에 응용되고 생활 속에 베어든 유교는 여타의 사상·종교와 갈등하면서, 또 유교 내부에서 자기변용을 거듭하면서 한국사회의 변동·발전과 흐름을 함께 하였다.

한국의 역사와 문화의 성격을 올바로 이해하려면 이러한 유교의 韓化過程, 즉 유교가 한국사상으로 자리 잡는 과정과 의의에 주목하지 않을 수 없는 일이다. 그리고 이를 위해서는 적어도 두 가지 전제를 설정해야 할 것으로 생각한다. 하나는 유교의 성격을 특히 정치사상의 측면에서 접근하는 일이고, 다른 하나는 이를 집권체제가 성장 推移하는 사정과 관련해서 파악하는 일이다. 유교의 두드러진 특징은 아무래도 그것이 정치·사회 운영의 원리나 방법이라는 데 있겠고, '集權體制'[1]는

---

1) '中央集權體制'로 표기하는 경우가 많다. 역사 술어로서 '집권체제'의 기원은 白南雲

고대시기 이래 한국사회의 구조적 역사적 성격을 포괄하는 개념으로 볼 수 있을 것이기 때문이다.

'집권체제'는 국가형태와 더불어 그 자체에 해명해야 할 많은 내용을 안고 있는 과제이므로 이를 유교사상과 관련해서 고려하는 것은 더구나 간단하지 않다. 다만 고조선의 성장과정이나 고구려를 비롯한 신라·백제의 내부적 통합, 그리고 이들 삼국 사이의 항쟁과 통일운동에서 보듯이 고대시기 이래로 韓族社會가 축적해온 통일지향적 전통은 그 뒤 근대시기에 이르도록 한국사의 중요한 특징을 이루는 가운데 자연스럽게 집권체제의 성장·강화와 일치하여 계승되었다고 할 수 있을 것이다. 제한된 영역과 열악한 농업환경을 기반으로 하여 생산력의 증대를 꾀하고 생산관계의 원만한 조정을 위해서는 인민과 토지에 대한 國家公權의 직접적이고 통일적인 행사를 특징으로 하는 집권체제가 효율적이었을 것이기 때문이다. 뿐만 아니라 밖으로는 북방민족의 군사적 압력을 저지하거나 중국문화에 맞서서 독자성을 견지하기 위해서도 집권체제에 의한 내부의 통합과 결집은 필수 불가결하였을 것이다.

다음은 정치사상으로서 유교가 지니는 특성에 관한 문제이다. 유교에서는 윤리적 도덕적 최고 가치를 仁에 두고, 仁의 사회적 실현을 위하여 '修己治人'이라는 말에서 보듯이 인격연마와 이에 의한 정치참여라는 두 가지 과제를 識者·治者의 道理와 分(數)으로 규정하며, 그 모범을 이른바 三代와 聖人에서 구하였다. 그리하여 '수기치인'은 현실의 帝

의 '集權的 封建國家'論에 있을 것이다. 그는 高麗를 '집권적 土地國有制 및 히에라르키적 科田制에 바탕을 둔 중앙집권적 官僚封建國家'로 규정하고 이를 歐洲나 日本型과 구별되는 아시아적 封建制의 유형으로 되는 기초 조건이라고 하였다(白南雲,『朝鮮封建社會經濟史 上』, 東京 : 改造社, 1937, 序文, 4쪽과 제2편 제20장 '集權制의 樣相' 참조). 이 글에서 '집권체제'란 이러한 토지국유제나 과전제에 구애됨이 없이 국가체제 유지의 기초인 토지와 인민에 대한 지배방식이 일원적 직접적 통일적으로 이루어지는 정치제도(전제군주제·과거제·관료제·향촌자치제의 상호결합과 대항관계)와 이 원리에 따라서 규정되는 사회·경제·사상·문화 일반까지도 포괄하는 확대된 개념으로 쓰려고 한다.

할 것이다. '有擇'·'無退'는 물론 삼국항쟁기에 尚武的 애국적 기상을 고취하고 그 실천을 강조하지 않을 수 없었던 사정의 반영이었다. 또 '五戒'는 당시 신라의 최고 승려인 圓光法師가 작성했다는 사실로 미루어 그것이 불교에서도 중시하는 세속윤리임을 암시하고 있다. 그런가 하면 '孝'의 경우 초기 고대사회 이래의 조상숭배의식과 함께 근대 이전 시기 한국사회의 가장 중요한 보편윤리였다. '오계'에 든 3가지 덕목은 그 의의가 크고 유구했던 것이라 하겠다.10)

그렇다면 유교윤리(＝오륜)의 본질은 무엇이며 골품제사회에서 지니는 의의는 어떤 것일까. 앞에서도 말했듯이 유교의 오륜은 사람의 관계와 지위에 따른 道理와 分(數)을 규정하는, 인간을 상하관계로 질서 지우는 윤리·도덕률이었다. 개별적 사적인 관계는 물론 사회적 공적 관계까지도 규정하는 점에 특징이 있었다. 대개 父子의 親, 君臣의 義, 夫婦의 別, 長幼의 序 그리고 朋友의 信이 그것인데, 이때의 親·義·別·序 등은 서로의 관계가 對等 互惠하는 것임을 보여준다. 그러나 실제로는 자식의 孝, 신하의 忠, 아내의 順, 연하자의 恭이 먼저 요구되었으므로 결과적으로는 자식과 신하로 관념되는 바, 在下者의 복종과 충성을 이끌어내는 논리가 되지 않을 수 없었다. 그런데 '孝는 百行의 根源'이라고 했듯이, 오륜 전체가 孝에 의해서 규정되었으므로 자식(＝재하자)의 범주는 오륜이 포괄하는 인간관계, 모든 사회관계에 미치는 것이었다. 곧 재하자는 治者에 대응하는 被治者層 일반을 가리키기 마련이었다.11) 바로 이것이 오륜의 논리가 단순한 윤리덕목의 차원을 넘어선 지배에 대한 복종의 논리, 골품귀족을 위한 지배이념이 될 수 있는 이유였다.

또 오륜론의 이런 점은, 仁政說이 군자가 수행할 王道·德治의 다른

---

10) '世俗五戒'의 분석에 대해서는 金哲埈, 앞의 글, 1971 ; 李基白, 「儒敎受容의 初期形態」, 『新羅思想史研究』, 일조각, 1986 참조.
11) 津田左右吉, 앞의 글, 1965 참조.

말로서 아무래도 在上者·治者의 책무임을 규정하는 것과는 그 성격을 달리 하는 것이었다. 골품귀족들은 당연히 仁政·德治說이 규정하는 치자의 책무보다는 재상자로서 在下者(＝被治者)에 대하여 누리는 특권(＝지배권)에 더 관심이 가게 마련이었을 것이다. 그들은 본시 치자가 되기 위한 특별한 교양이나 시험과정을 거쳐서 선발된 官人이기보다는 골품(＝혈통)이라는 타고난 조건에 의해서 확보한 특권을 향유하는 귀족이었기 때문이다. 결국 그들이 유교사상에서 선택한 것은 상하 위계질서와 차별관계를 긍정하고 유지해갈 수 있는 원리(＝충효)였지 爲民(＝保民)을 위한 의무이자 능력인 仁政이 아니었던 것이다. 바꾸어 말하면 下戶와 노비의 생산노동에 기반을 둔 삼국사회(＝골품제사회)는 이렇게 오륜의 원리로 지방 촌락의 질서와 중앙의 정치체계를 상하의 지배예속관계로 충분히 유지될 수 있었던 것이라 하겠다.

'세속오계'에 들어 있는 오륜(＝충효)의 의의를 이렇게 이해하고 보면 原始儒敎의 正名說이 골품제사회의 필요에 따라 선택적으로 변용되면서 충효설만 남게 되고 동시에 인정설과는 서로 모순관계에 놓이게 되는 것을 알 수 있다. 아마 이것은 골품제사회의 특징이고 또 유교가 고대적 사회원리로 기능하게 되는 가운데 자연스럽게 드러나는 특징이었다고 해야 할 것이다. 그리고 이러한 변형된 유교사상, 즉 충·효 중심의 정명설은 당연한 일이지만 사회가 변동하고 유교에 대한 이해 수준이 더 높아지면 그 논리적 한계와 모순이 확대되어 마침내 인정설·爲民說·革命說과 같은 새로운 차원의 유교로 대치되어갈 것이었다.

실제로 오래지 않아 그리 되어갔다. 불완전하나마 삼국통일이 직접적인 계기였다. 장기간에 걸친 전쟁의 결과로 실현된 통일이었으므로 신라국가가 당면한 사후수습의 과제는 한두 가지에 그치는 것이 아니었지만, 그러나 이 과정을 거치면서 중세적 집권체제는 진일보할 수 있었다. 예컨대 武烈王系의 세습왕권이 한층 강화되는 대신 귀족회의의 영향력이 약화된 것이나 執事部를 중심으로 하는 중앙관제와 郡縣制를

王을 聖人으로, 그 제왕의 보좌역인 官人을 賢人·君子로, 그리고 이들의 인민에 대한 통치행위를 敎化와 保民(=爲民)으로 생각하는 근거가 되었다.2) 결국 유교는 학문과 정치, 현실과 이상의 일치를 구하는 윤리론·정치론이었으며, 유교의 이러한 특성은 주자학의 성립으로 한층 더 철저해졌다. 유교·주자학을 전폭 수용하였던 조선시기에 정치 자체는 물론 경제·사회·교육·군사·외교 등의 모든 방면에서 윤리·도덕이 특히 강조되었고, 이것이 民生에 대한 관심과 배려로서 '爲民'이라는 말로 粉飾되게 마련이었던 까닭이 여기에 있었다.

그런데 유교·주자학 사상과 집권체제는 여러 가지 매개장치를 통해서 상호 작용하며 변동하는 관계에 있었다. 먼저 사상의 擔持者層은 일단 儒者·官人이지만, 신라 골품귀족의 전통을 점차 극복해서 고려의 문벌귀족을 거쳐 조선의 양반사대부에 이르기까지 각 시기에 따라 성격을 달리하는 사회계층이며 정치세력이었다. 이러한 담당층의 변동과정은 바로 骨品·良賤·班常·嫡庶 관계로 차별되는 社會身分制, 그리고 地主佃戶制와 收租權分給制의 추이를 반영하는 것이었으며, 동시에 君主制·官僚制·科擧制를 근간으로 하는 정치제도의 변동에 직결되는 것이기도 하였다. 결국 유교·주자학과 집권체제는 봉건국가와 지배층이 농민과 토지를 효과적으로 지배하기 위한 이념이며 체제였던 것이므로, 그것이 실제로 작용하는 과정에는 신분·계층이나 門地·學淵·黨色의 차이, 이해관계에 따른 대립·갈등이 일어나게 마련이었다. 때문에 유교·주자학은 이러한 사정에 주목하여 살핌으로써 그 역사적 성격이 분명해질 것이다.

다만 이 글에서는 편의상 '儒·佛 竝行에서 朱子學一遵으로의 移行'에 이르는 시기에 논의를 한정하기로 하고, 주자학의 분열과 반주자학

---

2) 유교 고유의 경전이라고 할 수 있는 『論語』 20편의 편차가 '修己'와 '治人'에 각각 해당하는 '學而'편과 '爲政'편으로 시작하여 仁政·王道에 대하여 언급한 '堯曰'편으로 끝나고 있음은 결코 우연한 일이 아니라고 하겠다.

의 성장기, 유교와 西學의 갈등기의 사정은 결론에서 간략히 전망하는
데 그치기로 한다.

2. 集權體制 형성기의 儒敎倫理와 政治

한국사에서 유교사상의 기원은 古朝鮮 시기까지 거슬러 올라가야 할
것이다. 春秋·戰國 시기 이래 중국과 접촉한 사실은 그만두더라도 기
원전 2세기 말 漢왕조와 대결한 사실에 비추어보아도 고조선의 사회적
통합이나 정치·군사적 성장이 고대왕국의 단계에 이르렀음을 확인할
수 있고, 여기에 漢字의 사용과 유교의 일정한 기능을 상정하지 않으면
안 되는 것이다.3) 그러나 유교사상과 집권체제의 관련을 고려하는 수준
의 논의는 그보다 늦은 시기로 내려와야만 한다. 물론 그 실상을 전해줄
문헌이나 실물자료의 부족 때문이다.

이미 삼국시기부터 集權體制를 지향해왔다. 鐵製의 무기류와 농기구
의 보급, 벼농사의 확산에 힘입은 인구의 증가가 그것을 뒷받침하는 동
력이었으며, 骨品制는 이러한 현상을 반영하는 사회제도로서 자리 잡아
갔다. 잘 알려져 있듯이 골품제는 부족사회가 고대왕국으로 성장하는
과정에서 부족원들이 새로운 국가구성원으로 점차 흡수 편성되어가고,
이것이 통일적 일원적으로 파악되는 흐름 속에서 확립된 제도였다. 그
러므로 그것은 신라사회 고유의 제도라기보다는 고구려의 5部族이나
백제의 8姓에서 유추되듯이 국가형성의 배경이나 과정, 종족·언어·문
화적 친근성을 함께 하는 삼국사회 공통의 사회제도라고 할 수 있다.4)
이렇듯 골품제는 한국 고대사회의 국가구성력이며 통합원리였으며, 동

---

3) 리지린,『고조선 연구』, 평양 : 과학원출판사, 1963 참조.
4) 골품제의 기원과 성격에 대해서는 金哲埈,『韓國古代國家發達史』, 한국일보사, 1975 ;
　　李鍾旭,「新羅 骨品制 硏究의 動向」,『韓國 古代의 國家와 社會』, 일조각, 1985 참조.

시에 고대적 집권체제를 형성하고 지탱하는 사회원리이기도 했다.

한편 삼국시기 유교사상의 존재조건들은 이를테면, 4세기 말 고구려에 太學·扃堂이 설립되고 五經·三史를 비롯한『玉篇』·『字林』類와『文選』이 소개된 사실, 백제에서는『論語』·『千字文』을 일본에 전해준 일 말고도『周禮』를 참작한 관제의 정비가 있었던 것으로 보이는 점,5) 그리고 신라에서는 6세기 무렵에 ‘世俗五戒’나 ‘壬申誓記石’이 만들어진 사실 등으로 어느 정도 짐작할 수 있다.6) 아마 문학·역사를 포함하여 仁說·人倫說(＝正名說)과 儀禮·職官制의 일부 내용이 소개되었을 것이다. 특히 집권체제의 기본이 되는 官等·公服·官制를 포괄하는 律令이 4세기 말에서 6세기 초에 걸쳐 삼국에 모두 등장하는 사실을 통해서는 유교의 정치제도가 일정하게 정착하고 있음을 볼 수 있다.

유교는 무엇보다도 골품제와 모순 대립하지 않았다. 오히려 그것을 일정하게 떠받치는 원리나 이념의 요소를 지니고 있었다. 골품제도는 그 형성과정이 보여주듯이 출생에 따른 신분의 확정과 이에 따른 사회·정치·경제적 차등관계를 규정하는 것이었고, 유교 또한 人倫論에 따른 인간·사회 관계의 階序化·차등화를 긍정하고 있었으므로 이 점에서 골품제와 부합하였던 것이다.7) 다만 유교의 차등논리는 학문적 교양과 도덕적 수행능력을 기준으로 하는 것임에 대해서 골품제는 혈통을 본위로 하는 것이었다. 때문에 이러한 능력본위와 혈통본위는 조만간 대립할 것이 예상되는 일이었으나, 골품제가 건재하는 고대시기에는

---

5) 李基東,「馬韓領域에서의 百濟의 성장」,『馬韓·百濟文化』10, 1987, 59쪽 참조.

6) 삼국시기 유교 일반의 존재에 대해서는 金哲埈,「三國時代의 禮俗과 儒敎思想」,『大東文化硏究』6·7 합집, 1971 ; 金忠烈,『高麗儒學史』, 고려대학교 출판부, 1984, 33~41쪽 ; 李丙燾,『韓國儒學史』, 아세아문화사, 1987, 14~47쪽 참조.

7) 이 시기의 종교인 불교나 도교 또한 현실세계를 초월하거나 체념해야 할 문제로 인식하였으므로 결국에는 골품제의 차별원리를 긍정하고 그것을 방조하는 점에서는 마찬가지였다. 특히 불교는 因果業報說·三世說·極樂往生說 등에 따라 현세의 差別相을 체념하고 맹목적 긍정에 도달할 수 있었으므로 이것이 骨品秩序를 지지하는 이론이 될 수 있었다(守本順一郞,『東洋政治思想史硏究』, 東京 : 未來社, 1968, 제4장 2절 ‘佛敎’ 참조).

이념으로서 유교의 한계이자 특징으로 될 뿐이었다.

결국 삼국시기의 유교는 골품제의 원리나 운영을 뒷받침하는 실천윤리인 人倫論(＝五倫論)에 머무는 것이었다. 잘 알려진 대로 五倫은 인간의 내재적 본성을 五常이라 하고 이러한 인간 稟性에 따라 사회관계를 다섯 가지로 설정한 데서 비롯되었다. 그것은 孔子가 제창한 正名說의 다른 표현이기도 하며 仁政・德治說과 함께『論語』・『孟子』의 사상을 구성하는 기본 요소였다. 그리하여『孝經』의 거의 전부, 같은 무렵의『禮記』또한 많은 부분이 인륜론(＝오륜론)과 깊이 관련되기에 이르렀다. 이를 역사적으로 보면 漢代의 유교 정치이념이 추구되는 과정에서 經典으로 정비 보강되고 그 이론적인 연구도 크게 진전된 것이었다. 이때 '五倫'으로부터 다시 父子・君臣・夫婦 관계를 분리하여 '三綱'이라 하고 이를 더욱 중시하게 되었다.[8] 그러므로 주로 漢・魏晉 시기의 유교와 접촉이 이루어졌을 것으로 보이는 삼국의 유교에서『효경』・『논어』와『예기』에 근거하는 윤리・도덕설이 중심을 이루게 되는 것은 자연스러운 현상이었다. 통일 뒤 國學과 讀書三品科의 주요 과목이『효경』과『논어』・『예기』였던 사실 또한 이를 뒷받침하는 것이라 하겠다.

오륜을 근간으로 하는 유교윤리는 花郞徒의 '세속오계'를 통해서 살필 수 있다. '세속의 다섯 가지 계율'이란, 事君以忠・事親以孝・交友以信・臨戰無退・殺生有擇이 그것이었다.[9] 여기에는 오륜 가운데 忠・孝・信의 세 가지만 들어 있다. 이는 청년들이 수행해야 할 긴요한 덕목을 먼저 제시하려는 의도일 뿐 오륜의 의의를 달리 인식했기 때문은 아닐 것이다. 특히 이 세 가지는 '無退'와 '有擇'을 위한 전제규범이기도

---

8) 漢代의 유교사상과 忠孝論에 관련해서는 津田左右吉,「儒敎の實踐道德」,『儒敎の研究』3(『津田左右吉全集』第18卷), 東京 : 岩波書店, 1965 ; 陳瑛 등,『中國倫理思想史』, 貴州 : 人民出版社, 1983, 제2편 제2장 '『孝經』的倫理思想' 및 제5장 '董仲舒的倫理思想' ; 沈善洪・王鳳賢,『中國倫理學說史』上, 浙江 : 人民出版社, 1985, 제13・14・16장의『禮記』・『孝經』・董仲舒에 관련한 人倫說 참조.

9)『三國史記』卷45, 列傳 第5, 貴山傳.

할 것이다. '有擇'·'無退'는 물론 삼국항쟁기에 尙武的 애국적 기상을
고취하고 그 실천을 강조하지 않을 수 없었던 사정의 반영이었다. 또
'五戒'는 당시 신라의 최고 승려인 圓光法師가 작성했다는 사실로 미루
어 그것이 불교에서도 중시하는 세속윤리임을 암시하고 있다. 그런가
하면 '孝'의 경우 초기 고대사회 이래의 조상숭배의식과 함께 근대 이전
시기 한국사회의 가장 중요한 보편윤리였다. '오계'에 든 3가지 덕목은
그 의의가 크고 유구했던 것이라 하겠다.10)

그렇다면 유교윤리(=오륜)의 본질은 무엇이며 골품제사회에서 지니
는 의의는 어떤 것일까. 앞에서도 말했듯이 유교의 오륜은 사람의 관계
와 지위에 따른 道理와 分(數)을 규정하는, 인간을 상하관계로 질서 지
우는 윤리·도덕률이었다. 개별적 사적인 관계는 물론 사회적 공적 관
계까지도 규정하는 점에 특징이 있었다. 대개 父子의 親, 君臣의 義, 夫
婦의 別, 長幼의 序 그리고 朋友의 信이 그것인데, 이때의 親·義·
別·序 등은 서로의 관계가 對等 互惠하는 것임을 보여준다. 그러나 실
제로는 자식의 孝, 신하의 忠, 아내의 順, 연하자의 恭이 먼저 요구되었
으므로 결과적으로는 자식과 신하로 관념되는 바, 在下者의 복종과 충
성을 이끌어내는 논리가 되지 않을 수 없었다. 그런데 '孝는 百行의 根
源'이라고 했듯이, 오륜 전체가 孝에 의해서 규정되었으므로 자식(=재
하자)의 범주는 오륜이 포괄하는 인간관계, 모든 사회관계에 미치는 것
이었다. 곧 재하자는 治者에 대응하는 被治者層 일반을 가리키기 마련
이었다.11) 바로 이것이 오륜의 논리가 단순한 윤리덕목의 차원을 넘어
선 지배에 대한 복종의 논리, 골품귀족을 위한 지배이념이 될 수 있는
이유였다.

또 오륜론의 이런 점은, 仁政說이 군자가 수행할 王道·德治의 다른

---

10) '世俗五戒'의 분석에 대해서는 金哲埈, 앞의 글, 1971 ; 李基白, 「儒敎受容의 初期形
    態」, 『新羅思想史硏究』, 일조각, 1986 참조.
11) 津田左右吉, 앞의 글, 1965 참조.

말로서 아무래도 在上者·治者의 책무임을 규정하는 것과는 그 성격을 달리 하는 것이었다. 골품귀족들은 당연히 仁政·德治說이 규정하는 치자의 책무보다는 재상자로서 在下者(=被治者)에 대하여 누리는 특권(=지배권)에 더 관심이 가게 마련이었을 것이다. 그들은 본시 치자가 되기 위한 특별한 교양이나 시험과정을 거쳐서 선발된 官人이기보다는 골품(=혈통)이라는 타고난 조건에 의해서 확보한 특권을 향유하는 귀족이었기 때문이다. 결국 그들이 유교사상에서 선택한 것은 상하 위계질서와 차별관계를 긍정하고 유지해갈 수 있는 원리(=충효)였지 爲民(=保民)을 위한 의무이자 능력인 仁政이 아니었던 것이다. 바꾸어 말하면 下戶와 노비의 생산노동에 기반을 둔 삼국사회(=골품제사회)는 이렇게 오륜의 원리로 지방 촌락의 질서와 중앙의 정치체계를 상하의 지배예속관계로 충분히 유지될 수 있었던 것이라 하겠다.

‘세속오계’에 들어 있는 오륜(=충효)의 의의를 이렇게 이해하고 보면 原始儒敎의 正名說이 골품제사회의 필요에 따라 선택적으로 변용되면서 충효설만 남게 되고 동시에 인정설과는 서로 모순관계에 놓이게 되는 것을 알 수 있다. 아마 이것은 골품제사회의 특징이고 또 유교가 고대적 사회원리로 기능하게 되는 가운데 자연스럽게 드러나는 특징이었다고 해야 할 것이다. 그리고 이러한 변형된 유교사상, 즉 충·효 중심의 정명설은 당연한 일이지만 사회가 변동하고 유교에 대한 이해 수준이 더 높아지면 그 논리적 한계와 모순이 확대되어 마침내 인정설·爲民說·革命說과 같은 새로운 차원의 유교로 대치되어갈 것이었다.

실제로 오래지 않아 그리 되어갔다. 불완전하나마 삼국통일이 직접적인 계기였다. 장기간에 걸친 전쟁의 결과로 실현된 통일이었으므로 신라국가가 당면한 사후수습의 과제는 한두 가지에 그치는 것이 아니었지만, 그러나 이 과정을 거치면서 중세적 집권체제는 진일보할 수 있었다. 예컨대 武烈王系의 세습왕권이 한층 강화되는 대신 귀족회의의 영향력이 약화된 것이나 執事部를 중심으로 하는 중앙관제와 郡縣制를

기반으로 한 9州 5小京의 지방편제가 확립된 것은 정치제도의 집권적
중세적 골격이 갖추어져가는 사정이었다.12) 또 전국에 걸친 '民政帳籍'
이 작성되어 농민·토지의 파악과 稅役의 부과가 일원적 통일적으로
실행되었으며, 이에 기초해서 왕실과 귀족의 田莊 확보, 官僚田과 丁田
의 설정, 公共服務에 대한 收租權의 分給이 가능하게 되었다.13) 이러한
제도·법규의 체계적 정비와 운영은 이를 수행할 능력이 있는 관인의
등용이나 새로운 정치세력의 형성을 전제로 하는 일이었다. 그리고 그
이념과 방안을 이 시기의 조건에서는 유교에서 찾지 않을 수 없었다. 유
교 교양에 따라서 인재를 계획적으로 양성하고 이 가운데서 능력을 시
험하여 필요한 관인을 등용해야 했다. 통일 뒤 얼마 되지 않아 國學이
세워지고 또 얼마 뒤에 과거제 방식의 讀書三品科가 실시되었던 이유
가 여기에 있었다.14)

　국학이나 독서삼품과의 기능이 제대로 발휘되면 유교의 敎示가 정치
는 물론이고 점차 사회·경제 운영의 원리·근거로 채택되어갈 일이었
다. 변동의 방향이 이렇게 잡혀가면 무엇보다도 치자의 표준이 크게 바
뀌어갈 것이 예상되었다. 약간의 무예와 혈통을 배경으로 武士·官人의
지위를 누려오던 종래의 골품귀족 대신에 유교 교양으로 의식화되고
君子(=文士)를 자처하는 科擧官僚가 등장할 것이었다. 다시 말하면 유
교의 여러 규범을 실행하고 스스로를 절제할 줄 아는 '군자'이어야만 치
자(=특권층)로서 자격이 인정되고, 또 정치에 참여할 기회를 얻게 되기
마련이었다. 이러한 讀書(=科擧)官僚와 骨品官僚의 차이는 실로 고대
관료와 중세관료를 가름하는 것이며, 고대적 집권체제에서 중세적 집권

---

12) 李基白,『新羅政治社會史硏究』, 일조각, 1974 ; 金哲埈,「統一新羅 支配體制의 再整
　　備」,『한국사』3, 국사편찬위원회, 1975 참조.
13) 金容燮,「前近代의 土地制度」,『韓國學入門』, 학술원, 1983 ; 李仁在,「新羅統一期
　　土地制度 硏究」, 연세대학교 박사학위논문, 1995 참조.
14)『三國史記』卷8, 新羅本紀 8, 神文王 2年 6月條 ;『三國史記』卷10, 新羅本紀 10, 元
　　聖王 4年 春條.

체제로 이행을 보여준다 하겠다.

사실 치자의 도리, 군자와 仁政에 대한 관심은 통일 직후인 7세기 말엽 薛聰이 神文王을 위해서 작성한 「花王戒」에서 벌써 나타나고 있었다. 설총은, "무릇 임금 된 사람이 邪佞을 친근히 하면서 정직을 멀리하지 않는 경우가 드무니 이 때문에 孟軻(孟子—필자)는 때를 만나지 못하고 생애를 마쳤다"15)고 하였다. 邪佞과 정직을 대비해서 말한 것은 군주에게 간신과 충신을 분별하라는 단순한 권고가 아니라, 스스로 몸을 닦아[修身] 맹자 같은 현인을 등용하고 나아가 德治를 실현해야 한다는 요구였을 것이다. 특히 맹자를 거명한 것은 예사롭지 않다. 그가 막연히 『논어』의 인정설에 주목하는 단계를 넘어서 그것을 한층 구체화하고 있는 『맹자』의 王道說이나 保民說(=恒産恒心說)에 일정한 이해를 지니고 있었음을 알려주는 단서이기 때문이다. 또 眞骨귀족이 아니고 6頭品 출신인 그에게 맹자의 생애는 새로운 변화와 기대의 표상이 될 수 있었다.16) 그리고 그것은 人倫論(=正名論)의 일부에 머물던 유교가 비록 표방에 그치는 것이었을지라도 인정설(=왕도론)을 중심으로 형태를 갖추어가는 전기가 되었다.

유교사상과 그 제도의 확대가 사회발전과 지향을 같이하는 것이었을지라도 거기에는 구질서와 신질서, 보수와 진보의 갈등이 있게 마련이었다. 즉 강대한 진골귀족 세력을 견제하려는 왕권과, 정치진출의 활로를 찾으려는 6두품 이하 하급귀족 세력의 기대가 바로 국학과 독서삼품과에서 일치하였지만,17) 이러한 움직임은 기득권의 방어에 나선 진골귀

---

15) 『三國史記』 卷46, 列傳 6, 薛聰傳.
16) "民爲貴 社稷次之 君爲輕 …… 諸侯危社稷則變置"(『孟子』 卷14, 盡心章句 下, 第14章)이라거나, "賊仁者謂之賊 賊義者謂之殘 殘賊之人謂之一夫 聞誅一夫紂矣 未聞弑君也"(『孟子』 卷2, 梁惠王章句 下, 第8章)라고 했듯이, 孟子의 重民說・革命說이 당시의 군주나 귀족층의 호응을 얻기는 어려웠다. 『孟子』가 고려 말까지도 국가의 공인 경전에 끼지 못했고 官學이나 私學을 막론하고 학교의 정규 교본이 아니었던 사실이 이를 잘 말해준다.
17) 신라 말 6두품의 대두와 그 이념에 대해서는 李基白, 「新羅 六頭品硏究」, 앞의 책,

족의 반격으로 일단 저지되지 않을 수 없었던 것이다. 신라 말기 국학과 독서삼품과의 기능이 별로 떨치지 못한 것은 아마 이 때문일 것이다.

3. 集權體制의 발전과 儒敎政治論의 확대

중세사회로 이행하는 것은 결국 불교이념을 기반으로 하는 골품제사회(=고대 집권체제)의 극복으로 실현되는 일이었다. 신라국가는 통일 뒤의 수습과정을 거치면서 거의 2세기 동안의 평온과 이에 따른 생산력의 발전, 대외 문물교류의 확대, 귀족문화의 융성을 이룩하였다. 그러나 이것은 결과적으로 사회변동이 촉진되고 정치적 모순·갈등이 심화되는 배경이 되었다. 이를테면 진골귀족의 내부분열과 항쟁, 6두품세력의 반체제적 움직임, 호족으로 표현되는 지방세력의 대두와 농민항쟁이 그것이었다. 골품제에 바탕을 둔 고대적 질서를 극복해가는 현상이었으며 후삼국의 출현과 고려의 재통일은 이러한 역사운동의 자연스러운 귀결이었다. 따라서 통일 고려국가의 당면과제는 두 가지, 즉 신라 말기의 오랜 정치·사회 혼란에서 비롯된 피폐한 농민경제의 회복과 농민항쟁을 진정시키는 일, 그리고 역시 지배층의 분열과 무질서를 기화로 領主化한 호족세력을 견제하여 중앙정치권에 포섭하는 일이 되지 않을 수 없었다. 이에 租稅·貢納의 재조정과 국가의 財用節減을 전제로 하는 '取民有度'의 지향은 전자를 위해서, 집권적 통치조직의 재정비와 새로운 군신관계의 정립은 후자를 위한 대책으로서 추진되었다.18)

그러나 그 두 가지 과제는 당면한 것이면서 지속적인 현안일 수밖에

1974 ; 田美姬, 「新羅 景文王·憲康王代의 '能官人' 登用政策과 國學」, 『東亞研究』 17, 1989 참조.
18) 이 두 가지 과제는 왕건의 즉위 초에 실행에 옮겨졌다(『高麗史節要』 卷1, 太祖神聖大王 元年 6月, '詔曰 設官分職'條 및 秋七月 '詔曰 泰封主'條).

없었고, 특히 후자의 집권화 정책에 귀결되는 일이었다. 고려왕조 성립의 사회·역사적 기반은 이미 삼국통일 뒤의 변동과정에서 마련된 것이었다. 골품제의 모순과 6두품·호족의 등장, 수조권분급제의 채용과 田莊으로 표현되는 지주전호제 경영의 성립, 그리고 집사부 중심의 중앙관제와 군현제, 9주 5소경을 뼈대로 하는 지방제도의 확립이 그것이었다. 신라국가는 고대적 체질을 극복하지 못하는 스스로의 한계 때문에 이러한 변동의 역사적 대세 속에서 혼란을 자초하였던 것이고, 따라서 이의 수습·정상화의 과제는 고려국가의 몫으로 넘겨진 셈이었다. 이는 대체로 11세기 초에 일단락된 고려국가의 집권체제, 즉 중앙귀족과 在地鄕吏層을 핵심으로 하는 良賤身分制, 田莊制의 지속과 田柴科制度의 완성, 3省 6部의 중앙관제와 5道 兩界의 군현제 재정비, 그리고 科擧官僚制에 대한 지향으로 나타났다.

유교는 여기에 제도적 기원과 원리를 제공해주었다. 종래 五倫의 테두리를 벗어나기 어려웠던 유교사상은 이제 진정한 중세사상, 중세 집권체제의 이념으로서 새롭게 재등장하는 계기를 맞은 것이었다.

사실 고려왕조는 그 성립과정에서 이미 유교의 天命說 또는 革命說이 원용되었다. 洪儒·裴玄慶을 비롯한 개창 주체들이 王建을 추대하면서, "昏君을 廢하고 明君을 세우는 것은 천하의 大義이니 청컨대 公(왕건)은 '殷周의 일'(湯王과 武王의 창업—이상 필자)을 실행하십시오"[19]라고 한 말이 그것이었다. 이는 일단 자신들의 정치적 기대를 달성하고자 弓裔를 昏暗한 군주로 몰아 축출하고, 대신 衆望이 모아지는 왕건을 세우되 殷·周 왕조의 창업전설을 들어 그 의도를 정당화한 것이라 하겠다. 泰封국가의 체제안정을 불교이념에서 찾으려했던 궁예세력의 제거를 위해서는 이렇게 유교의 정치이론을 끌어오는 것이 유리했던 까닭도 있었을 것이다.[20] 또 신라 말기의 분열과 혼란은 바로 골품제의

---

19) 『高麗史』 卷92, 列傳 5, 洪儒傳.

모순과 불교이념의 한계에서 비롯되었으므로 후삼국의 해소와 재통일
을 맞아 새로이 유교이념을 천명한 것은 적절한 대안일 수 있었다.

고려국가의 유교이념은 아무래도 태조 왕건의 「訓要」와 儒臣 崔承老
의 「時務上書」에서 기본 방향이 잡혔다고 할 수 있다. 잘 알려진 대로
「훈요」는 창업군주로서 후계자들에게 국가운영의 기본 원칙과 방향을
당부한 것이었고,21) 그 뒤 40년 만에 작성된 「시무상서」는 「훈요」의 이
념을 구체화하는 선에서 정치·사회 전반의 문제점을 지적하고 그 대응
책을 건의한 것이었다.22) 이들은 일단 유교에 따른 불교의 한계 극복,
유교이념에 근거한 집권체제의 확립이라는 점에서는 서로 공통된 인식
을 보여준다. 그러면서도 전자가 불교의 현실적인 의의나 영향력을 인
정하는 위에서 유교적 집권체제를 지향하는 것이라면, 후자는 불교의
여러 가지 폐해를 비판하면서 그 해결방안을 유교의 정치원리나 제도
의 적용에서 찾고 그런 가운데서 유교적 君主像과 臣僚群의 위상을 부
각하는 점에서 서로 달랐다. 또 불교적 전통을 가진 군주와 유교사상을
깊이 익힌 儒者·官人이라는 입장의 차이도 분명하였다.

왕건은 堯舜의 禪讓을 예로 들어 능력본위의 왕위계승을 명시하고
(제3조),23) 周公의 「無逸」篇을 圖揭觀省할 것과 博觀經史하여 지금의
경계로 삼을 것을 다짐하는가 하면(제7조), 諫言을 받아들여 讒訴를 막
고 農時의 徭役을 피하며 부세를 경감하고 농사의 어려움을 헤아려서

---

20) 弓裔政權과 불교의 관련에 대해서는 趙仁成, 「泰封의 弓裔政權硏究」, 서강대학교
　　박사학위논문, 1990 ; 金杜珍, 「弓裔의 彌勒世界」, 『韓國史市民講座』 10, 일조각,
　　1992 참조.
21) 「訓要」에 관한 기왕의 연구로는 金成俊, 「十訓要와 高麗太祖의 政治思想」, 『韓國
　　思想大系 Ⅲ－政治·法制思想篇』, 성균관대학교 출판부, 1979 참조.
22) 「時務上書」와 최승로의 정치사상에 관해서는 金哲埈, 「崔承老의 時務二十八條」,
　　『韓國古代社會硏究』, 지식산업사, 1975 ; 河炫綱, 「崔承老의 政治思想」, 『梨大史苑』
　　12, 1975 ; 李基白 등, 『崔承老上書文硏究』, 일조각, 1993 ; 吳瑛燮, 「崔承老 上書文의
　　思想的 基盤과 歷史的 意義」, 『泰東古典硏究』 10, 1993. 최근의 연구사 정리는 吳瑛
　　燮, 앞의 글, 233~235쪽 참조.
23) 『高麗史』 卷2, 世家 2, 太祖 26年 4月條, 「訓要」.

臣民의 지지를 얻기에 힘쓰도록 당부하였다(제3·10조). 소박한 대로 유교의 王道論·民本論의 요점을 피력한 것이었다. 또 백관의 녹봉을 경솔히 增減하거나 사사로운 이유로 관직을 주지 말도록 경고하였는데(제9조), 이는 '設官分職'·'分田制祿'으로 표현되는 집권관료제의 원리에 충실하도록 가르친 것이었다. 불교와 관련해서는, "國家大業은 반드시 諸佛이 호위하는 힘에 의뢰해야 할 것"(제1조)이라고 생각하면서도 신라 쇠망의 원인을, "浮屠를 다투어 조성하여 地德을 손상한 데 있다" 하고 寺院의 세력화와 願堂의 濫設, 燃燈을 비롯한 佛事의 증감은 반드시 억제하라고 당부하였다(제1·2·6조).

　이렇게 보면 불교에 대한 왕건의 견해가 서로 모순되는 듯하지만 실은 그가 재통일 직후 완연한 불교세력을 갑자기 억제하는 데 반대했을 뿐,24) 결국 유교이념을 중심으로 한 지배질서의 안정에 동의한 것으로 생각된다. 예컨대 그는 '必修文德'을 권유하는 유학자 崔凝에게, "佛神의 陰助와 山水의 靈異를 믿는 것은 姑息의 효험뿐"임을 시인하면서, "어찌 이로써(佛神崇拜—필자) 理國得民의 큰길을 삼겠는가. 定亂居安을 기다려 풍속을 고치고 敎化를 아름답게 변화시킬 수 있을 것"25)이라고 대답했다고 한다. 불교에 대치할 유교의 진흥책을 적극적으로 구상하였음을 보인다. 왕건이 개인적으로는 불교에 거부감을 가질 이유가 없었다 하더라도, 이제 불교의 폐해와 모순을 확인하였고 국가 제반의 기초를 세워야 하는 창업군주의 입장에서는 불교와 유교를 종래와 다른 새로운 차원에서 고려해야만 하였다. 우세한 정치·사회적 영향력에 반하여 추진력이 미약한 현실의 불교이념을 잘 짜여진 유교의 정치·사회 사상으로 보완하는 일이었다.

---

24) 『高麗史』 卷120, 列傳 33, 尹紹宗傳, 14ㄱ('14ㄱ'에서 14는 판심의 쪽수를, ㄱ은 오른쪽 면을, 이 뒤 각주에서 ㄴ은 왼쪽 면을 가리킨다), "今三韓甫一 人心未定 若遽去佛法 必生反側."
25) 『補閑集』 上, 1911, 58쪽(古書刊行會本).

　　최승로는 여기에서 한발 더 나아가 「시무상서」에서 '崇儒抑佛'의 입장을 분명히 하였다. 그는 먼저 자신의 시국인식과 유교 정치이념에 바탕을 두어 왕건 이하 5대에 걸친 역대 군주들의 자질과 정치적 功過를 검토하였다. 왕건을 제외한 나머지 군주들에 대해서는 정도의 차이가 있을 뿐 모두 비판적으로 평가함으로써 결국 왕건의 이념과 治績을 구체적이고 우선적인 기준으로 삼은 것이 되었다.26) 말하자면 왕건은 儒臣 최승로에게는 實在하는 이상적 군주였던 것이고, 「훈요」는 그러한 평가의 사례와 기준을 구체적으로 제시한 셈이었다.

　　22개조에 이르는 時務論에서 國防·事大·交易·外官·禮樂·詩書·五倫·貢賦·車馬·服飾·舍宅·良賤之別·奴主之分 등 국가·사회 운영 전반에 걸치는 문제점을 지적하고 그 대책을 논하였다.27) 여기에서 드러나는 최승로의 논점은 먼저 불교의 폐해로 말미암은 현안 문제를 민생과 정치의 두 가지로 집약하는 데 있었다. 민생문제는 사원의 貸錢取息·田莊擴大, 佛宇·僧徒의 탈법과 徵民役使의 폐단, 佛經·佛像의 사치 등 불교의 특권적 지위와 각종 佛事의 재화낭비로 초래되는 것이었다(제6·8·10·13·16·18조). 불교는 농민경제의 안정을 위한 取民有度와 財用節減에 결정적인 장애요인이라는 인식이었다. 정치문제는 불교이념과 불교세력에 관련해서 일어난 현안의 타개책으로서 정치이념과 그 주체를 유교사상에 의거해서 확립하는 일이었다. 사회운영의 핵심이 바로 정치에 있는 만큼 최승로에게 두 가지의 과제는 사실상 후자의 정치문제로 귀결되는 한 가지 일이었다. 다음은 이러한 과제에 대한 타개책의 핵심이 불교에 익숙해 있는 군주로 하여금 유교적 '聖君'이 되도록 적극 권유하고 그를 중심으로 君臣相濟하는 정치질서를 수립하는 데 있음을 강조하는 일이었다.

---

26) 『高麗史』 卷93, 列傳 6, 崔承老傳, 2ㄱ~12ㄱ.
27) 『高麗史』 卷93, 列傳 6, 崔承老傳, 12ㄱ~23ㄱ.

불교적 君主像을 해체하는 일, 군주와 불교사상의 결합관계를 약화시키고 유교적 군주상을 세우는 일은 쉽지 않았다. 여기에서는 특히 유교의 정치원리가 불교의 그것보다 더 우월하고 적합하다는 것을 입증할 필요가 있었다. 최승로는 먼저 불교와 유교의 차이점을 밝히고 불교와 유교의 기능을 분리함으로써 정치이념·정치질서의 유교화를 실현하려고 했다. "佛法을 崇信함이 비록 좋지 않은 일은 아니라"든가(제20조), "儒·佛·道의 三敎는 저마다 所業을 실행하는 것이므로 이를 뒤섞어 한 가지로 해서는 안 된다"고 하여 유교와 불교는 물론이고 道敎에 대해서도 그 고유한 존재 의의를 일단 긍정하였다. 그리고 "行釋敎者 修身之本 行儒敎者 理國之源"(제20조)이라고 했다. 불교는 개인 차원의 수양이나 신앙을 이끄는 체계임에 대해서 유교는 정치·사회 운영이라는 公共의 원리라고 규정한 것이었다.[28]

다음 그는 儒敎 經典에서 군주와 정치의 의미를 확인하고 있었다. "聖人感人心而天下和平"[29]과 "無爲而治者 其舜也歟 夫何爲哉 恭己正南面而已"[30]라 함이 그것인데, 군주는 聖人의 마음으로 천하 사람들의 和平을 도모해야 하며 이것이야말로 作爲함이 없이 이루어지는 최상의 정치로서 舜이 바로 그러한 본보기라는 것이었다. 이때 '성인'이란, "純一 無私한 덕과 마음을 지녀 天人을 감동시키는 사람"이었으며 '군주'는, "惟當一心無私 普濟萬物"(제20조)하는 사람이었다. 그는 다시 군주가 "執心撝謙 常存敬畏"(제14조)하면서 신하들을 禮遇한다면 마음과 재능을 다하지 않을 신하는 없을 것이라 하고, 이것이 바로 "君使臣以禮

---

28) 최승로의 儒·佛 차별론은 불교의 존재를 긍정하는 위에서 유교의 논리를 펴는 것이었기 때문에 후대 주자학자들의 排佛論 관점에서는 애매하고 미온적일 수 있다. 그러나 유·불이 혼합해 있는 상황, 불교가 사회정서를 압도하였던 당시의 형세에서는 일단 불교와 유교의 기능을 분리하려는 시도만으로도 유교의 역할을 점차 확대해 가는 확실한 방법이 될 수 있었다.

29) 『周易』, 彖辭 31.

30) 『論語』第15, 衛靈公, 第5章.

臣事君以忠”(제14조)31)의 실현이라고 하였다. 다시 여기에 “임금은 날마다 謹愼해서 아랫사람에게 교만하지 말 것”과 “죄 있는 자는 輕重을 물론하고 法에 따라 처결할 것”을 당부하면서 이렇게만 되면 태평정치의 성과가 당장에 드러날 것이라고 국왕 成宗을 고무했다. 유교의 인정설에 바탕을 두고 君主論·君臣論을 압축한 설교였다.

유교화를 위한 군주의 실천과 관련하여 최승로는 국왕 성종이 功德齋·水陸會 등의 불교행사에 열중하는 것을 반대하여, 임금은 “消除罪業 普施結緣”하기보다는 “明其賞罰 懲惡勸善”하는 것으로 복을 누리기에 족하다(제4조)고 했다. 군주가 오직 국가정치에 전념하는 것, 그는 이를 “임금이 體統을 바르게 하는 것”(제2조)이라면서, 군주의 체통은 佛事에 몸을 수고롭게 하여 罪業을 씻는 데 있는 것이 아니라 賞罰·善惡으로 표현된 대로 私情을 배제하고 公義와 法規에 따라 정무를 처결하는 데 있고, 이로써 국왕 된 福祚를 누리게 된다고 하였다. 이는 불교에 순화된 군주의 정치의식을 유교의 그것으로 전환해가는 논리라고 할 수 있었다. 그리고 佛事로 말미암아 문란해진 公私의 질서를 유교의 윤리와 법제에 따라서 극복하려는 시도였다.

그리하여 군주설(=성인설)과 함께 정치·사회 원리로서 유교의 상대적 우월성을 강조하는 최승로의 논점은 대개 두 가지로 모아졌다. 하나는 ‘祈禱보다는 정치와 교화에 힘쓰는 것이 더 옳다’는 것이고, 다른 하나는 ‘기도(=불사)에는 民力의 소모가 너무 크다’는 것이었다. 그럴 만한 각각의 논리적 근거가 있었는데, 전자의 정치(=교화론)와 관련해서는, “사람의 禍福과 貴賤은 모두 처음 태어날 때 하늘이 준 것이므로 이를 순순히 받아들여야 한다”(제20조)든가, “불교는 來生의 因果를 심을 뿐 현세의 理國에 이익되는 바가 적다”(제20조)고 함이 그것이었다. 불교의 내세지향적 현실체념적 종교를 신앙하기보다는 유교의 현실적

---

31) 『論語』 第3, 八佾, 第19章.

차별윤리에 충실함으로써 차등적 정치·사회 질서를 실현해야 한다는 것이었다.

후자의 '財貨＝民力'說은 기도와 제사, 곧 불교행사의 비용은 모두 '백성의 膏血과 賦役'에서 나오는 것이므로 제왕은 결국 "백성의 힘을 수고롭게 하고 백성의 재물을 소비하는"(제20조) 존재라는 인식이 핵심을 이루고 있었다.[32] 그리하여 "만약에 民力을 쉬게 하여 그들의 환심을 얻는다면 그 복은 佛像에 기도해서 얻는 福보다 더 크다"는 그의 결론은 유교의 전형적인 保民(＝爲民說)에 바탕을 둔 군주 설득의 논리가 될 수 있었다.

이렇게 보면 최승로의 유교정치론은 당시의 사회·정치적 현실문제를 불교이념의 한계와 모순으로 확정하고, 먼저 국왕의 군주의식을 불교이념에서 분리하여 유교적 발상으로 전환시키는 데서 출발하는 것이었다. 즉 군주의 統治權으로 상징되는 정치 고유의 기능을 정상화하고자 敎權의 정치관여를 일정하게 배제하는 일이었다. 그래서 먼저 유교의 '聖人＝君主'像을 제시하고 이를 爲民說에 근거하는 治者 責務意識과 결합시켜 유교정치 본연의 의의를 천명한 것이었다.[33] 다만 그는 아직 정치의 功利的 성과를 중시하는 듯한 태도를 보였지만, 이것은 일단 국왕 성종으로 하여금 유교정치를 신뢰하고 이의 실천의지를 촉구하려는 의도였을 것이다.

한편 '성인＝군주'론과 군신론을 중심으로 하는 유교정치를 실현하려면 이를 뒷받침할 制度와 儀禮의 유교화도 절실한 문제였다. 더구나 종

---

32) 이때의 '제왕'이란 치자(＝지배층) 일반, 나아가서는 봉건국가의 농민착취적 속성을 상정하는 것이라고 할 수 있겠다. 여기에는 불교사상을 기반으로 하는 귀족 기득권층에 대한 비판의식이 투영되어 있기도 하다.

33) 예컨대 최승로가 "使臣以禮 事君以忠"과 군주의 "無爲而治"를 인용하고, 군주는 "항상 공손하며 자기를 책망하는 마음을 보존하여"(제20조) 민생을 근심하도록 강조한 점, 天人合一說과 災異說을 끌어다가 군주의 謹愼修德을 건의한 점(李熙德, 「王道와 天災地變」, 『高麗儒敎政治思想의 硏究』, 일조각, 1984 참조), 이로써 君臣의 임무·역할을 유교의 의례·제도에 따라 명시한 점이 그것이었다.

래 불교의 그것과 일정하게 조율해갈 필요도 있었다. 예컨대 최승로가 『禮記』, 「月令」의 내용을 소개하여 四時의 陰陽氣運에 따라 국왕이 政事(＝정무수행)와 功德(＝불교행사)을 가감 조절하도록 건의하고, 역시 「君子四時之禮」와 「時令」에 제시된 齋戒處身의 규정을 수행함으로써 "군주의 聖體를 편히 하고 신민의 勞苦를 덜어주도록" 강조하는 까닭이 여기에 있었다(제20조).[34] 사실 職官制의 유교식 정비를 비롯해서 宗廟·社稷·園丘·文廟의 확립, 12牧의 설치와 經學博士의 파견, 籍田禮와 獻種禮의 시행, 그리고 거듭된 勸學·勸農 敎書의 반포 등 成宗代 유교적 문물제도의 정비와 이념의 표방은 괄목할 만한 것이었는데, 그 대부분은 최승로의 進言을 따른 것이거나 그와 연관 속에서 이루어졌다고 보아야 할 것이다.[35]

「시무상서」는 그 내용과 규모에서 朱子學을 수용한 후대 유자들의 논설이 나오기 이전의 政論으로서는 가장 대표적이다. 먼저 여기에는 삼국시기 이래 유교 이해의 전통과 성과가 함축되어 있으며, 특히 신라 말기 정치·권력에서 소외된 6두품 계열의 학자들이 이룩한 유교 연구 성과나 渡唐留學을 통해서 섭취해온 중국 유학의 수준이 폭넓게 반영되기도 하였다.[36] 무엇보다도 최승로가 주목하였던 군주론·군신론과 보민론은 유교 정치사상의 중심명제들로서 그 뒤 한국 중세 정치사상의 구조와 성격을 특징짓는 요소가 되었다. 그것은 君主權의 성격과 군신관계, 臣權 내부의 상호관계, 對農民態勢에 핵심문제로 자리 잡게 되고, 권력구조·정치운영뿐만 아니라 지배층의 존재방식이나 집권체제

---

34) 李熙德, 「高麗初期의 天文·五行說과 儒教政治思想」, 『高麗儒教政治思想의 研究』, 일조각, 1984 참조.

35) 金哲埈, 앞의 글, 1975 참조. 특히 성종의 勸農教書에는 '民爲邦本'·'政在養民' 등 爲民·民本論이 적극 피력되어 있다(金忠烈, 앞의 책, 1984, 81쪽).

36) 최승로는 자신의 논지에 설득력을 더하기 위하여 『書經』·『春秋』·『禮記』·『周易』을 비롯해서 『論語』·『孟子』와 같은 儒經을 폭넓게 원용하였으며, 漢·唐의 학문·정치적 성과가 망라되어 있는 政論書인 『貞觀政要』를 예시하기도 하였다(吳瑛燮, 앞의 글, 1993 참조).

의 지속성과도 깊이 관련되기에 이르렀다.

즉 군주의 위상은 聖人으로 높아지고 敎權이 아닌 君主權 중심의 정치운영이 기대되었다. 그러나 동시에 군주의 修身과 保民의 책무도 한층 구체화되고 무거워졌다.37) 이렇게 수양과 책무를 명시함으로써 臣權에 따른 君權의 견제 또는 제한이 가능해지는 길을 열어놓았다. 光宗의 정치를 신랄하게 비판한 데서도 보듯이 강력한 전제군주가 국정을 擅斷하는 사태를 미연에 방지하고, 이로써 지배층 전체의 존립을 위협하는 사태가 일어나지 않을 것으로 생각했을 것이다. 뿐만 아니라 정치·권력 관계가 집단의 대소나 세력의 강약에 따라서 좌우되기보다는 일정한 정치원리를 중심으로 한 이론적 합리적 수렴과정을 거쳐야 할 것으로 인식하기에 이르렀다.38) 조선시기 士論의 정국 주도를 역사적으로 보면 이러한 정치여론·정치토론이나 상호견제 기능이 한층 넓혀지는 단계로 들어선 것이었다. 또 이제 불교이념이나 골품귀족의 전통을 이은 舊來 사원·귀족 세력을 일정하게 억제하는 대신 새롭게 儒者官僚의 지위와 역할이 증대해갈 것이기도 하였다.

흔히 儒·佛 竝行期라고 하면 삼국시기에서 고려 말 주자학의 수용기까지를 가리키는 것이 되겠다. 이 기간은 「훈요」와 「시무상서」의 유교사상을 경계로 하여 살필 때, 그 이전은 主佛從儒(또는 主佛補儒)의 형세로서 정치·사회 운영이 종교(=불교)에 이끌려가는 시기였다면 그 이후는 崇儒抑佛論이 대두하여 점차 확대되면서 정치·사회가 불교로부터 점차 분리되어 유교화하는 단계라고 할 수 있을 것이다.39) 이러한

---

37) 이러한 군주의 학문을 후대의 주자학자들은 '帝王學'이라고 불렀는데 그것은 바로 '군주의 修己治人之學'이며 '君主聖學'이라고 할 수 있다.
38) 고려의 중앙 정치기구 가운데 郎舍와 御史臺의 존재와 기능이 이를 말해준다(朴龍雲,『高麗時代 臺諫制度硏究』, 일지사, 1980 참조).
39) 12세기 무렵 고려사회 내부에서 활발히 일어났던 유교의 文風을 중국의 성리학(=주자학)이 발흥하던 현상에 대응하는 학문·사상의 부흥으로 이해하려는 시각 또한 이런 사정과 일정한 관련이 있다고 보겠다(文喆永,「高麗中期 思想界의 動向과 新儒學」,『國史館論叢』37, 1992 참조).

유교화의 단계는 일단 불교적 골품제적 정치·사회 운영의 한계와 모순을 극복하는 과정에서 도달한 것이었다. 최승로는 바로 이를 선도한 유교 정치학자였다.

아무튼 10세기 후반부터는 정치이념과 그 운영에서 유교의 역할이 불교의 그것보다 뚜렷이 우세해졌다.[40] 그에 따른 새로운 변화도 일어났다. 예컨대 관인으로서 고위직에 오르고 문벌귀족의 특권을 유지하려면 과거라는 시험과정을 통과하지 않으면 아니 되는 사정이 그 하나였다.[41] 과거합격의 유리한 통로를 확보하려는 경쟁도 활발해졌다. 물론 경쟁은 유력한 상급귀족층 내부에서 전개되는 것으로서 11세기 후반에 개경을 중심으로 한 '私學 12徒'의 존재는 그러한 사정을 단적으로 말해 주는 것이라 하겠다.[42]

그런데 과거제와 유교교육의 강화현상을 반영하는 私學의 융성은 또 다른 형태의 정치적 대립이라는 의미를 띠고 있었다. 즉 사학의 확대는 귀족·신료층의 사적 분권적 기반의 확장수단이 될 수 있었던 만큼 이것은 공적 집권적 국가운영을 약화시키고 왕권에 대한 위협으로 이어질 가능성이 컸던 것이다. 12세기 전반기, 즉 肅宗代에서 仁宗代에 걸치는 50여 년 동안에 추진된 일련의 官學育成策은 말하자면 이러한 성격의 사학을 견제하려는 국가·군주 입장의 이념정책이었던 셈이다.[43] 실제로 당시 관학에 대한 재정지원 문제를 둘러싸고 신료층 내부에서는 반발과 동조가 뚜렷한 대조를 이루는, 처지의 차이를 드러내었다. 국왕

---

40) 儒·佛 並行期의 사상경향은 유·불을 절충하는 방법과 목표가 처지에 따라 어떻게 다른지를 계통적으로 검토하는 일로서, 이를테면 불교의 처지에 선 一然이나 彗諶, 유교의 처지랄 수 있는 金富軾과 李奎報, 그리고 李子淵의 경우처럼 僧俗을 겸한 居士의 처지 등을 대상으로 재구성할 수 있을 것이다.

41) 許興植,『高麗科擧制度史研究』, 일조각, 1981 ; 朴龍雲,『高麗時代 蔭敍制와 科擧制 研究』, 일지사, 1990 참조.

42) 이 시기 私學의 융성에 대해서는 朴性鳳,「國子監과 私學」,『한국사』6, 국사편찬위원회, 1975 ; 尹南漢,「儒學의 性格」, 같은 책 참조.

43) 이 시기 관학에 대해서는 朴性鳳, 앞의 글, 1975 ; 尹南漢, 앞의 글, 1975 참조.

의 조치에 반대하는 논의는 대체로 귀족적 기득권을 누리고 있는 고위 관인들 사이에서 제기되었다.44) 이제 유교의 확장이 그 이념과 제도의 장악으로 권력의 유지와 신장을 꾀하는 정치세력, 즉 국왕과 귀족, 또는 귀족 상호간의 경쟁과 갈등을 야기하는 데 이르고 있었던 것이다.

유교사상과 유교적 정치세력의 성장은 그때그때의 현안만이 아니라 문화전통이나 국가운영의 기본 방향에서도 일정한 영향과 변화를 초래하였다. 이를테면 對遼·金 政策에서 강경항쟁론보다 온건타협론이 우세했던 사실, 尙武的 토착적 문화기조를 중시하는 國風論이 밀리고 文治的 中華的 문물제도를 선호하는 華風論이 주도했던 사실, 그리고 불교·圖讖說을 내세운 西京遷都論者들에 대한 開京세력의 승리 등은 사대·보수파가 자주·진보파를 압도하고 저지한 것이라는 정치사적 의의는 이미 확인한 것들이지만, 일련의 과정은 바로 불교를 비롯한 도교·도참설의 이념적 역할을 축소하면서 유교사상과 그 주도세력이 사상적 정치적 입지를 확대 강화해간 것이라는 의미도 있었다.

또 李資謙의 득세와 좌절은 문벌귀족 중심의 정치·사회 운영의 모순을 드러낸 사건이었지만, 한편으로는 특정 문벌의 독주를 저지하고 지배층 일반의 공동이익을 방어하기 위한 정치이론과 제도를 모색해야 하는 과제를 제기했다는 점에서 유교 정치이념의 발전을 자극하는 한 계기였다. 무엇보다도 武臣變亂과 무인정권의 존재는 유교사상, 곧 文臣·文治 지향 이념이 불교와 舊來 상무적 골품제적 전통을 적절히 포섭 제어하지 못한 결과였으므로, 이 또한 유교의 처지에서는 극복해가야 할 시련이었으며, 이런 의미에서 그 뒤 문신정치로 회귀한 것은 유교사상·유교세력의 승리였던 셈이다. 그리고 이로써 유교는 대항이념이었던 불교를 압도하면서 주류적 지도이념의 지위를 확보하게 되었다.

___

44) 國學에 재정지원을 지시하는 국왕의 결정을 철회하도록 요구하는 邵台輔의 논리에 이 사정이 잘 나타나 있다(『高麗史節要』 卷6, 肅宗 7年條).

4. 集權體制의 再編과 朱子學의 政治理念

14세기는 유교사상의 전개과정에서 매우 중요한 변화가 일어난 시기였다. 종래 유학의 전통 위에 다시 주자학이 새롭게 수용된 것이었다. 주자학은 이 시기 신진관인층과 결합함으로써 아직도 불교적 전통에 의존하려는 권문귀족 주도의 정치·사회 질서를 해체하고 마침내 조선왕조의 유일한 지도이념이 되었다. 왕조교체라는 정치혁명으로 집권체제가 재편성되는 계기를 맞이하였고 여기에 주자학이 수용됨으로써 사회발전의 이념적 기저가 한층 새로워진 것이었다.45)

잘 알려졌듯이 주자학은 理氣·人性說을 체계화함으로써 漢唐 이래의 유교에 미비했던 세계관·인간관을 확고히 세우게 되었다. 불교의 현실체념적 내세지향적 인간의식을 부정하여 현세적 도덕적 인간가치의 실현을 긍정하는 논리를 수립한 것이었다. 이제 유교는 불교를 비롯한 다른 종교와 공존을 모색하지 않더라도 자연법칙과 사회질서를 일관하여 파악하고 개인·국가를 규율할 수 있게 되었다. 특히 세계법칙(＝理法)의 담지자로서 사대부의 존재를 부상시킴으로써 그들의 사회적 정치적 永遠性이 견고해졌다.46) 그리하여 고려 말의 신진관인층은 주자학을 내세워 불교와 관련한 사회적 폐해를 비판함은 물론 그 종교적 존재의의까지도 부정하기에 이르렀다. 그리고 麗·鮮 교체로 종래의 儒·佛 병행사회가 진정한 유교사회로 전환되었다.

유교를 대신하는 주자학의 수용, 주자학에 의한 불교의 극복에 이르는 사회·역사적 배경은 무엇이며 그 변동의 의의는 어디에 있는 것일

---

45) 이 시기 주자학과 불교·사대부·麗鮮交替의 관련 등에 대해서는 尹瑢均, 「朱子學의 傳來와 그 影響에 就いて」, 『尹文學士遺稿』, 朝鮮印刷會社, 1933 ; 李相佰, 「儒佛 兩敎 交代의 機緣에 관한 一硏究」, 『朝鮮文化史硏究論攷』, 을유문화사, 1947 ; 文喆永, 「麗末 新興士大夫들의 新儒學 수용과 그 특징」, 『韓國文化』 3, 1982 ; 김인호, 「유교정치이념의 발전과 성리학」, 『한국역사학입문 2』, 풀빛, 1995 참조.
46) 戶川芳郎 外, 『儒敎史』, 東京 : 山川出版社, 1987, 제6·7장 참조.

까. 여기에는 물론 사회생산력의 진전과 이에 맞물린 집권체제의 발전이 고려되어야 할 것이다. 旱田 중심의 休閑農法이 신라통일기로부터 고려 후기에 걸쳐서는 水田의 확대와 함께 常耕連作農法으로 이행하고 이것이 본 궤도에 오르는 시기가 대체로 14세기 무렵이라고 하겠는데,47) 이러한 농업생산력의 발전은 인구의 증가와 더불어 토지의 가치와 소유욕구를 상승시키고 농민층의 경제적 구실과 사회의식의 성장으로 이어지는 일이었다. 나아가서는 토지소유관계나 경영방식의 전환을 불가피하게 만드는 원인이 되었다. 먼저 이 시기 합법·불법으로 사유지와 收租地를 아우르는 귀족층의 대규모 農莊 확대가 소농경영과 국가재정의 위기를 초래하는 커다란 사회·정치 문제를 불러일으키게 되고, 이를 타개하려는 田制改革, 즉 科田法이 창설되어야 했던 사정이 그것이었다.48) 그 뒤 과전법이 다시 職田制와 官收官給制로 바뀌고 이제 소유지 위주로 성립된 農莊은 竝作制라는 이름의 지주전호제의 성장과 함께 15, 16세기 경제제도의 근간을 형성하게 되었다.

한편 생산력의 발전과 사회의식의 확대는 집권체제의 발전과 긴밀히 관련되는 일이었다. 麗末鮮初 생산력·토지소유관계의 변동은 바로 국가권력이 관료제를 정비하고 집권력을 강화할 수 있는 배경이자 동력으로 작용하였다. 성장하는 농민층의 요구를 수용하려면 토지와 농민에 대한 법제적 공적 지배를 실현해가야 했으며, 이것은 집권체제를 강화하는 일과도 직결되었기 때문이다. 이를 위해서는 귀족적 지방적 지배력을 억제하는 일이 필수적이었고, 여기에 收租權分給制(=田主佃客制)는 큰 걸림돌이 되었다. 수조권의 분급은 대체로 관인의 충성·奉公에 대한 반대급부라는 의미를 띠는 것이었으나 개별 수조권자, 즉 科田主

---

47) 金容燮,「高麗時期의 量田制」,『東方學志』16, 1975 ; 李泰鎭,『韓國社會史硏究』, 지식산업사, 1986 ; 魏恩淑,「12세기 農業技術의 발전」,『釜大史學』12, 1988 ; 李平來,「高麗前期의 耕地利用에 관한 재검토」,『史學志』22, 1989 참조.
48) 金泰永,『朝鮮前期 土地制度史硏究』, 지식산업사, 1983 ; 李景植,『朝鮮前期 土地制度硏究』, 일조각, 1986 참조.

는 이를 매개로 佃客(＝納稅農民)에게 경제외적 강제를 행사할 수 있었다. 그러므로 이 제도를 억제 소멸해가는 일이야말로 지배층의 사적 분산적 농민지배를 차단하고 국가의 공적 집권적 지배를 확대하며, 농민의 기대에도 부응하는 길이었다.[49] 고려왕조 쇠망의 한 원인이 수조권분급제(＝전시과)를 둘러싼 지배층의 분열에 있었음을 상기하더라도 그 제도는 종식되어야 했다. 실로 수조권분급제의 해소는 국가의 공적 농민파악, 즉 집권력 강화의 진일보일 뿐만 아니라 수조권에 따른 지배층의 경제외적 강제에 대항하는 농민적 토지소유권이 성장하는 것이기도 하였다.

그럼에도 불구하고 조선왕조는 아직 양반사대부의 봉건국가였으므로 집권력과 농민적 소유권만이 일방적으로 발전할 수는 없었다. 수조권분급제는 해소하되 지주전호제, 즉 토지의 사적 소유권을 매개로 하는 양반지주의 농민지배 영역을 일정하게 용인하지 않으면 안 되었다. 여기에 지주제와 自營小農經營을 동시에 충족하는, 다시 말하면 국가의 공적 수취체계에 따른 농민파악과 양반 지배층의 사적 농민지배가 안정 수준을 유지하도록 조절하는 원리와 방안이 제시되어야 했다. 그것은 종래의 유교사상이나 불교이념의 한계를 극복하는 것이어야 했으며, 문벌과 世祿에 기대었던 蔭敍官人과는 달리 치자로서 교양과 능력을 중시하는 신진사대부층의 지향에도 부합하는 것이어야 했다. 이 시기 수조권분급제의 문란과 民生·國計가 파탄 지경에 이른 것은 바로 불교이념과 귀족·문벌적인 정치운영의 모순과 한계이기도 했기 때문이다. 주자학이야말로 그러한 기능을 담당할 수 있었다. 주자학은 불교에 대해서는 물론 종래의 유교까지도 극복대상으로 했던 점에서 일단 진보적인 정치사상이었다.

---

49) 金容燮, 「土地制度의 史的 推移」, 『韓國中世農業史硏究－土地制度와 農業開發政策』, 지식산업사, 2000.

　조선왕조의 주자학 정치이념은 鄭道傳의『朝鮮經國典』과『經濟文鑑』
을 통하여 政制論·經濟論의 형태로 제시되었다.50) 전자의『조선경국전』
은 글자 그대로 새로운 왕조·국가 정치운영의 목표와 원칙을『周禮』6官
에 典據해서 부연한 것인데, 주요 직능의 要素와 分掌의 의의를 구체적으
로 밝혔다. 후자의『경제문감』또한『주례』이래의 중국 왕조와 고려의
古史를 참작해서 宰相·臺諫·守令을 비롯한 여러 官·職制의 유래와
기능에 대하여 적은 것이며, 더욱이『경제문감』의「別集」에서는 三代로
부터 漢·唐·宋과 고려에 이르는 역대 군주들의 치적을 '君道'라는 이름
으로 정리 평가함으로써 후대 군주들의 귀감이 되도록 하였다.

　정도전은 주자학의 정치이념에 바탕을 두고 '經國'의 표준과 '經濟'의
대강을 세웠다고 할 수 있다.51) 그는 국가·군주·인민의 관계를, "임금
은 나라에 의존하고 나라는 백성에게 의존하므로 백성은 곧 나라의 근
본이며 임금의 하늘이라"52)고 생각하였다. 그래서 '군주의 지위는 높고
귀한 것'이지만 그것은 오직 천하 萬民의 마음에 달렸으며, 만민의 마음
을 얻는 길은 바로 '仁'에 있음을 강조했다. 즉 "임금 된 사람이 천지가
만물을 生育하는 마음을 자신의 마음으로 삼아 '차마 하지 못하는 마음
으로 하는 정치'(不忍人之政, 즉 仁政－필자)53)를 행하여 天下四方 사
람으로 하여금 모두 기뻐서 임금을 마치 부모처럼 우러러보게 한다면
오래도록 安富 尊榮하는 즐거움을 누리게 될 것이며 危亡·覆墜의 걱

---

50) 새 왕조의 이념이라면 먼저 태조 李成桂의 '卽位敎書'를 주목해야 할 일이지만, "國
　　號仍舊爲高麗 儀章法制 一依前朝故事"라고 한 데서 짐작되듯이 그것은 왕조개창에
　　반발하는 구세력의 무마와 불안해진 민심의 수습에 치중한 임시조치가 아니면 당장
　　에 필요한 제도·規式을 먼저 밝히는 데 그친 것이었다(『太祖實錄』卷1, 太祖 원년
　　7월 丁未, 1冊, 22上ㄱ, 卽位敎書 참조).
51) 鄭摠은『經濟文鑑』의 서문에서 정도전을 가리켜, "好學窮經 懷材抱道"하여 개연히
　　'經濟'에 뜻을 두었다 하고, 또 "국가 政事는 古法을 이끌어다 실제에 맞게 응용해서
　　이로운 것은 일으키고 해로운 것은 제거하여 백성이 은택을 입었으니 그 經濟함이
　　컸다"(『三峯集』卷6, 41ㄱ. 이하 民族文化推進會의 '文集叢刊'本에 의거함)고 하였다.
52)『三峯集』卷7, 朝鮮經國典 上, 版籍, 14ㄱ～ㄴ.
53)『孟子』卷3, 公孫丑章句 上, 第6章.

정이 없을 것입니다. 仁으로써 寶位를 지키는 것이 마땅하지 아니하겠습니까?"[54]라고 했다. 經國·經濟의 주체를 군주로 상정하고 仁政이야말로 군주의 지위를 보장할 수 있다는, '인정'이 곧 조선왕조의 국가적 지도이념이어야 한다는 주장이었다. 실로 정도전의 인정설은 국가운영을 위한 제도·규범과 치자·관인의 직무분장을 체계화하는 가운데 구체적으로 표현하고 있는 점에서 그 이전의 논자들이 미치지 못했던 단계에 이른 것이었으며, 유교 정치사상이 그만큼 진일보한 것이기도 하였다.

이때의 인정론은 『주역』의 "天地之大德曰生 聖人之大寶曰仁 何以守位曰仁"[55]을 인용 설명함으로써 뒷받침되었다. 그리고 정도전은 이에 대한 朱子의 해설 가운데서 '天地以生物爲心'[56]에 근거하여, "대개 一元의 氣가 끊임없이 周流하매 만물의 生成은 모두 이 氣를 받은 것이니 크거나 작거나 높거나 낮아서 저마다의 형태와 저마다의 본성을 지니게 된 것"이라 하고, 그러므로 '生物之心'이 곧 '天地之大德'이라고 결론지었다.[57] 말하자면 그는 原始儒敎 이래의 인정설을 自己類로 부연하여 조선왕조 정치이념의 근간으로 제시하되, 그 논거는 일정하게 주자의 학설에서 이끌어왔던 것이다. 여기에 정도전 인정설의 주자학적 성격이 있는 것이라 하겠다.

『조선경국전』과 『경제문감』의 정치원리는 원시유교적 전통의 『주례』와 인정설 위에 다시 주자학의 정치론이 결합해서 성립된 것이었다. 여기에 삼국시기 이래의 人倫說이나 고려시기의 保民說도 일정하게 수용되었음은 두말할 나위도 없었다.

정도전은 인정·보민설과 관련해서 무엇보다도 地主制·竝作制의

---

54) 『三峯集』 卷7, 朝鮮經國典 上, 正寶位, 1ㄴ.
55) 『周易』 卷23, 繫辭傳 下, 第1章.
56) 위의 『周易』 원문에 대한 細註 참조.
57) 『三峯集』 卷7, 朝鮮經國典 上, 正寶位, 1ㄱ~ㄴ.

부당성을 주장하였다. 民의 生業을 보장하는 일이야말로 保民의 처음이었기 때문이다. 즉 옛적의 公田制는 耕者有田이 원칙이었으므로 빈부의 격차가 거의 없고 국가재정도 넉넉할 수 있었으나, 이것이 무너진 후세의 토지사유제에서는 부유한 지주층은 노동하지 않고 놀고먹는 데 반해서 無田農民들은 힘써 농사지어도 地代를 바치고 나면 식량을 대기에도 부족할뿐더러 국가는 조세수입의 감소로 재정의 곤란에 허덕이게 되었다는 것이다. 그런데도 정부는 이러한 토지소유의 不均, 지주제의 확대를 수수방관함으로써 나라는 더욱 가난해지고 백성은 더욱 굶주리게 되었다고 지적하였다. 또 限田制나 均田制는 姑息策에 지나지 않는 것이라면서, 역시 방법은 計民授田·耕者有田의 실현에 있음을 강조하였다.58) 정도전의 토지사유제·지주제 비판론은 소략한 내용이고 또한 공전제로 토지제도를 개혁하겠다는 방안을 구체적으로 제시한 것도 아니었지만, 『맹자』의 恒産恒心說이나 '保民＝爲民'論에 바탕을 둔 정치이념을 확신하고59) 이를 조선왕조의 지향점으로 설정해야 한다는 논지는 분명했다.

保民의 정치는 民의 생업기반을 확보하는 일 말고 치안·국방을 비롯해서, 농민들이 安業할 수 있는 사회분위기를 조성하는 일이기도 하였다. 정도전은 『書經』의 "백성은 나라의 근본이다. 근본이 튼튼해야 나라가 편안하다"60)는 말에 근거하여 국가를 가진 자는 반드시 먼저 백성을 보호하는 일로 急務를 삼아야 한다고 했다.61) 이를테면 竊盜·巧詐·强暴를 비롯한 모든 질서교란 요인을 미연에 예방하는 일은 바로 '王道를 위한 長民者의 큰 임무'라는 것이었다. 이것은 국가의 公的 기

---

58) 『三峯集』 卷7, 朝鮮經國典 上, 經理, 14ㄴ～15ㄱ.
59) 정도전은 '勸農桑'을 "뿌리를 튼튼히 하여 그 결실을 거두는 것"이라면서 이렇게 하면 장차 "衣食足而知廉恥 倉廩實而禮義興"하는 것을 보게 되리라고 하였다(『三峯集』 卷7, 朝鮮經國典 上, 農桑, 16ㄴ).
60) 『書經』 卷3, 夏書, 五子之歌, "其一曰 …… 民惟邦本 本固邦寧."
61) 『三峯集』 卷8, 朝鮮經國典 下, 戶役, 10ㄱ.

강을 확립하여 토호·유력자 등 지배층의 無斷한 農民搾取를 차단해야 한다는 주장으로서, "천지는 만물이 봄에 자라나고 가을에 시들게 하는 것처럼 성인은 萬民을 仁으로써 사랑하고 刑으로써 위엄을 보여야 한다"[62]는 발상과도 직결되었다. 또 刑政은 보민(＝위민)의 정치, 仁政과 병행해야 할 것으로서 형정 자체가 목적이 아니고 인정의 보조수단에 지나지 않는다는 점을 강조하였다. 말하자면, "聖人이 형법을 마련한 것은 형벌에 의지하는 정치를 하려는 것이 아니라 이를 정치의 보완수단으로 삼으려는 것일 뿐"이라는, 즉 "형벌을 씀으로로써 형벌을 그치게 하고 형벌로 다스리되 형벌이 없기를 기약하는 것"[63]으로서 정치가 이미 이루어지면 형벌은 놓아두고 쓰지 않게 된다는 것이었다.

仁政(＝德治)을 지향하는 발상에서 '刑典'을 구태여 '憲典'으로 표기하고 형벌에 의한 對民抑壓을 경계하였지만 정도전도 또한 人倫說·敎化說의 의의를 결코 소홀히 생각할 수는 없었다. 그는 '兵典'을 '政典'으로 고쳐 부르며 그 의의를 "사람의 不正을 바로잡는 데"[64] 둘 정도로 질서와 기강의 확립을 중시하였다. 물론 부정을 고쳐서 질서를 세우는 일은 윤리·도덕을 실현하는 일이었으며, 그것은 일단 禮의 범주에서 논의해야 할 문제였다. 그는 "禮에 관한 학설이 많으나 그 핵심은 질서[序]라는 것에 지나지 않을 뿐"이라면서 임금이 명령하고 신하가 奉行하는 조정의 질서, 神明에게 정성을 다하는 제사의 질서, 그리고 賓客이 和樂하고 宗戚이 和睦하는 宴享의 질서를 보기로 들었다.[65] 禮에서는 上下·尊卑의 差等을 두는 것이 원칙이지만 그 차등은 서로 신뢰와 조화를 전제로 하는 질서관계라는 것이었다.

그러나 그가 말하는 禮는 양반사대부라는 동일한 신분층 안의 일로

---

62) 『三峯集』 卷8, 朝鮮經國典 下, 憲典 摠序, 8ㄴ.
63) 『書經』 卷2, 虞書, 大禹謨, "明于五刑 以弼五敎 期于予治 刑期于無刑 民協于中."
64) 『三峯集』 卷8, 朝鮮經國典 下, 政典 摠序, 1ㄱ.
65) 『三峯集』 卷7, 禮典 摠序, 25ㄱ.

서, 이를테면 良賤·班常·嫡庶의 관계에서는 사정을 달리하지 않을 수 없었다. 오히려 같은 신분인 양반사대부층 내부에서 상하·존비·귀천에 따른 질서가 확인될수록 良人과 賤人, 兩班과 常民 사이에는 결코 침범할 수 없는 차등관계가 더욱 엄격히 승인되고, 이를 통해서 지배와 복종의 불평등관계가 확고해질 수 있었다. 사실 정도전이 말하는 禮와 질서, 인륜의 의의가 여기에 있었음을 부정하기 어렵다. 이는 다음의 논의에서 더욱 분명해진다.

즉 인륜에 관련해서 "학교는 敎化의 근본이다. 여기에서 인륜을 밝히고 여기에서 人才를 양성한다"66)고 했듯이 교화의 내용이 바로 인륜이었으며, 인재란 인륜을 제대로 연마한 관인·식자를 가리키는 것이었고, 이 과업은 모두 학교로 불리는 향교·성균관과 서당·서원에서 이루어지는 일이었다. 결국 禮에 의한 질서는 다름 아닌 인륜질서 이상의 것이 아니었음을 알 수 있다. 禮란 양반사대부 사이의 질서인데 그 양반들이 학교에서 배우는 것은 오직 인륜을 핵심으로 하는 것이었기 때문이다. 정도전이, "남녀의 구별이 있은 다음에 부자 사이의 親함이 있고 부자의 親함이 있어야 義가 생기고 義가 있은 다음에 禮가 이루어지며 禮가 이루어진 다음에야 만물이 안정된다"67)고 한 『예기』의 기록을 예시하면서, "남녀란 인륜의 근본이며 萬世의 시작임"68)을 강조한 까닭은 남녀의 결혼 그 자체를 중시해서라기보다는 이를 통해서 인륜의 근거가 시작된다는 데 있었다.

인륜(＝충효)은 이미 살폈듯이 지배와 복종의 관계에 질서를 부여하는 윤리도덕설로서 고대사회 이래 사회원리로 기능해왔다. 인륜(＝삼강오륜)은 여기에 주자학의 理氣·人性論에 근거하여 그 이론적 정당성과 현실적 필연성이 보증됨으로써 국가·제왕 등 인위적 권위를 모두

---

66) 『三峯集』 卷7, 朝鮮經國典 上, 學校, 30ㄴ.
67) 『禮記』 卷11, 郊特牲, 第25章.
68) 『三峯集』 卷7, 朝鮮經國典 上, 婚姻, 34ㄴ.

초월하여 인간·사회 관계를 규정하는 최고의 준거, 理法·天理로 재등
장할 수 있었다. 이로써 주자학의 인륜설은 크게 두 가지 의의를 띠게
되었는데, 첫째로 修己治人의 전제, 즉 양반사대부의 인격연마와 정치
참여의 궁극적 방법이며 과제가 되었다. 말하자면 인륜은 治者가 治人
이 되기 위한 修己의 조건이었으며, 국가는 이러한 修己의 과정을 거친
治者들이 被治者(＝인민)에게 治人(＝교화)이라는 이름으로 인륜의 실
천을 독려하도록 마련된 정치기구였다. 이로써 군주와 신료의 윤리·도
덕적 책무가 舊來의 유교보다 한층 무거워졌으며 조정에서 다루는 주
요 懸案 또한 이 윤리·도덕성과 관련되지 않는 경우가 드물게 되었다.
　둘째, 인륜은 지주·전호 관계나 主(上典)·奴(奴僕) 관계를 자연스
러운 지배와 복종의 관계로 실현하는 사회원리였다.69) 인륜(＝삼강오
륜)이란, 인간은 타고난 資稟이 다름에 따라 서로 상하·존비·귀천의
차등이 있게 마련이고 모든 인간·사회 관계 또한 이 차별상을 통해서
이루어지는 것이므로, 각자 스스로의 分(限·數)을 알고 이를 도리로써
실천하도록 확정하는 윤리도덕설이었기 때문이다. 실로 인륜설은 양반
지주층 중심의 지주제와 농민적 토지소유권이라는 대항관계가 균형을
유지하기 위해서도, 그 기초인 良賤制·班常制를 지탱하기 위해서도 불
가피하였다. 조선왕조 전 시기에 걸쳐서 인륜의 의식화·생활화 정책이
지속되고 모든 개인은 인륜을 구현하는 존재가 되어야만 했던 까닭이
여기에 있었다. 인륜설은 바로 봉건사회 질서를 위한 윤리도덕이었
다.70)
　한편 정치의 주체와 운영방식에 관련해서 정도전이 강조한 것은 宰
相의 지위와 역할이었다. 그가 일단 양반사대부층 전체를 내세워 정치
의 주체라 말하지 않는 대신 군주의 위상을 국가 그 자체로 대치하고

---

69) 인륜설과 지주제가 결합하는 사회적 기반과 그 결합방식에 대해서는 守本順一郎,
　　앞의 책, 1968 참조.
70) 金駿錫, 「朝鮮前期의 社會思想」, 『東方學志』 29, 1981.

있음은 앞에서 이미 본 바와 같다. 이것은 아마도 조선왕조야말로 국가
적 통일권력을 실현함으로써 在地的 分散的 존립기반을 가진 사대부층
의 다양한 이해관계를 완충 조절할 수 있을 것으로 보고, 이러한 지배질
서의 항상적 유지를 위한 통일권력의 표상으로서 군주권을 상정한 것
이라 하겠다. 그러나 실질적인 권력을 장악하는 정치운영의 구심체는
宰相(=冢宰)으로 설정하였다. 그는 먼저 군주는 "天工을 대리하여 天
民을 다스리되 이를 임금 혼자의 힘으로 하는 것이 아니라 '設官分職'하
고 널리 中外의 賢能한 선비를 구하여 함께 하는 일"71)이라 하고, 그러
므로 군주의 직분은 "한 사람 재상을 논하는 데 있으니 바로 冢宰를 말
하는 것"72)임을 강조하였다. 그는 최상의 자질을 갖춘 군주를 현실에서
기대하기는 어려울 것으로 보고, 다만 '中材之主' 정도면 현능한 재상을
발탁하여 그에게 政事를 일임함으로써 군주의 할 일을 다한 셈이라고
생각한 것이었다.

그리하여 그는 "相得其人則治 不得其人則亂"73)이라고 단언하기에
이르렀다. 이렇게 군주의 직분이 오직 '論相'에 있음에 대하여 재상은
'正君'을 직분으로 삼는 것이 둘 사이의 바람직한 관계라고 하였다.74)
재상은 위로는 陰陽을 調和하고 아래로는 黎民을 撫安하며 안으로는
百姓을 平章하고 밖으로는 四夷를 鎭撫할 뿐만 아니라 賞罰과 政化·
敎令의 모든 권한을 가진 자였다.75) 그리고 이 위에 正己와 正君·格
君·引君當道, 즉 자기 몸을 바르게 하고 군주를 올바로 道에 이끌도록
하는 임무가 '相業'이라는 이름으로 주어져 있었다. 실로 정도전은 재상
을 중시한 나머지 『經濟文鑑』의 한 篇을 모두 할애하여76) 재상의 직능

---

71)『三峯集』卷7, 朝鮮經國典 上, 官制, 6ㄱ.
72)『三峯集』卷7, 朝鮮經國典 上, 治典 摠序, 5ㄱ.
73)『三峯集』卷7, 朝鮮經國典 上, 宰相年表, 7ㄴ.
74)『三峯集』卷5, 經濟文鑑 上, 宰相, 人主之職在論相, 31ㄱ.
75)『三峯集』卷5, 經濟文鑑 上, 宰相, 宰相之職, 25ㄱ.
76)『經濟文鑑』은 재상을 비롯한 여러 관직을 설명한 本集과 君道를 논한 別集이 각각

과 책무에 대하여 누누이 설명하고 역사적 전거를 제시하여 자신의 논지를 보강하였다. 그의 기준에서는 三代의 王政을 보필했던 伊尹·傅說·周公은 正己·格君의 임무를 제대로 수행했지만, 漢唐의 帝業을 도왔던 蕭何·曹參이나 房玄齡·杜如晦조차도 여기에는 미치지 못한 것으로 보였다.[77]

결국 정도전은 재상이 일방적으로 군주의 절대권을 제한할 수 있는 이론적 근거를 치밀하게 마련한 셈이었다. 여기에 군주의 專斷을 견제할 臺諫·經筵 등 제도적 장치를 별도로 제안하고 있음은 물론이었다.[78] 사실 조선왕조의 정치운영에서는 권력의 중심, 정국의 주도권이 군주 한 사람에게 집중된 경우가 거의 없었다.

그러면 정도전이 '재상 중심 정치론'을 이렇게 적극적으로 전개하는 이유는 어디에 있었을까. 그것은 먼저 三代의 理想政治를 실현하자는 명분의 표방이었다. 仁政(＝왕도정치)은 爲民(＝保民)의 정치로서 賢能한 재상의 보필을 필수조건으로 하였다. 여기에는 왕조개창의 일등공신이자 人事와 兵務의 兩權을 한 몸에 지니고 있는 世道(勢道)재상으로서 자신의 정치적 입장을 합리화하려는 의도가 내포되었음도 물론이었다. 다음은 역시 양반사대부층 전체의 이해관계를 대변해야 하는 정치운영을 군주 한 사람의 의지에 맡겨둘 수 없다는 그들의 불안의식을 반영한 것이었다. 다시 말하자면 이는 양반 지배층의 정치적 사회적 존재기반의 안정을 위한 집권체제와 통일권력의 강화가 현실적으로 불가피했던 사정에서 말미암은 것이었다.[79] 마지막으로 유교·주자학 정치사상의

　　2卷(上·下)으로 되어 있는데 그 가운데 본집 1卷(上)은 전체가 「宰相」편이다.

77)『三峯集』卷5, 經濟文鑑 上, 宰相, 相業, 25ㄴ～28ㄱ.

78) 韓永愚,『改訂版 鄭道傳思想의 研究』, 서울대학교 출판부, 1989, 139쪽 참조.

79) 정도전이 조선왕조 국가운영의 주체를 양반사대부층으로 상정하고 있음을 명백히 밝히지는 않았지만 이는 의심할 나위 없는 기본 전제였다. 그는 士와 官의 일치를 구하고 讀書와 農耕을 士의 所業으로 생각했는데(韓永愚, 앞의 책, 1989, 120～124쪽 참조) 여기의 士가 곧 양반사대부이다. 또『朝鮮經國典』上 卷7, 治典의 '入官', 禮典의 '家廟'에서 역시 사대부를 말하였다.

속성, 즉 修己治人論의 성격을 중요한 이유로 꼽아야 할 것이다. 정치의 주체자는 聖人·君子로 생각하기 마련이었지만, 혈연의 정통성을 우선하는 현실의 제왕이 반드시 그러한 성인·군자에 미치지 못하는 凡庸한 인물일 때 현인 재상의 등용과 이에 따른 世道政治는 이론상 그 유일한 대안이라고 생각할 수 있었기 때문이다.

『조선경국전』과『경제문감』을 통해서 피력된 정도전 정치사상의 몇 가지 특징을 이상과 같이 살피고 보면, 이것이 지니는 의의를 다시 다음과 같이 꼽을 수 있게 된다.80) 먼저 그가 설정한 조선왕조의 기본 이념은 三代의 仁政·德治를 모범으로 하는 保民(＝爲民·愛民)主義와 그 방법으로서 ‘計民授田’에 의한 자영농의 확대, 인륜의 교화를 통한 四民·良賤·班常의 차등관계와 이를 축으로 하는 사회·신분 질서의 안정에 있었다. 이것은 집권체제를 지속적으로 강화하는 일이기도 한 것으로서 여기에 言路(＝公論·士論)開放, 守令派遣, 兵農一致와 富國强兵, 事大交隣이 부수적으로 표방되었다. 다음으로 이러한 經濟·經國의 이념과 준거들은 政制·法典의 거듭된 정비과정에서 수정·보완을 거쳐 마침내『經國大典』으로 정착되었다. 그리고 그 기본 골격은 이렇다할 큰 변동 없이 왕조의 말기에 이르도록 거듭 재천명되었다. 마지막으로 정도전이 추구한 인정(＝왕도정치)과 재상 중심 정치론, 민본론(＝보민론), 그리고 公田制와 計民授田論은 그 뒤 관인·식자들 사이에 전개되는 정치운영론·국가경영론에서 논점의 基底問題로 등장하게 되었다. 특히 兩亂으로 시작된 조선 후기 사회·정치 사상의 분화과정에서는 재상 중심 정치론, 지주제옹호론을 내세운 보수적 개량노선과 군주 중심 정치론, 토지제도개혁론을 주장하는 진보적 개혁노선의 대립으로 발전하게 되었다. 정도전이 제기한 주요 정치이론상의 논점들은 조선왕조 전 시기에 걸친 주자학 정치사상의 궤적에서 끊임없이 부연되기에 이르렀다.

---

80) 정도전 정치사상의 구조와 의의에 대해서는 韓永愚, 앞의 책, 1989 참조.

5. '朝鮮 朱子學'의 성립과 그 政治·社會論

　　정도전의 국가제도론과 『경국대전』의 완성은 말하자면 주자학의 정착을 확인하는 커다란 이정표였다. 그러나 주자학의 朝鮮化過程, 즉 '조선 주자학'의 성립과정에는 여러 가지 곡절이 가로놓여 있었다. 유교가 골품제 원리와 마찰하거나 불교와 대립하였던 이상으로 이번에는 주자학 또는 양반사대부층 내부에서 갈등을 거듭하지 않으면 안 되었다. 기본적으로는 지역간·계층간 이해관계를 조절해야 하는 집권체제 본래의 속성이 문제가 될 수 있었다.

　　주자학 이념을 둘러싼 갈등은 麗·鮮 交替期인 14세기 말에 온건개량론(＝왕조유지론)과 강경개혁론(＝역성혁명론)의 대립에서 벌써 현실로 드러났다.[81] 온건론은 신진사대부층 일반의 요구와 국가재정을 최소한 충족시키는 수준의 田民釐整策을 추진함으로써 구세력의 사적 지방적 기득권을 유지하려는 것이었음에 대해서, 강경론은 이러한 온건론의 의도를 좌절시키고 자파의 정치·경제적 입지를 확장하고자 먼저 국가 공권력 또는 집권력을 강화하려는 것이었다. 이러한 두 견해의 갈등은 불교인식에서도 일치하였다. 즉 전자의 온건론은 儒·佛의 相合點 또는 유사점에 주목하여 타협 유화하려는 태세를 보였음에 대해서, 후자의 강경론은 自家說의 절대정당성을 전제로 하고 여기에 배반되는 불교의 교설을 各論 비판함으로써 강경 배척의 입장을 분명히 하였던 것이다. 말하자면 온건론이 새로운 주자학에 철저하기보다 漢唐 유학의 전통과 주자학을 절충하려는 것이었다면, 강경론은 주자학 이념에 크게 공감했던 만큼 이를 내세운 불교비판도 역시 철저했던 것이라고 하겠다. 이러한 强·穩 양론의 대립은 바로 舊來 보수적인 유교와 새로운 주자학의

---

81) 이 시기 주자학의 정착과 사상동향을 서로 대립하는 정치세력 사이의 이념 갈등이라는 시각에서 접근한 연구가 있다. 都賢喆, 「麗末鮮初 新·舊法派 士大夫의 政治改革思想 硏究」, 연세대학교 박사학위논문, 1996.

대항관계이기도 하였는데, 강경파가 '廢假立眞說'과 田制改革을 발판으로 왕조개창에 성공함으로써 강경론의 승리로 일단락되는 듯이 보였다.

그러나 조선왕조의 개창에 성공하자, 이번에는 공신세력 내부에서 다시 균열이 일어나고 이념적 주도자였던 정도전과 그 지지세력이 정권에서 탈락하게 되었다. 왕위계승을 둘러싼 권력투쟁의 인상이 짙지만 그 근저에는 새 왕조의 지도노선을 둘러싸고 벌인 이념항쟁의 의미가 깔려 있었다. 무엇보다도 핵심현안이었던 토지문제에서 정도전은 收租權 再分給의 차원을 넘어서 私有地의 재조정에 의한 計民授田을 지향하였으나 이것이 다수의 공신을 포함한 관인층의 지지를 얻기는 어려웠다.[82] 사병혁파와 병권의 집중, 表箋問題를 계기로 한 '遼東攻伐'의 시도 또한 정도전의 실각과 정치 주도층 개편의 주요 원인이 되었다. 결국 '왕자의 난'을 계기로 정도전 세력에 대한 대규모 정치적 숙청이 일어났고, 이는 바로 왕조개창에 부정적이었던 종래의 온건개량론자들을 실질적으로 사면복권하는 조치와 맥락을 같이하는 것이었다.[83] 이들의 가세로 새로운 왕조의 지지기반은 그만큼 확실해졌으나 이로써 정도전을 중심으로 추진되었던 이념노선은 수정과 변형을 거치지 않을 수 없게 되었다.

온건개량파·소외세력의 복권은, 고려 말 田制개혁과 왕조교체를 둘러싸고 한때 강·온 양론 또는 개선론과 개혁론의 입장으로 분열했던 신진사대부층 내부에 정치적 이념적 타협이 성립하게 되고 그 결과 하나의 지배세력으로 재결집하게 되었음을 의미하는 것이었다.[84] 또 한때

---

82) 개혁파 동지였던 정도전과 趙浚 사이의 갈등이 토지론·재상론·軍制論을 통해서 확인되기도 한다. 柳昌圭, 「高麗末 趙浚과 鄭道傳의 改革 방안」, 『國史館論叢』 46, 1993 참조.

83) 정도전의 실각과 온건론자들의 정계복귀에 대해서는 都賢喆, 앞의 글의 제5장 '王朝交替와 新·舊法派 政治思想의 折衷' 참조.

84) 이러한 정치·사상적 타협의 성격을 대표하는 것이 李穡의 제자였던 權近이었다고 생각하는데, 그는 고려 유교의 전통 위에 주자학을 폭넓게 수용하고 정도전의 그것을 일정하게 수정 보완하여 조선적인 제도운영론과 윤리도덕설을 확립하는 데 기여

진보·개혁을 추구하던 주자학 이념이 현실·보수의 노선으로 정착하는 계기이기도 하였다. 여기에 지주제와 소농경영의 균형관계를 지탱하는 사상·이념으로서 조선 주자학이 성립하는 사회·정치적 기초가 마련된 것이었다.

주자학의 조선적인 전개는 그리 순탄하지 않았다. 먼저 정도전에 의해서 천명된 정치이념, 예컨대 計民授田論(＝公田制論)이나 仁政(＝爲民說)은 유교 정치사상 본래의 대전제였고, 주자학에서도 그 나름의 논리와 방법을 제시하며 이를 부연하고 있었다. 그러므로 이를 조선사회의 현실에서 구현하는 문제를 둘러싼 정치·사상적 검증과정이 없을 수 없었다. 또 주자학은 12세기 南宋사회를 이끌어가는 사대부 지배층의 처지를 반영해서 형성된 사상·이념이었으므로, 이것이 15세기 이후 조선사회 양반사대부층의 사회·정치 이념으로 원용되기에는 시간적 공간적 격차에 따른 相異點을 조절할 필요가 있었다. 무엇보다도 양반 지배층 자신의 현실적인 이해관계가 그들의 門地·學淵 등과 결합하여 정치이념에서는 서로 다른 처지나 논점으로 나뉘어 대립하게 되어 있었다. 조선 주자학의 성립과 발전의 과정은 이러한 여러 요소가 서로 착종 갈등하는 현상으로 나타나게 마련이었다.

그렇다면 15세기 주자학의 전개는 어떠한 조건 위에서 무엇을 추구했던 것으로 성격지울 수 있을까. 이 시기는 사적 토지소유에 바탕을 둔 지주전호제와 자영소농경영의 균형이 어느 정도 유지되면서 주자학 이념의 제도적 정착과 그 성과가 일정하게 드러났던 점에 특징이 있었다. 즉 정부와 지배층의 정책은 먼저 수조권분급제를 급속히 축소 해체함으로써 사적 농민지배의 통로를 배제하는 것으로 나타났다. 그 이전 7백여 년 동안 느슨한 변화에 그쳤던 수조권분급제가 과전법에서 官收

하였다. 권근에 대해서는 李丙燾, 「權陽村の入學圖說に就いて」, 『東洋學報』 17·18(東京), 1929 ; 金在求, 「陽村權近의 政治思想」, 『石堂論叢』 14, 1988 ; 都珖淳, 『權陽村思想의 硏究』, 교문사, 1989 참조.

官給制에 이르는 불과 60년 사이에 거의 소멸상태에 이르게 되는 까닭
이 여기에 있었다.85) 그런 한편으로는 世宗代『農事直說』의 편찬으로
상징되는 勸農政策86)과 義倉制,87) 貢法制定에 의한 田稅·貢納制의 정
비,88) 鄕藥의 연구를 비롯한 민간의료의 개선에서 보듯이, 농민층의 재
생산기반을 안정시키는 방안이 여러 가지로 모색되었다. 이 일련의 대
농민시책은 역시 私民의 公民化와 자영농의 증가를 꾀함으로써 지주제
의 확산을 일정하게 견제하려는 것이었다.

  이러한 가운데서 주자학은 국가운영과 개인의 日常에 점차 정착하였
다. 이는 구래의 불교나 민간신앙에 연결된 잡다한 사회적 정치적 遺制
를 청산하고 주자학의 그것으로 대치하거나 통합하는 일이었다.89) 국
가·중앙정부 차원에서 주도하는 집권체제의 진전, 국가 통치체제의 정
비와 농민 파악수단의 강화가 그 목표였다. 이를 위해서 먼저 法制와
儀禮를 주자학의 원리대로 재정비하고 인륜에 의한 교화를 통하여 개
인의 의식과 행동을 그 규범에 합치시켜가게 되었다. 예컨대 과거제의
정비 강화와 성균관·향교를 중심으로 한 官學의 설치, 인륜서인『三綱
行實圖』의 간행·보급이 이루어졌다든가,90) 사대부의 私家禮인『朱子
家禮』를 왕실과 국가의례에까지 원용하는 관행을 벗어나서 국가 公禮
의 내용을 체계화한『國朝五禮儀』를 새로이 작성하였다든가,91) 중국

---

85) 李景植, 앞의 책, 1986, 제5·6장 참조.
86) 金容燮,「朝鮮前期의 勸農政策」,『東方學志』42, 1984 ; 金容燮,「『農事直說』의 編
    纂과 그 農業論」,『朝鮮後期 農學史研究』, 일조각, 1988.
87) 金勳埴,「朝鮮初期 義倉制度研究」, 서울대학교 박사학위논문, 1993.
88) 金泰永, 앞의 책, 1983, 제6장 '朝鮮前期 貢法의 성립과 전개' 참조.
89) 이 시기 정부 지배층의 對佛敎施策에 대해서는 韓㳓劤,『儒敎政治와 佛敎－麗末
    鮮初 對佛敎施策』, 일조각, 1993 참조. 또 불교 측의 대응을 보여주는 것으로는 박
    경환,「현세적 가치와 출세적 가치의 대립」,『논쟁으로 보는 한국철학』, 예문서원,
    1995 참조.
90) 河宇鳳,「世宗代의 儒敎倫理 普及에 대하여」,『全北史學』7, 1983.
91) 李範稷,『韓國中世禮思想研究』, 일조각, 1991 ; 池斗煥,『朝鮮前期 儀禮研究』, 서울대
    학교 출판부, 1994 ; 池斗煥,「朝鮮前期 朱子家禮의 理解過程」,『韓國史論』8, 1982 ;
    高英津,「15, 16世紀 朱子家禮의 施行과 그 意義」,『韓國史論』21, 1989 참조.

황제의 제천의식인 圜丘祭의 거행문제를 놓고 찬반양론으로 대립하였다든가, 또는 宗法制·家廟法의 실시가 장려되고 淫祀의 정리·禁壓에 대해서는 원칙론과 절충론이 맞섰다든가[92) 하는 사정은 정부가 주자학적인 법제와 의례를 인륜질서의 확립 차원에서 적극 추진했음을 말해 주는 것이었다.

한편 15세기에는 주자학의 학문적인 이해와 연구도 활발하게 일어났다. 朱子文集과 四書集註 등 주자의 저술문자에 직접 접근하거나 『性理大全』을 중심으로 하는 명나라 관변 주자학의 성과를 적극 채용하게 되었고,[93) 과거시험 과목의 운영방식에서 詞章우선론과 講經중시론이 맞서기도 하였다. 특히 權近의 『入學圖說』이나 柳崇祖의 「性理淵源撮要」·「大學三綱八目箴」과 같은 저작들은 주자학을 단계적 체계적으로 접근하려는 노력의 일환이었다. 정책과 이념을 달리하는 이 시기 나름의 爭端들이 제기되었는데, 이를테면 王道論과 覇道論의 대립이 일어났던 것,[94) 정도전의 재상론을 부정하여 군주가 權力·財利를 직접 장악할 것을 주장하는 卞季良의 君權强化論이 제기된 것,[95) 그리고 토지공유설(＝王土說)이 꾸준히 거론되어 農莊制의 논리를 견제했던 것 등은 그 뒤 16세기의 君主學問論, 限田·均田論[96)의 등장과 관련하여 그 의의가 컸다.

조선 초기의 지배질서 확립과 이에 따른 사회적 안정국면은 이미 15세기 말부터 깨어지기 시작하였다. 사회·경제적인 변동이 주자학 이념을 둘러싼 보수와 진보의 소강국면에 동요를 일으킨 것이었다. 이를테

---

92) 韓㳓劤,「儒敎理念의 實踐과 信仰·宗敎」,『朝鮮時代 思想史硏究論攷』, 일조각, 1996.
93) 金恒洙,「16세기 士林의 性理學 理解」,『韓國史論』7, 1981, 125~131쪽 참조.
94) 그것은 經筵의 進講書로 각각 『大學衍義』와 『貞觀政要』를 내세우는 데서 잘 드러났다. 池斗煥,「朝鮮前期『大學衍義』이해과정」,『泰東古典硏究』10, 1993 참조.
95)『春亭集』卷6, 永樂 13年 6月 日封事, ‘禦羣臣’ 참조.
96) 李景植,「朝鮮前期의 土地改革論議」,『韓國史硏究』61·62 합집, 1988 ; 金泰永,「朝鮮前期의 均田·限田論」,『國史館論叢』5, 1989 참조.

면 世祖代의 保法 改定은 保人의 부족사태를 부르고 마침내 收布代役으로 이어지면서 농민노동력이 감소하고 재지사족의 농업경영을 압박하는 결과로 이어졌다.[97] 또 燕山君代의 정치불안에서 비롯한 재정수요와 공납액의 과대한 증가 또한 농민부담의 가중화는 물론이고 지주경영의 위협요인으로 작용하였다.[98] 그들의 불만은 무엇보다도 기성의 중앙세력에게 정치와 관직을 선점당하고, 그 결과 수조권분급의 혜택을 누릴 수 없게 된 데 있었다. 사실 이 무렵 軍役에서 兩班避役을 불문에 부치게 된 관행은 아마 이런 여러 요인에서 비롯되는 재지사족(=중소지주층)의 불만을 무마하려는 정부의 의도에서 나왔을 것이다.[99]

이러한 사정과 관련해서 16세기 정치와 이념의 성격은 이른바 '勳舊'와 '士林'의 대항관계 속에서 살펴지는 것이라 하겠다. 먼저 사림은 지방적 지주적 기반을 조성 확대하는 일에 주력하였다. 족보의 작성과 『주자가례』의 遵行, 留鄕所의 결성과 鄕射禮·鄕飮禮의 시행, 그리고 書院·祠宇의 설립에 적극 나섰는데, 이는 門中·學淵 관계를 결속하여 지방사회의 지배적 지위를 보증하는 수단이었다. 또 農法·水利의 개발과 新田開墾, 鄕約·社倉을 통한 지주제적 생산관계의 안정을 지향하기도 하였다.[100] 한편 과거를 통한 정계진출이나 言路를 활용한 士論(=公論)의 결집에 가담하여 정부의 정책과정에 직접 영향력을 행사할 수도 있었다.

이에 대해서 훈구세력은 이미 정치적 경제적 기득권층이었으므로 사

---

97) 李泰鎭, 「近世朝鮮前期 軍事制度의 動搖」, 『韓國軍制史—근세조선전기편』, 육군본부, 1968 ; 尹用出, 「15, 6세기의 徭役制」, 『釜大史學』 10, 1986 참조.

98) 高錫珪, 「16·17세기 貢納制改革의 방향」, 『韓國史論』 12, 1985 ; 이지원, 「16·17세기 전반 貢物防納의 構造와 流通經濟的 性格」, 『李載龒博士還曆紀念 韓國史學論叢』, 한울, 1990 참조.

99) 金容燮, 「軍役制의 動搖와 軍役田」, 『韓國近代農業史研究 上』, 일조각, 1984, 207~210쪽.

100) 李泰鎭, 『韓國社會史研究』, 지식산업사, 1986 ; 鄭萬祚, 「朝鮮朝 書院의 政治社會的 役割」, 『韓國史學』 10, 1990 ; 金武鎭, 「조선중기 士族層의 동향과 鄕約의 성격」, 『韓國史研究』 55, 1986 참조.

림의 반발과 비판에 대해 수세적인 처지를 벗어나기 어려웠다. 이 시기
『朝鮮王朝實錄』이나 사림의 文集에서 '훈구'의 보수성이나 정치적 무
능·부도덕성이 크게 부각되는 데는 그만한 까닭이 있었던 것이다.101)
그들은『경국대전』을 '祖宗成憲'으로 고수하고 국가 公法·公權이라는
명분을 앞세워 재지세력의 견제와 농민파악력의 강화에 의한 중앙집권
력의 구축을 지향하였다.102) 이것은 바로 자신들의 기득권을 방어하는
방법이었을 뿐만 아니라 농민층의 사회·경제적인 요구를 반영하는 것
이었고, 또 고려 말기 국가기능의 무력화현상을 반성하는 것이기도 하
였다.

  이른바 '乙巳士禍'를 고비로 사림이 정계와 학계를 거의 완전히 장악
하면서 훈구와 사림, 기성층과 신진층, 일견 보수와 진보의 대응관계는
저절로 사라졌다. 둘 사이의 학문이나 이념의 차이를 따지자면, 주자학
연구에 박차를 가하고 그 정치이론에 충실할 수 있었던 사림의 논리가
아직 漢唐 유학과 불교의 영향을 완전히 떨쳐버리지 못한 훈구의 그것
을 압도한 것으로 볼 수도 있다. 그러나 훈구와 사림은 정치·사회적 대
립구도를 형성하면서도 주자학에 의뢰하는 데는 똑같이 적극적이었다.
그들은 고려 말의 신흥사대부라는 공통된 기원 위에 서있으면서 중앙
정치의 주도권을 둘러싸고 제한된 범위의 대립관계를 연출했을 뿐이었
던 것이다. 사림이 정국을 장악한 뒤에는 그들이 공격했던 훈구의 정책
이나 정치·사회 현안에 대하여 변경 또는 개혁한 것이 거의 없었다는
사실이 이를 잘 말해주는 것이라 하겠다.103)

---

101) 이 시기 훈구·사림의 사회·경제적 대립관계는 金宗直의 詩「可興站」에 잘 집약
    되어 있다(『續東文選』卷3).
102) 여기에는 이미 15세기에 실행해왔던 守令七事와 지방관 파견, 部民告訴禁止法의
    발동, 留鄕所의 억제책 등을 거듭 재확인하는 방안이 있었다(李泰鎭, 앞의 책, 1986의
    「士林派의 留鄕所 復立運動」참조).
103) 훈구와 사림을 보수와 진보의 이념·노선 차이로 보기는 애매한 점이 있다. 이 시기
    사림의 중앙정계 진출과 훈구와의 갈등에 대해서는 李秉烋,『朝鮮前期 畿湖士林硏
    究』, 일조각, 1984 ; 崔異敦,『朝鮮中期 士林政治構造硏究』, 일조각, 1994 참조.

아무튼 훈구의 소멸과 함께 조정은 사림 일색으로 되었다. 그러나 사림의 정국 주도는 곧장 東人·西人 사이의 항쟁과 分黨으로 이어지면서 정치운영과 권력구조상에 여러 가지 변화가 일어났다. 言論(=士論)의 비대화가 가속되고 이것이 사림 상호간의 爭端과 대립을 격화시켰을 뿐만 아니라 君主聖學論이 제기되면서 군주권의 비중을 크게 제약하게 되었던 것이다. 이러한 현상은 이미 15세기 중엽부터 진행되어온 것이지만 16세기 후반에 절정에 이르고, 그 뒤 조선왕조 정치운영의 기본 특징을 이루게 되었다. 여기에서 유념해야 할 것은 신료집단의 분열과 대립을 견제할 수 있는 유일한 실체는 군주였다는 사실이다. 그런데 이 시기에는 군주권, 즉 군주 독자의 의지와 결단이 정책과정에서 정상적으로 행사된 것이 결코 아니었다. 외형상으로 강력해 보였을 뿐 실제로는 어느 한 당파와 제휴하지 않으면 실행력을 거의 발휘할 수 없었다. 동서분당 이래 당쟁이 점차 치열해지는 양상을 띠는 까닭은 다름 아닌 군주전제권의 쇠퇴에도 큰 원인이 있었다.

이리하여 집권체제는 군주를 정점으로 하는 직접적 통일적인 지배질서를 실현한다기보다는 黨派와 門地·學淵을 매개로 한 양반 지배층의 이익균점 보장을 위한 기구에 지나지 않게 되었다. 국가적 차원의 정책과 농민보호론 가운데 그 어느 것도 사림의 재지적 기반유지에 불리한 것이라면 논의가 분분한 것과는 달리 채택 시행되기 어려웠다.104) 여기에는 군주의 선한 의지나 결단조차도 용납될 여지가 없었다. 결국 이 시기 사림 상호간의 정치·언론 투쟁은 국가적 농민적 지분을 그들 사이에서 瓜分하기 위한 경쟁이자 수순에 지나지 않았던 셈이다. 이렇게 주자학이 그들 사림(=양반사대부층)에게 봉사하는 이념 그 이상이 되기는 어렵게 되자, 여기에 조선 후기 '實學'으로 일컬어지는 새로운 발상

---

104) 大同法의 실시과정이나 戶布制 논의에서 시작된 均役法이 그토록 시간을 끌었던 까닭이 여기에 있었다. 韓榮國, 「大同法의 實施」, 『한국사』 13, 국사편찬위원회, 1978 ; 鄭萬祚, 「朝鮮後期의 良役變通論議에 대한 檢討」, 『同大論叢』 7, 1977 참조.

법·학문경향이 조만간에 대두하지 않을 수 없게 되었다.

주자학은 16세기 후반에 들어서면서 學理·學說的인 이해와 연구가 절정에 이르고 학파가 나뉘며 이념의 분화가 일어났다. 이로써 조선적인 특색이 뚜렷이 드러나게 되었으며 정치세력 사이의 정쟁이 치열해지는 사정과 추이를 함께 하였다. 예컨대 李滉은 『聖學十圖』로 주자학의 철학·윤리, 학문·정치론을 圖式으로 압축 정리한 『입학도설』의 형태를 더욱 구체화시켰다. 더욱이 『大學』·『大學衍義』가 經筵의 주요 講論書로 채택되는 사정과 관련하여 李彦迪의 『大學章句補遺』·『續大學或問』과 『中庸九經衍義』가 나오고, 역시 『대학』의 학문·정치 체계를 바탕으로 한 李珥의 『聖學輯要』가 작성되기도 하였다. 주자학은 먼저 주자가 직접 註說을 베푼 四書集註를 통해서 연구할 수 있었지만, 이와 달리 주자의 인간과 생애, 사유와 학문 과정을 아울러 주목하는 방법이 있었다. 이에 적절한 교본이 다름 아닌 주자의 文集과 語錄이었고, 이 가운데서도 특히 書(簡)에 주목한 연구가 바로 이황의 『朱子書節要』인데, 주자의 인간과 학문 자체를 대상으로 하는 연구의 전통은 아마 여기에서 비롯되었을 것이다. 한편 四書와 五經에 대한 懸吐·口訣이 점차 진행되고 이이나 柳希春을 중심으로 한 경전의 번역사업이 16세기 말엽까지는 일단락되었다.[105]

당연한 일이지만 이같이 주자학의 이해수준이 높아지고 儒者層이 확대되면서 경전해석이나 연구방식에도 여러 가지 관점과 견해가 나타나게 되었다. 또 주류학문·중심이념이 주자학으로 획일화되고 이를 벗어나는 그 밖의 다른 학문·사상은 모두 異端·邪說로 간주되기에 이르렀다. 16세기 후반 학리·학설상의 대립은 주자학 철학체계의 주요 논점을 둘러싸고 일어났다. 이를테면 세계 형성 이전의 실재에 관련한 無

---

105) 金恒洙, 앞의 글, 1981 ; 金恒洙, 「16세기 經書諺解의 思想史的 考察」, 『奎章閣』 10, 1987 참조.

極·太極 論爭, 理·氣의 動靜·先後·主從 관계를 둘러싼 主理·主氣 論爭 그리고 인간의 도덕적 완성에 직결되는 심리·감정의 근원과 작용에 관한 心性論爭, 즉 四端七情·人心道心 論爭이 그것이었다. 이들 논쟁은 한결같이 세계관·인간관의 문제를 둘러싼 철학문제에 관한 것으로서, 道의 터득과 수양·실천에 대한 인식에서 일정하게 불교·老莊學·陸王學의 관점에 동의하는 논자를 주자학의 논리에 바탕을 두고 철저히 반박 배격하는 것이거나(무극·태극 논쟁), 세계 형성의 법칙과 운동의 主宰性을 理 아니면 氣, 또는 이 양자 모두에서 구하려는 주장 사이의 대립이거나(주리·주기 논쟁), 인간 심성을 사단과 칠정, 인심과 도심으로 대응시키되 이들의 상호 統屬關係나 理氣와의 관계를 저마다 달리 이해하는 데서(심성논쟁) 일어나는 것들이었다.

　이들 논쟁은 실로 모든 학문·사상 활동을 주자학의 범주로 통합하고 주자학적인 인식기반을 그만큼 확대해가는 정지작업이거나, 또는 주자학적인 세계·인간관의 확립과 이의 실현을 위한 원리와 방법을 규명하고 구체화하려는 시도에서 비롯한 것이라는 공통점을 지니고 있었다.106) 그리하여 주자의 교설은 經學·性理學·禮學·史學 등 여러 학문·사상 활동은 물론이고 국가·사회 운영의 원리와 표준으로서 지위가 더욱 분명해지게 되었다.

　이렇게 철학논쟁이 활발하게 전개되는 다른 한편에서는 오히려 이보다 더한 관심과 연구력이 주자학의 정치사상에 기울여지고 있었다. 사실 이 시기 주자학의 특징은 그 철학사상보다도 정치사상에서 찾아내

---

106) 이 시기 조선 주자학 안에서 전개된 학리·학설 논쟁에 대한 개괄적인 이해는 『논쟁으로 보는 한국철학』(한국철학사상연구회, 예문서원, 1995) 가운데 김교빈·조남호·전호근·권인호의 글 참조. 이 일련의 논쟁과정에서 불교는 물론이고 양명학과 노장학에 대해서 李滉이나 李珥 모두 적극적인 비판 논설을 폈던 사정은 그만두고라도, 理氣二元論의 관점과 달리 氣一元論을 지지하였던 徐敬德의 견해는 처음부터 학계의 논외로 되었으며, 역시 기일원론자로서 明代 주자학의 한 흐름을 형성했던 羅欽順(整菴)의 학설이 국내에 소개되자 이를 거부하는 논설이 일제히 일어났던 사정을 통해서도 이 무렵 朱子學一遵化의 경향을 짐작할 수 있다.

야 할 것이다. 잘 알려진 대로 理氣·人性 논쟁은 그 뒤 수백 년 동안 지루하게 전개됨으로써 주자학의 敎條化에는 기여했을지언정 사회발전의 원리로 작용한 것으로 보기는 어렵다. 반면에 주자학의 학문·정치론은 정치 운영방식에 크게 원용되었다. 예컨대 이미 15, 16세기에 대두한 군주성학론이나 재상정치론은 물론이고, 조선 후기 치열한 당쟁과 함께 제기된 탕평정치론·세도정치론의 상호작용과 추이과정이 바로 그것이었다.107) 주자학을 가리켜 '實學'이라고 하는 근거는 아마 여기에 있을 것으로 생각한다.

사실 주자학 정치론의 발전은 기성의 훈구세력에 대한 사림의 정치 항쟁과 뒤이은 사림의 자기분열 과정을 겪으면서 이룩된 학문·사상적 성과였다. 또 여기에서는 修己治人論에 바탕을 둔 치자층의 책무의식과 보민론(=안민론)이 먼저 표방되었다. 유교사상 본연의 성격이 그런데다가 주자학의 수기치인론 역시 이 보민론을 전제로 하였기 때문이다. 16세기 초엽에 제기된 趙光祖의 至治·道學政治論은 바로 이런 사정을 잘 대변하고 있었다. 이른바 三代의 '왕도정치'를 표준으로 내세워서 公義가 私利에 쫓기는 현실정치의 비리를 배격하고, 국왕 中宗과 勳舊大臣을 향하여 치자로서의 책무·도덕 의식을 회복하도록 촉구하는 내용이었다. 至治論은 '中宗反正' 뒤 사림의 정계진출이 허용되면서 등장한 것이므로 훈구세력의 정국운영에 대한 비판과 한계를 극복할 대안이라는 의미를 띤 것이었다.108)

조광조의 유교정치론은 구세력의 반격으로 일단 좌절되었지만, 뒤이어 나온 유능한 사림 정치학자들에 의해서 계승 확대되었다. 앞에서 본 이언적·이황·이이가 바로 그들이었다. 이들은 조정에 나아가 주자학

---

107) 金駿錫, 「朝鮮後期의 黨爭과 王權論의 추이」, 『朝鮮後期 黨爭의 綜合的 檢討』, 정신문화연구원, 1992 참조.
108) 대개 經筵官·書筵官과 三司의 言官으로서 제시하였다. 金光哲, 「靜庵 趙光祖의 政治思想」, 『釜山史學』 7, 1983 참조.

에 바탕을 둔 정치언론에 힘쓰는 한편『대학』·『중용』을 비롯한 주요 경전의 연구에 몰두하여 이를 군주가 수행할 '聖學'으로 수렴해갔다. '성학'이란 '성인이 되기 위한 학문'이며 '王道·仁政을 실현하기 위한 학문'이므로 유교·주자학의 범칭으로서 사대부 식자층 일반의 학문 자체를 가리키는 말이었다. 그런데 성학을 이렇게 군주학·제왕학의 차원에서 강조하고 자신들의 정치적 견해 또한 이에 근거하여 펼침으로써 성학은 이 시기 주자학 학문·정치론의 주요한 특징이 되었다.

　예컨대 이언적은 독자적인『대학』연구와 함께 미완성의『中庸九經衍義』를 작성하였는데,『중용』의 '九經'說[109] 가운데 修身·尊賢·親親 3가지 덕목의 의의를 부연하고 '君民一體'說·'致中和'說[110]을 여기에 조응시켜 그 나름의 군주학 체계를 세울 수 있었다.[111] 이언적이 훈구·기성 세력에 대항하는 사림의 입장에서 국왕 明宗에게 올리는 君主學問論(＝聖學論)을 전개하였다면, 이황과 이이는 사림 일색의 정국이 실현된 다음 사림의 단합과 정치쇄신을 기대하는 상황에서 宣祖에게 건의하는 성학론을 마련하고 있었다. 즉 이황은 주자학 전체를 성학의 범주에 넣고 太極·心統性情·仁說이나『小學』·『대학』·「白鹿洞規」 등 주자학의 이론체계·학문과정에 관련되는 주요 주제를 도표와 해설로 처리하여『聖學十圖』라 하고, 이를 군주가 성학에 入道 積德하는 기초로 삼도록 제출하였다.[112] 이에 대해서 이이는 성학의 내용과 방법으로『대학』체계 하나만을 확대하되 여기에 察理·踐履의 실천덕목에 유익한 先儒들의 논설을 광범하게 채록 설명한『聖學輯要』를 방대하게 작성함으로써 군주가 접하는 事案마다 일정한 표준이 되게 하

---

109)『中庸』第20章, "凡爲天下國家 有九經 曰修身也 尊賢也 親親也 敬大臣也 體群臣也 子庶民也 來百工也 柔遠人也 懷諸侯也."
110)『晦齋集』卷8, 進修八規 참조.
111) 李箎衡 외,『李晦齋의 思想과 그 世界』, 성균관대학교 출판부, 1992 참조.
112)『退溪集』卷7, 進聖學十圖箚(幷圖) 참조.

였다.113)

대체로 이언적의 견해를 계승한 이황의 방식이 군주 스스로 군주의 도리를 터득하고 자발적으로 이에 따르도록 의도하는 것이라면, 이이는 '變化氣質', 즉 인격함양을 군주의 구체적인 당면과제로 보고 이를 위한 규범이나 의리를 명시하는 방법을 취한 것이었다. 특히 이이의 聖學에서 는 군주의 됨됨이와 마음씀씀이[心法·心術]를 문제로 부각하고 이에 따른 格君·正君의 임무를 신료집단이 장악할 것을 기대하였다. 사실 조선 후기 君子—黨專制論이나 재상 중심 정치론, 또는 세도정치론이 이이의 학풍을 표방하는 서인-노론 계열에서 꾸준히 제기되고 이것이 점차 왕권을 위축해갔던 데에는 그만한 유래가 있었던 것이라 하겠다.114)

16세기 후반 聖學(=군주학)의 분화는 주자학과 사림 내부에서 일어나는 정치·사상적 분화였다. 그것은 단순히 格君(=君主修身)의 방법을 둘러싼 논점의 차이에 그치는 것이 아니라 人倫이라는 윤리·도덕론에 의한 군주권의 제약논리이며, 군주권에 대한 신권의 견제장치로서 권력의 주도권, 정치운영의 향방을 좌우하는 문제였다. 다시 말하면 양반사대부 중심의 '公論'政治가 당면하고 있는 자기모순을 군주에게 전가하고, 그 극복의 시도로서 君主聖學을 전개한 것이라고 할 수 있다. 성학론은 넓은 의미에서는 주자학의 학문·정치론이지만 범주를 세분하면 治者論·군주론·권력론이었으며 對民態勢로서 보민론의 성격을 인륜론에 기울도록 크게 규정하였다. 또 그것은 사회신분론, 토지·부세·상공업론, 과거·학제론, 국방·군비론 등등 모든 정치현안을 일정하게 제약하였다.

---

113) 『栗谷全書』 卷19, 進聖學輯要箚 참조.
114) 金駿錫, 「17세기 正統朱子學派의 政治社會論—宋時烈의 世道政治論과 賦稅制度釐正策」, 『東方學志』 67, 1990.

6. 맺음말

이제껏 삼국시기에서 조선 전기에 이르는 유교사상의 흐름을 주로 집권체제의 추이와 관련하여 살폈다. 그 대강을 요약해보기로 하자. 처음 유교는 정치사상이기보다는 충효를 근간으로 하는 윤리도덕으로서 신분과 위계질서를 보강하는 기능에 그쳤다. 혈통을 본위로 하는 골품제적인 속성 때문이었다. 신라의 통일을 계기로 사회·정치 규모가 확대되고 여기에 새로운 제도와 운영원리가 요청되면서 비로소 정치사상으로서 유교와 儒者에 대한 인식이 열리게 되었다. 중세적 집권체제와 유교의 결합이 구체적으로 國學의 설치와 讀書三品科의 시행으로 드러난 것이었다.

그러나 유교의 정치이념·정치제도가 본 궤도에 오르기까지는 고려의 재통일을 기다려야 했다. '取民有度'를 원칙으로 하는 賦稅체계의 확립, 집권적 관료제와 과거제의 정착, 公共職事者(=官人)에 대한 給付체계로서 수조권분급제의 정비는 바로 유교의 정치제도로서 마련된 것이었다. 한편 종래의 人倫論이 재확인되는 위에서 仁政說·保民說이 새롭게 천명되었다. 이제 이론상 인정·위민 정치는 治者의 도리로서 당연히 표방되어야 했으며, 이러한 전제에서 인륜에 기초하는 사회질서의 안정이 정당화될 수 있었다. 또 이상적인 군주와 바람직한 군신관계를 위한 군주의 修行, 賢人·君子다운 신료의 보필이 새롭게 요구되었다. 그런데 이러한 유교정치론은 사회적 종교적으로 형세가 강력한 불교의 제약을 받지 않을 수 없었고, 이 때문에 고려시기의 유교사상은 정치와 종교를 분리하고 정치영역에서 유교의 기능을 확대하는 일을 우선적 과제로 삼아야 했다.

14세기 후반에는 주자학이 수용되어 정치·사회 이론의 획기적 전환이 이루어졌다. 조선왕조는 고려왕조 붕괴의 원인을 청산하고 새로운 차원의 집권체제를 정립하는 일이 과제였다. 예컨대 수조권분급제는 중세사회의 성립 초기에는 집권체제의 진전을 위해서 불가피하게 채용된 것이었지만, 농업생산력의 발전과 농민층의 의식성장, 그리고 수조권 획득경쟁으로 말미암은 지배층의 내부분열에 당면한 麗·鮮 교체기에는 전면적으로 재조정되거나 해소되어야 할 제도였던 것이다. 그리하여 조선왕조는 인륜설에 기초한 사회신분제와 토지의 사적 소유에 바탕을 둔 지주전호제를 두 축으로 하는 집권체제의 재건을 지향했던 것이며, 주자학은 여기에 유효적절한 이론 근거가 될 수 있었다. 주자학은 세계와 인간을 통일적으로 설명할 수 있는 理法, 理氣論을 구비하고 그 담지자로서 사대부층의 등장을 촉진한 점에서 기존 유교의 한계를 넘어선 것이었다.

특히 人倫說은 이제 단순한 실천윤리가 아니라 주자학 人性說과 결합하여 신분차등제를 이론적으로 강화하는 데 기여하였다. 또 인륜은 修己治人의 구체적인 실천방법이기도 하였으므로 군주성학론·세도정치론과 같은 조선 주자학 특유의 정치이론에서도 기본적인 활용요소가 되었다. 인정설(=보민설)은 유교 본래의 이념이었던 까닭에 인륜·교화에 치중하는 恒心論이나 耕者有田을 우선하려는 恒産論의 양면에서 함께 내세우게 마련이었는데, 주자학에서는 일단 전자의 항심론을 강조하고 있었다.

유교·주자학의 전개에 따라 담당 주체인 지배층 내부에서도 대립과 분해가 거듭되었다. 골품제 시기에는 진골과 6두품 사이에 마찰이 일어났고, 고려시기에는 귀족적 불교적 安住勢力과 관료적 유교적 進就勢力의 대립관계가 전개되었다. 麗·鮮 교체기에 온건개량론과 강경개혁론으로 나뉘어 서로 맞섰던 신흥사대부층은 조선왕조의 존재가 기정사실화하자 주자학 이념에 바탕을 둔 집권체제의 정비에서는 일치된 입장에 서게 되었다. 그리고 15세기 후반부터 대략 1세기 동안에 걸쳐서는 다시 정치운영의 주도권을 둘러싸고 중앙의 훈구세력과 지방적 기반이 두터운 사림세력으로 나뉘어 갈등하였다.

대체로 이상과 같이 정리하고 보면, 16세기 중엽에 이르기까지는 유교·주자학이 학문적으로 성장하고 그 이념적 지향이 집권체제의 진전과 궤적을 함께하는 것으로 이해할 수 있다. 그러나 그 뒤로 사림이 정계와 학계를 완전 장악하고 이들이 學淵·門地와 정치적 이해관계에 따라 분열 대립하는 黨爭期에 접어들면서는 그 성격이 사뭇 달라졌다. 양반 지배층과 집권체제의 相互 保險的 관계가 이제 모순·대립 관계로 전환한 것이라 할 수 있다. 이러한 변동은 일단 주자학 수용의 역사적 배경과 수조권분급제의 소멸과정에서 보았듯이 농업생산력의 발전과 기층농민의 사회의식 성장이 추진한 것이었다. 그리고 당파의 분열과 정치운영의 파행을 군주의 책임으로 돌려서 군주학문론과 세도정치론을 제기하는 사정에 이르러서는 사림정치와 주자학의 한계가 확인되는 것이기도 하다.

집권체제의 지지이론으로서 주자학의 한계는 17세기의 兩亂期에 이미 '反朱子學'이 등장한 사실로 분명해졌다. 주자학과 반주자학의 의의는 일단 전후수습과 지배체제의 재건방략을 놓고 서로 다른 '國家再造'論을 제기하는 데 있었다.115) 여기에서 주자학의 보수개량론에 대하여 반주자학의 진보개혁론이 맞섰던 것이고, 이때의 '반주자학' 이념은 종래 보수와 진보의 대립에서 보는 바와는 달리 주자학의 테두리를 이미 벗어난 것이었다. 이러한 반주자학의 등장으로 이제 봉건적 집권체제를 떠받쳐줄 사상·이념, 즉 주자학은 퇴조의 길을 걷지 않을 수 없게 된

---

115) 이때의 再造방략은 특히 농민·농업 문제의 근간이 되는 토지론에서 뚜렷한 견해 차이를 드러내었다. 사적 토지소유제에 바탕을 둔 지주전호제를 유지하는 선에서 부세·재정 문제의 적극적 타개책을 모색하는 입장과 토지공유제·耕者有田의 원리에 근거한 자영소농경영을 실현하고 이 기반 위에서 부세·재정 체계의 정상화를 기대하는 입장이 그것이었다. 전자를 보수·개량적인 지주제옹호론이라고 한다면 후자는 진보·개혁적인 농민적 농업론이라고 할 수 있었다(金容燮, 「朱子의 土地論과 朝鮮後期 儒者」, 『增補版 朝鮮後期農業史硏究』 II, 일조각, 1990 참조). 국가재조론에 보이는 두 계통의 정치이념과 그 정책론에 대해서는 金駿錫, 『朝鮮後期 政治思想史 硏究-國家再造論의 擡頭와 展開』, 지식산업사, 2003 참조.

대신 새롭게 개혁된 집권체제는 결코 구래 질서로 회귀하는 것이 아닌, 농민적 지향에 부응하는 체제가 될 것이었다.

18세기 후반부터는 주자학에 대한 반주자학의 사조가 유교의 테두리를 넘어서 儒敎와 非儒敎의 대립으로 확대되었다. 안으로는 東學을 비롯한 민중종교의 기반이 조성되었으며, 밖에서는 西學·西敎가 쇄국의 울타리를 넘어 들어와서 유교윤리와 심각한 마찰을 일으켰다. 이는 17세기 이래의 사회 변동과정에서 진보적인 국가재조론과 그 운동력이 기성의 이념과 세력에 의해서 억제되는 데 따른 사상적 갈등이며 저항이었다. 다시 말하면 유교·주자학의 자기갱신력이 사회변동을 뒤따르지 못했을 뿐만 아니라 오히려 그 변동의 저지력으로서 역기능하였고, 이 때문에 안팎에서 일어나는 저항과 충격에 유연하고 미래지향적으로 대처하기 어려웠던 것이다.

처음 국가재조론에서 추구된 두 계통의 대립하는 이념과 노선은 '大同'法·'均役'法 그리고 '蕩平'論이라는 표현이 말해주듯이, 또 한때 탕평론과 탕평책이 추진되었듯이 개혁과 타협의 국면에서 서로 만나는 듯했다. 실제로 이 시기에는 中人層을 포함하는 서민층 일반의 사회적 성장이 괄목할 만한 것이었고 이들의 유교 교양과 凡節은 종래 양반의 그것을 능가할 정도에 이르고 있었다. 그리고 이러한 유교의 확산과 보편화는 유교 안에서 均平·大同을 실현하는 추진력이 되었다. 즉 정부와 지배층이 탕평책을 추진할 만한 이유는 충분했던 것이다. 그러나 귀결은 역시 세도정권과 이에 저항하는 농민항쟁으로 나타났다. 불신과 대립의 골은 깊어지고 타협의 가능성은 더욱 멀어져간 것이다. 탕평론·탕평책의 좌절은 유교·주자학의 자기갱신운동이 일단 실패한 것이었지만 그 과정에서 진보와 개혁의 지향, 균평과 대동의 이념이 꾸준히 성장한 사실을 주목해야 할 것이다.

문호개방 뒤의 가장 커다란 정치·개혁 운동이었던 갑오농민전쟁이나 대한제국을 뒷받침한 사상·이념 가운데 이러한 유교의 전통이 면면히 계승되고 있다는 사실 또한 주목할 일이다. 그런가 하면 현재의 남북 문제, 분단극복의 과제도 유교·주자학과 그 가운데 이어져온 진보와 개혁의 전통을 역사적으로 검증하는 일과 밀접한 관련이 있음을 부정할 수 없을 것이다.

(『韓國史 認識과 歷史理論』, 지식산업사, 1997)

Ⅱ. 金富軾의 儒敎思想
―『三國史記』論贊의 검토―

1. 머리말

金富軾의 『三國史記』에 대한 논의와 평가는 수없이 제기되어왔다. 儒敎史觀이 압도해왔던 朝鮮時期에 『삼국사기』가 깊은 영향을 주어왔음은 더 말할 나위가 없는 일이고, 近代史學이 성립된 이후에도 이에 대한 여러 측면의 많은 연구가 나오고 있다. 이와 같이 『삼국사기』와 김부식에 대해서 나타나는 많은 관심은 그것이 단순히 우리나라 最古의 史書이기 때문만이 아니라 그 體裁와 성격, 즉 『삼국사기』의 서술방법과 역사의식이 그 뒤의 역사서술과 인식태도에 밀접히 관련되는 데 주목하기 때문이라고 생각한다.

史學史上에서 『삼국사기』의 위치에 대한 견해는 최근의 몇몇 연구 업적에만 주목해보더라도 그 쟁점이 날카롭게 제기되고 있는 것을 알 수 있다.[1] 이러한 연구에서는 『삼국사기』의 이해 태도가 다분히 是非만을

---

1) 대표적인 두 가지 상반되는 견해를 들어보면, 高柄翊 교수는 體裁와 내용에 주목하여 조선 전기의 史書보다도 융통성·현실성이 앞서며 사료의 부족에도 불구하고 三國에 공평한 서술을 시도했다고 긍정적인 평가를 내리는 데 반해서, 金哲俊 교수는 그 歷史意識에 주목하여 주체적 자기 문화 중심적인 전통(고구려 계승)이 약화되고 事大主義와 中國 중심의 世界觀에서 서술했다는 부정적인 견해를 제시하고 있다(이

가리는 데 집착하고 있다는 우려도 제기되고 있기는 하나[2] 적어도 이들 연구가 韓國史의 인식태도, 즉 역사의식의 차이를 내포하고 있는 측면은 중시되어야 할 것이다. 아무튼 史學史의 차원에서 다양한 연구성과가 적지 않다는 것은 분명한 사실이고, 그러므로 여기에『삼국사기』와 김부식을 다시 거론할 여지는 없다고도 하겠다.

　다만 필자는 史學史의 범주가 아니라 高麗時期, 특히 12세기 儒敎思想의 성격을 구명하는 한 시도로서 김부식과『삼국사기』를 검토의 대상으로 삼아보려는 것이다. 두루 아는 바와 같이 김부식은 고려의 전 시기를 통해서 주목할 만한 儒學者로서 정치·사회에 커다란 영향을 미쳤을 뿐만 아니라, 당시로서는 儒敎思想의 최고 수준에서『삼국사기』를 저술했던 것이다. 또한『삼국사기』는 12세기까지의 유교사상을 이해할 수 있는 유일한 저술이기도 한 것이다.[3]

　그러므로『삼국사기』의 검토를 통해서 12세기 고려 유교의 시대적 성격을 다소 부각해볼 수 있으리라는 기대를 갖는 것이다. 이 글에서는 이제까지 주로 총괄적으로만 이해되었던 '論贊'을 중점 검토할 것이다.[4] 김부식 自述로서 의심의 여지가 없는 "論曰……"로 시작되는 논찬을 검토의 대상으로 하는 것이『삼국사기』전체의 逐字的 검토가 능력 밖의 일일 수밖에 없는 필자에게『삼국사기』에 접근하는 하나의 방법이 될 수 있다고 생각해서다. 이러한 파악방법은『삼국사기』·김부식을 다룬 기왕의 연구업적과 중복 재론되는 면을 피할 수 없는 일이겠으나, 김부식이 인용하는 經典의 성격과 그 이해방법을 검토함으로써 불완전한

　　글의 '3.『三國史記』편찬의 동기와 서술'을 참조).
　2) 李基白,「三國史記論」,『文學과 知性』7-4, 문학과지성사, 1976, 860쪽.
　3)『三國史記』외에도 金仁存의『論語新儀』, 崔允儀의『古今詳定禮』, 尹彦頤의『易解』
　　등이 있었다고 하나 모두 전하지 않고 있다.
　4) 이 글의 작성에는 특히 高柄翊 교수의 논찬분석[「三國史記에 있어서의 歷史敍述」,
　　『金載元 博士 回甲記念論叢』, 1969(『東亞交涉史의 研究』, 서울대학교 출판부, 1970
　　및『韓國의 歷史認識』, 창작과비평사, 1976에 再收]과 申瀅植 교수의『三國史記』전
　　반에 관한 종합적인 연구(『三國史記 研究』, 일조각, 1981)가 참고되었다.

대로 그 시기 유교적인 정치사상·사회윤리관을 어느 정도 재구성할 수
도 있을 것이다.

2. 金富軾의 학문

金富軾(1075~1151)은 新羅의 宗姓 慶州金氏의 후예로서 그의 가문
은 고려왕조에 와서도 대대로 仕宦한 문벌귀족이었다. 그는 伯兄 富弼,
仲兄 富佾, 弟 富儀와 더불어 네 형제가 모두 과거에 급제하여 文翰의
職에 올라 당대 고려 조정을 누볐다. 그들은 産業에 힘쓰지 않았다고
했으나,5) 그 증조부 때의 豪族的인 기반 위에 高官大爵을 역임했으므
로 大土地所有의 경제기반을 누렸을 것으로 생각된다. 김부식은 47세에
起居注에 발탁된 뒤 연이어 中書舍人·寶文閣待制·翰林學士·門下侍
中 등을 두루 거쳐 마침내는 輸忠定難靖國贊化同德이라는 최고의 功臣
號를 받기에 이르렀다.

김부식은 학문과 문장에도 당대 제일류의 인물이었다.6) 그는 古今經
史에도 해박하였고 仕宦 중에도 공부를 게을리 하지 않았다고 한다. 적
어도 그가 초기에 역임한 右司諫·翰林學士의 자리는 장래가 촉망되는
요직이기도 한 만큼 文章學識이 전제가 되는 직위였던 것이다. 그는 睿
宗 말년부터는 궁중의 淸讌閣·集賢殿·崇文殿 등에서『周易』·『尙書
(書傳)』등의 경전을 侍講하기도 했다.7) 김부식은『삼국사기』를 편찬하

---

5)『高麗史』卷97, 列傳 10, 金富佾·富儀傳.

6) 그의 활약시기인 睿宗·仁宗 年間에는 唐宋八家文의 古文體가 존숭되면서 점차 古
　　代的인 古文體로 정착하게 되는데, 이때의 대표적인 인물이 바로 김부식 형제였던
　　것이다(尹南漢,「儒學의 性格」,『한국사』6, 국사편찬위원회, 1975, 275쪽).

7)『高麗史』卷14, 世家 14, 睿宗 16년 3월 甲寅條.
　　『高麗史』卷14, 世家 14, 睿宗 17년 정월 庚寅條.
　　『高麗史』卷16, 世家 16, 仁宗 11년 5월 壬申條.
　　『高麗史』卷16, 世家 16, 仁宗 16년 8월 乙卯條.

기에 앞서서 編修官·修國史의 직임을 겸하면서 睿宗·仁宗 實錄을 편수하였고 大覺國師의 碑文을 짓기도 하였다. 또 오늘날 전해지지 않으나『金文烈公集』20卷을 개인문집으로 남겼다고도 한다. 김부식 일가는 당대 조정에서 文翰의 대권을 장악하고 있었다고 보인다. 예컨대 그 자신은 한 차례의 同知貢擧와 두 차례의 知貢擧를 역임했을 뿐만 아니라, 형 富佾은 두 차례의 同知貢擧를, 아우 富儀는 한 차례씩의 同知貢擧와 知貢擧를 각각 거쳤던 것이다.8)

김부식은 불교에 대해서도 상당한 인식을 가지고 있었던 것으로 생각된다. 大覺國師碑文을 썼음을 앞서 말한 바이고, 그가 佛寺의 鐘銘을 쓰거나 여러 편의 道場疏를 올리고 있음을 볼 수 있다.9) 실제로 그는 觀瀾寺라는 願堂을 세우기도 했고 '居士'라는 佛敎平信徒의 칭호를 쓰기도 하였다. 물론 이 정도의 불교적 경향은 당시 지식계층에는 일반적인 현상이라 하겠고, 또 당시 思想界의 융통성 있는 분위기를 말해주는 것이기도 하겠다.

그러나 김부식이 어디까지나 儒學者였음은 두말할 나위도 없는 일이다. 김부식이 官界에 활동하던 睿宗·仁宗 年間은 고려의 文運, 특히 유교의 학풍이 크게 떨치던 시기였다. 私學 12徒의 영향력은 물론이고 官學振興策에 힘입어 國學의 7齋와 京師 6學의 制가 확립되고 있었다. 이때는 왕궁 안의 淸燕閣·文德殿 등에서 儒臣들이『書傳』·『禮記』·『周易』·『中庸』등의 經典侍講을 베풀었고 국왕은 때로 太學의 講論에 참석하기도 하였다.10) 김부식은 이러한 儒學·經學 振興의 분위기에서 유교를 공부하였던 것이고 그러한 經學講論에 참석하기도 했던 것이다. 그가 어느 門下에서 공부했는지는 분명치 않으나, 당시 門閥貴族勢力과 私學 중심의 學閥勢力이 官路를 장악하고 座主門生制가 확고히 정착되

---

8)『高麗史』卷73, 志 27, 選擧 1.
9)『東文選』卷49, 興天寺鍾銘 및 卷110, 消災道場疏 참조.
10) 이때의 學制·學風에 대한 개요는 尹南漢, 앞의 글, 1975 참조.

어 있었던 사정을 감안하면, 아마도 崔冲의 9齋學堂과 같은 私學에서 수
학했음을 추측할 수 있겠다.

김부식은 일찍부터 孔孟의 學에 주목했음이 분명하다.[11] 『論語』는
國子監의 필수과목이 될 정도이니 반드시 읽었을 것이다. 그의 주된 관
심은 『孟子』에 있지 않았을까 싶다. 『맹자』는 당시 국자감의 교과목에
는 포함되어 있지 않았고, 또 私學 특히 9齋學堂에서는 "其學則九經三
史"[12]라 해서 9經을 가르치도록 되어 있으나 여기에 『맹자』가 들어 있
었는지는 의문이다.[13] 그래도 당시에 『中庸』이 講論되고 있는 것을 보
면[14] 『맹자』도 다른 經書와 함께 강론되었을 가능성은 있다. 그러나 학
교나 일반에서 널리 읽혀지지는 않았다고 생각된다. 後述하겠거니와 김
부식은 『맹자』를 尊信해서 많이 공부했다. 또 『맹자』는 그가 가장 많이
인용하는 경전의 하나라는 점이 주목된다.[15] 말하자면 고려 전기의 유
학이 아직 漢唐 유학의 詞章類나 힘쓰고 經學도 '爲人之學'의 단계에
머물러 있는 상태에서,[16] 김부식은 '爲己之學'·'經世之學'의 요체를 담
고 있는 『맹자』에 주목하였던 것이다.

물론 9齋學堂의 명칭 가운데 誠明·率性·進德 등은 『중용』과 같은
경전에 보이는 용어이고, 또 "날마다 老師宿儒와 더불어 先王의 道를
토론한다" 하고 "三綱五常의 敎와 性命道德의 理가 四履에 넘쳐흐른
다"[17]고 하는 표현은 이 시기 유학인식, 경학숭상의 분위기를 예시해주

---

11) 그는 孔子를 鳳에 비기면서 자신이 여기에 뜻이 있음을 피력한 詩를 남기고 있다
　　(『東文選』, 卷1, 賦, 仲尼鳳賦 참조).
12) 『高麗史』 卷74, 志 28 選擧 2, 私學條.
13) 9經은 시대와 사람에 따라 모두 달리 꼽고 있다. 다만 『論語』를 꼽으면서 『孟子』를
　　빼는 경우는 있음에 견주어 『孟子』를 꼽을 때는 반드시 『論語』가 꼽히는 것으로 봐
　　서 『孟子』는 『論語』만큼 중시되지 않았음을 알 수 있다(『大漢和辭典』, 九經類 참조).
14) 『高麗史』 卷16, 世家 16, 仁宗 11년 5월 戊寅條, "戊寅 命尹彦頤講中庸."
15) 그의 동생 富儀도 임금의 물음에 답하면서 『孟子』의 '方七十里王天下設'을 인용해
　　서 內治에 힘쓸 것을 주장함을 볼 수 있다(『高麗史』 卷97, 列傳 10, 金富佾·富儀傳).
16) 玄相允, 『朝鮮儒學史』, 民衆書館, 1949, 14쪽.
17) 『東文選』 卷64, 淸讌閣記와 『高麗史』 卷96, 列傳 9, 金仁存傳 참조.

는 일면이기도 하다. 그러나 앞서 본 바와 같이 『맹자』가 官學이나 私
學의 교과목에 명시되어 있지 않다는 사실에서 이 시기 유교의 정치사
상·사회윤리는 아직도 『孝經』·『論語』에 더 많은 비중이 두어지던 단
계에 있었다고 생각한다.18)

  널리 아는 바, 『맹자』는 원래 사회 현실문제에 대해 공자가 관념적 도
덕적으로 개진한 위에서 이를 구체화시킨 방안을 제시한 맹자의 사상을
담고 있는 경전이다. 즉 맹자는 仁義를 바탕으로 군자에 의한 王道政
治·仁政論을 제창하고 여기에 性善說(天命論)·革命論·人倫論을 보
완해서 유교의 정치·사회 사상으로 완성시켰던 것이다. 또 『맹자』에는
민생문제·경제문제에 대해서도 구체적으로 언급되어 있고, 이 점에서
『맹자』는 어떤 다른 경전보다도 유교가 經世之學이 되게 하는 경전이라
고 할 수 있다.19)

  그러므로 유교사상의 수용·발전 과정에서 『맹자』에 대한 이해의 수
준, 인식태도 여하는 매우 중요한 의미를 지닌다고 할 수 있다. 특히 고
려국가는 集權體制를 지향하면서 이의 운영원리로써 유교사상을 원용
하고 있었으므로 『맹자』의 정치원리는 고려사회의 현실문제와 직결되
어 있는 셈이었다. 김부식의 『맹자』인식에 주목하는 이유가 여기에 있
는 것이다.

---

18) 李熙德, 「高麗時代의 孝思想의 展開」, 『歷史學報』 55, 1972.
19) 『孟子』에 대한 개념적인 이해는 武內義雄, 『中國思想史』(岩波全書 73), 東京 : 岩波
    書店, 1957, 59~66쪽, 「孟子」 참조.

3.『三國史記』편찬의 동기와 서술

1) 편찬동기

　김부식이『삼국사기』를 편찬하기 전에도 이미 三國史를 정리해놓은 史書가 있었다. 그렇다면 김부식은 어떤 이유에서 다시 三國史를 써야만 했을까. 여기에는 論者에 따라 그 이유와 의의를 달리 보고 있다.『三國史記』는 史館制度 아래의 勅命撰이기 때문에 김부식의 主觀性이 끼어들 여지가 적었다든가,[20] 김부식 일파의 정치적 견해를 정당화하려고 舊三國史를 取捨 改書했다든가,[21] 舊三國史의 說話的 형태를 극복해서 유교의 도덕적 合理主義를 표방하기 위해서라든가,[22] 또 舊三國史가 고구려 중심으로 되어 있기 때문에 신라 중심으로 하려고 다시『삼국사기』를 편찬했다[23]는 등의 평가가 그것이다.

　여기에 소개된 연구 외에도『삼국사기』저술의 동기나 배경에 대한 언급은 다소 부분적인 차이가 있기는 하나 대체로 위에 예시된 견해 가운데 어느 한쪽과 일치하는 입장이기 마련이다. 대체로 역사서의 성격을 거론할 때는 그것을 저술한 史家의 개인적 계층적 처지와 그 사회적 역사적 배경을 파악해야만 정당한 이해에 도달할 수 있을 것이다. 그러므로 앞서 말한 견해차이는 역사인식 태도의 차이, 또 고려 전기, 특히 12세기 사회에 대한 이해방식의 차이에서 기인하는 것이라고 하겠다.

　12세기의 고려사회는 중세 집권체제가 확립되어감에 따라서 그 운영원리로서 유교의 정치사상이 강화되어가고, 이것이 고려 문벌귀족의 이데올로기로 전환되어가는 과정에서 사회 내적인 갈등이 고조되어가고

---

20) 高柄翊, 앞의 글, 1969, 32~38쪽.
21) 金哲俊,「高麗中期의 文化意識과 史學의 性格」,『韓國史研究』9, 1973(『韓國古代社會研究』, 지식산업사, 1975 및『韓國의 歷史認識』上, 창작과비평사, 1976에 再收).
22) 李基白, 앞의 글, 1976.
23) 李佑成,「南北國時代와 崔致遠」,『創作과 批評』38, 1975, 242쪽.

있었다. 그것은 古代的 전통적 체질과 새로운 중세적 유교적 이념체계
사이에서 빚어지는 것이기도 하고, 고구려적 호족적 기반을 가진 사회
세력과 신라적 귀족적 배경을 가진 세력 사이의 갈등이기도 하였다.24)
더구나 대외적으로 12세기 동북아시아 세계는 漢族 중심의 국제질서가
아니라 遼·金 등 북방민족의 주도 아래 놓이게 되었고, 그렇기 때문에
종래 중국에 대해 臣事로만 일관했던 고려의 대외정책도 이처럼 다원
화된 주도권 다툼 속에서 시련을 겪지 않을 수 없었다.

　1135년(仁宗 13)의 '妙淸의 亂'은 바로 이러한 내적 외적 요인을 복합
적으로 내포한 지배층 내부의 갈등이 폭발한 것이었다. 妙淸亂은 바로
앞의 李資謙亂과 마찬가지로 포화상태에 이른 고려 지배층 내부의 자
기도태 과정의 일환이기도 했지만, 그것이 韓國史의 전체 발전과정을
결정적으로 바꾸어놓은 사건이었다는 심각한 측면이 있음을 주목해야
할 것이다.25) 亂의 결과 묘청 등 西京派의 패배는 곧 고구려 계승적, 호
족적 정치세력의 패배이고 主體的 尙武的인 北進主義의 좌절이기도 하
였다. 반대로 김부식 중심의 開京派의 승리는 신라 貴族傳統의 세력과
유교의 불교와 風水地理說에 대한 압도이고, 따라서 중국 중심의 세계
관과 사대주의·文治主義의 승리로 규정할 수 있는 것이다.

　묘청란에서 김부식의 승리는 그에게 자신의 정치적 기반을 공고히 하
고 나아가서는 그것을 재확인, 정당화할 수 있는 길을 열어준 계기가 되
었던 것이다. 김부식은 慶州金氏의 후예로서 고려왕조의 강력한 문벌귀
족이라는 체질상 유교 교양으로 정신무장했던 점에서 정치적으로도 보
수적인 입장에 설 수밖에 없었다.26) 그런데 김부식의 보수적인 태도는

---

24) 고려 전기 사회세력 사이의 갈등과 이념대립 문제에 대해서는 金哲俊, 앞의 글,
　　1973 및 河炫綱, 「高麗時代의 歷史繼承意識」, 『梨花史學硏究』 8, 1975(『韓國의 歷史
　　認識』 上, 1976에 再收) 참조.
25) 申采浩, 「朝鮮歷史上 一千年來 第一事大件」, 『朝鮮史硏究草』, 1930(『丹齋 申采浩全
　　集』, 1972에 再收).
26) 그의 보수적 성격은 대외정책에서도 여실히 나타나는 바, '以小事大'라는 입장에서

고려사회를 기존 질서대로 재정비 강화하자는 데에 그치는 것이 아니라, 적어도 철저한 유교주의의 실천으로 전통적인 문물제도를 중국과 같은 수준으로 끌어올리는 수준에서의 體制保守였다. 이러한 그의 정치적 정당성과 체제보수의 구상이 『삼국사기』로 체계화되어 나왔던 것이다.

그 구상은 「三國史記進箋文」에서도 여실히 드러나고 있다. 즉 ① 중국 고대의 列國에도 史書가 있었다는 맹자의 말을 인용하면서 우리 東方도 曆年이 오래이므로 마땅히 그 사실을 史冊으로 기록해야 한다는 것, ② 당시의 學士大夫들이 五經·諸子와 중국의 『史記』에는 밝으면서 우리나라의 事實에 대해서는 어둡다는 것, ③ 특히 三國의 사실이 중국 史書에 실려 있기는 하나 그 내용이 疎略하고 그 古紀는 글이 거칠고 졸렬하여 빠진 事蹟이 많다는 것, ④ 그래서 임금의 善惡과 신하의 忠邪와 국가의 安危와 인민의 治亂에 관한 것을 다 드러내어 후세에 勸戒를 보이지 못한다고 지적하면서, 차제에 그러한 歷史를 서술해야 할 것이나 자신은 그만한 三才의 長도 없으면서 붓을 들게 되었다고 謙辭하고 있다.

그 표현은 비록 임금의 말을 빌린 것으로 되어 있으나 그 자신의 생각이 아닐 수 없는 것이었다. 그가 주장하는 바 역사서술의 목적이 후세에 대한 勸戒에 있다고 할 때, 그 내용이 君主臣下論이며 國家人民論임은 물론이다. 나아가 유교의 논리 위에서 불교와 풍수도참설을 부정하고 稱帝建元이 아닌 事大의 정당성을 논변함으로써, 地德을 믿고 36國의 朝貢을 기대할 것이 아니라 人和가 국가의 근본임을 알아서 민생의 안정을 도모하는 것이 우선되어야 함을 제시하기 마련이었다. 서경파에 대한 개경파 승리의 마무리 작업으로서 『삼국사기』는 편찬된 것이었다.

宋나라에 3번씩이나 使臣으로 가서 宋帝에게 충성을 언약하면서도 똑같이 동생 富儀와 함께 조정의 衆論에 맞서서 金나라에 대한 臣屬을 주장했던 것이다.

2) 서술의 방법 - 體裁

김부식은 중세의 史家로서 역사서술의 목적을 교훈적 실용적인 데 두고 있었다. 그러므로『삼국사기』가 紀傳體의 형태를 취하게 된 것은 이러한 목적과도 무관할 수 없었다.

김부식은 일찍이 중국의 여러 正史나『資治通鑑』·『通鑑綱目』과 같은 史書를 얻어 보고 있었을 것이고, 따라서 기전체나 編年體·綱目體·紀事本末體의 장단점을 충분히 검토했으리라고 생각한다. 그런데 김부식은 그 가운데 기전체 방식을 택했고 그 史書의 제목을 三國'史記'라고 했던 것이다.『사기』는 말할 것도 없이 本紀·表·書·世家·列傳의 體例를 갖춘 기전체 史書의 효시로서, 司馬遷은 그 가운데 본기를 으뜸으로 꼽고 세가·열전을 다음으로 치고 있다.27) 김부식은 기전체가 이처럼 帝王을 중심으로 한 英雄·賢臣의 事蹟, 즉 인물에 대해서 기록하기에 적합한 방식이고, 또 사마천이『사기』를 찬술하던 원대한 포부와 목적에28) 관심을 두었기에 기전체 방식을 채택하고 제목도 三國의 '史記'이기에『三國史記』라고 붙였을 것이다.

사실 中世紀에는 君王과 君王을 도와 정치에 참여하는 소수 귀족 지배층, 특히 유교의 賢人·君子만이 역사의 주체일 수 있었던 것이고, 그러므로 역사서술도 그들 중심으로 이뤄지게 마련이었다.『삼국사기』가 기전체 형식이 된 데는 春秋의 정신(=儒敎史觀)에 바탕을 두려는 이러한 연유가 있었던 것이라고 하겠다.

『삼국사기』의 유교적인 성격은 형식인 體例에서만이 아니라 서술의 主眼点이나 분량에서 볼 때 新羅正統論의 입장에 서있다는 점에서도 지적된다.29) 고구려나 백제에 견주어 신라 측 史料가 많았기 때문이지

---

27) 內藤虎次郎,『支那史學史』, 1945, 132쪽.

28) 司馬遷은 그의「太史公自序」에서, 周公이 있은 500년 뒤에 孔子가 나와서『春秋』를 지어 역사를 바로 잡았는데 자기는 다시 그 孔子로부터 500년 뒤에 났으므로『春秋』의 道統을 이어『史記』를 저술한다고 술회하였던 것이다(內藤虎次郎, 앞의 책, 1945, 128쪽).

김부식의 주관적인 편중 탓이 아니라든가, 삼국을 모두 본기에서 취급했고 각각 1人稱을 사용했다든가 하는 이유를 들어서 김부식이 삼국에 대해서 공평한 서술을 했다[30]고는 할 수 없는 일이다. 이러한 피상적 형식적 이해방식보다는 오히려 김부식이 신라 경주김씨의 후예라는 태생적 한계, 그리고 높은 수준의 유교 교양과 中國文化 指向意識에 반비례해서 傳統文化에 대한 인식이 부족한 탓으로 봐야 할 것이다.[31]

요컨대 김부식의 정치적 보수성, 유교사상으로의 의식무장, 기전체 형식의 채택, 신라 중심의 서술태도는 실상 하나의 논리선상에서 파악되는 것으로서, 이는 文臣貴族 중심의 집권체제를 정당화 保守化하는 김부식 유교사상의 특질을 이루는 것이라고 하겠다.

4. 『三國史記』 論贊의 검토

『삼국사기』에 실린 論贊은 모두 32則으로서 본기에는 신라 10, 고구려 8, 백제 6則으로 되어 있고, 열전에는 8則이 있는데 신라인 5, 고구려인 2, 그리고 弓裔·甄萱에 관한 것 1則으로 되어 있다. 따라서 삼국 가운데 신라 또는 신라인에 관한 것이 모두 15則으로서 거의 반수에 이르는 것을 볼 수 있다.

『삼국사기』의 논찬은 어느 특정 사건이나 인물에 관한 서술이 끝난 직후에 붙이고 있는 점, 또 논찬의 文句는 본문과 중복되는 일이 없고 오히려 본문에 없는 내용까지도 밝혀가면서 쓴 점이 중요한 특징으로 지적되기도 한다.[32] 이러한 특징이야말로 『삼국사기』 논찬의 신빙성과

---

29) 金哲俊, 앞의 글, 1973, 107쪽 ; 李基白, 앞의 글, 1976, 868~869쪽.
30) 高柄翊, 앞의 글, 1969, 57~61쪽.
31) 金哲俊, 앞의 글, 1973, 110쪽.
32) 高柄翊, 앞의 글, 1969, 39, 44쪽.

중요성을 인정하게 하는 근거가 된다고 하겠다.

논찬에 인용된 경전의 빈도수를 대강 파악해보면,『춘추』9,『맹자』5,『서전』4,『주역』3이고『논어』·『예기』가 각각 2,『莊子』1회로 나타난다. 이 가운데『춘추』와『맹자』의 빈출도가 높은 것이 주목되는 점이다. 이 밖에 확인하기 어려운 것도 다수 있었다. 논찬의 이러한 경전인용과 본문에서 사용한 경전의 句節이나 用語까지 발췌 분석해본다면 매우 유익한 결론이 나올 것으로 생각되지만, 이는 앞으로의 과제일 수밖에 없다.

1) 政治思想

가) 事大字小論

유교의 世界秩序觀에서 "하늘에 두 해가 없고 나라에 두 임금이 없다"고 하는 바와 같이, 김부식은 천명을 받은 天子는 하나뿐이므로 우리나라는 중국과 대등한 나라일 수가 없고, 따라서 고려는 諸侯國으로서 중국을 섬겨야 한다고 생각했던 것 같다. 김부식은 신라가 중국에 臣屬한 나라이면서 法興王 때 독자적인 年號를 사용하다가 唐太宗의 힐난을 받고서야 그만둔 사실이 잘못임을 지적하고 있다.[33] 그는 또 연호를 쓰는 목적이 "통일을 크게 여기고 백성의 耳目을 새롭게" 하는 데 있다고 하였다. 이러한 "統一天下 新百姓"의 과업은 중국 천자에게나 부여된 일이었다. 그러므로 김부식으로서는 한 제후국에 지나지 않는 신라가 한때나마 독자적인 연호를 썼던 것은 僭越한 일이 아닐 수 없었던 것이다.

당시의 신라는 唐에 朝貢을 계속하면서도 안으로는 독자의 연호를 한동안 사용하고 있었던 것인데, 이는 삼국 사이의 항쟁 속에서 신라가

---

33)『三國史記』卷5, 新羅本紀 5, 眞德女王 4년 6월조의 論贊.

정치·군사적인 면에서 唐을 友邦으로 해두지 않으면 안 되었던 사정
이었으나, 국내적으로는 국가의 독자성을 지킬 당연한 필요성에서 말미
암았다고 생각한다. 그런데 김부식은 事大의 이러한 표리부동성을 비난
하고 있는 것이다. 12세기 고려의 정치·사회 현실에서, 또 김부식 개인
의 정치적 시각에서는 신라의 그러한 처지를 이해할 수 없었던 것이다.

　그는 백제와 고구려의 멸망원인을 밝히는 가운데서 事大의 불성실을
지적하고 있다. 그는 "백제가 고구려와 결탁해서 신라를 침략하므로 唐
高宗이 두 번씩이나 타일렀으나 陽從陰違하여 듣지 않고 大國에 罪를
얻어서 망하게 되었다"고 했다.34) 고구려도 "한때의 奇兵으로 大國軍을
함몰시킨 일도 있으나 隋와 唐의 詔命을 어기고 唐의 使臣을 土室에 가
두기까지 하며 마침내 망하기에 이르렀다"고 하였다.35) 김부식의 생각
으로는 隋唐의 침략을 격퇴해낸 고구려의 강성함도 한때의 奇兵밖에
아무것도 아니었다.

　그러나 신라의 멸망에 대해서는 다른 평가를 내리고 있다. 먼저 "신
라의 융성은 지성으로 중국을 섬겨서 使臣과 宿衛學生의 왕래가 끊이
지 않았고, 이로써 聖賢의 풍속과 敎化를 받아 禮儀의 나라를 만들었고,
또 唐의 군사를 빌려 백제와 고구려를 평정해서 그 郡縣을 넓힐 수 있
었기 때문"이라고 하였다.36) 신라는 唐에 事大를 잘한 결과 唐의 도움,
즉 字小의 은혜를 입어서 통일의 盛世를 누릴 수 있었다고 보는 것이
다. 이어서 신라의 멸망에 대해서는 "佛法을 숭상하고 말기의 왕들이
방탕해서 나라의 운세가 다해버렸지만 敬順王이 고려 太祖에게 귀순함
으로써 宗族과 人民이 도탄에 빠지는 것을 면했을 뿐만 아니라, 고려의
顯宗은 신라의 外孫이니 그 陰德의 보답"37)이라고 했다. 이는 말하자면

---

34) 『三國史記』 卷28, 百濟本紀 6, 義慈王 20년 6월조의 論贊.
35) 『三國史記』 卷22, 高句麗本紀 10, 寶藏王 27년 10월조의 고구려 전체 論贊.
36) 『三國史記』 卷12, 新羅本紀 12, 敬順王 9년 11월조의 論贊.
37) 위와 같음.

신라는 망했어도 그 명맥이 고려에 계승되었으니 先代에 지성으로 事
大를 잘한 결과 얻어진 陰德이라는 것이다.

김부식의 이러한 발상을 검토해보면, 그가 철저한 중국 중심의 시각
에서 삼국의 정치적 변동을 바라보았음을 알 수 있다. 삼국이 서로 다툴
수밖에 없는 사회 내부모순의 구조적 동질성이나 唐의 以夷制夷 정책
의 본질을 그로서는 인식할 수가 없었던 것이다. 따라서 그 다툼의 결과
가 어떻게 잘못 결말지어졌는지보다도 그 다툼은 결국 王師(唐의 군대)
가 와서야 끝이 났다는 따위의 소박한 放伐論이 그의 중심 관심사가 되
었다. 그의 事大意識은 유교적인 因果應報觀과 관련해서 신라—高麗
계승관계, 신라정통론을 암시하고 있는 점도 지적할 수 있다.

이러한 김부식의 사대의식은 그 자신의 行跡에서도 나타나고 있었다.
그가 사신으로 중국에 갔을 때 宋 황제에게 올리는 한 表文에서 고려가
宋에 朝會함을 가리켜, "…… 중국에 나아감이 春秋의 貶絶됨을 면하게
되었다"38)고 치사한 뒤 이어서 또 스스로 卑下하기를,

> 海東의 지역이 옛날 箕子의 封地로서 新羅로부터 大漢에 속하였었고
> 本朝에 이르러 皇朝(宋—필자)를 服事하였사온 바 예의와 문장이 거의 中
> 國에 가깝고 衣冠과 制度가 또 華風을 흠모하여 ……39)

라고 하였다. 김부식의 이러한 표현은 表文의 성격상 일면 의례적인 것
일 수도 있으나 그 뒤 고구려 멸망에 관한 논찬 가운데, "玄菟·樂浪은
본래 朝鮮의 땅으로서 箕子의 封하였던 곳"40)이라고 밝힌 것으로 미루
어보면 의례적인 卑辭만은 아니었던 것 같다. 그에게는 우리나라가 '偏

---

38) 『東文選』卷34, 表, 謝郊迎表, "…… 特推字小之人 以示包荒之德 進於中國 免貶絶
　　於春秋."
39) 『東文選』卷34, 表, 謝許謁大明殿御容表.
40) 『三國史記』卷22, 高句麗本紀 10, 寶藏王 27년 10월조의 고구려 전체 論贊.

方小國', '海隅荒僻之地'로서 예로부터 기자의 封地였던 것이나 중국으로부터는 春秋의 貶絶을 면한 것이 다행일 수밖에 없었던 것이다.

김부식의 사대의식은 비단 中華인 宋에 대해서만 표현된 것은 아니었다. 仁宗이 돌아가자 그를 贊해서 말하기를,

> 金國이 갑자기 일어남에 미쳐서는 群議를 배제하고 上表하여 臣이라 일컫고 北使(金使)를 또한 禮로써 대접함이 심히 공경하였기 때문에 北人(金國)도 愛敬하지 않음이 없었다.[41]

라고 하였다. 그는 仁宗의 업적을 찬양하되 金國에 대한 事大를 잘한 점을 내세우고 있는 것이다. 이는 바로 김부식 자신의 사대의식을 투영한 것이라 하겠다.

나) 君主論

김부식의 유교적인 정치사상의 골자는 아마도 君臣관계에 집약되어 있다고 생각한다. 君臣 사이의 정치적 관계도 父子관계를 중심으로 한 家族倫理의 연장으로 파악하는 것이었다. 또 그것은 공자가 '正名'으로서 "君君 臣臣 父父 子子"할 것을 말했듯이 저마다 '分'을 다하게 될 때 유지되는 관계였다. 君의 仁義와 臣의 忠, 父의 慈愛와 子의 孝로써 그 '分'은 지켜질 수 있었다.

그래서 김부식은 "임금에게 예절이 있는 사람은 효자가 부모를 섬기는 것과 같음을 볼 수 있다"[42]고 전제하고 이러한 군신관계·부자관계를 파괴하는 在下者의 극단적인 犯上행위, 즉 弑君殺父者에 대한 추상 같은 貶論을 펴고 있다. 이때 원용하는 근거가 곧 春秋의 筆法이었다.[43]

---

41) 『高麗史』 卷17, 世家 17, 仁宗 24년조의 끝 金富軾의 論贊.
42) 『三國史記』 卷 23, 百濟本紀 1, 蓋婁王 28년 정월조의 論贊.
43) 그는 "임금 弑害에 관한 사실을 기록함에는 春秋의 뜻을 따르는 것"이라고 스스로

먼저 신하 된 자로서는 亂을 일으킬 생각이 없어야 하고 만약 亂을 일으키게 되면 반드시 죽여야 한다고[44] 주장한다.

김부식은 백제의 文周王이 그 신하에게 弑害되었는데도 그 아들 三斤王이 아버지의 원수에게 도리어 벼슬을 높여주었다가 뒤늦게 깨닫고 토벌한 것을 貶하여 말하기를,

> 春秋의 筆法에 君主가 적에게 弑害되었는데 토벌하지 않으면 심히 이를 꾸짖었으니, 이는 臣下다운 사람이 없다고 생각하기 때문이다.[45]

라고 하면서 "海隅荒僻의 三斤童蒙"으로서는 어쩔 수 없었을 것이라고 비웃기까지 하였다. 여기서 보면 殺父者나 弑君者에 대한 자식과 신하의 보복은 똑같은 의미를 지니는 것이 된다.

弑君者가 만약 토벌되지 아니하고 오히려 名利와 年壽를 누리게 된다면 이는 있을 수 없는 일이었다. 그렇기 때문에 김부식은 榮留王을 시해한 淵蓋蘇文을 大逆無道罪人으로 규정하고 그 아들 男生에 대해서도 "唐에까지 그 이름이 알려졌으나 본국의 처지에서 이를 말하자면 반역자"[46]라고 논단하였다. 연개소문의 죄과는 그 자신으로 그치는 것이 아니었으니, 남생이 祖國을 배반한 것은 우연이 아님을 지적하고 있는 것이다. 김부식은 남생이 唐에 벼슬한 것은 事大라고 칭찬할 것이 못 되는 것으로서 事大도 조국에 대한 愛國이 전제되어야 한다고 보았다.

유교적인 군신관계를 파괴하는 反逆弑君 행위를 방지하는 방법은 공자의 '正名主義'로 돌아가는 일이었다. 正名論은 공자가 春秋時代의 사회적 혼란을 극복하려고 제시한 것이었으나, 김부식은 그것을 中世秩序

말하고 있다(『三國史記』 卷10, 新羅本紀 10, 神武王 즉위년 7월조의 論贊).
44) 『三國史記』 卷26, 百濟本紀 4, 武寧王 26년조의 論贊, "春秋曰 人臣無將 將而必誅."
45) 『三國史記』 卷26, 百濟本紀 4, 三斤王 2년 봄조의 論贊.
46) 『三國史記』 卷49, 列傳 9, 蓋蘇文傳.

수립의 원리로 원용하려는 점에서 차이가 있었다. 그러므로 正名主義에 바탕을 두고 쓰인『춘추』가 그에게 그토록 강한 호소력을 가졌던 것이다. 正名의 실행은 君臣을 포함한 지배층 자신의 문제였다. 지배층이 위에서 하기에 따라 아래의 臣民은 저절로 따르도록 되어 있었다. 공자가 국가를 도덕적 上位層(君子)과 도덕적 下位層(小人) 사이의 사회적 조직으로 파악하려는 데는 그럴 만한 연유가 있었던 셈이다.

여기에서 君主의 자격과 책임이 문제로 되었다. 군주는 人德을 갖춘 君子이어야 했다. 김부식은 먼저 甄萱과 弓裔의 실패 이유를 그들의 不仁에서 찾고 있다. 즉 궁예는 신라의 왕자로서 先祖를 모독했고 견훤은 역시 신라의 백성이었건만 모국을 배반했으니 不仁하다는 것이다.47) 원래 仁이란 仁義禮智 4德 가운데 으뜸으로, 이것은 밖에서 빌려와서 나를 꾸미는 일이 아니라 내가 마음속에 선천적으로 구비하고 있는 德性이었다.48) 孟子는 특히 仁과 義의 德性이야말로 군신관계, 나아가서는 仁政・王道政治의 전제조건으로 보고 있다.49) 그러므로 김부식이 볼 때 궁예와 견훤은 不仁하여 德이 없고 德이 없으니 衆望이 따르지 않아 王業을 이루지 못하고 실패한 것으로 생각했던 것이다.

仁義의 군주는 賢人・君子를 등용해서 정치를 맡길 줄 아는 군주였다. 김부식은 故國川王의 乙巴素 등용을 贊하여,

옛날 明哲하여 거룩한 임금은 어진[仁] 사람에 대하여는 거리낌 없이 登用하여 모든 일에 의심하지 않았는데…… 그런 뒤에야 어진 사람이 제 자리를 바로 지키고 유능한 사람이 그 직책을 다하여 政教가 밝게 닦아지며 국가가 잘 보전될 것이다.50)

---

47)『三國史記』卷50, 列傳 10, 弓裔・甄萱傳의 論贊.
48) 武内義雄, 앞의 책, 1957, 62쪽.
49)『孟子』卷2, 梁惠王章句 上.
50)『三國史記』卷16, 高句麗本紀 4, 故國川王 13년 10월조의 論贊.

라고 맹자의 말을 되풀이하면서 賢人 등용의 중요성을 강조하고 있다.

김부식은 이어서 벼슬에 등용될 수 있는 자격을 규정하되, "學問을 한 연후에 道理를 알게 되고 또한 道理를 알게 된 연후에 事物의 始終을 알게 된다"고 전제하고 "일을 하는데 근본을 먼저 하여 그 끝이 스스로 바르게 만드는 사람"이라고 했는데, 이러한 사람이야말로 공자나 맹자가 말하는 仁義의 사람, 곧 현인이었던 것이다. 이는 또 『대학』에서 말하는 학문의 방법론, 즉 '誠意正心 格物致知'에서 시작해서 '治國平天下'에 도달하는 修己治人之學의 개념과도 상통하는 것이다. 적어도 김부식의 學問論・賢人論・人才登用論은 그가 孔門之學에 관심을 두었던 바와 같이, 거의 『대학』의 학문방법론과 『맹자』의 仁政論에 일치되고 있음을 확인하게 되는 것이다.

김부식은 그러한 인재・현인 등용의 가장 성공적인 예를 을파소가 아닌 金庾信에게서 찾고 있는 것 같다. 그는 『書傳』「大禹謨」편의 "任賢勿貳 去邪勿疑"를 인용하면서, 신라국가가 김유신을 우대함이 "친근하여 틈이 없고 일을 맡기면 의심하지 않으며 일을 도모함에는 그 말대로 들어주어 그 말이 쓰이지 못함을 원망하지 않게"하였기 때문에 그토록 큰 功業을 세울 수 있었다고 하였다.[51]

다음으로 김부식은 賢人政治를 실현하기 위한 군주의 도리로서 諫言聽納과 巧言令色의 차단을 들고 있다. 그는 군주의 정치에서 忠直者・賢者는 내세워 禮로써 친히 하되 邪佞・小人・不肖者는 멀리해서 참예시키지 말아야 한다고 당부한다.[52] 또 그는 "良藥은 입에 쓰나 병에는 이롭고 忠言은 귀에 거슬리나 행실에는 이롭다"는 『논어』의 말을 인용하고, 또 옛날 聖君들은 諫言을 듣고자 "敢諫之鼓를 걸어두고 誹謗之木

---

51) 『三國史記』 卷43. 列傳 3, 金庾信傳 下 論贊. 또 김부식은 新羅의 取人法을 찬양하여 花郞徒를 贊하고 있는데, 이 또한 같은 생각에서라고 하겠다(『三國史記』 卷47, 列傳 7, 金歆運傳 論贊).
52) 『三國史記』 卷43, 列傳 3, 金庾信傳 下 論贊.

을 세웠던 것인데 백제의 東城王은 간언을 듣기 싫어서 宮門까지 닫아 걸었음”을 비난하고 있다.[53] 김부식은 동성왕이 被弒된 이유가 諫言不 納의 태도에도 있음을 암시하고 있는 것이다. 두루 아는 바, 유교 정치 사상에서는 言路開放·諫言聽納이 군주의 가장 중요한 도덕적 규범으 로 되어 있는 것인데, 김부식도 또한 이 점에 主眼하고 있음을 볼 수 있 다. 그래서 김부식은 唐太宗을 湯武·成康에 견주어 찬양하면서도 房 玄齡의 간언을 받아들이지 않고 고구려에 出兵한 것은 큰 잘못이었다 고 지적하고 있다.[54] 그는 당태종의 과오가 고구려 출병에 있는 것이 아니라 간언을 따르지 않는 데 있다고 보는 것이다.

현신의 등용과 간언의 聽納으로 요약되는 김부식의 君主觀은 한마디 로 신하의 입장에서 군주에게 제시하는 일련의 요구사항이기도 하였다. 군주로서 지켜야 할 德目이 제시되어 있고 그것을 관철하려고 할 때 君 權은 臣權에 의해서 제약받을 수밖에 없었다. 김부식의 군주관에서 중 요한 것은 신하의 군주에 대한 그러한 제약의 조건으로서 신하가 군주 에 대해서 할 일은 섬기고 복종하는 것밖에 달리 규정한 것이 없다는 점이다. 김부식은 단지 “君命은 天命이므로 天命에 죽으면 누구를 원망 할 수도 없는 일”이라 하고 臣者는 天命을 義로써 따라야 한다고 말하 고 있다.[55] 이러한 臣下觀은 그의 君主論에 견주어 극히 관념적인 것이 라 하겠고, 그가 그렇게도 강조한 亂臣賊子의 방지를 위해서는 다만 ‘君 命＝天命’의 논리로서 규정해두려는 의미라고 하겠다.

김부식의 이러한 군주관에서 또 하나 주목되는 점은 그가 삼국의 어 느 군주를 들어서도 聖君英主로 찬양한 바가 없다는 사실이다. 실제로 본기의 논찬은 모두 군주론으로서 전개되는 것이라고 할 수 있는데도,

---

53) 『三國史記』 卷26, 百濟本紀 4, 東城王 22년 봄조의 論贊.
54) 『三國史記』 卷21, 高句麗本紀 9, 寶藏王 4년 정월조의 論贊.
55) 『三國史記』 卷25, 百濟本紀 3, 蓋鹵王 21년 9월조의 論贊. 여기에서 본래 백제인으 로 고구려에 도망하여 적병을 이끌고 와서 蓋鹵王을 죽인 桀婁의 背反, 즉 신하로서 임금을 배반한 事例를 제시하고 있다.

대개는 군주의 非理를 들어 책망하거나 그 道理를 재확인하여 깨우쳐
준다는 생각에서 쓰고 있는 것이다. 찬양하고 본보기가 되는 것은 모두
三代의 先王이 아니면 중국 천자의 업적들뿐인 것이다. 김부식이 진정
聖君이 나와주기를 기대했는지는 의문스럽다. 오히려 신하로서의 영웅,
현인·군자가 정치를 꾸려가야 한다고 믿었던 것 같다. 그가 군주의 實
踐德目을 제시하며 臣權으로써 그것을 제약해야 한다고 생각했다면 명
실공히 君臨하는 군주가 출현해서는 안 될 일이었다. 모든 정치가 군주
의 이름으로 행해지지만 정치의 內實은 신권, 귀족관료가 장악해야 했
던 것이다.

  이러한 김부식의 견해는 그 자신이 당면해 있는 정치적 처지를 밝힌
것이기도 하였다. 12세기 당시의 고려사회는 강대한 중앙 문벌귀족 세
력의 팽창으로 말미암아 왕권은 상대적으로 위축되고 비대한 귀족세력
자체도 내부분열이 거듭되고 있었던 것이다. 이자겸의 난과 묘청의 난
이 그 단적인 예이겠는데, 김부식은 그러한 혼란과 모순관계를 해소하
는 방법을 왕권의 강화에서 찾는 것이 아니라 自派 정치세력의 伸張으
로 해결하려는 견해를 견지했던 것이다. 이 점에 김부식 정치사상의 보
수적 성격이 있다고 하겠다. 이러한 김부식의 구상은 그의 도덕적 영웅
론(=賢人君子論)에서도 여실히 입증된다.

다) 英雄論(＝賢人君子論)

  김부식의 英雄觀은 乙支文德·張保皐·金庾信을 대비시켜 검토하는
데서 파악된다.

  그는 "君子가 없으면 능히 그 나라가 안전할 수 있을까"라는 『左傳』
의 구절을 들면서 隋軍을 격파할 수 있었던 것은 고구려 전체의 力量이
아니라 을지문덕 한 개인의 힘이었다고 贊하고 있다.56) 고구려의 國難

---

56) 『三國史記』 卷44, 列傳 4, 乙支文德傳 論贊.

을 구제한 영웅으로는 또 한 사람 연개소문이 있었지만 김부식으로서는 그가 弑君大逆罪人이므로 처단해야 마땅할 뿐, 더구나 영웅일 수는 없었다. 이 점에서는 궁예나 견훤도 마찬가지였다.

김부식은 장보고에 관한 기록이 적은 것을 애석히 여기면서도 그가 '義理와 勇猛'을 겸비했음을 찬양했다. 특히 장보고가 仁義의 인물이었음에도 발탁되어 쓰이지 못하고[57] 부하의 손에 죽은 것을 안타까워하였다.[58]

김유신에 대해서는 어떻게 보고 있는가? 먼저,

비록 乙支文德이 지략이 있고 張保皐가 의리와 용맹이 있었다 할지라도 中國의 史書가 아니면 그 사실이 알려지지 못할 뻔하였는데 金庾信은 곧 우리나라 사람들이 칭송하여 지금까지도 없어지지 않고 士大夫로부터 나무꾼에 이르기까지 이 사실을 알지 못하는 사람이 없으니 곧 그는 사람됨이 보통 사람과 다른 점이 있는 것이다.[59]

라고 해서, 그는 김유신이 을지문덕의 智略과 장보고의 의리·용맹을 겸비한 사람으로서 나라에 중히 쓰일 수 있었기에 큰 功業을 이루었을 것이라는 점을 암시하고 있다. 그는 김유신의 史蹟이 膾炙 口傳될 수 있었던, 보통 사람과 다른 점을 "당나라와 협의하여 삼국을 통일해서

---

57) 『三國史記』 卷44, 列傳 4, 張保皐傳 論贊, "망하는 나라에 인물이 없는 것이 아니라 그 망할 때는 어진 사람을 쓰지 않는 까닭이니 진실로 능한 사람을 쓸 것 같으면 한 사람으로도 족할 것"이라고 하면서, 장보고를 "쓰이지 못한 어진 한 사람"으로 여기고 있다.

58) 『三國史記』 卷22, 高句麗本紀 10, 寶藏王 27년 10월조의 고구려 전체 論贊 ; 『三國史記』 卷28, 百濟本紀 6, 義慈王 20년 6월조의 論贊. 김부식이 고구려, 백제의 멸망 원인을 논하면서 모두 이러한 仁義의 인물이 없었기 때문이라고 지적하고 있음을 상기할 필요가 있다. 그런데 仁義의 인물, 영웅이 없어서가 아니라 無道한 君主가 그런 人才를 등용하지 않았기 때문이라 하여, 결국 나라 멸망의 책임을 君主 한 사람에게 돌리고 있음이 주목된다.

59) 『三國史記』 卷43, 列傳 3, 金庾信傳 下 論贊.

한 나라로 이룩하고 능히 功名으로써 平生을 마친 사실"60)이라고 하였다. 김유신의 업적은 분명히 을지문덕의 그것에 앞서는 것이라고 김부식은 믿고 있는 것 같다. 그렇다면 外民族인 隋의 군대를 막아 국가·민족을 보존한 공로보다도 그것이 비록 自力이 아니라 외민족인 唐軍을 빌려서라도 안으로 隣國을 쳐서 한 나라를 이룬 사실이 더 뛰어난 功蹟이 되는 것이다. 여기에 지나쳐버릴 수 없는 문제점, 즉 김부식의 민족·국가관의 허점이 드러난다. 이것은 그의 사대의식의 연장이기도 하고, 따라서 김부식 역사의식의 한계를 규정하는 한 지표가 된다고 하겠다.

아무튼 김부식의 영웅관에 부합하는 인물을 바로 김유신에게서 찾은 셈이다.61) 요컨대 김부식은 12세기 고려사회의 정치적 상황에서 자신의 능력과 역할, 그리고 실현해야 할 목표 —— 그 자신의 문벌귀족적 기반 강화, 이를 위한 지배체제의 안정 —— 을 재확인하고 그러한 의도를 김유신에게 투영해놓았다고 볼 수 있는 것이다. 그리고 김부식의 유교인식에 부합되는 영웅은 군주인 영웅이 아니라 賢臣·良將인 영웅이었고, 이러한 의식이 바로『삼국사기』열전의 人物論에 반영되고 있음을 알 수 있다.

라) 人民觀

김부식은 君臣이 행하는 정치의 대상으로서 人民을 어떻게 인식하고 있었는가? 그의 인민에 대한 견해는 극히 관념적 추상적인 모습으로 나타날 뿐이다. 그는 民의 존재방식인 生活·生業·意識을 규정하는 土地制度나 身分關係 같은 문제에는 아무런 언급도 하지 않았다. 논찬을

---

60)『三國史記』卷43, 列傳 3, 金庾信傳 下 論贊.

61) 모두 50卷으로 이루어진『三國史記』가운데 金庾信 개인의 列傳이 3卷에 달한다는 사실을 단지 史料가 많았기 때문이라는 우연으로 돌려버릴 수 없는 까닭이 여기에 있다.

통해서는 그렇게 나타난다.

김부식은 民의 존재가 국가의 흥망을 결정하는 기본 요인이라는 점은 분명히 하고 있다. 그것은 '人心＝天心'이라는 유교사상의 기초적인 인식이었다. 먼저 신라의 三寶를 비판하면서,

> 孟子가 말하기를 "諸侯의 보물 세 가지가 있으니 土地와 人民과 政事가 그것"이라 했고 『楚書』에는 "초나라에 다른 보물은 없고 오직 착한 사람을 보배로 삼는다" 했는데 만약 이런 것을 안으로 행한다면 족히 한 나라를 착하게 만들고 밖으로 옮긴다면 온 세상이 윤택하게 될 것이다.[62]

라고 하였다. 民이 보배일 수 있는 것은 그것의 소유자가 존재함을 전제한 표현이겠는데, 중세의 정치가로서 김부식은 이처럼 民을 지배·소유의 대상으로 보는 것이다. 인민을 하나의 정치적 주체로 인식한다는 것은 생각할 수 없는 일이었다.

또 民이 보배인 이유는 국가 흥망의 결정적인 계기가 인심의 향방에 달렸다고 보았기 때문이었다. 그는 또한 『맹자』의 "天時不如地利 地利不如人和"[63]라는 말을 인용하면서, 고구려의 멸망은 그러한 인심의 和合이 이뤄지지 못했기 때문이었고[64] 백제의 멸망 또한 仁義를 멀리하여 인심이 離反한 때문으로 파악하고 있다.[65] 신라에 대해서는 運世가 다하여 道가 땅에 떨어지고 天의 도움도 없어서 인심이 또한 이반하여 돌아갈 곳이 없는 지경에 이르렀다가[66] 마침내 고려에 돌아가게 되었다고 하였다.

---

62) 『三國史記』 卷12, 新羅本紀 12, 景明王 5년 정월조의 論贊.
63) 『孟子』 卷3, 公孫丑章句 下.
64) 『三國史記』 卷22, 高句麗本紀 10, 寶藏王 27년 10월조의 고구려 전체 論贊.
65) 『三國史記』 卷28, 百濟本紀 6, 義慈王 20년 6월조의 論贊.
66) 『三國史記』 卷50, 列傳 10. 弓裔·甄萱傳의 論贊.

요컨대 김부식의 이러한 人民觀의 저변에는『맹자』의 民本論과 革命論이 강하게 깔려 있음을 볼 수 있다. 그것은 民의 자발적 주체적 의미의 '民本'과는 매우 거리가 먼 것이었다.

2) 社會倫理思想

유교사상에서는 인민을 국가가 계층적 신분질서 속에서 파악해야 할 것으로 보기 마련이었다. 그 파악방법은 禮敎에 바탕을 둔 인민의 敎化였지만 고려시기의 사회적 단계에서나 김부식의 인식으로는 단순히 도덕적 윤리적 가치의 표준이나 행위규범을 세우고 그것을 강조하는 범위에 머물 수밖에 없었다. 김부식은 正名主義(＝名分論)를 소화한 인식의 선상에서 그러한 질서를 실현하려고 했던 것 같다.

먼저 그는 男尊女卑論에 서서 신라의 女王制를 비판하였다.67) 男과 女의 別은 이미 天理로서 지어진 것이라고 규정하고, 그러므로 남성은 높게 여성은 낮게 놓여야 한다고 했다. 물론 이러한 남존여비사상은 자연법칙을 설명하는 陰陽說에서 원용하여 남녀 사이의 사회적 차별을 의도한 것이었다.

다음 同姓不娶論이었다. 김부식은 人倫의 분별을 두터이 하기 위해서는 同姓의 여자를 아내로 취하지 말아야 한다고 하였다.68) 중국의 禮儀法俗으로 봐서 그래야 한다는 것인데, 同姓不婚의 전통은 優生學的인 경험에서 시작되어 점차 사회 윤리규범으로 정착해갔다고 하겠으나 이는 어디까지나 文化傳統의 차이에 따라 달라질 수 있는 것이다. 문제는 김부식이 동성불혼의 정당성을 주장하는 기준을 중국에 두고 자기의 전통적 관습을 고쳐야 할 鄙陋한 것으로 규정하는 태도에 있는 것이라 하겠다.

---

67)『三國史記』卷5, 新羅本紀 5, 善德女王 16년 정월조의 論贊.
68)『三國史記』卷3, 新羅本紀 3, 奈勿尼師今 즉위년 서문의 論贊.

同姓不娶論이 同族集團 안에서 橫的 질서를 세우려고 제기된 것이라면 父子相續論은 그 縱的 질서를 엄정히 하려는 것이었다고 생각한다. 김부식은 고구려의 太祖大王이 두 왕자를 제쳐두고 아우 次大王에게 왕위를 계승한 것은 義를 알지 못하는 처사라고 비난하였다.69) 兄弟相續制는 고대사회 이래 同一血族 안의 家系계승·家産보호의 목적에서 발전한 규범으로 이해하는 것이지만, 孝思想에 바탕을 둔 祭祀相續의 관념이 확립되어 있는 유교사상에서는 용납하기 어려운 것이었다.

이상에서 남존여비·동성불혼·부자상속론은 유교적인 사회윤리의 주요 내용을 이루는 것들이었다. 김부식은 그 論斷의 사례를 모두 삼국의 왕실에서 찾고 있었지만 일반 민간의 사정은 더 말할 나위도 없었다고 생각한다. 이러한 김부식의 윤리규범에 관한 논찬은 그 모두가 자신이 살고 있던 當代 고려사회에 적용해야 한다고 생각한 社會倫理觀이었던 것이다.

유교 사회윤리의 핵심은 효의 윤리라고 해야 할 것이다. 효의 중요성은 부자관계에서 子의 도리를 규정하는 데 그치는 것이 아니라 군신관계, 나아가서는 家–國家를 一貫하는 질서의 개념이기도 한 것이었다.

김부식이 언급하는 효의 내용은 단편적일 수밖에 없다. 효의 여러 개념 가운데 단 세 가지 경우를 거론하고 있을 뿐이다. 첫째, 자식 된 자가 자기 몸을 손상시켜서는 안 된다는 것이다. 넓적다리 살을 베어 부모의 藥으로 쓴 向德과 聖覺의 정성을 갸륵하게 보면서도, 支體를 상하는 것은 義를 그르치는 것이고 이로 말미암아 자칫 죽기라도 한다면 돌이킬 수 없는 불효가 된다고 김부식은 경고한다.70)

다음으로 효는 어버이의 곁을 떠나지 않고 좌우에서 侍奉하는 일이다. 김부식은 文王이 그 先王 王季에게 하루 3번 문안드린 일을 인용하

---

69) 『三國史記』 卷15, 高句麗本紀 3, 次大王 3년 4월조의 論贊.

70) 『三國史記』 卷48, 列傳 8, 向德·聖覺傳 論贊.

고 있다.71) 세 번째는 자식으로서 부모를 不義에 빠지지 않게 하는 일이다. 김부식은 왕자 好童이 억울한 모함을 참지 못하여 자살함으로써 아버지 大武神王을 욕되게 했다고 평하면서, 본보기로 舜임금의 故事를 들고 있다.72)

김부식은 다만 효가 부모에게 일방적인 것일 수만은 없다고 보고, 『左傳』을 인용해서 "자식을 사랑하려면 옳은 방도를 가르쳐서 그릇된 길에 들지 않게 해야 한다"73)고 부모의 의무규정도 인정하고 있다.

결국 김부식의 孝倫理觀은 역시 유교경전의 기준을 가지고 고대적 전통사회의 효와 부자관계를 재고 논단하는 이상의 것이 아니라고 하겠다. 이것은 그가 전통문화와 유교사상을 접합할 수 있는 적극적 주체적 입장에 서있지 않다는 것을 예시하는 것이기도 하다.

3) 歷史意識

김부식의 역사의식은 이미 살핀 바, 그의 정치사상·사회관 속에서 제시된 셈이다. 그러나 논찬 가운데서 직접 史論에 관계되는 내용들이 있으므로 여기에 나타나는 그의 역사서술 방법이나 원칙을 살펴보기로 하겠다.

김부식은 스스로 '以實直書'의 방법으로 서술한다고 하였다. 그는 당 태종이 고구려를 침략한 사실, 그리고 이에 대적한 고구려군의 善戰에 당태종이 패배한 사실을 『新·舊唐書』나 『자치통감』에서 기록하지 않은 것을 비난하고 있다.74) 曲筆했다는 것이다. 그 잘못을 지적하는 기준으로 『춘추』를 염두에 두고 있음은 물론이다.

중국 史書에서 直書하지 않았음을 貶하는 그만큼 자신은 居西干·次

---

71) 『三國史記』 卷13, 高句麗本紀 1, 琉璃王 28년 3월조의 論贊.
72) 『三國史記』 卷14, 高句麗本紀 2, 大武神王 15년 4월조의 論贊.
73) 위와 같음.
74) 『三國史記』 卷22, 高句麗本紀 10, 寶藏王 8년 4월조의 論贊.

次雄·尼師今·麻立干 등 신라의 王號를 '王'으로 改書하지 않고 原名을 밝혀 적는데, 그 이유는 『左傳』과 『漢書』에서 그리했던 前例를 따르기 위해서라고 하였다.[75] 이렇고 보면 그가 신라의 왕호를 원명대로 적었다고 해서 그것을 자주적인 의식의 소산으로 보기는 어려울 것 같다.

그가 말하는 以實直書의 의미가 어느 정도의 것인지는 같은 사실에 대한 『三國遺事』 기록과의 대비에서도 잘 나타난다. 예컨대, 智證麻立干에 대한 기사에서 『삼국유사』는 "…… 왕의 음경이 1자 5치나 되어……"라고 한 것을,[76] 『삼국사기』에서는 "…… 왕은 체격이 크고 담력이 다른 사람보다 뛰어났다"고 쓰고 있는 것이다.[77] 김부식은 이런 정도의 표현상의 차이를 묵살하고 자기는 改書 改作하지 않았다고 주장하는 것이다. 따라서 그가 생각하는 以實直書에 文套의 변경, 卑野한 표현의 회피 정도는 저촉되지 않는다는 의미였던 것이다. 以實直書의 문제는 改書의 경우뿐만 아니라 冊削의 경우에도 있었다. 그는 옛 기록을 스스로 깎아 없애버리지는 않았다고 하였다.[78] 이 말대로라면 그는 改書는 했어도 冊削은 하지 않았다는 의미가 된다.

記事의 取捨문제에서도 그 기준을 『춘추』에 두고 있음을 볼 수 있다. 특히 亂臣賊子에 관한 기사는 모두 그 사실을 적는다고 하였다.[79] 후세의 警戒를 삼으려는 것이다.

儒敎史觀은 유교의 여러 觀念形態를 통해서 역사를 인식하는 태도이지만, 더 구체적으로는 正名主義(=유교적 名分論)에 바탕을 둔 春秋大義論이 주된 내용을 이루는 것이었다. 『삼국사기』의 논찬에서는 직접 『춘추』의 여러 典據를 인용하기도 하였지만 그런 언급이 없더라도 그

---

75) 『三國史記』 卷4, 新羅本紀 4, 智證麻立干 즉위년 서론의 論贊.
76) 『三國遺事』 卷1, 紀異 제1, 智哲老王條, "王陰長一尺五寸 難於嘉偶."
77) 『三國史記』 卷4, 新羅本紀 4, 智證麻立干 즉위기사, "王體鴻大 膽力過大."
78) 『三國史記』 卷28, 百濟本紀 6, 義慈王 20년 2월조의 論贊, "新羅故事云 天降金櫃 故姓金氏 其言可怪而不可信 臣修史 以其傳之舊 不得刪落其辭."
79) 『三國史記』 卷11, 新羅本紀 11, 神武王 즉위년 7월조의 論贊.

모든 논찬은 『춘추』의 기준, 즉 春秋筆法에서 이뤄진 것이라고 볼 수 있다. 특히 신라의 葛文王制를 비판한 것이나, 역시 신라의 卽位年稱元法이 잘못임을 지적한 것 등은 모두 '春秋'적인 기준의 貶이었다.[80] 김부식은 공자의 춘추필법을 적용해서 삼국의 역사를 서술했던 것이다. 김부식의 이러한 修史精神은 이 땅에서 최초의 체계적이고 유교적인 역사인식 태도이기도 하였고, 이로써 고려 一代와 조선 전기를 거쳐 유교적인 역사서술의 도도한 흐름을 형성하는 계기가 되었다. 그러므로 『삼국사기』와 그에 대한 평가와 是非가 또한 그치지 않는 것이라고 하겠다.

5. 맺음말

지금까지 우리는 김부식의 학문배경과 정치적 입장, 『삼국사기』 편찬의 동기와 논찬에 나타나는 유교 정치사상의 특징, 그리고 이를 그의 현실적인 처지와의 관련성에 주목해서 살펴보았다. 이제 그 파악된 대개의 내용을 다시 요약 정리해보는 것으로써 글을 맺으려고 한다.

김부식은 12세기 고려사회의 유교학풍이 가장 왕성하던 분위기 속에서 학문과 文章으로 명성을 누리면서 五經·諸子와 불교에까지 넓은 영역에 걸쳐 그 학문적 관심을 가지고 있었다. 그 가운데에서 主力했던 것은 孔門之學, 『맹자』였다. 맹자의 사상은 당시 고려사회의 성격이나 유교인식 수준에서 크게 주목하기 어려웠던 것인데, 김부식은 이러한 『맹자』를 존숭하고 그 사상을 수용, 自己意識化하고 있음이 주목된다.

김부식은 그가 『삼국사기』 體例의 모범을 삼고 있는 사마천이나 班固와 같이 史官으로 일관한 그런 역사가는 아니었다. 그는 순수하게 학

---

80) 『三國史記』 卷2, 新羅本紀 2, 沾解尼師今 원년 7월조의 論贊.
　　『三國史記』 卷1, 新羅本紀 1, 南解次次雄 즉위년 서문의 論贊.

문적인 동기나 史家의 직분에서 『삼국사기』를 편찬한 것이 아니었다. 그것은 지극히 자신의 정치적인 목적을 위함이었다.

당시 고려사회는 내부적으로 집권체제의 발전에 따라 문벌귀족 내부는 자기분열의 모순에 직면해 있었고, 밖으로는 중국 중심의 세계질서가 붕괴되는 상황에 있었다. 김부식계열의 개경파세력은 이자겸의 난과 묘청의 난을 차례로 저지하면서 고려사회의 지배질서를 신라적 전통의 문벌귀족 중심으로 재편성 강화하려는 처지에 있었다. 김부식은 이러한 보수 정치세력의 지도자로서 자신이 체득한 유교사상에 바탕을 두고 그것을 재확인하고 正當化하려는 의도를 새로이 『삼국사기』의 편찬을 통해서 제시하였던 것이다. 결국 『삼국사기』는 그의 이러한 보수성 때문에 고구려가 아닌 신라 중심일 수밖에 없었고, 또 그가 유교사상을 의식기반으로 했던 이유에서 전통문화 계승이 아닌 中國文化 指向의 관점에서 서술될 수밖에 없었던 것이다.

『삼국사기』의 논찬에 드러난 김부식 유교사상의 특징은 먼저 事大字小論이었다. 여기에서는 김부식이, 국내적인 사회구조의 변동에 따라 전개되는 삼국 사이의 항쟁관계나 唐의 以夷制夷 정책에 따라 이루어진 백제·고구려의 멸망과 신라의 통일이라는 역사 사실을 단순히 以小事大의 名分과 義理를 제대로 이행했는지, 또 중국이 그에 대해서 어느 정도로 字小의 은혜를 베풀었는지에 따라 귀결된 것으로 파악하고 있음이 그 특징을 이룬다.

다음으로 김부식의 가장 깊은 관심과 의도가 반영된 것으로 君臣關係에 대한 論을 들 수 있다. 그는 신하가 仁義로써 君命에 복종해야 함을 규정하고 君에 대한 반역이나 시해행위를 맹렬히 비판하면서도, 그 주안점은 군주의 도리를 규정하는 데 두었다. 즉 군주는 仁義에 따른 정치, 德治를 실현해야 하고, 그러자면 인재의 등용과 諫言의 聽納이 필수조건임을 강조하고 있다. 이를 보면 김부식은 이자겸이나 묘청의 난에 대해서 삼국의 史實을 통해 筆誅하고 있음을 알겠다. 무엇보다도 정치는 군주의 독자적 직접적 所産이 아니라 현인·군자·영웅의 등용을 통해서, 또 그 獻策을 聽納함으로써 실현되는 것으로 인식하고 있음이 주목된다. 그는 나아가서 국가·왕조의 운명이 한 사람의 현인·군자·영웅의 등용 여부에 달려 있는 것으로 보고, 그 이상적인 현인·영웅상으로서 김유신을 제시하고 있다.

김부식의 이러한 君主臣下觀이 君權에 대한 臣權의 우위를 실현하려는 의도를 나타내는 것임은 말할 나위도 없는 것이다. 여기에 人民의 실체는 그의 視野에 들어오기 어려웠던 것으로, 民은 정치의 목적일 뿐 주체적 존재는 아니었던 것이고 다만 民意의 방향이 왕조·국가의 흥망에 직결된다는, 民本論의 피상적인 이해에 그칠 뿐이었다. 요컨대 김부식의 정치사상은 인민을 기반으로 한 국가·민족의 개념이나 民産·國防·文物·制度의 문제에 대한 인식에는 아직 도달하지 못하고, 오직 忠義에 바탕을 둔 군신관계에 집약해서 문벌귀족 중심의 정치질서 확립을 지향하는 단계에 머물러 있는 것이었다. 또 김부식의 유교 윤리사상 또한 정치사상의 성격과 表裏關係를 이루는 것으로서, 극히 단편적인 자료의 검토에 따른 것이기는 하나 古代的 忠孝論과 큰 차이가 있다고 생각되지는 않는다.

어떻든『삼국사기』의 유교적 성격은 고려 집권체제의 운영원리로서 유교 정치사상을 수용 발전시키는 단계에서 하나의 指標를 설정해준 것이었다. 다만 유교경전이라는 尺度를 가지고 전통적 개성적 주체적인 자기 문화를 裁斷해버림으로써 자기 인식을 심화하고 확대할 수 있는 계기를 그만큼 축소한 결과가 된 것이다.

(『韓南大學校論文集』14, 1984)

Ⅲ. 朝鮮 前期의 社會思想
―『小學』의 社會的 機能 分析을 중심으로―

1. 머리말

朱子學 受容 이전의 우리나라 思想界는 각 시기마다 儒敎와 佛敎가 함께 이데올로기로서 기능하되 서로 보완관계에 있었던 점에 특징이 있었다. 古代社會에서 國家宗敎의 지위는 불교가 차지한 가운데 유교는 律令·官制 등 현실 政治體制의 원리로서 기능하고 있었던 것이다. 이는 이 시기 불교가 국가종교로서 俗權의 정치를 포섭하는 것이 아니라 오히려 國家權力과 결탁 또는 寄生關係에 그치는, 말하자면 불교가 政敎를 포괄하는 통일적인 이데올로기로 성립하지 못하고 있음을 뜻하는 것이었다.

中世 初期(統一新羅時期) 이래 高麗時期에 걸쳐서 政治·社會의 운영방식에서 유교사상의 비중이 더욱 커지는 가운데 불교사상의 지위는 사실상 약화되어가고 있었다. 예컨대 新羅의 讀書三品科나 高麗의 科擧制度에서 보여주는 바와 같이 專制的인 國王權이나 集權的 官僚制度의 思想基盤으로는 그만큼 유교의 政治原理가 더 적합해지고 있었던 것이다. 그렇더라도 고려 말까지는 아직 불교가 支配理念의 지위를 지켜가고 있었다. 이는 실로 불교·유교에 의한 一元的인 이데올로기 아

래에서 유교는 그 哲學的 未完結性으로 말미암아 아직 불교를 극복할 단계에 이르지 못하였고, 무엇보다도 두 사상이 이 시기까지는 中世國家와 그 支配層의 農民支配라고 하는 대원칙에서는 그 利害關係가 일치하고 있는 데서, 또 이 점에서는 유교와 불교가 서로 依存關係에 있는 데서 그 대립·충돌이 留保되고 있는 사정이기도 하였다.

그러나 고려와 조선의 交替는 곧 사상계 자체에도 커다란 變革을 의미하는 것이었다. 종래 불교와 유교는 지배이념으로서의 비중이 점차 前者로부터 後者로 완만한 傾斜的 交替를 이루어가면서도 기본적으로는 相互 共存關係였던 것이지만, 이제 주자학의 수용으로 그 균형상태는 결정적으로 깨어지고 오직 주자학 獨走의 시대를 맞게 되었던 것이다. 주자학 唯一思想時代의 연출은 실상 주자학이야말로 中世社會의 統一 이데올로기로서 完結的인 것임을 뜻하는 것이기도 하였다.

이러한 思想의 變動·交替는 말할 것도 없이 이들 사상이 그때그때의 時代思想·社會思想으로서 기능하고 있음에서, 또 사회의 변동·발전에 따라서는 사상 자체가 變形·交替·再定立되지 않을 수 없는 까닭이었다. 이는 또한 불교·유교·주자학이 처음에는 外來思想으로 수용된 것임에도 불구하고, 마침내는 한국불교·한국유교와 주자학으로서 성립되는 이유이기도 한 것이다. 이렇게 시대와 사상, 社會體制의 변동과 사상의 관계를 불가분한 것으로 보면, 조선사회의 성립과 주자학의 수용문제는 우리나라 중세사회의 발전단계를 규정하는 기본 문제가 될 수밖에 없는 것이다. 즉 고려사회에서 조선사회로의 質的 轉換이라는 전제 위에서 불교사상을 극복한 주자학사상의 본질이 설명될 수 있어야 하는 것이다.

우리는 이러한 입장에서 주자학사상의 존재가 조선사회의 성격을 규정하는 결정적인 요소임을 인정하고 이것을 解明함으로써 韓國史의 體系化, 構成的 인식에 도달할 수 있을 것이다. 또 이 관점에서만이 주자학의 歷史的 展開를 社會思想史의 범주에서 파악하는 것이 되고, 우리

의 近代化過程에서 극복해야 할 대상인 舊制度의 實體를 思想史로서
인식하는 길이 열리기도 할 것이다.

주자학을 사회사상사로서 이해하려는 시도는 1960년대 이후 韓國史
의 停滯性論을 극복하고 發展史觀을 수립하는 研究土臺 위에서 비로소
가능하게 되었다. 종래에는 주자학이야말로 조선사회 停滯의 屬性을 설
명하는 데 더 없이 좋은 소재가 되어왔던 사실 때문에 주자학의 전개과
정을 歷史의 발전단계로서 파악한다는 것은 쉬운 문제가 아니었던 것
이다.[1] 그러던 것이 實學研究와 함께 조선 후기 社會經濟史의 研究成
果가 축적됨에 이르러서는 주자학사상은 封建的 思惟樣式으로 규정되
기도 하고, 그 否定・克服의 단계가 설정될 수 있게도 되었다.[2] 그리하
여 이제는 주자학사상을 사회체제의 발전과정 속에서 이해한다는 것은
당연한 일로 여겨지게 된 것이다.

그 2, 3의 先驅的인 論者들은 주자학사상을 대개 身分階層思想 또는

---

1) 朝鮮 朱子學을 중심으로 한 學問上의 연구는 이른 시기부터 있어왔다. 우선 初期의
   先學들은 朱子學의 學統・淵源을 밝히고 그것을 儒學史로서 정리하고 있었는데 대
   개는 列傳類의 人物史 또는 教理・學說史의 범위에 드는 업적이었다(張志淵, 『朝鮮
   儒教淵源』, 滙東書院, 1922 ; 高橋亨, 「朝鮮儒學大觀」, 『朝鮮史講座』, 朝鮮史學會,
   1927 ; 玄相允, 『朝鮮儒學史』, 民衆書館, 1949 ; 李丙燾, 『資料韓國儒學史草稿』, 서울
   대학교 국사연구실, 1959).
   　麗・鮮 兩王朝의 政治的 交替過程을 思想的인 측면에 주목하여 '儒・佛 交替'로 파
   악하는 연구도 이 무렵에 나왔다[尹瑢均, 「朱子學の傳來とその影響に就いて」, 『尹
   文學士遺棄』, 朝鮮印刷會社, 1933 ; 李相佰, 「儒佛兩教 交代의 機緣에 관한 一研究」,
   『東洋思想研究』 2・3, 1938~1939(『朝鮮文化史研究論攷』, 을유문화사, 1947)].
   　社會思想史의 관점에서 인식하려는 노력이 있기도 했지만 그것에는 처음부터 朝鮮
   史의 內在的 發展을 부정하는 결함이 있었다(石井壽夫, 「理學至上主義 李朝への天
   主教の挑戰」, 『歷史學研究』 12-6, 1942).
2) 實學研究를 始發點으로 하고 農業史研究를 중심하여 中世社會 解體過程의 實體를
   밝혀내는 데 기여한 업적들은 다음과 같은 것이 대표적이다. 劉元東, 『李朝後期商工
   業史研究』, 한국연구원, 1968 ; 金容燮, 『朝鮮後期農業史研究』 Ⅰ・Ⅱ, 일조각, 1970 ;
   金容燮, 『韓國近代農業史研究』, 일조각, 1975 ; 姜萬吉, 『朝鮮後期商業資本의 發達』,
   고려대학교 출판부, 1973 ; 宋贊植, 『李朝後期 手工業에 관한 研究』, 서울대학교 한
   국문화연구소, 1973 ; 金泳鎬, 「朝鮮後期에 있어서의 都市商業의 새로운 展開」, 『韓
   國史研究』 2, 1968 ; 金泳鎬, 「朝鮮後期 手工業의 發展과 새로운 經營形態」, 『大東文
   化研究』 9, 1972.

階級主義의 支配原理로서, 현실의 地主佃戶制의 생산관계 위에 성립되
는 支配・隷屬 關係를 정당화하는 논리로 이해하였다.[3] 한 理念體系와
이를 수용한 사회체제의 관계, 그리고 이것을 하나의 歷史段階로 파악하
고 있는 점에서 이들 先驅의 視角과 槪念定義는 매우 설득력을 지닌 것
이라 하겠고, 또 思想史硏究의 시야와 가능성을 일층 넓혀준 것이기도
하다. 그러나 이 論究들은 두 가지 측면에서 다시 문제를 제기하고 있다.

먼저 주자학 수용의 역사적 기반인 이 시기의 地主佃戶制를 조선 전
기에 새롭게 성립되는 生産關係로 파악해서 이것을 그 受容基盤으로
인정하려는 점과 그러한 생산관계에 결합되는 주자학의 論理構造 자체
에 대한 천착을 결여하고 있는 점이 그것이다.

우리나라 중세의 社會・經濟 構造를 집약적으로 표현해주는 것으로
는 토지의 私的 所有權 위에서 성립하는 지주전호제와 국가의 收租權
分給 방식인 田主佃客制의 두 가지 經濟制度가 있고, 이것은 社會身分
制를 바탕으로 해서 운영되는 것이었다. 이들은 중세 초기에 이미 성립
해서 전자, 즉 지주전호제는 조선시기에, 후자 전주전객제는 고려시기
에 전형적으로 발전했던 것이다. 중세 봉건국가와 지배층은 이 二元的
인 제도의 상호보완 또는 대립관계 위에서 그 지배체제를 유지해온 셈
이었고, 전자의 점진적인 소멸과 함께 후자만이 유일한 경제제도로 관
철되어가는 과정에서 주자학사상은 수용되고 있었던 것이다.

말하자면 주자학의 수용을 기본적인 생산관계인 지주전호제와 결합
시키는 것 자체는 무리가 없지만, 그러한 생산관계는 조선시기 이전에

---

3) 李佑成, 「朝鮮儒敎에 관한 斷章」, 『文學과 知性』 2-3, 1981 ; 李佑成, 「朝鮮時代 社
    會思想史」, 『韓國文化史新論』, 중앙문화연구원, 1975 ; 金泰永, 「朝鮮前期 封建的 社
    會思想試論」, 『經濟史學』 2, 1978 ; 韓永愚, 『朝鮮前期의 社會思想』(春秋文庫 17), 한
    국일보사, 1976(「朝鮮前期 性理學派의 社會經濟思想」, 『韓國思想大系 II－社會・經
    濟思想篇』, 성균관대학교 대동문화연구원, 1976에 收錄). 그런데 韓永愚 교수는 주자
    학의 身分階級主義를 일종의 身分調和說로 인식하고 있는 점에서 사실상 앞의 두
    論者와는 다른 시각을 갖고 있다.

이미 고려시기에도 발전해 있었고, 더구나 그보다 앞선 新羅統一期에 성립되어 있었던 사실을 어떻게 설명할 수 있을 것인지가 문제라는 것이다. 이것은 고려와 조선의 社會構成上의 차이를 여하히 설정할 것인가의 문제이기도 한 것으로서, 주자학 수용의 문제는 지주전호제뿐만이 아니고 수조권분급제도를 포함한 경제제도 전체와 사회신분제 그리고 集權的 官僚體制와 관련해서 두 사회의 질적 차이를 想定해봄으로써만 解明할 수 있을 것이다.

한편 주자학사상을 저러한 歷史的 基盤 위에서 성립되는 中世 封建 社會思想으로 파악하려면 주자학 자체의 理氣論·人性論·名分論 등 基本 思想의 관련구조도 설명해야 할 것이다. 또 이들 思想構造는 어떠한 制度裝置를 媒介로 해서 현실적으로 個人의 意識과 社會關係를 규제할 수 있었던가도 아울러 문제 삼아야 할 것이다.

이상과 같은 과제를 해결하는 구체적인 방법의 하나로서 本稿에서는 조선시기 朱子學敎本을 分析해보기로 하였다. 그것은 朱子『小學』이다. 『소학』은 주자학의 入門書·基本書로서 우리나라 유교교육의 필수과정이었고, 또 조선사회 思想敎化書로서 가장 널리, 철저히 보급되면서 주자학의 역사와 그 운명을 함께 하였던 것이다.[4] 그래서『소학』의 내용과 그 수용과정, 즉『소학』의 사회적 기능을 면밀히 분석해보면 理念으로서 주자학사상의 기본 개념, 또 그로 해서 醸成되는 思惟樣式·人間

---

4) ‘小學’에는 통상 3가지 의미가 있다. ① 이른바 ‘三代之學’으로서의 ‘小學’, 즉 學校制度로서의 ‘小學’, ② 文字의 形象·訓詁·音韻 등을 연구하는 ‘文學之學’으로서의 ‘小學’, ③ 朱子가 三代의 小學에서 가르치던 敎科內容을 復元하려는 의도에서 저술한 敎本으로서의 『小學』이 그것이다(『大漢和辭典』 4冊, 51~52쪽 참조). 물론 여기서는 朱子『小學』을 문제로 삼았다. 朱子『小學』에 관련된 기왕의 연구를 들어보면 대개 다음과 같다.『小學』의 分析에 여러모로 도움이 컸음을 밝혀둔다. 崔在錫,「韓國家族의 傳統的 價値意識」,『亞細亞研究』7-2, 1964 ; 金璟東,「敎科分析에 의한 韓國社會의 敎育價値觀의 研究」,『想百李相佰回甲紀念論叢』, 을유문화사, 1964 ; 李樹健,「李朝時代의 小學 敎育에 대하여」,『嶺南大論文集』2, 1969 ; 渡部學,「講課之規と小學書學習」,『近世朝鮮敎育史研究』, 東京 : 雄山閣, 1969 ; 田花爲雄,『朝鮮鄕約敎化史の研究』, 東京 : 鳴鳳社, 1972.

類型은 어떠한 것인가를 알 수 있을 것이며, 결국 그것이 실제의 사회·경제 관계 속에서 여하히 실현됨으로써 중세 사회체제를 보증하는 이데올로기로 될 수 있었는지를 이해할 수 있게 될 것이다. 그러나 筆者의 능력부족으로 이러한 문제들이 만족스럽게 해명되기를 기대할 수는 없다. 자료분석의 미숙함이나 논리전개에서의 결함도 적잖이 드러나리라고 생각된다. 叱正을 바란다.

2. 朱子學 受容의 歷史的 基盤

고려사회로부터 조선사회로의 발전적 이행은 바로 佛敎的 思惟를 극복하고 朱子學的 思惟를 성립시켜가는 과정이었다. 來世指向的인 불교사상은 인간으로 하여금 현실세계의 自己沒覺을 통해서 무조건 맹목적인 복종과 충성을 감수하도록 요청하는 諦念無念의 것이었다. 이에 대해서 주자학의 名分論·人倫主義는 그러한 지배·복종의 階梯的 사회관계를 인간 개개의 自發的 意識, 思考活動을 통해서 自然法則, 인간의 本質로 인식하는 사상이었다. 그러면 이와 같이 불교로부터 주자학으로의 사유양식의 전환은 어떠한 역사적 기반 위에서 가능했던 것일까.

그 전환의 계기는 먼저 이 시기 사회세력 사이의 갈등, 예컨대 新興士大夫層의 舊貴族層에 대한 항쟁, 그리고 그 결과로서 후자에 대한 전자의 정치적 승리로서 설명할 수도 있는 것이었다. 그러나 신흥사대부층이 麗·鮮 交替의 주도세력으로, 또 조선사회의 지배세력으로 등장할 수 있었던 역사적 계기는 고려 후기 이래의 생산력의 발전과 그 주체로 성장해온 農民大衆으로부터 마련된 것이었다.

이 시기 농민들은 국가 및 귀족 지배층의 과도한 수탈에 시달리고 있으면서도 스스로의 生計策으로써 꾸준히 農法을 개량하고 新田을 개발해서 土地生産性을 높여가고 있었다. 특히 對蒙抗爭期 이후에는 耕地

의 확대와 함께 歲易農法을 급속히 不易常耕農法으로 전환함으로써 農業生産力이 발전하고 농민경제도 한층 향상될 수가 있었던 것이다.[5] 이처럼 농민에 의한 농업경제의 발전은 조선초기의 田結數가 앞 시기에 견주어 거의 培增하고 있는 데서도 단적으로 증명되는 바이지만,[6] 여기에는 生産擔當者인 농민층의 토지 소유·지배 의지가 한층 높아지고 있음과 그들의 사회·경제적 구실 또한 더욱 증대되어가고 있음을 간과할 수가 없는 일이었다.

이러한 農民意識의 성장은 전반적으로 고려 농민으로부터 조선 농민으로의 진전인 것으로, 봉건국가와 지배층은 이러한 농민층의 성장을 그들의 政治的 課題로 수렴해가지 않으면 안 될 사정이었다. 그런데 이 시기 구귀족층에 의한 收租地의 확대와 農莊化는 收租의 暴斂에 의한 農民經理의 파탄을 초래하는 것이었고, 동시에 科田의 태부족과 軍需·祿俸 등 國家財源의 고갈을 당연히 가져오게 되었던 것이다. 원래 국가와 귀족관료층은 支配機構와 그 지배층으로서 농민을 지배한다는 점에서는 이해관계를 같이하는 존재였지만, 귀족층에 의한 收租擴大를 비롯한 과도한 국가재원의 浸蝕은 국가 자체의 존립, 전 농민의 생존을 위협하는 것이 아닐 수 없었다. 이제 구귀족층은 농민층에 대해서는 물론 같은 지배계층인 신흥사대부층에 대해서도 그 이해관계에서 전면 相衝하는 처지에 놓이게 된 것이었다. 결국 신흥사대부층은 사회발전의 대세에 부응하고 농민적인 요구를 인정해서 이를 구귀족의 타도, 政權의 장악을 위한 지지기반으로 확보하는 계기를 얻게 된 것이었다. 田制와 租稅制度의 일정한 개혁이 단행되고 정치체제의 재정비가 추진되었던 것은 이러한 진전과정의 귀결이었다.[7] 그리고 조선왕조의 성립은 그 구

---

5) 金容燮, 「高麗時期의 量田制」, 『東方學志』16, 1975 ; 李泰鎭, 「畦田考－統一新羅·高麗時期 水稻作法의 類推」, 『韓國學報』10, 1978 ; 宮嶋博史, 「朝鮮農業史上における十五世紀」, 『朝鮮史叢』3, 1980.
6) 金容燮, 위의 글, 1975.
7) 周藤吉之, 「高麗朝より朝鮮初期に至る田制の改革」, 『東亞學』3, 1940 ; 深谷敏鐵,

체적인 실현형태였던 것이다.

이와 같이 고려 후기 이래의 발전하는 농업생산력과 그 주체인 농민층을 기반으로 하여 출범한 것이 조선사회였지만, 그러나 그것은 기본적으로 새로운 兩班士大夫層을 중심으로 한 봉건국가의 재편성, 집권체제의 단계적 강화과정에 지나지 않는 것이었다.

중세 봉건사회에서 국가와 지배층은 스스로 토지의 所有主體가 되어 직접 생산자인 농민을 장악하고 이들을 토지에 긴박시킴으로써 諸封建的인 수탈을 달성해가게 마련이었다. 이것은 특히 大土地所有者와 생산의 기본 단위인 小農民經營의 사회·경제 관계, 즉 봉건적 토지소유관계와 국가 租稅體系의 문제로서, 이의 적절한 조절과 운영 여하는 중세 사회체제의 關鍵이 되는 것이었다. 그리고 이러한 경제제도는 사회신분제에 의해서 전 국민을 上下 階層秩序 속에 편재하고 이 신분관계를 그 경제적 지배·예속 관계로 관철하도록 되어있는 점에 또 다른 특징이 있었다. 고려사회와 그 전환으로서의 조선사회는 발전단계에 따르는 水準과 强度의 차이는 있겠으나 봉건사회로서 구조 자체의 기본 성격에서는 同質的인 것이었다고 생각되는 것이다.

이 시기 토지 所有主體와 직접 생산자의 관계는 봉건적인 지주전호제 經營方式에서 여실히 나타나고 있었다.8) 지주전호제는 私的 土地所有權의 보장, 土地私有化의 진전과정 위의 일로서 이미 중세 초기(신라통일기) 大土地貴族의 田莊經營에서 그 성립을 보고 있었다. 고려시기

「朝鮮における近世的土地所有の成立過程」,『史學雜誌』55-2·3, 1944 ; 李相佰,『李朝建國의 硏究』, 乙酉文化社, 1949 ; 韓永愚,「太宗·世宗朝의 對私田施策」,『韓國史硏究』3, 1969 ; 浜中昇,「高麗末期의 田制改革について」,『朝鮮史硏究會論文集』13, 1976.

8) 地主佃戶制의 성립·발전에 관해서는 다음 업적들이 참고되었다. 金容燮, 앞의 책, 1970 ; 金容燮,「高麗時期의 量田制」,『東方學志』16, 1975 ; 金容燮,「韓國農業史」,『韓國文化史新論』, 중앙문화연구원, 1975 ; 金容燮,「土地制度의 史的 推移」, 1981(『韓國中世農業史研究』, 지식산업사, 2000 所收) ; 安秉直,「韓國에 있어서 封建的 土地所有의 性格」,『經濟史學』2, 1978 ; 金鴻植,『朝鮮時代 封建社會의 基本構造』, 博英社, 1981 ; 李景植,「16世紀 地主層의 動向」,『歷史敎育』19, 1976.

의 豪族層·權門貴族·寺院의 大土地는 이른바 農莊을 형성하여 지주
전호제에 따라서 경영되었던 것이고, 조선시기에서 兩班官僚들의 農莊
이나 지방 사대부층의 中小土地 경영방식도 역시 지주전호제였다. 말하
자면 신라통일기 이래 조선시기에 이르기까지 시대발전에 따라 耕作農
民의 사회·경제적 처지가 향상됨으로써 그 경영구조도 다소 변동되었
지만, 소유주체가 봉건 지배층인 한에서는 토지소유관계에 기초한 지주
의 농민 지배방식은 기본적으로 지주전호제 그 자체로서 일관되어올
수밖에 없었다고 하겠다.

토지의 소유·지배 관계가 현실적으로 身分·階級에 따라서 편재될
수밖에 없는 사정 아래서 대토지는 양반 지배층의 소유이기 마련이었
고, 그 가운데서도 국가와 王室은 최대의 지주였다. 반면에 일반 농민들
은 비교적 큰 규모의 토지를 소유한 富農이 없지도 않았지만 대개는 소
토지를 소유한 小經營 농민들이거나 전혀 자기 토지가 없는 無田農民
들이었다. 여기에 대토지소유자와 무전농민들의 상호관계는 자연스럽
게 地主·佃戶의 생산관계를 형성하게 마련이었고, 이것이 이른바 分半
打作이라고 하는 並作半收制 地主經營의 전개과정이었던 것이다.

우리나라 중세 경제제도로서 이러한 지주전호제가 발전하고 있는 한
편에서는 田柴科·科田法·職田法이라고 하는 收租權分給方式의 또
하나의 토지제도가 단계적 과정을 거치면서 시행되고 있었다.9) 이는 중
세초기의 祿邑制를 계승한 제도로서 集權的 封建國家가 兩班官僚層이
나 軍人 등 諸職役 從事者에게 그 봉사와 충성의 대가로, 또는 王室·
宮院·各級官廳의 경비를 충당하려고 일정 토지의 收租權을 지급하는
제도였다. 收租權에 의한 均地分給制는 국가권력이 田主의 처지에서
전국의 토지에 대한 租稅收取權을 행사함으로써 운영되는 토지 지배방

---

9) 金容燮, 앞의 글,『東方學志』16, 1975 ; 金容燮, 앞의 글, 중앙문화연구원, 1975 ; 金
   容燮, 앞의 글, 1981.

식이었고, 그런 점에서 이는 사적 소유권에 근거하는 지주전호제에 대
응하는 土地國有制 觀念의 표현이기도 하였다. 이때 국가로부터 위임
된 收租權者도 역시 田主(科田主)이고, 실제로 토지를 소유하고 경작하
는 租稅負擔者는 佃客이라고 불려졌다. 토지소유자인 佃客은 일정의
收租率에 따라 田主에게 租稅를 납부해야 되었으며, 이 점에서 토지의
收租權과 所有權은 늘 서로 대립관계에 있기 마련이었다.10) 지주전호
제와 수조권분급제, 이 두 경제제도는 실로 중세의 대토지소유자와 귀
족·사대부 관료층 위주의 경제기반이었던 것이고, 동시에 일반 농민층
을 그 가운데 편재하고 있는 경제기구이기도 하였다.

이 시기 농민층은 크게 良人과 賤民(奴婢)의 두 신분층으로 구성되어
있었다.11) 良人農民層은 初期王朝國家(部族聯盟)시기 下戶의 존재로부
터 고려의 白丁, 조선의 良人에 이르기까지 역사적 단계를 거치면서 성
장해온 것으로, 그들이 스스로 토지를 소유하고 이를 家族勞動으로 경
작하며 自己經理를 영위하는 점에서, 이는 法制的으로 양반과 차별되
는 것은 아니었다. 그러나 그들은 봉건국가의 公民으로서 剩餘勞動力
을 軍役과 徭役의 명목으로, 또 잉여생산물을 田租와 그 밖의 貢納의
명목으로 무상 착취당하는 봉건적 隸屬農民의 존재였다. 그들은 말하자
면 勞動地代와 現物地代를 동시에 납부하는 셈이었다. 한편 토지소유
의 零細性과 그 처분의 자율성, 자연재해의 위협 그리고 국가와 지배층
의 무거운 수탈 위에서 영위되는 農民經理의 不完全性은 농민의 階層
分化를 부단히 야기하는 요인으로서, 위로는 致富하여 지주가 되는 농

---

10) 土地를 소유한 自營農民이라 할지라도 그 토지소유권은 지배층의 收租權(=田主
   權)에 의해서 제약을 받는 불완전한 것이었다. 예컨대 科田主의 직접 收租에 따른 苛
   斂이나, 租稅行政이 문란해지는 시기에는 收租率의 漸增現象이 나타났는데, 이는 收
   租權에 따른 土地支配·農民支配가 그만큼 강화되고, 또 收租地의 점탈현상도 확대
   되는 것을 의미하였다. 金容燮, 앞의 글,『東方學志』16, 1975 ; 金容燮, 앞의 글, 중앙
   문화연구원, 1975, 391쪽 ; 金容燮, 앞의 글, 1981.
11) 金錫亨, 末松保和·李達憲 共譯,『朝鮮封建時代農民の階級構成』, 東京 : 學習院東
   洋文化硏究所, 1960.

민이 있기도 했지만 많은 농민들은 몰락해서 無田之民이 되어가기 마련이었다.

몰락한 양인농민들은 旣述한 바 農莊의 佃戶가 되는 것이었다. 이들은 지주에게는 地代만을 납부하고 庸과 調는 국가에 바치도록 法制되어 있는 이른바 並作關係로서, 여기에는 지주·전호 사이의 對等關係를 상정할 수 있었다. 그러나 실제로는 지주층의 수탈의 가혹성 때문에 아주 몰락 失勢했거나 債務關係에 있는 良人佃戶는 그 처지가 農奴的인 상태에 있는 것이 보통이었다.12)

봉건시기 농민의 또 하나 주요 구성부분은 奴婢身分層이었다. 노비는 삼국시기까지는 賣買·殉葬의 대상이 되고 生産道具를 소유할 수 없는 奴隷的 존재였던 것인데, 고려·조선시기에 이르러서는 自己經理 및 생산도구를 소유할 수 있는 농노적 존재로까지 성장해오고 있었다. 양인농민이 자기 소유의 토지를 상실한 무전농민으로서 전호가 되는 것이라면, 노비는 본시 토지와 함께 귀족·양반·寺院 등 그 上典의 소유로서 완전히 예속된 전호였다. 이들 노비전호는 率居 또는 外居하면서 상전의 농지를 경작하는 것이 보통이지만 때로는 다른 지주의 전호가 되어 있으면서 지주에게는 地代를, 본주에게는 身貢을 바치는 노비도 있었는데, 어느 경우나 그 처지는 마찬가지로 농노적 처지였다.13)

요컨대 農莊의 경작농민들은 農莊主에게 직속된 부자유한 노비전호층과, 예속관계가 비교적 가볍고 자유로운 양인전호층으로서 존재하고 있었던 것이다. 이들 전호농민들이 부담하는 지대는 半打作하는 것이

---

12) 우리나라 中世, 특히 朝鮮時期의 良人農民의 存在에 관해서는 다음 업적이 참고되었다. 金錫亨, 앞의 책, 1960 ; 金泰永, 「科田法下의 自營農에 대하여」, 『韓國史研究』 20, 1978 ; 矢澤康祐, 「李氏朝鮮의 成立과 展開」, 『岩波講座 世界歷史』 12冊, 1971 ; 李載龒, 「農民」, 『韓國史』 10冊, 국사편찬위원회, 1974 ; 安秉直, 앞의 글, 1978 ; 金鴻植, 앞의 책, 1981.

13) 奴婢의 존재에 대해서는 주 12의 관련부분과 李載龒, 「奴婢」, 『韓國史』 12冊, 국사편찬위원회, 1974를 참고하였다.

田柴科制度 이전부터의 農業慣行이었다.[14] 그리고 이 같은 지대를 수취하는 데는 각종 制度的 裝置로 경제외적인 强制가 가해지기 마련이었다. 또 국가의 행정력이 약화되는 시기나 가혹한 지주의 경우 반타작 이상으로 지대가 많아지는 경우도 얼마든지 예상되는 일이었다.

地主佃戶制와 田主佃客制는 그것이 순전히 경제적인 관계로서만이 아니라 신분적 정치적 조건까지 유착됨으로써 지주층·지배층의 농민 지배를 관철하려는 데에 그 특징이 있는 것이었다. 따라서 두 경제제도의 역사적 발전은 궁극적으로는 人身的인 支配·隸屬 關係, 家父長的 主從關係로부터 순전한 경제적 관계만으로의 지향이라고 해야 할 것이고, 그 과정에서 고려사회와 조선사회의 질적 차이, 예컨대 社會變革의 基底로서 경제제도 자체와 농민 지배방식의 단계적 전환이 이루어지게 마련이었다.

고려시기에는 토지의 사적 소유권을 바탕으로 한 지주전호제와 수조권을 분급하는 전주전객제가 전형적으로 성립 발전하고 있었으나, 그 가운데 수조권분급제는 田柴科·祿科田을 거쳐 조선시기의 科田法·職田法에 이르면서 점점 약화 소멸되어가고 지주전호제만이 유일한 경제제도로서 발전해가게 되었다. 말하자면 처음에 지배층이 소유권과 수조권의 두 가지 방식에 따라서 농민과 토지의 지배를 실현하던 것이 마침내 소유권 한 가지 방식으로 전환하게 된 것이었다. 이러한 收租權制度의 약화·소멸 과정은 중세 봉건국가에서 집권체제의 강화과정이기도 하고, 동시에 사적 소유권의 성장, 그리고 소유권에 바탕을 둔 지주전호제의 발전을 의미하는 것이기도 하였다.

고려왕조는 集權的 官僚體制이면서도 지방 귀족세력의 諸旣得權을

---

14) 國屯田의 경우 부역노동에 의한 노동지대적인 것도 있었지만, 조선 초기에 벌써 並作制的인 地主經營으로 전화되어가고 있었다(李景植, 「16세기 屯田經營의 變動」, 『韓國史硏究』 24, 1979). 그러나 아직도 率居 또는 主家 인근의 노비들은 부분적으로 노동지대를 납부했을 것으로 예상할 수 있다.

승인하는 가운데, 또 국가권력의 농민파악이 상대적으로 미약한 가운데
성립한 것이었기 때문에, 수조권의 분급방식을 통해서 官僚貴族 또는
지방 土豪들에게 農民支配權을 그만큼 더 인정해주어야만 했었다. 이
에 견주어 조선왕조는 屬縣의 領縣化, 鄕吏層의 地位格下 등 일련의 지
방행정과 지방 지배세력을 정비 장악함으로써 집권체제를 더 강화하고,
이로써 국가권력의 개별적 직접적인 농민파악을 한층 진전시킬 수 있
게 되었던 것이다.[15] 말하자면 종래 국가의 농민지배는 지방 귀족과의
일정한 협력관계 위에서만 가능하였고 收租權分給은 그 반대급부로서
불가피한 일면이 있었던 것이지만, 이제 收租權制度는 관료층의 지방적
경제기반이 되었던 점에서 집권적 관료체제와는 兩立하기 어렵게 되어
가고 있는 것이다.

　한편 收租權(科田主)과 所有權(佃客)의 대립 속에서도 收租權的인
토지지배의 의의는 상실되어가고 있었다. 旣述한 바와 같이 고려 말 구
귀족층에 의한 규정 이상의 수조권 획득으로 말미암아 新·舊 官僚層
사이에 收租權分給抗爭, 그리고 科田法으로 田制改革이 단행된 바 있
었다.[16] 이것은 科田主들의 定率을 무시한 收租暴斂에 대한 토지소유
농민들의 항쟁을 반영한 것이기도 하였다. 수조권에 의한 農民剩餘의
수탈은 收租地를 재조정할 때나 그 分給行政이 문란 마비되었을 때 더
욱 뚜렷해지는 것이었는데, 그것은 이 시기 "一畝之主 過於五六 一年之
租 收至八九"[17]라는 표현에서 단적으로 입증되는 사정이었다. 농민경
제를 지탱할 수 없는 지경에 몰아넣는 이러한 田租收奪을 거부하는 농
민층의 항쟁은 결국 신흥사대부층의 구귀족 타도와 과전법의 창설, 그
리고 조선왕조의 성립이라는 일련의 역사적 전환의 지지기반으로 수렴

---

15) 李成茂,「朝鮮初期의 鄕吏」,『韓國史硏究』5, 1970 ; 李樹健,「朝鮮初期 郡縣制의
　　整備에 대하여」,『嶺南史學』1, 1971 ; 金鴻植, 앞의 책, 1981의 제3장 '李朝封建權力
　　의 支配構造'.
16) 주 7 참조.
17)『高麗史』卷78, 食貨 1, 田制 祿科田.

되는 것이었다.

과전법의 성립을 계기로 수조권에 의한 농민수탈·토지지배의 가능성은 뚜렷이 축소되었다. 이는 집권체제의 강화이고 동시에 농민적 토지소유의 일정한 성장이 예상되는 것이기도 하였다. 田柴科體制에서 토지분급은 收租地로서 田地 이외에 柴地가 주어지고, 또 그것을 전국 어디에서나 받을 수 있었으나, 이제 과전법에서는 柴地의 지급이 없어지고 田地 자체의 지급규모는 축소되었을 뿐 아니라 田主(科田主)가 佃客(토지소유 농민)의 耕田을 임의 박탈할 수 없고 수급지역은 京畿로 한정되었다.[18] 또 世宗 때에는 '十分之一租率'의 公定 收租率을 20분의 1로 더욱 낮추고 다시 職田法으로 개정되면서는 분급대상이 現職者로 축소되고 收租方式도 官收官給으로 전환되었다. 收租權制度의 마지막 소멸이었다.[19] 귀족·양반 관료의 농민에 대한 私的 支配力이었던 수조권분급이라고 하는 國家公認의 형태가 점차 사라지고, 상대적으로 국가권력의 직접적인 公民把握이 더 철저하게 달성되어가고 있는 것이었다. 또 이것은 봉건 지배층이 소유권과 수조권으로 농민지배를 관철할 수 있도록 하는 保證力인 전국 규모의 統一權力, 즉 집권적 봉건국가가 그 가운데 收租權方式에 의한 적극적 직접적 지원을 철회해나가고 있음을 의미하는 것이기도 하였다.

요컨대 麗末鮮初의 大土地貴族에 대한 中小土地所有 新興官僚層의 항쟁은 수조권제도 축소의 결정적 계기였던 것으로서 새로운 지배체제의 성립, 즉 조선왕조의 출범은 집권체제의 강화과정이고, 이는 결국 지배층의 收租權的인 토지 확대와 농민수탈의 가능성을 그들 스스로 약화 배제해나가지 않을 수 없었던 셈이다. 그리고 이러한 역사적 전환은 생산력의 발전과 토지소유관계의 진전으로 야기되는 사회 내부모순의

---

18) 주 7 및 주 17 참조.
19) 李景植, 「朝鮮前期 職田制의 運營과 그 變動」, 『韓國史硏究』 28, 1980.

격화, 즉 농민적 토지소유의 의지와 농민의식의 성장, 이와 관련한 사적인 농민지배에 대한 농민 자신의 저항력 상승이 그 기반으로 되고 있음은 물론이었다.

그러나 조선왕조도 기본적으로 고려왕조와 마찬가지로 봉건국가와 양반 지배층의 相互 保證關係로서 성립되는 것이었으므로 지배층, 즉 봉건지주층에 대한 국가지원을 전면 포기할 수는 없는 일이었다. 오히려 이 시기 농민의식의 성장, 농민의 처지향상에 대응하면서 농민지배를 실현하려면 무엇인가 새로운 지원방식으로 방향전환해 갈 수밖에 없는 사정이었다고 해야 할 것이다. 새로운 방식의 국가지원은 이미 과전법 규정에서 토지제도·對農民施策이 마련되고 있는 데서도 알 수 있는 바였지만, 장차 유일한 경제제도로서 존속하게 되는 지주전호제의 生産關係와 관련해서 집약적으로 나타날 것이었다.

새 王朝政府는 制度의 政策으로서 集權的 官僚機構 및 지방 행정조직의 정비, 公民確保對策과 신분질서의 정비, 그리고 전국 규모의 勸農政策과 思想敎化政策 등을 추진해가고 있었다. 이러한 施策들은 직접적으로는 봉건국가 자체의 기본 강화, 집권체제의 強力化인 것이고, 이로써 봉건 지배층에 대한 국가의 간접지원도 가능할 것이었다. 집권체제의 강화에 따르는 국가의 직접적인 농민파악은 종래 무차별·무제한 농민수탈 등의 사적 지배를 제약 또는 약화해서 농민의 권익을 다소 옹호하고 이로써 국가의 人的 物的 기반을 다지는 데 의의가 있는 것이었다.

왕조정부는 擔稅能力을 가진 봉건적 예속농민(公民)의 數的 증가와 토지에의 緊縛策을 적극적으로 추진했다. 그것은 우선 농민의 逃亡流散을 방지하고 기왕에 大土地權勢家에 投託 또는 壓良되어 있는 양인농민들을 刷出하는 동시에 문란해진 노비의 歸屬과 混淆된 良賤身分을 辨正하는 문제였다. 이 과정에서 새로이 身良役賤層이 創出되고 수많은 寺社奴婢들이 屬公됨으로써 국가는 새로운 인적 자원을 늘리게 되는 위에 이들에 의한 더 많은 貢納을 기대할 수도 있게 되었다.[20]

邊方徙民이나 屯田政策으로 良民戶의 經理基盤을 확장 조정하기도 하였다.[21) 또 양인농민들에 대해서는 號牌法[22)·隣保制(五家作統)와 같은 緊縛裝置를 강화해서 그들의 流亡失業으로 말미암은 公民의 감소를 억제하는 방안도 모색되었다. 농민의 土地緊縛은 국가 처지에서만이 아니고, 봉건지주층에게는 전호농민층을 확보하기 위한 일정한 전제조건이 되기도 하였다. 이러한 조치들은 말할 것도 없이 차별적인 신분제도를 기반으로 해서 가능한 것으로서 국가는 이를 戶籍制度로 명시하고 있었다.[23)

한편 14세기, 즉 고려 말까지만 해도 국가에 의한 灌漑水制施設의 정비나 勸農策 같은 것은 마련되지 못한 채 오직 대토지소유 관료층에 의한 농민 착취만이 恣行될 뿐이었으나, 이제 새 왕조정부는 최저한도라도 農民經理·農業再生産을 보장하는 위에서 封建支配를 실현하고자 15세기 초부터는 계획적인 勸農政策을 추진해가고 있었다.

정부는 勸課農桑을 '守令七事'의 하나로 명시하고 郡縣 管下에는 勸農官制를 설치해서 농민의 생산활동을 독려하였다.[24) 水利灌漑事業을 일으킨다든가 作物栽培·施肥法 등 일반 농법의 보급은 그와 관련 위에서 추진되는 것이었다. 水利問題는 稻作農業의 발전과 불가분의 관

---

20) 周藤吉之, 「朝鮮に於ける奴婢の辨正と推刷とについて」, 『靑丘學叢』 22, 1935 ; 周藤吉之, 「高麗末期より朝鮮初期に至る奴婢の硏究」, 『歷史學硏究』 9-1·2·3·4, 1939 ; 有井智德, 「朝鮮補充軍考」, 『朝鮮學報』 21·22 合集, 1961 ; 劉承源, 「朝鮮初期의 身良役賤階層」, 『韓國史論』 1, 1973.

21) 深谷敏鐵, 「朝鮮世宗朝における東北邊疆への第一, 二, 三, 四次の徙民入居について」, 『朝鮮學報』 9·14·19·21, 1956·1959·1961 ; 宋炳基, 「世宗朝의 平安道 移民에 대하여」, 『史叢』 8, 1963.

22) 李光麟, 「號牌考」, 『白樂濬紀念國學論叢』, 1955.

23) 『經國大典』 卷2, 戶典 戶口式條(中樞院版).
    有井智德, 「李朝初期の戶籍法について」, 『朝鮮學報』 39·40, 1966.

24) 『太祖實錄』 卷8, 太祖 4년 7월 辛酉, 1冊, 81下 ; 『太宗實錄』 卷12, 太宗 6년 12월 乙巳, 1冊, 381上. 朝鮮王朝의 勸農制度와 水利施設 문제는 統治體制를 체계적으로 구상했던 鄭道傳에게서도 제시되고 있었다(韓永愚, 『鄭道傳思想의 硏究』, 1973, 서울대학교 출판부, 165~166쪽).

계에 있는 것으로서 太宗 때부터 종래 堤堰·洑의 정비·보강 문제와 함께 본격적으로 제기되고 있었다. 降雨量調査가 계통적으로 시행되고[25] 碧骨堤·訥堤의 修築이 이루어진 것도 이 무렵이었는데, 水利工事의 대부분은 조선 후기와는 달리 국가 또는 지방 행정기관의 지도 아래 대규모로 추진되었던 데에 그 특징이 있는 것이었다.[26] 농법문제와 관련해서 15세기 초에 간행된 『農事直說』은 고려 말까지 도달한 우리나라 농업수준을 집약하는 것이었는데, 이 시기에는 국가 권농정책의 일환으로서 그것을 보급하고 있는 것이었다.[27]

이러한 국가규모의 권농정책은 직접적으로 국가 처지에서만이 아니라 양반지주층에 대한 측면지원이 되고 있는 데서, 또 그들의 收入源이 地主經營에만 의존하게 되어가는 데서 관개수리사업·농법보급 등은 이들 봉건 지배층의 경제적 관심, 학문적 견해가 일정하게 표현되는 가운데 진전되는 것이었다.[28]

권농사업의 일환으로 世宗 때에는 '貢法'이라는 이름으로 田稅制度가 재조정되면서 농민의 조세부담을 점차 감소시켜가려 했었고,[29] 또 농민의 緊縛·再生産을 도모하기 위한 국가 賑恤事業으로 還穀制度가 적극적으로 운영되기도 하였다.[30] 이상과 같은 주변제도의 정비나 조치들은 봉건적인 收奪機構 내부의 것이었기 때문에 그 자체가 農民存在의 桎梏이 될 수밖에 없었던 것이지만, 그래도 집권체제가 강력한 실행력을

---

25) 全相運, 「韓國天文氣象學史」, 『韓國文化史大系』 Ⅲ(科學·技術史), 고려대학교 민족문화연구소, 1968, 666~675쪽.

26) 李光麟, 『李朝水利史硏究』, 1961, 14~20쪽 ; 李春寧, 『李朝農業技術史』, 1964, 84쪽.

27) 金容燮, 앞의 글, 1970, 233~246쪽 ; 金容燮, 앞의 글, 『東方學志』 16, 1975, 80~81쪽 ; 宮嶋博史, 「李朝後期農書の硏究」, 『人文學報』 43, 1977 ; 林和男, 「李朝農業技術の展開」, 『朝鮮史叢』 4, 1980 ; 金鴻植, 앞의 책, 1981, 41~69쪽.

28) 李泰鎭, 「14·5세기 農業技術의 발달과 新興士族」, 『東洋學』 9, 1979, 340~346쪽 ; 李泰鎭, 「16세기의 川防(洑)灌漑의 발달」, 『韓㳓劤博士停年紀念史學論叢』, 1981.

29) 千寬宇, 「韓國土地制度史」 下, 『韓國文化史大系』 Ⅱ(政治·經濟史), 고려대학교 민족문화연구소, 1965, 1486~1496쪽.

30) 宋贊植, 「農民賑恤政策의 變質」, 『한국사』 12, 국사편찬위원회, 1978.

행사하는 동안에는 일정 정도 기능과 성과를 예상할 수도 있었다. 또 이
러한 相互 對應關係야말로 이 시기 역사의 추진력이었음을 부정할 수
없는 일이다.

그러나 농민지배의 항구적인 방안은 별도로 마련되지 않으면 안 되
었다. 社會生産力의 발전은 곧 인간 개개인의 능력과 역할의 중요성을
증대시켜가는 것이었고 이는 동시에 個別主體의 社會意識의 향상으로
표현되는 것이었으므로, 봉건 사회체제를 保守 安定하려고 할 때는 이
에 대응해서 體制肯定의 觀念形態·思惟樣式의 확립이 요청되는 것이
었다. 말하자면 思想敎化對策의 필요성이었다.

주자학 이념에 바탕을 둔 思想敎化政策은 敎育·宗敎·文字 政策 등
과도 관련해서 전개되었다. 예컨대 儒敎 敎養을 지닌 知識階層의 敎養
機關인 成均館과 鄕校 制度, 이에 기초하는 관리 임용제도인 科擧制,
佛敎의 배격에 따른 儒敎的인 行禮·儀式의 확립책인 朱子家禮와 家廟
制의 준행31), 유교의 社會倫理인 '三綱行實'의 보급32), 그리고 이러한
敎化의 전달수단인 '訓民正音'의 창제33)같은 것이었다. 우리의 분석대
상인『소학』의 위치는 이들 제반 교화정책 속에서 파악될 것이다. 또 이
들은 주로 15세기 초부터 중앙정부의 시책으로 마련되는 것이었지만,
16세기가 되면 여기에 書院의 성립과 鄕約의 시행이 추가되면서 사상
교화는 정부 주도적인 차원에만 머무는 것이 아니라 점차 鄕村의 양반
지주층이 그것의 적극적인 추진세력으로 등장하기에 이르는 것이다.

15, 16세기를 지나면서 收租權의 취득이나 收租地 자체의 사유화에

---

31) 稻葉岩吉,「麗末鮮初に於ける家禮傳來及び其意義」,『靑丘學叢』23, 1936 ; 李熙德,
「朝鮮初期 儒敎의 實踐倫理에 대한 一考察」,『서울産業大學論文集』3, 1975 ; 梶村
秀樹,「家族主義の形成に關する一試論」,『朝鮮近代史料硏究集成』2, 1959 ; 韓㳓劤,
「朝鮮王朝初期에 있어서의 儒敎理念의 實踐과 信仰·宗敎」,『韓國史論』3, 1976.

32) 金元龍,「『三綱行實圖』刊本攷」,『東亞文化』4, 1965 ; 平木實,「朝鮮王朝初期の旌
表敎化政策について」,『朝鮮學報』81, 1976.

33) 李佑成,「朝鮮王朝의 訓民政策과 正音의 機能」,『震檀學報』42, 1976 ; 姜萬吉,「한
글창제의 역사적 의미」,『創作과 批評』44, 1977.

따른 收入源의 확대방법이 두절되어가고 있는 사정 속에서 봉건 지배
층은 다른 방법, 이를테면 農民所有地나 官有地의 買入, 또는 高利貸差
押 그리고 新田開發과 같은 사적 소유지의 확장을 통해서 收入源을 키
워갈 수밖에 없게 되었다.34) 이것은 향촌의 크고 작은 지주층의 형성사
정이기도 한 것으로 이러한 농지들은 일단 지주전호제에 의해서 경영
되는 것이었다. 그래서 이들 在地地主層의 地主經營方式과 밀접한 관
련 속에서 鄕村社會의 支配秩序도 확립되어 가기 마련이었다. 16세기
초부터 보급되기 시작한 鄕約은 이러한 재지지주층의 사회·경제적 요
구를 관철해가기 위한 身分的 道德的 自治機構였던 것이다. 조선 전기
의 大土地經營은 이 점에서도 고려 후기에 발전했던 不在地主의 大農
莊經營과는 일정한 역사적 단계의 차이를 보여주는 것이었다.

　향촌의 양반지주들은 이러한 경제기반 위에서 子弟들에게 유교 교양
을 습득시키고 이들을 과거시험에 합격시킴으로써 兩班士大夫로서 지
위와 신분을 견지해가게 되어 있었다. 이미 고려·조선의 전환과정에서
지주층 일반의 농민에 대한 사적 지배력은 中央權力에 지속적으로 흡
수되어가는 것이었고, 이는 지배층 자신의 국가권력에 대한 依存性·寄
生性을 상대적으로 증대해가는 과정이었기 때문에, 지배층으로 살아남
고 地主經營의 원활을 기하기 위해서는 科擧든 蔭補든 국가권력·官權
에 연결되지 않으면 안 되는 것이었다. 말하자면 양반지주층의 鄕村基
盤은 언제나 중앙권력 진출을 위한 후방기지였고, 동시에 후방의 항구
적 안정을 기하려면 부단한 前方開拓으로서 중앙관계 진출이 모색되어
야만 했다. 16세기 書院의 출현도 在地士大夫層의 이러한 시대적 요구
였음에서 그 의의를 찾을 수 있을 것이다. 우리는 이상과 같은 認識·
視角에서『소학』敎化의 展開過程과『소학』적 思惟樣式이 지니는 歷史
的 意義를 규명할 수가 있다고 하겠다.

---

34) 李景植,「16世紀 地主層의 動向」,『歷史敎育』19, 1976.

3. 集權體制下의 社會教化

1) 朱子의 『小學』과 社會教化

朱子의 『소학』은 이미 14세기 초에 고려사회에 소개된 것으로 보인다. 1330년에는 『소학』이 官吏任用의 시험과목이 되어 있었고,[35] 또 그보다 반세기 뒤에 李崇仁이 "終日端坐 不動一句 手執小學書 讀不輟"하는 士大夫 子弟의 모습을 목격할 수 있었다고[36] 한 데서 그렇게 생각되는 것이다. 아무튼 주자학은 朱子集註의 經書가 중심이 되고 『소학』은 그 入門書임에서 『소학』의 수용은 주자학 전래와 軌를 같이 하는 것으로 보아도 무방할 것이다.[37]

그런데 주자학이 조선사회에 정착되는 사정은 『소학』의 수용과정을 중심으로 해서 파악되는 문제이기도 하고, 또한 支配思想인 주자학의 본질이 무엇인가 하는 문제는 『소학』의 내용이 어떤 성격의 것인가의 문제이기도 하다는 점을 앞서 지적한 바 있다. 그것은 『소학』이 주자학의 사상체계 가운데서 차지하는 위치, 그리고 주자학 政治理念이 구현되는 사정과의 관련성 등을 전제로 해서 해명할 문제이기 때문에 먼저 주자가 『소학』을 저작한 목적이 무엇인가부터 파악해야 할 것 같다.

『소학』은 주자 晚年의 편찬이었다.[38] 주자는 古典儒教의 體系를 재

---

35) 『高麗史』 卷73, 志 27, 選舉 1, 中冊, 594쪽(東方學硏究所版), "始令擧子 誦律詩四韻 一百首 通小學五聲字韻 乃許赴試."
36) 『陶隱集』 卷4, 朴生詩序.
37) 朱子學의 受容經緯에 대해서는 尹瑢均, 앞의 글, 1933 ; 阿部吉雄, 『日本朱子學と朝鮮』, 1965의 4편 2장 「朱子學の諸特性と日鮮への傳來比較」 참조.
38) 朱子가 『小學』 書題를 쓴 淳熙 丁未(1187년)는 그가 58세 되는 해이므로 죽기 13년 전의 일이다. 『小學』은 朱子 자신의 직접 편찬이라기보다도 門人 劉子澄이 朱子의 指授를 받아 찬술한 것이라고는 하지만(阿部吉雄, 「支那敎育史上に於ける朱子の小學」, 『東方學報』 11-1, 1940, 61쪽) 그렇더라도 그 體裁나 내용의 구성이 朱子의 뜻대로 이루어졌으리라는 추측은 가능하다고 하겠다. 더욱 중요한 것은 『小學』의 撰者가 누구냐는 문제가 아니라 이 시기 性理學(＝朱子學)을 공부한 士大夫層의 공통된 견해를 『小學』에 집약하고 있다는 점일 것이다.

정립하고 이를 기초로 해서 자신이 살고 있는 12세기 南宋社會의 現實問題에 대한 광범한 社會政策論을 제시한 大儒學者이고 社會思想家였다. 특히 『소학』을 완성시킬 무렵은 주자의 방대한 性理學의 思想體系가 이미 완성단계에 있기도 했고, 또 그가 官人支配層의 한 사람으로서 對農民施策을 몸소 추진해본 경험을 쌓은 뒤이기도 하였다.39) 그러므로 『소학』에는 주자의 學問觀·現實觀이 어떤 형태로든 반영되어 있다고 보아도 좋을 것이다. 그는 『소학』 書題에서,

> 古者小學 教人以灑掃應對進退之節 愛親敬長隆師親友之道 皆所以爲修身齊家治國平天下之本 而必使其講而習之 於幼穉之時 欲其習與智長化與心成 而無扞格不勝之患也

라고 하였다. 여기에서 주자는 三代의 '小學'을 學校制度·教育方法의 理想型으로 생각하고 있음을 알 수 있다. 三代의 '小學' 教人法이란 다름 아닌 灑掃·應對·進退의 節度와 愛親·敬長·隆師·親友하는 道理라고 하였다. 그는 이것을 "灑掃應對 入孝出恭"이라고 간략하게 표현하기도 하면서 아이가 그 心身의 성장함을 따라 외우고 習慣들여야 한다고 하였다. "習與智長 化與心成"이란, 말하자면 人間의 形成過程을 '小學'의 教人法으로 관철해서 成人이 된 뒤에도 『소학』에서 지향하는 人間型을 만들어가자는 것이었다. 그와 같이 사소한 日用之事가 바로 修身齊家하는 일이며, 治國平天下하는 근본이 되기 때문이었다. 주자는 여기에서 사람은 모름지기 일상생활의 規範에서 한 발자국도 벗어날

---

39) 그는 40세까지는 獨自의 思惟方法을 定立하고 50세 이전에 四書集註·『近思錄』·『資治通鑑綱目』을 비롯한 주요 저술을 완성시키고 있었다. 또 24세에 처음 地方 官吏를 지낸 이래 수차례 공백이 있기는 하였지만, 『小學』 편찬이 시작되기 직전까지 南康과 浙東의 地方 長官을 역임하면서 恤民·省賦·治軍 등 民生安定問題와 教民策을 부단히 政府에 進言하는 가운데 스스로 그것을 실행에 옮기기도 하였다(友枝龍太郎, 『朱子の思想形成』, 東京 : 春秋社, 1969, 10~36쪽 참조).

수 없다는 것, 그러므로 日用之事를 인간의 本分으로 해서 힘이 미치는 한 노력 수행해야 된다는 것, 말하자면 철저한 道德主義를 근거로 하고 있는 것이다.

주자의 『小學』論은 그 2년 뒤에 「大學章句序」에서 제시한 『소학』·『大學』 階梯論으로 더욱 분명하게 되었다. 그는 修身의 大法이 『소학』에 갖춰져 있으므로,[40] 『대학』을 배우기 전에 반드시 『소학』을 거쳐야 한다고 말했다.[41] 또 『소학』은 '事'를 가르치고 『대학』은 그 '道'를 가르친다고 했다.[42] 이를 보면 주자는 『소학』에서 『대학』에 이르는 次第를 통해서 修己治人의 學問論을 완성하려 한 것임을 알 수 있다. 실제로 주자학자들은 『소학』을 주자학의 학문과정으로 인식하고 있었다. 李滉이 "『소학』과 『대학』은 서로 의지하여 이루어지는 것으로 하나이면서 둘이고, 둘이면서 하나"[43]라고 한 것, "『소학』과 『대학』은 聖學(주자학)의 시작이고 마침이 된다"고 한 것,[44] 또 李彦迪이 "學問하는 道는 灑掃應對에서 시작해서 窮理盡性에서 마친다"[45]고 한 것이 그것이었다. 유교는 원래 지배자의 학문이었던 점에서 보면 주자가 修己治人之學 또는 帝王學의 기초 과정으로 『소학』을 구상하게 된 것은 이상할 것이 없는 일이다.

그런데 주자는 지배자·지배층으로 하여금 修己治人의 방법을 배우게 한다는 목적만으로 『소학』을 저술한 것은 아니었다. 『소학』·『대학』 階梯論은 그보다 더 큰 목적을 위한 하나의 단계 설정이라고 할 수 있었다. 다음 「小學題辭」의 일단을 보면,

---

40) 『朱子語類』 卷105, 朱子 2, 論自注書, "修身大法 小學備矣 義理精微 近思錄詳之."
41) 『朱子語類』 卷118, 朱子 14, 訓門人 6.
42) 『朱子語類』 卷7, 學 1, 小學, "古者初入小學 只是敎之以事 如禮樂射御書數及孝悌忠信之事 自十六七入大學 然後敎之以理 如致知格物及所以爲忠信孝悌者."
43) 『退溪全書』 卷7, 進聖學十圖箚, 1冊, 202쪽(大東文化硏究院版).
44) 「退溪年譜」, 隆慶 2년(宣祖 元年) 戊辰(68세) 11월 戊申, 入侍夕講.
45) 『國譯 晦齋全書』, 「續大學或問」, 210쪽(默民回甲紀念會本).

世遠人亡 經殘敎弛 蒙養弗端 長益浮靡 鄕無善俗 世乏良材 利欲紛挐
異言喧豗

라고 했다. 요컨대 주자는 현실의 사회는 잘못된 것이고 이는 옛 聖人
의 敎法이 없어져서 사람들이 도덕적으로 타락했기 때문으로, 바람직한
사회, 즉 良材와 善俗의 사회가 되려면 그 聖人의 敎法을 다시 회복해
야 한다고 생각한 것이다. 이 敎法이란 말할 것도 없이『소학』과『대학』
의 敎人法이었다.[46]

　주자는 이에 대한 방안을「小學書題」[47]에서 이렇게 말하고 있다.

　　今其全書 雖不可見 而雜出於傳記者亦多 讀者 往往 直以古今異宜 而莫
　　之行 殊不知其無古今之異者 固未始不可行也 今頗蒐輯 以爲此書 授之童
　　蒙 資其講習 庶幾有補於風化之萬一云爾

　대개의 유학자들이 그런 것처럼 주자 역시 三代를 理想時代로 보고
자신이『소학』이 없어진 三代의 '小學'을 복원한 것임을 암시하고 있다.
이것은 주자『소학』의 內篇 214章 전체가 오직『禮記』를 비롯한『論
語』・『孟子』등 儒敎 經典의 내용에서 선정된 것이라는 사실을 보아도
그렇다. 그 선정기준은 古今을 막론하고 실행되어야 할 것, 말하자면
주자의 當代에도 마땅히 실천될 수 있는 것에 두었음은 물론이다. 그러
므로『소학』은 風化를 목적으로 한 것이라는 사실과도 관련해서 그 내
용은 모두 당시의 현실생활 속에서 그대로 실천에 옮겨져야 할 것임을
주자는 주장하고 있는 것이다.

---

46) 위 인용문에 대한『小學集註』의 註.
47) 원래는「題小學」이라고 되어 있던 것(『朱子文集』卷76)인데, 明 陳選의『小學句讀』
　　에서「小學書題」로 적기 시작했다(友枝龍太郎,「韓國에 있어서 朱子學受容의 過程」,
　　『東洋文化國際學術會議論文集－朱子學과 韓國儒學』, 성균관대학교 대동문화연구
　　원, 1980).

한편『소학』을 신분에 구애됨이 없이 모든 童蒙들에게 강습해야 한다고 했다.48)『소학』이 修己治人의 학문과정이라는 점에서는 良材를 목표로 한 것으로 볼 수도 있지만, 善俗과 風化는 피지배층의 民衆까지도 모두 대상이 되므로『소학』은 治者層・被治者層을 막론하고 가르쳐야 할 것이 되는 셈이었다.

요컨대 주자는 良材와 善俗을 위해서 '小學' 과정에서 가르칠 敎本으로서『소학』을 편찬한 것이었다.

원래 유교의 세계에서 사람은 人倫이 있으므로 해서 인간이 될 수 있었다. 사람과 사람의 관계(＝社會關係)가 人倫, 예컨대 父子・君臣・夫婦・長幼・朋友의 五倫으로 표현되고 이것이 道德律이 되는 것이었다. 그래서 儒敎理念이 지배하는 사회는 인륜의 도덕률을 사회・국가 지배질서의 원리로 받아들일 뿐만 아니라, 敎化라는 이름으로 인륜의 확립을 도모하게 마련이었다. 말하자면 '化民成俗'이라든가 良材・善俗・風化 등등은 인륜과 교화에 관한 표현들이었다. 학교를 세우고 인륜을 교화하는 일이 良材를 얻고 善俗을 유지하는 방법이며, 또한 儒敎政治의 구현이었던 것이다.

주자의『소학』은 이러한 人倫敎化에 필요한 敎本으로 제공하기 위한 것이었다.

『소학』이 교화의 교본으로 쓰이도록 목적한 것이고 보면 조선의『소학』수용 또한 교화문제와 관련이 없을 수 없는 일이었다. 교화에 대한 관심은 유교를 정치이념으로 하는 국가의 면모이기도 한 것으로서, "風俗國家之元氣 敎化國家之急務 敎化修則風俗厚而國家治矣"49)라든가 "予惟治國之道 莫先於敎化 敎化之行 必始於學校"50)라는 등의 표현을

---

48) 朱子는 三代가 융성할 때는 王宮・國都에서 閭巷에 이르기까지 學校가 없는 곳이 없고, 사람이 나서 8세가 되면 王公으로부터 庶人에 이르기까지의 모든 子弟들이 '小學'에 들어가서 灑掃應對進退之節과 六藝를 배웠다고 강조하였다(「大學章句序」).

49)『太宗實錄』卷19, 太宗 10년 4월 甲辰, 1冊, 539下.

50)『成宗實錄』卷69, 成宗 7년 7월 甲子, 9冊, 362上.

통해서 왕조 초부터 國政의 기본 과제로 인식하고 있었다. 太祖의 卽位
敎書에서부터 科擧·學校·家禮·旌表 등의 문제와도 관련해서 그 방
침이 마련되어왔던 것이다.51) 그것은 위로 國王·官僚는 물론 在野의
儒生들에 이르기까지 그들이 支配層·知識層을 구성하는 한에서는 현
실의 急務로서 한결같이 강조하는 바였다.

　예컨대, 교화에 대한 權近의 생각을 보면,

　　　甚矣 民之不可以無學也 降衷而有性 秉彝而好德 斯民卽三代之民也 有
　　欲而爭欲 無知而罔作 陷於刑辟 淪於禽獸 非民之罪也 長民者 不能興學以
　　明敎化之故耳52)

라고 했다. 백성이 物欲과 無知 때문에 禽獸의 지경에 빠지게 되더라도
그것은 백성의 잘못이 아니라 백성의 어른 노릇 하는 사람[長民者]이
학교를 세워서 백성을 교화하지 않은 데 그 원인이 있다는 것이다. 그는
백성을 가르치는 일(＝교화)을 治者(＝長民者)의 使命으로 인식하고 있
는 것이다.53) 그래서 권근은 교화를 책임지는 治人者는 먼저 “正心術”
하는 君子가 되어야 한다고 주장했다.54) ‘心術을 바르게 한다’ 함은 말
할 것도 없이 修己治人하는 유교의 학문방법인 것이다. 治人者는 먼저
그 人格이 被治者보다 우월해야 한다는 의미였다. 또 이는 교화가 治者
의 率先垂範을 통해서 이루어져야 함을 의미하는 것이기도 하였다.55)

---

51) 『太祖實錄』 卷1, 太祖 원년 7월 丁未, 1冊, 22上·下.
52) 『陽村集』 卷14, 利川新置鄕校記.
53) 『陽村集』 卷12, 提州鄕校記, “理民以敎爲本.”
54) 『陽村集』 卷12, 提州鄕校記, “爲學之方 具載方冊 然其要 只在乎正心術而已 心術旣
　　正 然後事親事君 理官理民 百事可做 不然則 雖能讀聖賢之書 能工華茇之文 終亦不
　　免爲小人之儒矣.”
55) 예컨대, “大抵風化之美惡 皆由於在上之人 如欲移風易俗 須自上導率也”(『中宗實錄』
　　卷65, 中宗 24년 5월 甲寅, 17冊, 120下)라든가, “先自上之人身心之正 而推之天下萬民
　　莫敢不正 後世此學不傳 故敎化不行 萬民不正矣”(『宣祖實錄』 卷11, 宣祖 10년 5월 庚
　　寅, 21冊, 345下)이 그것으로서 “在上之人”이나 “上之人”이란 治者로서 君主를 포함한

권근은 이 시기 사대부 지배층의 입장을 대표하는 주자학자이자 관료로서, 새 지배체제 수립기를 맞아 國政方案의 일단을 이처럼 주자학의 교화문제로도 인식하고 있는 것이다. 이러한 인식방향은 16세기 후반기 조선 중세 사회체제의 動搖期에 처해서 體制保守의 방안을 제기하는 李珥에게서도 그대로 나타났다. 그는,

> 天下之務 莫不有本而有末 道之以德敎者 爲治之本也 衛之以干城者 爲治之末也[56]

라고 해서 道德과 敎化를 정치의 근본 문제로 삼아서 해가면 國防의 문제는 枝葉의 문제로서 저절로 해결되는 것이라고 생각한 것이다. 앞서 주자의 경우처럼 주자학을 공부한 유학자의 현실의식, 사회·정치 대책은 어느 경우에나 이렇게 敎化論으로 표현되기 마련이었던 것이다.

교화는 원래 유교사상에서 民은 스스로 생활할 능력이 없으므로 帝王이 民을 統治해야 할 道德上의 책임이 있다고 인식하는 데서 나온 것이었다. 帝王은 聖人의 德을 가지고 禮樂制度를 정해서 천하의 질서를 세우며 이 질서유지를 위해서 民을 이끌어가는 것이 교화였던 것이다.[57] "백성이 만족하면 임금이 누구와 함께 부족할 것이며 백성이 부족하면 임금이 누구와 함께 만족할 것인가"[58]라는 이이의 反問은 바로 民에 대한 國王의 책임, 聖人의 德을 상기시키려는 의도였을 것이다. 요컨대 교화는 국왕이 家父長의 입장에서 家族員인 국민에게 유교의 道德規範을 깨우쳐주어서 사람구실하게 하는 일이었다.

유교의 도덕규범에 의한 民의 교화는 이언적이, "百姓은 나라의 근본

長民者 모두를 가리킨다고 하겠다.
56) 『栗谷全書』 拾遺 卷4, 雜著 1, 文武策, 2冊, 538쪽(大東文化硏究所版).
57) 津田左右吉, 『支那思想と日本』(岩波新書 3), 東京 : 岩波書店, 1938, 18~19쪽.
58) 『栗谷全書』 卷5, 疏箚 3, 陳海西民弊疏, 1冊, 111쪽.

이니 근본이 튼튼하여야만 나라가 편안하다"59)고 말하는 바와 같이 항상 愛民·爲民·民本이라는 기본 위에서 표현되었다. 그러나 이것은 현실적으로는 士大夫層이 平民層을 인격적 신분적 계급적으로 지배해야 한다는 것을 유교의 정치사상에 의해서 상징적으로 표현한 데 지나지 않는 것이다.

中世社會에서 尊貴와 卑賤, 支配와 服從의 관계로 나타나는 身分의 上下 差等關係는 당연한 것이며, 이 신분적 差等에 따라 사회·경제 관계에서도 당연히 지배·예속 관계가 엄격히 지켜지기 마련이었다. 현실의 정치담당자는 지배층 자신이었으므로 그들의 기득권·우월권을 보장하는 위에서 사회·경제 구조, 지배체제를 규정하게 된다는 것은 너무도 당연했던 것이다. 그러자면 피지배층인 민중으로 하여금 이러한 현실세계의 정당성을 긍정해서 不變의 觀念으로 받아들이게 할 필요가 있었고, 이 방안이 주자학의 政治理念으로 설명되고 마련된다고 할 때, 그것이 곧 爲民·愛民·民本으로 표현되는 유교의 敎化論이었던 것이다. 유교의 교화는 결국 맹목적 무비판적인 복종과 충성을 요구하는 불교의 現世否定論을 배격하는 것이면서도 개별존재의 독자적 思考와 의식작용에 호소해서 유교의 人倫主義를 社會倫理化함으로써 새로운 政權의 신분·계급 관계를 관철하려는 것이었다.

그런데 주자학을 공부한 조선의 사대부들은 교화의 인식과 방법에서 주자의 그것과 맥락을 같이하지 않을 수 없었다. 먼저 그것은 주자학이라고 하는 같은 학문내용에서 연유하는 것이었고, 한편으로는 이 시기의 조선사회의 현실과 주자가 살았던 당시의 사정 사이에 社會體制의 성격이 일정하게 공통성을 지닌다고 하는 사실에서 기인한다고 하겠다. 잘 알려진 바, 12세기 무렵의 南宋社會는 在地의 大地主가 官僚化한 士大夫層이 地主와 佃戶의 生産關係를 주자학(=宋學)의 名分論으로 정

---

59)『國譯 晦齋全書』, 弘文館上疏, 139쪽.

당화해서 그들 위주의 지배체제를 유지했던 사회였다. 그리고 주자는
그러한 현실의 사회질서에 영원성을 부여하는 理念體系의 완성자였던
것이다.[60] 주자가 「小學題辭」에서 강조하는 바, "良材와 善俗", "聖人의
敎法이 행해지는 社會"란 바로 이러한 지주와 전호의 생산관계가 원만
히 유지되는 사회였음은 두말할 나위도 없는 일이었다. 그리고 또 이 점
이 남송사회의 문제를 現實指向的으로 해결해보려는 주자의 社會政策
方案을 조선의 사대부들이 그들의 社會對策으로 쉽게 받아들이게 되었
던 까닭이었다고 생각되는 것이다.[61] 주자가 교화를 위해서 『소학』을
저술했던 사실, 그리고 이 『소학』이 역시 敎化書로서 조선에 수용되고
있는 사정은 이러한 관련성을 유념하는 가운데 파악할 필요가 있다고
하겠다.

2) 15, 16세기 『小學』 敎化의 態勢

조선왕조 성립 초기의 社會敎化 對策은 국가 주도적인 성격이 두드
러지고 있었다. 앞서 지적하였듯이 일종의 宗敎·信仰 政策으로서 朱子
家禮·家廟制의 葬禮가 그러하고, 學校制度·旌表政策이 그러하였고,
文字政策으로서 '訓民正音'의 창제가 그러하였다. 集權體制의 統一的인
思想政策으로서는 당연한 것이기도 했다. 그 가운데서도 학교제도는 권
근의 말과 같이 공식 교육기관으로서 교화의 중심기능을 담당하도록
되어 있었다. 예컨대 "學校風化之源 農桑衣食之本 興學校以養人材 課
農桑以厚民生"[62]이라든가, "自古治國之道 不過農桑學校"[63]와 같이 학

---

60) 守本順一郎, 『東洋政治思想史硏究』, 東京 : 未來社, 1967. 특히 제3장 「朱子の生産
    論」 참조.
61) 이러한 측면의 發想에 示唆를 주는 것이 金容燮 교수가 農書分析에서 보여주는 朱
    子勸農文에 대한 解釋의 視角이라고 생각한다(金容燮, 앞의 글, 1970, 233~268쪽 참
    조).
62) 『太祖實錄』 卷2, 太祖 원년 9월 壬寅, 1冊, 31上.
63) 『成宗實錄』 卷210, 成宗 18년 12월 辛卯, 11冊, 278上.

교는 인재의 양성기관이자 風化의 근원이라는 표현으로 그 중요성이
農桑과 나란히 지적되고 있는 것이다. 農桑이 封建國家의 경제기반으
로서 養民對策의 골자가 되는 것이라면 학교는 體制肯定의 思想敎化機
關으로, 또 봉건국가를 이끌어갈 인력의 양성기관으로, 지배층은 民産
의 안정문제와 封建 社會倫理의 실천문제를 동시에 같은 차원에서 해
결해야 할 것으로 인식하고 있는 것이다. 그리하여 태조 즉위 초에 京
外學校의 진흥문제를 천명하여 鄕校의 전국적인 정비가 완료되고,[64]
太宗 때에는 "修明學校"를 '守令七事'의 하나로 넣어 이미 설립된 향교
의 保修를 지방행정의 주요 임무로 삼게 된 것이었다.[65]

　이 시기의 학교로서 넓게는 書堂·書齋·書院과 같은 私塾도 중요시
되고 있었지만,[66] 15세기 경에는 아직 서울의 成均館과 四部學, 그리고
지방의 향교와 같이 국가 설립의 官學이 중심을 이루고 있었다.[67] 敎化
政策은 이러한 學校機關을 통해서 수행될 수 있었다.

　『소학』은 이들 학교의 중심 敎科目으로 채택되고 있었다. 조선왕조의
爲政者들은『소학』−학교를 軸으로 해서 敎化政策을 추진하게 되는 것
이다.『소학』은 麗末 이래로 읽혀지기 시작했던 것이지만, 이것이 京外
學校의 필수과목이 된 것은 권근의「勸學事目」에서였다.

---

64)『太祖實錄』卷1, 太祖 원년 7월 丁未, 1冊, 22上, "······ 文武兩科 不可偏廢 內而國學
　　外而鄕校 增置生徒 敦加講勸 養育人材."
65)『太宗實錄』卷12, 太宗 6년 12월 乙巳, 1冊, 380~381上, "······ 修明學校 學校幾間
　　內修治幾間 生徒幾人 內讀書幾人 通幾經幾人." '守令七事'의 條目을 참고로 적어보
　　면, 存心仁恕·行己廉謹·奉行條令·勸課農桑·修明學校·賦役均平·決訟明允이
　　었다.
66)『陽村集』卷31, 上書類 論文科書.
67) 李光麟,「鮮初의 四部學堂」,『歷史學報』16, 1961 ; 李成茂,「鮮初의 成均館研究」,
　　『歷史學報』35·36 合集, 1967 ; 李成茂,「朝鮮初期의 鄕校」,『漢坡李相玉博士回甲
　　紀念論集』, 1969 ; 申奭鎬,「李朝初期의 成均館의 整備와 그 實態」,『大東文化研究』
　　6·7, 1970 ; 李範稷,「朝鮮前期의 校生身分」,『韓國史論』3, 서울대학교 국사학과,
　　1976 ; 李範稷,「朝鮮前期 儒學敎育과 鄕校의 機能」,『歷史敎育』20, 1976.

小學之書 切於人倫世道 爲甚大 今之學者 皆莫之習 甚不可也 自今京外
敎授官 須令生徒 先講此書 然後方許他書 其赴生員之試 欲大學者 令成均
正錄所 先考此書通否 乃許赴試 永爲恒式[68]

『소학』은 人倫世道에 緊切한 책이므로 四學과 鄕校의 生徒들은 먼저
이것을 배우고 난 다음 다른 책을 공부하도록 하라는 것이다. 학생들이
배우는 것은 물론 朱子註의 四書를 중심으로 한 유교의 經典이겠는데,
『소학』은 그 先修科目이 되어야 한다는 것이다.

그리고 그 實效를 보장하고자 生員試, 즉 成均館升補試에서『소학』
考講을 치르도록 제도화하자는 것이었다. 이 방안이 그대로 채택된 것
은 물론이었다. 또 학교의『소학』講課制度는 이 시기 部學이나 향교를
주자가 말하는 三代의 '小學'에 想定하는 데서 나온 것이라고 할 수 있
었다. 우선 입학연령을 8세로 하고, 그 범위도 一品官으로부터 庶人에
이르기까지 子弟를 모두 포함한다는 원칙을 세우고 있는 점에서 그러
하였다.[69]

官學의 교육은 실제로 양반사대부 자제를 중심으로 시행되는 사정이
어서 이 원칙이 그대로 실행될 수는 없는 일이었지만, 적어도『소학』講
課의 정신이 어디에 있는가는 천명한 셈이었다.

이로써『소학』은 部學과 향교의 선수과목이 되고 성균관 입학시험인
生員試에서는 반드시『소학』考講을 거쳐야 하고, 또 武科에서는『소학』
을 선택과목으로 할 것이 法定되기에 이르렀다.[70]

---

68) 『太宗實錄』卷13, 太宗 7년 3월 戊寅, 1冊, 388下 ;『陽村集』卷31, 上書類 論文科書.
69) 成均館大司成 權遇가 學校之制와 選擧之法에 관련한 改革案 7個條를 上書한 가운
　　데 小學之法에 관해서 말하고 있다(『太宗實錄』卷25, 太宗 13년 6월 丁丑, 1冊, 675上).
70) 『世宗實錄』卷31, 世宗 8년 정월 壬戌, 3冊, 5下~6上 ;『世宗實錄』卷73, 世宗 18년
　　6월 庚寅, 4冊, 20上 ;『世宗實錄』卷117, 世宗 29년 8월 甲子, 5冊, 32上 ;『文宗實錄』
　　卷7, 文宗 원년 4월 癸巳, 6冊, 379下~380上 ;『經國大典』卷3, 禮典 諸科條 生員要
　　試, 214쪽 ;『經國大典』卷3, 禮典, 生徒條 成均館, 240~241쪽 ;『經國大典』卷3, 禮
　　典 獎勸條, 286쪽 ;『經國大典』卷4, 兵典 試取 武科條, 384쪽.

그러나 국가시책으로서『소학』講課制度가 순조롭게 받아들여지지는 않았다. 학교의 生徒들은『소학』공부를 기피하고 있었다. 그들에게는 日用之事만 가르치는『소학』의 내용이 유치하고 진부한 것으로만 받아들여졌다.[71] 그러한 경향은 국왕 成宗이 "京中四學儒生 亦依鄕校例 皆習小學"[72]하라고 傳旨한 데서도 알 수 있는 바와 같이 部學 儒生들에게 현저한 바가 있었다.

『소학』을 경시 또는 기피하는 현상은 16세기 초까지도 별반 달라지지 않은 것으로 보이는데,[73] 이는 이 시기 출세의 관문이었던 과거시험에서 講經보다는 製述이 압도적으로 중시되었기 때문이기도 하였다.[74]

15세기의 학풍은 對明外交와도 다소 관련해서 文藝 중심의 詞章學 세력이 주도하는 가운데 개인의 操行을 강조하는 經學, 즉 道學 우위의 사림세력이 아직 떨치지 못하고 있었고, 이러한 학풍과 정치세력의 관계는 그대로 과거시험 과목에도 반영되고 있었던 것이다. 그러나『소학』경시의 더 중요한 원인은, 주자학이 國定理念으로 되어있는 사정 아래서『소학』강습을 국가정책으로 제도화하려 하였으나『소학』교화의 필요성이 개인적인 차원에서 인식되고, 사회현실 속에서 절실히 요청되는 단계가 아니었기 때문이라고 해야 할 것이다.

그럼에도 불구하고『소학』에 대한 인식과 보급은 16세기에 급속한 진전을 보이게 되었는데, 이는 주자학사상의 意識化라고 하는 이 시기의 큰 흐름을 타고 나타나는 현상이었다.

조선사회는 왕조성립 뒤 1세기를 경과하면서 많은 변동·발전을 보

---

71)『世宗實錄』卷43, 世宗 11년 3월 戊辰, 3冊, 171下~172上 ;『世宗實錄』卷 73, 世宗 18년 6월 庚寅, 4冊, 20上.

72)『成宗實錄』卷69, 成宗 7년 7월 丙寅, 9冊, 362下.

73)『中宗實錄』卷29, 中宗 12년 8월 庚午, 15冊, 324下, "爲父兄者 敎子弟 只以謀利祿 而不敎爲學之本 …… 若有挾小學大學者 人莫不指笑."

74)『經國大典』卷3, 禮典 諸科條 ; 李成茂, 앞의 글, 1967, 241~245쪽 ; 申奭鎬, 앞의 글, 1970.

게 되었다. 집권체제의 정치세력은 몇 차례의 士禍를 거치면서 종래 勳舊派 계열이 약화해가고, 대신 지방기반으로부터 진출해오는 士林派 세력이 점차 우세를 보이기 시작했다. 이러한 경향은 收租權에 바탕을 둔 土地支配制度인 科田法과 職田制가 서서히 소멸해가는 과정과 일치해서 나타나는 현상이었다. 말하자면 농민수탈·財富蓄積의 좋은 수단이 되었던 수조권 획득의 의미가 유명무실해지는 가운데 지배층은 향촌사회에서 私的 所有地의 확대를 꾀함으로써 그들의 경제기반을 다져가야만 했던 것이다. 勳舊的인 정치세력의 쇠퇴가 실상 수조권제도의 소멸에 기인하는 것이었다면, 지방 사림파의 중앙정계 진출은 향촌사회에서의 大土地 私有化와 이의 地主佃戶制 경영의 진전을 반영하는 것이라고 할 수 있을 것이다.

封建支配層의 土地集中은 買得·新田開發·長利 등이 그 주된 방법이었는데, 그 가운데 매득과 장리는 주로 小農民所有地를 대상으로 한 것이었기 때문에 여기에는 농민층의 자유로운 土地處分權이 전제가 되고 있었다.75) 실로 가혹한 봉건적인 수탈구조 자체에 농민이 流亡逃散할 길이 항상적으로 열려 있는 것과도 관련해서 농민소유지의 抵當·放賣는 인정되지 않을 수 없었던 것이다.

그런데 이렇게 되면 토지경영과 농민층분해에 따르는 새로운 문제가 제기되기 마련이었다. 토지의 자유매매가 가능하게 됨에 따라 농민층 내부의 경제적 신분적 계층분화는 복잡해져서 그 유동성이 증대할 뿐 아니라 농민의 토지이용을 자유롭게 함으로써 土地緊縛度는 약화될 수밖에 없는 것이었다.76) 토지집중의 對極에서 자기 토지를 상실한 농민들이 그들 大土地所有 地主의 佃戶로 전환되어갈 것은 자연스러운 일이었다.

---

75) 李景植, 앞의 글, 1976.
76) 安秉直, 앞의 글, 1978.

　　이러한 사정 아래서 농민들은 국가의 田租를 포함한 力役·軍役 등의 여러 봉건적 부담을 감당해줄 公民이어야 하고, 양반지주들에게는 성실한 농업경영을 통해서 예정된 地代를 말썽 없이 납부해주는 佃戶로서 존재해야만 했다. 말하자면 私的 大土地所有의 확대와 농민층 분해과정의 진전에도 불구하고 집권체제와 그 지배층에게 농민지배·농민통제의 강도는 조금도 늦추어질 수 없는 것이었다. 그런데 이 시기에 도달한 농업생산력의 수준이나 이에 따르는 농민의식의 고양을 예상한다면 이들 佃戶들에 대한 지배의 강도는 이전 시기에 견주어 한층 약화되어야만 하는 것이었다. 또 그것은 '人身的인 농민지배'의 지양과정이고 동시에 그것의 '순 경제적 관계'로의 진전과정이어야 할 것이었다.

　　실제로 지방 지주층에게 佃戶農民 파악은 이런 상황에 놓여있었다. 먼저 앞서 말한 농민의식의 성장 외에도 전호농민은 원래 法制的으로 양반사대부층과 차별이 엄격하지 않은 양인층이 다수를 차지하고 있었던 점, 또 향촌사회 자체가 자연부락 또는 同族部落的인 성격을 지니는 강인한 지연적 혈연적 유대성을 기반으로 유지되는 것이었다는 데서, 이를 순 경제관계·계급관계로만 지배해가는 데는 일정한 한계가 있었던 점을 그 이유로서 들 수 있을 것이다. 한편 奴婢佃戶에 의한 토지경영도 어려움에 부딪히고 있었는데, 그것은 이 시기 '背主逃亡'하는 노비가 속출하는 상태로서 설명되는 것이었다.[77] 그러면서도 대토지소유자인 경우는 덜하겠으나, 대부분 中小地主라고 하는 생산규모의 제약성 위에 있는 지주들로서는 적은 토지에서 最大生産力을 달성해야만 하는 것이 당연한 요청이 아닐 수 없었다.[78]

---

77) 李景植, 앞의 글, 1976.

78) 鄕約과 관련해서는 다음의 연구들이 참고된다. 柳洪烈, 「朝鮮鄕約의 成立」, 『震檀學報』 9, 1938 ; 鄭亨愚, 「朝鮮鄕約의 構成과 그 組織」, 『李弘稙博士回甲紀念 韓國史學論叢』, 신구문화사, 1969 ; 鄭亨愚, 「朝鮮鄕約의 實施經緯 및 그 內容에 대한 一考察」, 『人文科學』 23, 연세대학교, 1970 ; 田花爲雄, 『朝鮮鄕約敎化史の硏究－歷史編』, 東京 : 鳴鳳社, 1972 ; 李泰鎭, 「朝鮮前期의 鄕村秩序」, 『東亞文化』 13, 1976 ;

이상과 같은 16세기의 사회·경제적 상황은 지방 지주층이 그들 스스로 社會敎化에 적극적으로 나서게 되는 계기가 되었다. 15세기까지 농민통제는 주로 직접적인 農民緊縛政策이나 勸農政策과 같이 중앙정부의 주도 아래 전개되는 것이었고, 社會敎化政策 역시 향교제도·과거제 등 집권체제의 통치기구 내부에서 행해졌던 것임에 대해서, 16세기에도 이러한 기본 방침은 그대로 계승되는 가운데 이제는 향촌사회의 지배질서를 장악하고 있는 양반지주층, 그들 자신의 현실적 필요에서 사회교화방안 등이 마련되고 또 추진되었던 것이다.

이를테면 유교의 倫理德目을 내용으로 하고 향촌사회 단위로 실시되는 鄕約은 지역사회 안의 전 계층이 차별적으로 참여하게 함으로써 지주전호제의 경제관계를 관철하려는 지주층 위주의 자치조직이었던 것이다. 또 양반지주층은 향촌에 지역·문벌·학연 관계에서 배타적인 그들만의 書院을 세우고 이곳을 과거시험의 준비처, 중앙진출을 위한 후방기지로 삼고 있었다.79) 향약·서원이 지방 양반지주들의 사회·경제기반을 보장하기 위한 私的 社會敎化機構의 일환이었던 것이지만, 지배층의 지원기구로서 집권체제의 중앙정부는 이들 향약·서원을 적극 권장하고 비호하였음은 너무나 당연한 일이었다.

16세기 『소학』 교화는 이런 상황과 밀접한 관련 위에서 전개되었다.

15세기 이래로 향교는 유능한 儒學敎授官의 확보가 어려웠고,80) 또 財政부족까지 겹쳐서 충실한 敎果를 베풀지 못하고 있었다. 대부분의

田川孝三,「李朝の鄕規について」1·2·3,『朝鮮學報』76·78·81, 1975·76.

79) 書院의 성립과 관련해서는 다음의 연구들이 참고된다. 柳洪烈,「朝鮮に於ける書院の成立」,『靑丘學叢』29·30, 1937·1939 ; 閔丙河,「朝鮮書院의 經濟構造」,『大東文化硏究』5, 1969 ; 閔丙河,「朝鮮時代 書院政策考」,『成大論文集』15, 1970 ; 崔完基,「朝鮮書院一考」,『歷史敎育』18, 1975 ; 渡部學,「書院の勃興と書堂の變遷」,『近世朝鮮敎育史硏究』, 東京 : 雄山閣, 1969.

80) 李珥는 이러한 사정에 대해서, "敎化는 스승을 택하는 일이 제일임에도 불구하고 근래에는 스승의 자리가 人物을 택하지 않고 청탁에만 쫓아서 失業者의 糊口之策이 되고 있기 때문에 스승의 이름이 賤하게 비웃음을 사고 있다"고 개탄한다(『栗谷全書』卷15, 雜著 2,「學校模範」, 1冊, 333쪽).

兩班校生들은 과거를 통한 立身出世가 우선 목적이었기 때문에 여기에 미치지 못하는 향교교육을 기피하는 가운데 庶民子弟로 그 法定人員이 채워지고 있는 실정이었다.[81]

　이러한 향교의 실태는 먼저 制度上의 모순 때문이었던 것으로, 국가로서는 향교가 인재양성기관(＝과거준비기관)이 아니라 在地의 교화기관일 것이 더 절실히 요청되는 처지였기 때문에 학교의 운영을 兩班校生의 要望대로 할 수 없게 되는 데서 기인하고 있었다. 그래서 정부에서는 '補修學校論'을 두 번, 세 번 되풀이하면서 거기에『소학』講課를 강조하고 있을 뿐이었던 것이다.[82]

　한편 양반자제 대신에 校生으로 충원되고 있는 서민층의 처지에서는 校生身分의 획득으로 당장 國役徵收의 대상에서 면제되는 혜택을 누릴 수 있을 뿐만 아니라, 길게 보아서는 譯官·吏胥職 등에 取才되는 방법을 통해서 身分上昇의 길을 그만큼 넓힐 수 있는 기회가 되고 있었다.[83] 결국 서민자제의 향교진출은 下級身分과 同參을 거부하는 양반자제의 향교이탈을 더욱 촉진하는 결과가 되었고, 이것은 학교를 통해서 서민자제들에게도『소학』이 강습되는 계기가 되고 있었다. 교화기관으로서 향교의 문이 그만큼 넓어진 셈이었다.

　향교를 거부하는 儒生들은 이 시기 전국의 향촌, 특히 양반의 門中이나 農莊을 중심으로 발달하고 있는 私塾에 모여들고 있었다. 사숙은 書堂 또는 書齋라고 불렸던 것으로, 이미 고려 말부터 在外 閑良儒臣들에 의해서 세워진 私設學校로 조선시기가 되어서도 在地의 양반지주·퇴

---

81) 李成茂, 앞의 글, 1969, 246~250쪽 ; 李範稷,「朝鮮前期의 校生身分」,『韓國史論』3, 서울대학교 국사학과, 1976 ; 李範稷,「朝鮮前期 儒學教育과 鄕校의 機能」,『歷史教育』20, 1976.

82)『中宗實錄』卷8, 中宗 4년 6월 辛未, 14冊, 340上 ;『中宗實錄』卷10, 中宗 5년 정월 乙丑, 14冊, 401下 ;『中宗實錄』卷26, 中宗 11년 11월 癸未, 15冊, 233下~234上 ;『中宗實錄』卷29, 中宗 12년 8월 癸酉, 15冊, 327上 ;『中宗實錄』卷44, 中宗 17년 4월 庚子, 16冊, 115下 ;『中宗實錄』卷63, 中宗 23년 10월 丙寅, 17冊, 63下.

83) 李成茂, 앞의 글, 1969 ; 李範稷, 앞의 글, 1976.

임관료들이 그들의 농장에 이러한 사숙을 세우고 鄕中의 자제들을 가르치고 있었다.[84] 이러한 사숙의 발달은 서원의 성립으로 연결되는 것인 바, 이는 대토지소유의 양반사대부층이 향촌사회에서 社會身分制와 地主佃戶制의 지배·예속 관계를 안정화, 항구화하려는 하나의 표현이었음은 앞서도 지적한 바이다. 국가는 처음부터 이들 私學을 장려 보호하고 있었다. 양반층에 의해서 운영되는 조선왕조는 양반사대부의 存立을 위한 어떠한 조치를 마련해야했고, 그 실천의 문제로서 私學은 官學인 향교와 마찬가지로 "以補風化", 즉 思想敎化의 기능을 담당하고 있었기 때문이었다.[85]

私學의 學科內容은 官學의 그것과 크게 다를 수는 없는 것이었고 講課의 충실성은 한층 높았다고 봐야 할 것이다. 사학이란 血緣·地域·學統·門地 등의 강인한 結緣關係를 배경으로 성립한 것으로서 儒生들이 향교를 기피해서 여기에 모여드는 경과가 그러하였던 것이다.

『소학』은 향교와 私學의 敎科目으로 채택되고, 또 꾸준히 강습되었다. 이 시기 위정자들이 전국의 鄕村閭巷에서 貴賤의 구별 없이『소학』이 강습되어야 한다고 거론하게 되는 것도『소학』교화의 필요성과 함께 강습의 場으로서 이러한 학교·사학의 뚜렷한 증가가 그 배경을 이루고 있었기 때문이라고 해야 할 것이다.

그러면 이 시기 위정자들은 어떠한 發想에서『소학』교화의 필요성을 제기하고 있는 것일까. 결론부터 말하자면 그것은 社會現實問題를 倫理道德의 측면에서 파악하고, 또 그 해결방안 또한 人倫秩序의 회복이라는 범위에서 찾으려는 것이었다. 특히 이 무렵에는 "子弑其父母" 또는 "婦弑其夫"하는 심각한 綱常問題(＝人倫問題)가 빈번히 보고되고

---

84) 吉再가 金烏山 아래서, "聚郡中諸生 …… 敎以經史 課其勤情"한 사실을 비롯해서 (成俔,『慵齋叢話』卷3), 丁克仁의 泰仁家塾이나 兪仁遠의 慶州書堂은 그 著例이다 (周藤吉之,「麗末鮮初に於ける農莊に就いて」,『靑丘學叢』17, 1934, 41~42쪽).

85)『太宗實錄』卷13, 太宗 7년 3월 戊寅, 1冊, 388下 ;『陽村集』卷31, 上書類 論文科書 ; 柳洪烈,「麗末鮮初の私學」,『靑丘學叢』24, 1936, 106~112쪽.

있어서 이것이『소학』교화론과도 결부되고 있었다.86) 그 가운데에서도
주목할 만한 것이 국왕 中宗의『소학』勸奬敎書였다. 그는 이때 수없이
제기되는『소학』論議들을 종합하는 위에서『소학』중심의 교화방안을
제시한 것이었다.87) 중종은 주자의「小學書題」의 취지를 전제한 뒤, 三
代 학교제도의 의미는 "士敦於德 民興於行 風俗淳美 人材衆盛"88)하는
데 있다고 하였다. 그는 선비가 德을 쌓고 백성이 孝悌의 실행에 힘쓰
기만 하면 풍속이 저절로 아름다워지고 인재가 번창해서 현실이 잘되
어 가리라고 생각하는 것이다. 그는 현실 조선사회를『소학』교화를 통
해서 그러한 단계로까지 끌어올려야 할 것으로 보고 있는 것이다. 중종
이 주자의『소학』을 그 교화의 本領으로 생각하는 이유는 이렇다.

> 宋時朱子著爲小學之書 修身大法 該在其中 規模節目 亦無不備 使千萬
> 世爲師者 有所據而敎之 爲學者 有所放而習焉 切於人倫日用 而爲敎學之
> 本領者 莫重此書89)

즉『소학』은 人倫과 일상생활에 요긴한 節目이 두루 갖춰진 修身大
法의 책이기 때문이라는 것이다. 그는 이러한『소학』교화의 理想이 달
성되려면 종래 生員進士覆試에서『소학』을 考講하게 한 조치와 학교에

---

86)『中宗實錄』卷26, 中宗 11년 11월 癸未, 15冊, 234上 ;『中宗實錄』卷31, 中宗 12년
   12월 己巳, 15冊, 372下.
87) 이 무렵『小學』論議로서 제기된 것을 대충 열거해보면 다음과 같다. ㈎ 儒生은 性理
   之學을 本務로 삼아야 하며 末藝인 記誦詞章에 몰두해서는 안 된다(『中宗實錄』卷8,
   中宗 4년 6월 辛未, 14冊, 340上). ㈏ 古法인『小學』·『大學』의 修學次序는 반드시 지
   켜야 한다(『中宗實錄』卷21, 中宗 9년 12월 甲辰, 15冊, 48下). ㈐ 東堂會試에서『小學』
   을 考講해서라도 儒生들이『小學』을 읽도록 해야 한다(『中宗實錄』卷23, 中宗 11년
   정월 丁酉, 15冊, 134下). ㈑『小學』書는 "愛之如父母 敬之如神明"해야 한다. 師儒와
   訓導官은 능력 있고 사람들이 敬服할 만한 人物을 擇할 일이다(『中宗實錄』卷26, 中
   宗 11년 11월 辛巳, 15冊, 233上).
88)『中宗實錄』卷26, 中宗 11년 11월 癸未, 15冊, 234上.
89) 위와 같음.

서『소학』을 반드시 배우게 한 法典의 규정이 嚴守되어야 한다는 것이었고, 무엇보다도 이제까지는 학교에만 한정되었던『소학』강습을 전국의 鄕村閭巷 어디에서나 시행하도록 하고 여기에 필요한 책은 충분히 印頒하자는 것이었다. 그리고 이와 같은 제반사항들이 제대로 이행만 된다면 "敎而學 學而行 習與性成化 隨敎興 則風俗何患不正 人材何患不美"[90]할 것이라고 기대하는 것이었다. 敎書는 즉시 磨鍊 施行되었고 국왕은 그 9개월 뒤에 다시 교서를 내려서 이 사실을 재확인하였다.[91]

그러나 실제로는 생각대로 되는 것이 아니어서 그 뒤에도『소학』교화와 관련해서 제기되는 문제는 거의 이 교서에서 지적한 점들을 반복하고 있었다. 그 가운데에는 이미 15세기부터 문제가 되어온 것으로서 일시에 시정될 수 없는 점들을 재차 문제 삼는 데 지나지 않는 것도 있었다. 그럼에도 이『소학』권장교서가 가지는 의의는 큰 것이었다. 우선 주자『소학』의 의미를 절대 긍정하는 이유가 분명해진 것으로서, 막연히 三代의 古制를 동경만 하는 것이 아니라『소학』이라는 敎化書를 통해서 人倫秩序를 강화하는 실질의 社會對策을 실행에 옮겨야 한다는 데까지 이른 점이었다. 또 그렇게 하자면『소학』에 의한 교화대상을 확대해서 官學의 향교는 물론 전국에 산재한 私學 書堂을 통해서, 또 향촌의 어디에서나 師長父兄이 할 수만 있다면『소학』강습을 베풀기로 한 사실이었다. 요컨대『소학』을 교화서로 해서 지역과 연령, 나아가서는 신분의 제한까지도 넘어서 一般化함으로써 교화의 實效를 거두자는 주장인 것으로서, 이것은 1세기 앞의『소학』교화론보다는 뚜렷한 진전이었다.

한편『소학』강습의 一般化論,『소학』교화 强化論은 모든 교육기관에서 강습과 試驗科目으로서 考講이 이루어져야 한다는 조건과 함께『소

---

90)『中宗實錄』卷26, 中宗 11년 11월 癸未, 15冊, 234上.
91)『中宗實錄』卷29, 中宗 12년 8월 癸酉, 15冊, 327上.

학』教本 자체의 보급이 잘 이루어져야 한다든가『소학』강습은 국왕을 비롯한 지배층 자신이 윗사람으로서 率先垂範해야 한다는 등의 또 다른 여건의 조성을 필요로 하는 것이기도 하였다.

　『소학』教本의 보급은 15세기부터 활발히 이루어졌던 것으로 보인다. 이 시기의『소학』通用本은 明의 何士信이 註한『集成小學』과 程愈의『小學集說』이 대부분이었던 것 같다.『집성소학』은 한때 使行 편에 100帙씩이나 사들여온 적이 있었다.92) 그러나 다량보급이 가능하려면 국내에서 직접 印刊되어야 했던 것이어서 世宗 때는 10년 사이에 세 번씩이나 復刊하는 형편이었고,93) 그 가운데는 한 번에 1만 부나 印刊해서 판매하자는 논의가 있을 정도로『소학』의 수요는 늘어가고 있었다.94) 15세기 초에 벌써 지방에서도 인쇄되고 있었고,95) 16세기 말『攷事撮要』의 '冊板目錄'은 전국 17곳에서『소학』이 刊行되고 있음을 알려주고 있다.96)『소학』教本은 木板이나 活字와 같은 印刷本에 의해서만 보급되는 것이 아니라, 그보다 훨씬 많은 경우에는 筆寫本에 의해서 전파되었으리라고 추측해도 좋을 것 같다. 실제로 그러한 필사본이 수없이 발견될 뿐만 아니라 手寫에 의한 書冊의 보급은 중세기의 일반 현상이었기 때문이다.

　또『소학』은 어려서부터 貴賤의 구별 없이 배워야 하므로 庶民이나 婦女들까지도 쉽게 익힐 수 있게끔 諺解本이나 類書를 간행해야 한다는 주장도 있었다.97) 李珥의『小學諺解』(1580年 刊)는 바로 이러한 요청에서 이루어진 것이라고 할 수 있었다. 같은 무렵에 類書로서 주자의『童蒙須知』가 간행되었는가 하면,98) 朴世茂(1487～1554 ; 逍遙堂)는『童蒙

---

92)『世宗實錄』卷30, 世宗 7년 12월 戊子, 2冊, 707下～708上.
93) 田川孝三,「庚子字本孝經諺解と小學諺解」,『朝鮮學報』27, 1963, 72～73쪽.
94)『世宗實錄』卷68, 世宗 17년 4월 己酉, 3冊, 622上.
95)『世宗實錄』卷37, 世宗 9년 7월 丁亥, 3冊, 81上.
96) 田川孝三, 앞의 글, 1963, 74～75쪽.
97)『中宗實錄』卷28, 中宗 12년 7월 辛未, 15冊, 284下.

先習』을 엮어내고 이이는 다시『擊蒙要訣』(1577)을 저술하였다. 이것들은『소학』만큼 수준 높고 큰 질량의 책은 아니었지만,『소학』이 제시하는 人倫과 日用之事 가운데 최소의 요긴한 부분을 그 節目으로 제시하고 있었다. 말하자면 이 시기 현실의 요청에 따라,『소학』의 강습을 통해서 받아들여야 할 내용을 더 쉽게 童蒙들에게 학습시키려는 의도를 지닌 것이었다고 하겠다. 그리고 마침내는 이때까지 통용되던 여러 가지『소학』의 註釋書를 종합하는 위에서『小學諸家集註』(1579)가 이이에 의해서 완성되기에 이르렀다. 이것은 이 시기 조선에서의『소학』인식수준을 일단 마무리하는 의미를 지닌 것이기도 하였다.

권근이 말한 바와도 같이 교화는 治人者, 사대부계층이 솔선해야 하는 것이고 보면 그 교화서인『소학』강습도 역시 지배층이 솔선수범해야 할 일이었다. 무엇보다도 국왕의 솔선이 國人을 따르게 하는 데 가장 좋은 방법이라고 생각하였다.[99] 국왕이나 왕실에서『소학』강습을 솔선해야 한다는 생각은 이미 世宗 때부터이어서 世子를 성균관에 입학시켜『소학』부터 읽혔던 것이다.[100] 또 나이 어린 국왕 明宗이 즉위했을 때 經筵에서『소학』부터 進講하도록 결정하였던 것도 孝悌로써 君主學의 기초를 세워야 할 뿐만 아니라 孝悌는 국왕이 솔선해야 한다는 이유에서였다.[101] 양반관료들도 마찬가지로 그 자손들에게『소학』가르치는 일로써 백성들에게 솔선하라고 강조하였다. 교화는 법으로 강

---

98) 金安國이 慶尙觀察使 재임 때 간행한 것으로, 童幼의 飮食・衣服 등 日用之事를 내용으로 한 것이었다(『中宗實錄』卷31, 中宗 12년 12월 乙酉, 15冊, 379上).

99) 『中宗實錄』卷29, 中宗 12년 8월 壬申, 15冊, 326下, "聖上 先自以禮法 體認於心 以率其下 則擧一國之人觀感激勵 成均四學 以至家塾黨痒 一朝可爲也."

100) ㈎ 국왕이 몸소『小學』을 읽은 예(『成宗實錄』卷78, 成宗 8년 3월 乙亥, 9冊, 438下). ㈏ 經筵에서『小學』을 進講한 예(『中宗實錄』卷96, 中宗 36년 11월 甲辰, 18冊, 520上 ;『明宗實錄』卷1, 明宗 즉위년 8월 己亥, 19冊, 286上). ㈐ 世孫에게『小學』을 가르친 예(『世宗實錄』卷121, 世宗 30년 9월 甲申, 5冊, 98下 및 丙申, 5冊, 99上). ㈑ 宗親이『小學』을 배우도록 한 규정(『世宗實錄』卷100, 世宗 25년 6월 庚子, 4冊, 484下 ;『經國大典』卷3, 禮典 獎勸條, 286쪽).

101) 『明宗實錄』卷1, 明宗 즉위년 7월 壬午, 19冊, 273下 및 辛巳, 19冊, 272上・下.

제한다고 해서 되는 것이 아니라 위에서 모범을 보이고 아랫사람이 따라오게 하는 것으로서,102) 그것은 良心이 "觀感激動"하는 자발성에서 이루어지는 것이라고 인식했기 때문이다.103) 말하자면『소학』을 가르친다는 것은『소학』의 내용과 같이 위에서 示範한다는 뜻이기도 하였다.

그런데『소학』은 "人倫世道에 긴절한 책"이라든가 "修身大法之書"라고 규정되는 터였으므로『소학』강습의 솔선수범도 이와 관련된 것이었다.『소학』이 修身을 위한 책이라는 것은 이미 주자의 「小學書題」나 「小學題辭」의 검토를 통해서 살핀 바와 같다. 고려 말의 "終日토록 손에서『소학』을 놓지 않는" 선비가 있었다고 한 기록도『소학』이 修身書임을 의식한 찬사의 표현이었다고 할 수 있다. 또 "小學格致誠正之本 學者之先務也"104)라든가, "小學之書 雖終身行之可也 收放心 養德性 以爲大學之基 則乃初學之書也"105)라고 한 것처럼『소학』이 初學之書로서『大學』의 기초가 된다고 하면서도 그 내용은 평생을 두고 實踐窮行할 만한 것임을 말하고 있다. 더 절실한 표현으로는『소학』이야말로 "終身之學으로서 일생동안 실행해도 이것을 넘어설 것이 없다"고도 했다.106) 또 "格致誠正"이니 "收放心 養德性"이란 모두 주자학의 學問論·修身法을 집약한 말들이다.

이렇게『소학』에는 유교의 理想型의 인간인 聖賢君子에 도달할 수 있는 修身의 節目이 두루 갖춰져 있는 것이다. 주자학을 信奉하는 조선의 사대부들이 추구해야 할 가치가『소학』에 들어있는 것이고, 그들은 이것을 실행에 옮겨야 하는 셈이었다. 그러므로 그들로서는『소학』을

---

102)『中宗實錄』卷30, 中宗 12년 11월 丁亥, 15冊, 356下 및 壬辰 15冊, 359下.
103) 李彦迪은 "대저 敎化시키는 道는 그 사람의 마음에 없는 것으로써 강제로 하는 것이 아니라 秉彝의 德을 사람마다 각기 具足하고 있는 까닭으로 그 사람의 고유한 것으로써 인도해야 한다"고 말한다(『國譯 晦齋全書』, 弘文館上疏, 140쪽).
104)『世宗實錄』卷41, 世宗 10년 9월 丁巳, 3冊, 143上.
105)『成宗實錄』卷78, 成宗 8년 3월 乙亥, 9冊, 438下.
106)『中宗實錄』卷31, 中宗 12년 12월 乙酉, 15冊, 379上, "此乃終身之學 平生可行無踰此矣."

神明처럼 받들고 부모와 같이 공경한다는[107] 중국 학자의 말이 조금도 괴이할 것이 없었고, 그런 가운데서 평생 '小學童子'를 자처하면서 『소학』이 시키는 대로 생각하고 처신하는 道學者가 나올 수 있었던 것이다.[108]

『소학』의 강습이 이러한 기준에서 행해진다고 할 때 그 태도는 단순히 지식이나 교양을 위한 독서의 경지를 넘어서 『소학』의 내용을 자신의 內面世界의 경험에 비추어 自己反省의 기준, 自己完成의 목표로 삼는 태도라고 할 수 있을 것이다.[109] 양반사대부들이 『소학』을 솔선수범한다는 것은 적어도 이러한 『소학』의 指向點을 인식하는 위에서의 일인 것이다. 그렇게 보면 양반들의 『소학』 강습은 솔선수범을 위해서가 아니라 그들 자신을 위해서 스스로 채택하고 실천해가야 할 성질의 것이었다고 하겠다. 인격의 완성을 지향하는 일, 주자학적인 인간형이 되려고 노력하는 일, 이것은 人倫問題의 일환으로서 중세 신분제사회에서 양반층이 교양과 인격 그리고 倫理規範에서 평민층에 대해 신분에 상응한 우월성을 누리기 위한 수단이 되었을 것이기 때문이다.

이와 같은 교화, 즉 피지배층에 대한 『소학』 강습은 지배층이 솔선수범이라는 의도된 형태를 취하지 않아도 그것을 지배층 자신의 修身問題로 받아들이는 한 교화의 실효는 저절로 거두어질 수 있었다. 그들이 말하는 솔선수범의 진정한 의미는 이것이었는지도 모르겠다. 또 이것은 중세사회의 道德主義의 특징에 대해서 修身과 人倫이라고 하는 道德의 문제를 중심내용으로 하는 『소학』의 성격이 그 본질에서 일치하고 있음을 보여주는 것이기도 하겠다. 어떻든 주자학 교화의 특징이 여기에 있는 것이고, "上行下効 衆心安定"[110]이라는 常套의 표현 속에 그것이 나

---

107) 『心經附註』, 李滉 書, 「心經後論」, "許魯齋(衡) 嘗曰 吾於小學 尊之如神明 敬之如父母."
108) 『景賢錄』 卷上, 「秋江師友錄」 및 「行狀」(李績述).
109) 『小學』의 이러한 성격을 가리켜 朱子學의 自得體認主義라고 할 수도 있을 것이다. 阿部吉雄, 『日本朱子學と朝鮮』, 東京 : 東京大學出版會, 1965, 537쪽.

타나 있는 것이다. 또 이 점은 앞서 주자의『소학』저작 동기에서, 그리
고 권근의 敎化觀에서 확인된 바이기도 하다.

4.『小學』의 基本 思想

1) 人倫(＝社會倫理)과『小學』

조선의 사대부 지배층은『소학』을 思想敎化書로 받아들이고 있었다.
그들은『소학』이 人倫書라는 점에서 敎化의 敎本으로 삼을 것을 주장
했었다. 권근이 그러했고 국왕 중종이나 趙光祖와 같은 士林派의 관료
들이 그러하였다. 16세기 중엽부터는 사대부 집권체제의 동요 현상을
紀綱問題・綱常問題라고 해서 人倫秩序의 解弛現狀으로 파악하고,[111]
이것은 결국『소학』의 人倫敎化와 같은 방법을 통해서 해결해야 할 것
으로 생각하였다. 그래서 李彦迪은 "祖宗之聖法"인『소학』의 교화를 일
으켜야 한다고 했었다.[112] 참으로 주자학자의 현실인식이고, 또 그 표현
이 아닐 수 없는 것이었다. 어떻든『소학』은 인륜질서를 회복하는 데는
가장 적절한 교본이 되어 있었다. 이것은 16세기 말에 간행된『小學諺
解』의 跋文이 "小學一書 最切於人道 如菽粟水火之不可闕"[113]이라는
표현으로 시작되는 데서도 확인된다.

人倫이란 말할 것도 없이 三綱五倫을 근간으로 해서 현실세계의 人
間關係・社會關係를 규정하는 倫理의 德目이었다. 父子・君臣・夫

---

110)『訥齋集』卷4, 便宜四事, 279쪽(亞細亞文化社版).
111)『中宗實錄』卷49, 中宗 18년 10월 壬辰, 16冊, 265上, "入則事父兄 出則事長上 萬人
　　之常道也 今也 毀習尙多 入則議其父兄 出則議其師長 安有如此之薄風."
　　『中宗實錄』卷100, 中宗 38년 5월 丁未, 18冊, 673下, "子弑父 古或間其語而未見其人
　　婦殺父 古或間其語而未見其人也 豈意千古彝倫之大變 一時並出於殿下之民人乎 人
　　心天理 至是 盡絶無餘."
112)『中宗實錄』卷101, 中宗 38년 7월 乙丑, 19冊, 6下.
113) 萬曆 15년(1587)刊『小學諺解』, 李山海 跋文.

婦·長幼·朋友의 다섯 가지 인간관계는 親·義·別·序·信으로 定義되는 가운데, 사람이 행해야 할 떳떳하고도 바른 행실이고 반드시 지켜야 할 질서이며 당연히 가르쳐야 할 도리라고 해서 五常·五倫·五典·五品 등으로 일컬어졌다.114) 16세기 중엽『동몽선습』의 저자가 "天地萬物 가운데 사람이 가장 貴하게 된 까닭이 다섯 가지 人倫이 있기 때문"115)이라고 했던 것도 이러한 五倫의 중요성을 강조한 말이었다.

三綱은 五倫 가운데서도 특히 父子·君臣·夫婦의 관계를 綱目關係로 규정한 倫理德目이었다. 즉 父爲子綱·君爲臣綱·夫爲婦綱이 그것이다. 父·君·夫는 綱의 위치에서 目의 위치에 있는 子·臣·婦를 制御하고 統率해야 함을 말하고 있다. 결국 上下·主從의 관계이어야 함을 明示하고 있는 것이다.『三綱行實圖』의 序文에서는 三綱이 "經綸의 大法"이며 "萬化의 根本"이므로 "化民成俗"의 길이 여기에 있음을 말하고, 또

觀作之君作之父作之夫 則本乎天 爲之臣爲之子爲之妻 則原於地 惟天經地義之定理 無古往今來之或殊116)

라고 했다. 君·父·夫는 하늘[天]이고 臣·子·妻는 땅[地]과 같은 이치로서 古今에 달라질 수 없는 理法이라는 것이다.『소학』에서도 三綱을 따로 떼어 설명하지는 않았지만, 人倫의 根源으로서 끝까지 버리지 못하는 것이라고 강조하기는 마찬가지였다.117)

---

114) 朱子는『小學』에서 五倫의 내력을, "孟子曰 人之有道也 飽食暖衣 逸居無敎 則近於禽獸 聖人有憂之 使契司徒 敎以人倫 父子有親 君臣有義 夫婦有別 長幼有序 朋友有信"(立敎-5)이라고 말한다. 이는 農桑—學校로 표현되는 孟子 政治論의 일부로서 人倫(＝五倫)이 아니고서는 人間이 存在하는 의미를 상실해서 짐승[禽獸]과 다를 바 없다고 보는 것이다.

115)『童蒙先習』, 著者 序文, "天地之間 萬物之中 唯人最貴 所貴乎人者 以其有五倫也."

116)『世宗實錄』卷56, 世宗 14년 6월 丙申, 3冊, 396下～397上.

117) "若夫君臣之義 父子之親 夫婦之別 則日切磋而不舍也"(明倫-108).

이에 대해서 五倫의 親·義·別·序·信은 저마다 관계의 특징을 표현하는 것이기는 하지만, 三綱처럼 上下·主從 관계를 나타내는 것은 아니었다. 그러나 분명한 것은 三綱·五倫의 어느 경우에나 각 개인에게는 주어진 태도와 역할의 규범이 정해져 있다는 사실이다. 이를테면 "愛親敬長 隆師親友"(「小學書題」)라든가, "愛親敬兄 忠君弟長"(「小學題辭」) 등은 개인이 人倫關係에서 그 대상에 따라서 취해야 할 태도의 기준을 나타내고 있다. 이와 같이 개인은 인륜 속에 인간으로서 일정한 職分과 態度가 있다는 것은 앞서 권근에 의해서도 지적되었다.118)

인륜은 사람의 직분이며 태도일 뿐만 아니라 개개인의 고유한 理致로 설명되기도 하였다. 정도전이 "만일 여기에 아들 된 사람이 있으면 반드시 孝子가 되게 하고 賊子가 되지 못하게 하며, 臣下 된 사람이 있으면 忠臣이 되게 하고, 亂臣이 되지 못하게 하며, 物에 미쳐서도 소는 밭을 갈 뿐 사람을 떠받지 못하게 하며, 말은 짐을 실어 나르되 사람을 물지 못하게 하며, 호랑이는 함정을 만들어 사람을 물지 못하게 하나니 대개 그 각각의 고유한 이치에 따라서 처하게 하는 것"119)이라고 한 말이 그것이다.

주자학의 현실세계는 이렇게 저마다 固有한 理致·職分, 다시 말해서 인륜이 충실히 履行될 때 바람직한 사회를 유지할 수 있을 것이었다. 또 그러려면 인륜을 사회의 전체 成員에게 일깨워주고 그 실천을 요구하고, 또 거듭 확인해가지 않으면 안 될 것이었다.

주자학을 공부한 조선의 사대부들은 '人倫秩序=三綱五倫'을 절대 긍

---

118) 『陽村集』 卷12, 延安府鄕校記, "方其幼也 安於灑掃應對 及其長也 力於禮儀廉恥 內以事其父母 外以事其長上 講之於刪定讚修之書 驗之於身心事物之上 父子君臣夫婦長幼 無所往而不盡五藏之所當爲者 則人倫厚而風俗美 聖賢事業可馴致矣." 그가 말하는 人倫은 곧 五倫이며, 또 그 發想은 朱子가 『小學』 공부는 "灑掃應對 入孝出恭" 하는 데 그 골자가 있음을 지적한 바와 같은 것임은 물론이다. 權近이 朱子의 『小學』을 學校의 敎科目으로 채택할 것을 맨 처음 주장한 인물이었음은 결코 우연이 아니라 하겠다.

119) 『三峯集』 卷5, 佛氏雜辨, 儒釋同異之辨.

정하고 있었다. 이이는 "三綱五常은 王道·仁政과 함께 古今에 걸쳐 변할 수 없는 眞理"[120]라 했고, 梁誠之는 "風俗이란 三綱을 유지하는 데 지나지 않는 것"[121]이라고 했다. 그들이 주자학사상에 따라 統治秩序를 수립하고 있는 한, 인륜의 질서는 社會倫理·實踐道德으로서 生活化되고 觀念化됨으로써 어떠한 義務規定이나 法條項보다도 우선하는 항구한 질서의 원천이 될 수 있었다. 이러한 인륜의 내용도 『소학』에 제대로 갖춰있는 것이고, 그러므로 『소학』만 잘 가르치고 배우면 人倫規範은 기대한 바대로 습득될 것이었다.

그러면 『소학』에 담겨있는 인륜의 내용은 어떤 것일까. 그것은 『소학』의 구성형태를 통해서, 또 그 節目들이 품고 있는 論理性을 통해서 설명할 수 있을 것이다. 우선 『소학』의 構成體裁를 圖示해보면 〈別表〉와 같다.[122] 『소학』은 內外 2篇, 6卷, 386章으로 되어 있다. 內篇은 立敎·明倫·敬身·稽古의 4卷, 外篇은 嘉言·善行의 2卷으로 나뉘어 있다. 表와 같이 『소학』의 기본 구성은 立敎·明倫·敬身의 三大綱에 있음을 알 수 있다. 그 가운데 明倫은 父子·君臣·夫婦·長幼·朋友의 五倫이 기본 細目으로 되어있고, 敬身은 心術·威儀·衣服·飲食을 기본 細目으로 하고 있다. 여기에서 『소학』 體裁의 중심이 明倫과 敬身에 있음을 쉽게 알 수 있다. 전체 386章 가운데 6割에 해당하는 226章이 明倫에 속하고, 그 3割인 120章이 敬身의 細目으로 되어있는 데서도 그렇다. 이것은 또 『소학』이 "灑掃應對 入孝出恭"의 人倫·日用에 관한 節目에 치중해 있음을 말해주는 것이기도 하다. '灑掃應對'란 日用之事의 기본을 일컫는 것으로서 그 節目이 대개 敬身篇에 나타나 있고, '入孝出恭'이란 人倫

---

120) 『栗谷全書』 卷5, 疏箚 3, 萬言封事, 1冊, 97쪽, "亘古今而不可變者 王道也 仁政也 三綱也 五倫也."
121) 『訥齋集』 卷2, 便宜四事.
122) 「小學圖」는 李滉이 『聖學十圖』(『退溪全書』 卷7, 箚子進聖學十圖幷圖) 가운데 제3 圖로 작성한 것이 처음인 것 같다. 여기에서는 「小學集註總目增解」에 의거해서 標題項과 章數를 세분해서 표시했다.

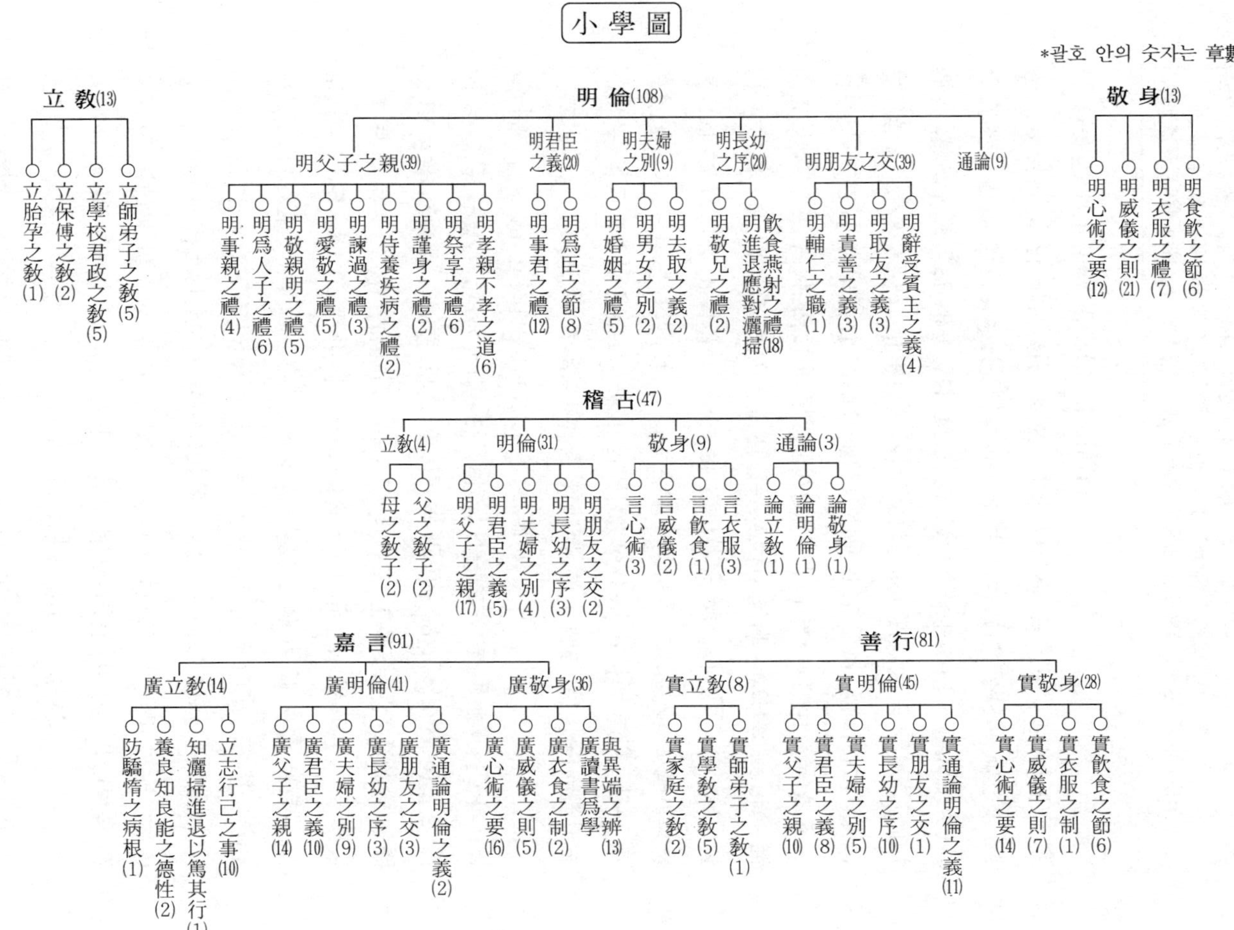
小 學 圖
*괄호 안의 숫자는 章數

立 敎(13)
立師弟子之敎(5)
立學校君政之敎(5)
立保傅之敎(2)
立胎孕之敎(1)

明 倫(108)
明父子之親(39)
明事親之禮(4)
明爲人子之禮(6)
明敬親明之禮(5)
明愛敬之禮(5)
明諫過之禮(3)
明侍養疾病之禮(2)
明謹身之禮(2)
明祭享之禮(6)
明孝親不孝之道(6)
明君臣之義(20)
明事君之禮(12)
明爲臣之節(8)
明夫婦之別(9)
明婚姻之禮(5)
明男女之別(2)
明去取之義(2)
明長幼之序(20)
明敬兄之禮(2)
明進退應對灑掃飮食燕射之禮(18)
明朋友之交(39)
明輔仁之職(1)
明責善之義(3)
明取友之義(3)
明辭受賓主之義(4)
通論(9)

敬 身(13)
明心術之要(12)
明威儀之則(21)
明衣服之禮(7)
明食飮之節(6)

稽 古(47)
立敎(4)
母之敎子(2)
父之敎子(2)
明倫(31)
明父子之親(17)
明君臣之義(5)
明夫婦之別(4)
明長幼之序(3)
明朋友之交(2)
敬身(9)
言心術(3)
言威儀(2)
言飮食(1)
言衣服(3)
通論(3)
論立敎(1)
論明倫(1)
論敬身(1)

嘉 言(91)
廣立敎(14)
立志行己之事(10)
知灑掃進退以篤其行(1)
養良知良能之德性(2)
防驕惰之病根(1)
廣明倫(41)
廣父子之親(14)
廣君臣之義(10)
廣夫婦之別(9)
廣長幼之序(3)
廣朋友之交(3)
廣通論明倫之義(2)
廣敬身(36)
廣心術之要(16)
廣威儀之則(5)
廣衣食之制(2)
廣讀書爲學與異端之辨(13)

善 行(81)
實立敎(8)
實家庭之敎(2)
實學校之敎(5)
實師弟子之敎(1)
實明倫(45)
實父子之親(10)
實君臣之義(8)
實夫婦之別(5)
實長幼之序(10)
實朋友之交(1)
實通論明倫之義(11)
實敬身(28)
實心術之要(14)
實威儀之則(7)
實衣服之制(1)
實飮食之節(6)

을 함축하는 것으로서 明倫篇의 細目이 그 내용을 이룬다.『소학』을 人倫書・修身書로 규정하는 이유가 이 점에도 있다고 하겠다.

그런데 敬身은 마음가짐[心術]과 몸가짐[威儀]의 節目을 규정하는 것이므로 明倫과 敬身은 실상 人倫 한 가지를 밝히는 문제라고 볼 수 있을 것이다. 주자학의 학문(＝修身)이란 人倫・日用이 하나의 목표에 집약되기도 하는 것으로 이이가 인용한 주자의 말 가운데서도 입증된다. 즉 "道라는 것은 人倫과 日用 사이에 마땅히 행해야 할 것을 이르는 것이니, 이것을 알고 마음이 가면 나아가는 바가 반드시 옳아서 다른 길에 현혹되지 않을 것이다"123)라고 말했고, 이황도 또한 "明倫, 敬身은 心術의 요점과 威儀의 법칙을 밝힌 것이므로 잠깐 동안만이라도 이것을 잊지 않으면 日常生活 사이에도 하늘의 이치가 스스로 행해져서 어느 것 하나도 이에 벗어나지 않는다"124)고 말했다.

『소학』은 이처럼 그 體裁 구성을 보더라도 '人倫을 밝히는[明倫] 책'이라는 것을 알 수 있다. 나머지 각 편의 기능을 요약해보면, 제1권 立敎篇에서는 三代의 古制인 五敎・三物・八刑을 열거해서 인륜교화의 정신과 그 방침을 제시했다. 제4권의 稽古篇은 舜에서 孔子에 이르기까지 유교경전에 나오는 聖賢들의 언행을 立敎・明倫・敬身篇을 위한 典據로서 내세웠다. 제5권의 嘉言篇은 漢代로부터 宋代에 이르는 賢士들의 言行으로서 稽古篇의 그것을 敷衍 補强하고 있다. 마지막의 제6권 善行篇도 역시 嘉言에 해당하는 시기 인물들의 모범되는 行跡을 제시해서 稽古나 嘉言의 내용들을 實證해보였다. 이와 같이 『소학』의 구성은 人倫・敬身에 집약해서 節目 사이에 긴밀하고도 整然한 體系를 세우고 있어서, 마치 어느 한 구석도 빼거나 보탤 수 없이 周密하게 營造된 건축물에 비유될 수 있는 것이었다.

---

123)『栗谷全書』卷20,「聖學輯要」2, 修己 第2, 立志章 第2, 1冊, 428쪽, "道則人倫日用之間 所當行者是也 知此而心必之焉 則所適者正而無他岐之惑矣."
124)『退溪全書』,「言行錄」卷1, 讀書, 4冊, 173쪽.

『소학』은 그 체재 구성뿐만 아니라 내용 구성에서도 그러한 특징을 나타내고 있다. 주자는『소학』의 序文에 해당하는 書題와 題辭를 제외하고는 本文의 어디에서도 자신의 말을 文章化하지 않았다.『소학』은 철저히 유교경전에 충실한 編撰書인 것이다. 內篇의 경우 22種에 이르는 경전에서 인용해왔지만, 주로『禮記』(99章)・『論語』(50章)・『孟子』(13章)에 집중되어 있어 이것이 전체(214章)의 4분의 3에 이르고 있다.125) 외편에서는 漢唐時期의 것도 상당수 있기는 하지만, 전체(172章)의 6割 이상(110章)이 20명에 이르는 宋代 사대부의 언행과 행적에서 聚選되고 있다.

이를 보면 주자는『소학』을 편찬할 때 三代의 古制를 時宜에 맞게 구현하되, 그 원리는 孔孟의 思想에 근거해야 하며,126) 宋學을 創出해낸 北宋 士大夫社會와 그 倫理를 실현하는 데에 목표를 둔다는127) 세 가지 원칙을 지켰던 것이라고 생각할 수 있다. 바꾸어 말하면『소학』의 체제는 맹자의 五倫을 기본 구조로 하며 그 節目의 출전이 또한 古典儒教였다 할지라도, 그것이 지니는 의미는 주자 당시의 사대부 지배층의 견해, 주자가 보는 현실의 요구였다고 할 수 있을 것이다. 또 이 점은『소학』이 중세 조선사회에서 지니는 의미를 파악하는 데서도 마찬가지라는 것은 이미 지적된 대로이다.128)

---

125)『小學』내용의 出典別, 時代・人物別 分類統計는 李樹健,「李朝時代의 小學教育에 대하여」,『嶺南大論文集』2, 1969, 255쪽에서 인용하였다.

126)『禮記』는 물론 中國 古代社會의 '禮'에 관한 理論과 實際를 기록 편찬한 것인데, '禮'란 그 시기 국가의 法制, 樣式과 威儀作法, 貴賤上下의 分別, 事理를 貫通하는 法制 등의 의미를 包括하는 개념이었던 것이다. 朱子는 孔子와 孟子 이후 儒教의 道統을 계승한 儒學者로서 이러한 禮의 現實性을 政治・社會 對策 속에서 具現하려고 했었다.

127) 宋代에는 朱子에 앞서서 人倫에 중점을 둔 童蒙教育書가 士大夫儒學者들에 의해서 여러 가지 형태로 만들어지고 있어서, 朱子는 그것을 모두 聚合 평가하는 위에서『小學』을 편찬했던 것으로 보인다(阿部吉雄, 앞의 글, 1965, 61쪽). 특히 程顥・程頤 형제와 司馬光 등 3人에 관한 것이 46章에 이르고 있는데, 이 점은 그들이 宋學의 開創者들이고 朱子는 그 完成者였던 사실과도 밀접한 관련이 있다고 하겠다.

128) 守本順一郎,『東洋政治思想史研究』, 東京 : 未來社, 1967. 특히 제3장 '朱子의 生産

2) 名分論과 人性論

『소학』이 인륜교화의 완벽한 교본이려면 형태나 내용의 구성뿐만 아니라 그 내용이 지니는 論理性 또한 철저하지 않으면 안 되었다. 이를테면 人倫이 至善의 原理로 받아들여지게 하려면 그 至善한 이유를 설득력 있게 제시해야 한다. 그것은 일상생활 속에서 체험할 수 있는 事實에 근거해야 하고 또 歷史事實로도 입증해야 하지만, 무엇보다도 우주의 질서라든가 인간의 本性問題와 같은 哲學體系로써 보증할 수 있어야 했다.『소학』의 내용이 그와 같이 통일되고 체계화된 논리성을 근거로 한 것일 때만 그 실천의 節目들은 當爲의 法則으로서 生活化·意識化에 연결될 수 있을 것이기 때문이다.『소학』의 구성체제는 이런 점들을 충분히 배려하는 위에서 편성된 것이었다.

人倫의 기본 논리는 주자학의 名分論이었다. 인륜은 명분론이 社會倫理로서 표현된 것이었다. 먼저 주자학자, 주자학을 공부한 사대부의 명분론에 대한 인식을 검토해볼 필요가 있겠다.

권력의 세계에서 소외되어 있었던 金時習은 名分을 이렇게 보고 있다.

名分之於人 大矣哉 易曰 天尊之卑 乾坤定矣 高下以陳 貴賤位矣 言名分之不可替也 何謂名 天子諸侯公卿大夫士庶人是也 何謂分 上下尊卑貴賤是也[129]

즉 하늘이 높고 땅이 낮은 이치가 정해진 것과 마찬가지로 명분이란 바뀔 수 없는 것으로서, 인간은 天子로부터 庶人에 이르기까지 그 지위[名]의 高下에 따라 上下·尊卑·貴賤의 분수[分]가 정해져 있다는 것이다. 그러므로 이 명분에 따라 윗사람은 아랫사람을 부리고, 아랫사람

論' 참조.
129)『梅月堂集』, 卷20, 說, 名分說.

은 윗사람을 섬겨야만 한 가정, 한 국가가 순조롭게 다스려진다고 그는
생각하였다.130) 조금 늦은 시기의 政策理論家 梁誠之도 명분에 관한 한
김시습과 일치하는 생각을 가지고 있었다. 貴賤·尊卑의 差別을 엄격히
하고 上下가 峻別되면 될수록 民志는 안정되고 국가의 統治秩序가 확
립될 것으로 보았던 것이다.131)

　이들은 사회관계를 上下·支配隷屬의 관계로 파악하는 명분론을 그
때의 社會秩序·支配秩序의 原理가 되어야 할 것으로 인식하고 있었
다. 예컨대 양성지는 "主와 奴의 分은 君과 臣의 分과 같은 것으로서 百
世토록 바꾸지 말아야 한다"고 해서 主와 奴의 관계를 君臣倫理와 동일
한 논리선상에서 보았던 것인데, 이것은 당시 大家世族으로 표현되는
대토지소유의 지배층이 그 土地經營을 奴婢勞動에 의존해야 했던 사정
을 나타낸 것이라 하겠다.132) 마찬가지로 嫡과 庶, 妻와 妾, 君子와 小
人, 地主와 佃戶 등등의 對應關係에서도 上下·貴賤·尊卑의 分이라고
하는 差等·差別이 규정되게 마련이었다. 이런 의미에서 名位와 分數,
즉 名分은 身分·階級 관계를 표현하는 것이기도 하였다.

　그런데 명분이 바로 서려면 먼저 이름[名]부터 바루어져야[正]할 것
이므로 명분은 실상 '正名'부터 되어야 할 일이었다. '正名'이란 名位에
따르는 개인의 직분과 태도를 倫理道德으로 규정해서 당시의 정치·사
회 현실을 극복해보려는 공자 정치사상의 골자였다.133)

　이를테면 그것은 人倫의 秩序였던 것으로, 임금은 임금노릇, 신하는
신하노릇, 아비는 아비노릇, 자식은 자식노릇을 제대로 다할 때에 '正名'

---

130) 『梅月堂集』, 卷20, 說, 名分說.
131) 『訥齋集』 續編, 卷1, 論柳子光不宜兵曹正郎疏, "尊卑貴賤 各得其序 而不相踰分然
　　後 上下辨 民志定 而國家治安矣 …… 誠以辨上下 定民志 明尊卑 等貴賤 乃王政之
　　所先務也."
132) 韓永愚, 「訥齋 梁誠之의 社會政治思想」, 『歷史敎育』 17, 1975, 111~112쪽 참조.
133) 『論語』 第12, 顔淵 및 第13, 孔路.
　　馮友蘭, 『中國哲學史』, 臺北 : 商務引書館, 1934, 84~89쪽 참조.

이 되는 것이고, 또 秩序는 세워지게 마련이었다. 이러한 正名으로서 명분은 그 뒤 '春秋大義' 또는 '大義名分' 등으로 표현되는 가운데 君臣의 義를 강조해서 北宋時期에는 君主의 絶對性을 보증하는 논리로 정착되었다.134) 正名論(＝名分論)이 이토록 宋代에 이르러 君臣關係로 重點 설명된 것은 그 시기 사대부 지배층이 君臣 사이의 上下關係를 基軸으로 해서 모든 인간·사회 관계를 上下의 分으로 확정하려 했던 데 기인하는 것이었다.135) 그리고 이것은 현실의 封建的 土地所有關係 위에서 성립되는 地主佃戶制의 生産關係를 관철시켜가려는 논리였다. 이러한 명분론의 원리가 조선의 사대부층에게도 김시습·양성지에게서 보는 바와 같이 政治·社會 勢力의 安定化, 말하자면 兩班地主의 農民支配를 보장하고자 절실히 首肯되었다고 해야 할 것이다.

어떻든 명분론이나 정명론이란 사회관계 속의 개인이 名位에 따르는 구실을 名實相符하게 실행하고, 또 거기에 상하·존비·귀천을 불가피한 것으로 인정해야 하는 개념이었다. 권근과 정도전은 이것을 인륜 가운데 개인의 직분으로 설명하고 있음을 앞서 본 바 있다. 그러면 이러한 명분은 어떤 근거에서 반드시 지켜져야 할 것이 되는 것일까. 명분은 天地의 理致와도 같은 것이라고 했는데, 왜 그렇게 말할 수 있느냐는 것이다. 이언적은 分과 人倫의 관계를 이렇게 말했다.

分者 天理當然之則 天之生物 理無虧欠 而人之處物 無不盡理 如君臣父子兄弟夫婦 皆出於天性 而各有當然之則 有一毫不盡其心 不當乎理 是爲不盡分也 聖人所以爲人倫之至者 只是盡其分也136)

---

134) 武內義雄, 『中國思想史』(岩波全書 73), 東京：岩波書店, 1957, 247쪽.
135) 守本順一郎, 앞의 책, 1967, 116~118쪽；仁井田陞, 『中國法制史』(岩波全書 165), 1956, 154~157쪽.
136) 『國譯 晦齋全書』, 「中庸九經衍義」 卷16, 親親 5, 嚴正家之法, 763쪽.

분수[分]란 것은 天理의 當然한 法則인데 君臣・父子・兄弟・夫婦와 같은 人倫도 天性에서 나온 것으로서 또한 당연한 법칙이므로, 사람이 천성을 다하는 것이 천리로서의 分도 다하는 것이 된다는 것이다. 요컨대 分은 곧 인륜이고 당연한 법칙이므로 사람은 태어나면서부터 이것에서 벗어날 수 없음을 말하고 있다. 名分(＝人倫)의 절대성은 사람이 인간으로서의 존재, 인간의 本質을 구현해가기 위한 조건이라는 데 있는 것이다.

잘 알려져 있는 바와 같이 주자학의 원리는 '理'로 설명되고 있었다. 人倫(＝名分)도 이러한 원리인 理 또는 理氣의 문제로 해명될 수 있어야 했다.

그런데『소학』에서는 이와 관련해서는 한두 개 章만을 '書題'와 立教篇, 外篇의 序章에서 제시하고 있을 뿐이다. 그나마 매우 간략하고 抽象된 표현이어서 節目의 내용과 직접 관련지어 이해하기에는 상당한 보충설명이 필요하도록 되어 있다. 그러면서도 거기에 人倫・名分・人性論의 골자를 함축하고 있음은 물론이다. 예컨대,

子思子曰 天命之謂性 率性之謂道 修道之謂教(立教－序章)

라는『중용』首章의 말을 빌려서 天과 性과 道와 教의 관계를 말하고 있다. 주자의 해석을 따라 이들의 의미와 관련을 요약해보면 이렇다. 性은 곧 理[性卽理]인데 天이 萬物을 생겨낼 때 氣로써 形態를 이루고 또 理를 부여해주었다. 사람에게 부여된 理는 곧 五常(＝五倫)이다. 사람은 性의 理致로써 人倫・日用의 일 가운데 떳떳하게 가야 할 길[道]이 있다. 그런데 사람에게 그 性과 道는 비록 같다 할지라도 그 氣稟이 각각 다르기 때문에 過不及의 차이가 없을 수 없다. 이에 聖人이 제각기 마땅히 행할 바를 헤아려서 이를 整制하고 等差를 매겨서 세상에 法을 세웠는데 이것이 教이다.137) 즉 사람은 모두 태어나면서부터 사람 되는 性(＝

理)을 天으로부터 稟受해서 그 理에 따라 같은 사람이 되었지만, 氣稟이라고 하는 또 다른 요소의 차이 때문에 현실의 사람에는 差等이 나타나게 되었으므로 聖人(＝帝王)이 이것을 깨우쳐주게 되어있다는 것이다.

그러면 사람이 되게 하는 그 性(＝理)은 어떤 성질의 것일까. 이와 관련해서 外篇의 序章에서는 『詩經』의 蒸民詩가 인용되고 있다.

詩曰 天生蒸民 有物有則 民之秉彝 好是懿德 孔子曰 爲此詩者 其知道乎 故有物必有則 民之秉彝也 故好是懿德

自然界에는 自然의 法則性이 있듯이 人間性에도 天賦의 것으로 道德性(＝秉彝)이 존재한다는 詩化된 표현이다. 有則이란 이를테면 같은 『詩經』의 말 가운데 "솔개[鳶]는 날아서 하늘에 이르고, 물고기[魚]는 다투어서 연못에 뛰네"138)라든가 "耳目은 마땅히 聰明해야 하고, 父子는 마땅히 慈孝해야 한다"139)는 의미라고 하겠다. 즉 物은 事物이므로 솔개·물고기·耳目·父子는 物이다. 또 사람·禽獸·草木·金石도 物이고 君臣·夫婦·長幼·班常·嫡庶·華夷도 物이다. 則은 法則으로서 날고[飛], 뛰고[躍], 밝게 보고[明], 밝게 듣고[聰], 仁慈하고, 孝誠하는 것은 각기 鳶魚·耳目·父子의 法則이다. 이렇게 사물에는 마땅히 그래야 되는 當然之則이 있다. 則은 理이므로 當然之則은 當然之理이기도 하다.

그런데 사물에는 當然之理와 함께 마땅히 그렇게 되어야 하는 까닭의 理가 있다. 所以然之理가 그것이다. 왜 飛躍해야 하고, 聰明해야 하고, 慈孝해야 하느냐는 까닭이 있다는 것이다. 이 또한 人爲가 아니라 自然히 되는 일로서, 역시 物이 自然(＝天)으로부터 稟受한 理致이다. 이와 같이 物에 있는 理는 天이 부여한 所當然 所以然한 理이므로 天

---

137) 『小學』立敎篇, 序章의 註 ; 『中庸』首章의 朱子註.
138) 『詩經』大雅旱麓篇, "鳶飛戾天 魚躍于淵."
139) 『小學』外篇, 序章의 註.

性·天理·天命·天道라고 할 수 있을 것이다.

주자가 "天命之謂性", "率性之謂道"를 해석해서 말하는 性(=理)·道가 곧 이러한 의미라고 하겠다. 이이가 "物마다 모두 所當然해서 그만둘 수 없고, 또 所以然해서 바꿀 수 없는 理를 타고 났다"[140]고 말하는 것, 또 이언적이 "天下에는 性에 벗어난 物이 없으므로 人과 物이 각기 그 性의 自然을 따른다면 그 日用事物에 각자의 당연히 가야할 길이 있다"든지, "그 性을 따르지 않고 그 맡은 바 職을 폐기한다면 어찌 그 天命을 어긴 罪를 회피할 수 있을 것인가"[141]라는 말은 역시 所當然·所以然의 理를 의미하는 것이라 하겠다. 이언적은 이미 人倫이 사람의 분수[分]이며, 天理·天性이라고 말했던 것을 앞서 본 바 있다. 사람이 天命에 따라 떳떳이 가야 할 길[道]이 人道이며 人倫이라는 것이다. 사람이 사람 되는 人倫은, 예컨대 父子·君臣·夫婦·長幼·朋友 관계에서 職分과 態度를 所當然·所以然의 것으로 인식해서 실천에 옮기는 데 있다는 것이었다.

그런데 주자는 모든 사람이 그 性과 道는 같으면서도 氣稟의 다름에 따라 현실의 사람은 過不及의 차이가 있다고 말한다. 말하자면 物은 天으로부터 理만 稟受한 것이 아니라 氣라고 하는 또 다른 요소를 받고 있기 때문에 생기는 문제이다. 이것은 주자학 人性論의 문제로서 먼저 理와 氣의 관계가 설명될 필요가 있다. 주자는 自然萬物의 法則을 理와 氣의 二元論으로 파악하고 있다. 理는 形而上의 道로서 萬物을 낳는 原理이고 氣는 形而下의 器로서 각기의 萬物로 되는 素材·運動이라고 했다.[142] 萬物은 理와 氣의 結合에 의해서 形而下의 世界에 존재하게

---

140)『栗谷全書』卷20,「聖學輯要」2, 修己 第2 上, 窮理章 第4, 1冊, 437쪽, "自其一物之中 莫不有以見 其所當然 而不容已 與其所以然 而不可易者."

141)『國譯 晦齋全書』,「答忘機堂 第一書」(戊寅), 25쪽.

142)『朱子大全』卷58, 書, 答黃道夫(一), "天地之間 有理有氣 理也者 形而上之道也 生物之本也 氣也者 形而下之器也 生物之具也 是以人物之生 必稟此理 然後有性 必稟此氣 然後有形."

되는데, 理는 人과 物의 性으로서 부여되고, 동시에 氣는 현실의 形體로서 부여된다고 하였다.143) 요컨대 人과 物이 人과 物로 되는 까닭은 理에 있고 현실의 人과 物은 그 理에 의한 氣의 작용의 결과라는 것이다. 또 理는 萬物에 각기 同一하게 稟受되어 있는 것인데 대해서 氣는 그 動靜과 순수한 정도에 따라서 千態萬象, 즉 위로는 天地·人間에서부터 아래로는 禽獸와 無生物에 이르기까지 저마다의 差別象으로 나타난다고 했다.144)

이 理氣의 원리를 人間에 관해서만 파악해보면, 인간은 그 '本然의 性'과 '氣質의 性'에 따라서 聖賢愚不肖의 차별이 나타나게 되었다. 本然의 性은 純粹·純善의 理로 堯舜과 같은 聖人으로부터 庶人에 이르기까지 동일하게 稟受된 것이고, 氣質의 性은 타고난 氣의 淸濁粹駁에 따라서 나타난 현실의 人間性으로, 예컨대 氣의 淸者는 聖人이 되고 濁者는 愚人이 된다는 것이다.145) 이것은 物에서의 理를 인간에서는 本然의 性으로, 氣를 氣質의 性으로 파악해서 '天理＝天性'이라고 하는 것이다. 어떻든 인간은 本然之性과 氣質之性을 동시에 具有하고 태어났으나, 氣質性에 의해서 差等이 나타나게 되었으므로 현실세계의 인간은 그 差等이 불가피하게 되는 셈이다. 聖人은 聖人으로서 愚人은 愚人으로서 살아가게끔 결정되어 있는 것으로 보는 것이다. 名分論에서 人間關係를 名位에 따르는 분수라고 해서 上下·貴賤·尊卑의 관계로 규정했던 것도 그 論理의 근거가 여기에 있다고 하겠다.

그런데 여기에서 주목되는 것은 氣質之性에 의한 인간의 差等이 不變의 사실로 고정되지 않는다는 점이다. 모든 인간이 氣質之性의 混濁된 정도에 따라 過不及의 차이가 생겼지만 동시에 本然之性이 內在해 있기 때문에 그가 人欲(七情)과 惡에 가려진 氣質之性을 닦아가기만 하

---

143) 위와 같은 글.
144) 裵宗鎬, 「理氣論에 대한 考察」, 『人文科學』 7, 연세대학교, 1962, 380쪽.
145) 裵宗鎬, 위의 글, 385쪽.

면 至善(=聖人)에 도달할 수 있다고 했던 것이다.146) 이와 관련해서 이
이는 聖賢이 되겠다는 뜻을 세우고 실천하는 일이 바로 학문이라고 하
면서, 사람이 본래 타고난 용모와 능력을 변하게 할 수는 없지만 오직
마음과 뜻[心志]은 얼마든지 지혜롭고 어질게 될 수 있다고 말했다.147)
말하자면 그는 인간을 변할 수 없는 運命의 부분과 변할 수 있는 가능
성의 부분으로 이루어진 존재로 보고 있는 것이다. 그 운명의 부분은 현
실의 差別相인 것이고 가능성의 부분은 心志의 완성, 聖賢으로의 완성
을 지향하는 일이라 하겠다. 그리고 聖賢을 지향하는 心志란 말할 것도
없이 人道·人倫의 완벽한 실천을 위해서 부단히 절제하고 모색하는
일이었다. 주자가 이해하는 "修道之謂敎"의 의미도 이러한 가능성을 실
현하기 위한 修道이며 敎化였다. 또 그것은 인간 모두에게 똑같이 內在
해 있는 至善의 本性을 회복하는 일이기도 하였다.

「小學題辭」에서는 이렇게 말한다.

> 元享利貞　天道之常　仁義禮智　人性之綱　凡此厥初　無有不善　藹然四端
> 隨感而見

즉 自然의 法則으로 봄·여름·가을·겨울이 갖추어 있어서 萬物의 理
致가 자연스러운 것처럼 사람도 태어나면서 仁·義·禮·智 할 수 있
는 善性을 받아가지고 나왔으므로, 그 善性이 늘 感情의 실마리[四端]
가 되게만 하면 자연히 至善의 인간, 즉 聖人이 될 수 있다는 것이다.
주자학 人性論의 골자가 이상과 같이 될 때, 문제의 초점은 다음 두
가지로 집약된다고 볼 수 있겠다. 먼저 현실세계 인간의 差別相, 즉 聖
人(=君子)과 愚人(=小人)으로 표현되는 인간의 等差(=階梯)現象을

---

146) 朱子 宇宙論·人性論의 哲學體系에 대한 요약된 설명은 武內義雄, 앞의 글, 1957,
　　258~265쪽이 많이 참고가 되었다.
147) 『栗谷全書』 卷27, 「擊蒙要訣」, 立志章 참조.

긍정해야 한다는 것이고, 다음으로 인간은 모두 가진 바 本性에 따라서 聖人이 될 수 있으므로 氣質之性의 偏僻으로부터 벗어나서 本性(=善)으로 돌아올 수 있도록 부단히 노력해야 한다는 것이다. 전자로부터는 인간이 현실의 자기 위치와 분수[分]를 불가항력의 自然法則으로 받아들여야 한다는 名分論의 근거가 생기는 것이고, 후자로부터는 인간은 모두 人倫의 完成者인 聖人을 法으로 삼고 그 가르침을 받아야 한다는 敎化論이 성립되는 셈이다.

이처럼 인간은 聖賢愚의 人品區分이 있고 最上級人인 聖人이 下級人인 不肖子를 敎化한다는 것은 너무도 당연한 것이 되었다. 그러나 현실의 사회질서 속에서는 國王·官僚가 上級人(=君子)이 되고, 平民·賤民은 下級人(=小人)일 수밖에 없는 일이었다. 君子는 小人을 지도지배해가야 하며 小人은 君子의 가르침과 지배를 받아야 하는 것이었다. 지배층의 君子는 人格·能力에서 피지배층의 小人보다 우월하기 때문이었다. 이렇게 하는 것이 人倫(=名分)에 合致되는 것이며 自然法則에 순응하는 것이 되었다. 이때 敎化의 임무와 권리, 敎化의 내용은 지배층 자신의 손에 있게 되고 그 목적 또한 그들 기준으로 설정하게 마련이었다.

5. 身分·階級 思想

『소학』의 人倫論은 주자학의 名分論과 人性論을 기본으로 해서 전개되는 實踐道德이었다. 명분론에 따르면 인간은 현실의 名位에 따라 그 사회관계가 上下·貴賤·尊卑의 差等이 있어야 하고 그 差等性은 저마다 本然의 분수로 지켜야 한다는 것이었다. 인간의 차등성의 起源은 인성론으로 설명되었다. 즉 사람은 저마다 타고난 氣의 淸濁粹駁에 따라서 人品의 賢愚가 정해지게 되는데, 이것이 차등성(=差別相)을 나타내는 기준이 된다는 것이다.

명분론·인성론이란 自然法則을 援用해서 인간을 설명하되 현실의 신분·계급 질서를 정당화하는 논리인 셈이고, 마찬가지로 개인의 사회관계(=신분·계급 관계)를 倫理道德으로 조직하고 있는 것이다. 이와 같이 될 때『소학』의 人倫(=五倫)은 신분·계급 질서의 구현을 위해서 그 논리가 어떠한 내용으로 구성되는지를 검토할 필요성이 제기되는 것이다.

人倫은 五倫으로 설명되었다. 五倫은 그 가운데 父子·君臣·夫婦의 관계가 三綱으로 표현되는 바와 같이 上下 差等의 관계를 규정한 倫理였다.148)

『소학』의 내용은 朋友를 제외하면 子의 孝, 臣의 忠, 婦의 順, 幼의 悌恭 등 在下者의 在上者에 대한 一方의 태도만을 규정하고 있다. 아마도 父·君·夫·長으로 일컬어지는 재상자의 태도 규정은 없어도 재하자의 태도만 갖추어지면 그 관계는 理想대로 성립할 것으로 보는 탓일까.

그런데 孝·忠·順·悌는 실상 '섬긴다'[事]는 한 가지 개념에 지나지 않는 것으로서, '事'란 順從·服從을 의미하며 權威에 대응하는 태도이다. 父子·君臣·夫婦·長幼의 관계가 '事'로 집약되는 下位者의 태도로 성립하는 것이라면, 그것은 상하·존비·귀천의 관계, 지배와 복종의 관계일 수밖에 없다. 이제『소학』에 제시되는 태도 가운데 그 실례를 볼 필요가 있겠다.

자식이 부모에게 효도해야 한다는 德目 가운데,

---

148) 五倫 자체는 差等倫理가 아니었으나 三綱이 결부됨으로 해서 五倫까지도 不平等倫理가 되었다고 보고, 결국 五倫·三綱의 倫理는 二德이 相和 相濟하는 것을 목적하는 것이라고 주장되기도 한다(韓永愚, 앞의 책, 1976, 98~124쪽). 그러나 二德이란 在上者와 在下者의 分을 貴賤·尊卑의 관계로 분명히 差別하는 관계이고 相和·相濟는 그 差等性을 肯定해서 二德이 현실의 관계를 유지해가자는 데 목적이 있는 것이므로, 五倫이든 三綱이든 그 본질은 差別·不平等의 倫理, 身分倫理임을 부정할 수 없는 일이었다. 진정한 二德相濟가 성립하려면 서로의 對等性·契約性이 설명될 수 있어야 할 것이다(仁井田陞, 앞의 책, 1956, 146~149쪽 참조).

父在觀其志 父沒觀其行 三年無改於父之道 可謂孝也(明倫-26)

라는 공자의 말이 인용되고 있다. 즉 부모가 생존해 있을 때는 물론이겠지만 父의 死後라 할지라도 적어도 3년 동안은 모든 일을 생전의 방식대로 遵行해야 효도한다고 할 수 있다는 것이다. 이것을 주자는, 만약 이대로 하지 않는다면, 자식이 任意로 行한 바가 일 그 자체로서는 비록 잘된 것이라 할지라도 父가 하던 방식을 고쳤다는 사실 때문에 불효일 수밖에 없다고 못 박아 말했다.149) 또 妻나 妾이 자기 마음에 들더라도 부모가 싫어하면 마땅히 버려야 하고 반대로 자기는 싫지만 부모가 좋다고 하면(효도한다고 하면) 夫婦의 緣을 지켜야 한다고 말하면서, 그 이유를 남의 자식 된 자의 마음은 오직 그 부모가 계시는 것만을 생각해야지 자기 본위로 생각하는 일이 있어서는 안 되기 때문이라고 하였다.150) 이러한 例는 事親의 문제로서『소학』에 여러 가지로 제시되어 있는데, 이이도 이와 비슷한 의미로 "宜當 해야 할 일이고 옳은 일이라고 생각될지라도 부모의 승낙이 없으면 결코 해서는 안 된다"고 가르쳤다.151)

이렇게 되면 부모가 살아 있건 죽은 뒤이건 자식의 思考와 情緖 그리고 그 行爲의 기준이 오로지 부모에게서 비롯되지 않을 수 없게 된다. 자식은 獨自의 存在가 아니라 부모에 대한 孝를 媒介로 해서만 존재하는 의미를 지니게 된다. 자식 個人의 意志·主體性은 否定되고 父의 意志, 父의 主體性만 인정되는 것이다. 이러한 父子關係는 父의 權威에 대한 자식 一方의 복종뿐이며, 어떠한 反抗·葛藤도 용납되지 않는 支配·隷屬의 관계이기 마련이다. 물론 부모에 대한 자식의 복종은 인간

---

149) 위 引用文(明倫-26)의 註.
150) "子甚宜其妻 父母不說出 子不宜其妻 父母曰 是善事我 子行夫婦之禮焉 沒身不衰"
　　(明倫-17) 및 "人子之心 唯知有親 而不知有己故也"(앞 글의 註).
151)『栗谷全書』卷27,「擊蒙要訣」, 事親章, 2冊, 85쪽.

이 天性으로 부여받은 自發性의 것이라고 설명된다.

『소학』에서는 君主가 下賜한 과일은 씨도 버려서는 안 된다든가(明倫-45), 임금의 부름을 받으면 수레가 준비되기를 기다리지 말고 먼저 출발해야 한다(明倫-50)는 德目에서와 같이 사소한 태도에서 나타나는 恭敬의 念이 事君의 端初임을 말하고 있다. 그런가 하면 君主에 대한 恭敬은 무조건의 순종이 아니라 "責難於君 謂之恭 陳善閑邪謂之敬"(明倫-57)하는 것으로 定義되고, 또 諫爭152)의 臣下를 "社稷之臣"으로 추켜세우는 사정이어서, 臣下는 君主로 하여금 聖君이 되게 하는 격려자·동반자·보필자였던 것이다.

그러나 君臣은 처음부터 主從關係가 아닐 수 없다. 16세기 조선의 兒童敎育書『동몽선습』에서도 "君臣은 天地의 分殊와 같은 것으로서 君主는 尊貴하고 臣下는 卑賤하니, 존귀한 임금이 비천한 臣下를 부리는 것과 비천한 신하가 존귀한 임금을 섬기는 것은 天地間의 常經이며 古今의 通義"라고 가르쳤다.153) 또 이언적은 "君主는 元道가 되고 臣下는 手足과 耳目이 되어 一體로서 서로 信賴해야 한다"154)고 말했다. 이렇게 君主와 臣下는 하늘과 땅, 머리와 手足의 관계로 상징되는 것이었다. 君臣關係야말로 上下·貴賤·尊卑의 관계를 表象하고 一般化하는 본보기였다고 하겠다.

夫婦의 別이란 "三從之道"155)니 "七去之惡"156)이니 하는 바와 같이 여자를 差別해서 남자에게 從屬시키려는 規範의 굴레라고 할 수 있었

---

152) 『小學』에서는 天子로부터 大夫·士에 이르기까지 諫臣·爭友가 있으므로 해서 政治가 바로 이루어지고 家를 다스리고 令名을 낼 수 있다고 가르친다(明倫-101). 그래서 儒敎의 賢人들, 예컨대 箕子·比子·微子·伯夷·叔齊는 諫臣으로 推崇된다(稽古-22, 23).
153) 『童蒙先習』, 君臣有義章.
154) 『國譯 晦齋全書』, 「中庸九經衍義」 卷1, 總論爲治之道.
155) "孔子曰 婦人 伏於人也 是故 無專制之義 有三從之道 在家從父 適人從夫 夫死從子 無所敢自遂也. 敎令不出閨門 事在饋食之間而已矣"(明倫-67).
156) "婦有七去 不順父母去 無子去 淫去 妬去 有惡疾去 多言去 盜去"(明倫-67).

다.『소학』에서 말하는 別의 이유를 보면,

> 男女有別然後 父子親 父子親然後 義生 義生然後 禮作 禮作然後 萬物
> 安 無別無義 禽獸之道也(明倫-62)

라고 해서 男女의 別이 萬物이 안정되기 위한 조건이기 때문이라고 하
였다. 義나 禮는 人倫, 예컨대 父子・兄弟 등의 上下・貴賤의 分에 따
르는 道理를 의미하는 것이므로,157) 만물의 안정이란 人倫道德 위에서
성립되어야 할 현실세계의 질서(=가족질서・사회질서)의 안정이었던
것이다. 이처럼 男女關係의 절대적인 중요성은 그것이 주자학적 현실
질서의 源泉이라고 인식했던 데 있었고, 그렇기 때문에 여자의 絶對從
屬을 요구해서 그 원천의 혼란을 방지하려 했다고 볼 수 있다. 男女를
陰陽의 이치, 하늘과 땅의 관계, 君臣의 관계에 비유하여 남자를 여자의
하늘로 정의하고(明倫-62), 女必從夫・男尊女卑의 관념을 관철하려 했
던 것도 그러한 이유였다.

   長幼는 그 자체가 序列의 표현이었던 것으로, 자기 나이보다 倍가
되면 어버이 섬기듯이 하고 10년이 위면 兄같이 섬기고 5년이 위면 比
肩해서 따르라고 하였다(明倫-72). 年齡의 차이에 따라 尊者・長者・
敵者라 칭하고, 父・兄・友에 대한 태도를 가지라는 것이었다. 이러한
德目은 步行 때에 여실히 나타나는 것이었는데, 예컨대 尊者이면 뒤에
서 따라가고[隨行], 長者이면 비껴선 위치에서 따라가고[鴈行], 벗이면
나란히 가되 서로 앞지르지 말라고 한 것이 그것이었다(明倫-87). 이이
는『소학』에서 在上者에 대한 구분만 세 가지로 한 데서 더 나아가 在
下者에 관해서도, 즉 10년 이하를 少者로, 20년 이하를 幼者로 규정해
서 長幼의 年次를 모두 다섯으로 구분하고 있다. 또 그는 序列의 差等

---

157) 위 인용문(明倫-62)의 註.

을 단순히 구분만 하는 것이 아니라, 이 연령의 序列에다 官位·學德까지 배려한 번쇄한 位差의 節目을 詳定해서 鄕約會集의 질서를 세우려 했던 것을 볼 수 있다.158) 신분제사회에서 會衆이란 位差와 序列을 생명처럼 여겼던 것이고, 또 이러한 序列意識이야말로 신분질서 유지의 기본이기도 했던 것이다.

長幼關係는 원래 同氣間을 兄弟姉妹로 序列 구분하고 弟의 悌順하는 태도를 규정했던 것인데, "事兄弟(＝悌) 故順可移於長"(明倫-100)이라고 한 것을 보면 兄弟의 序列關係가 모든 長幼關係의 기본이 되어야 하는 것임을 알 수 있다. 형제의 差別性은 이황이 작성한 鄕村規約의 罰則規定에도 잘 나타나고 있다.

兄弟相鬨者 兄曲弟直均罰 兄直弟曲止罰弟 曲直相半兄輕弟重159)

이에 따르면 형이 옳으면 동생만 벌을 받게 되는 것은 물론이고, 동생은 잘못이 없더라도 형과 싸웠다는 사실만으로도 벌 받을 이유가 되는 것이었다. 16세기 조선의 향촌사회에서는 형제끼리 다툰 일까지도 그것이 향촌질서에 영향을 미치는 것으로 보아 鄕衆의 取締對象이 될 뿐만이 아니라, 制裁方式에서도 행위 자체의 曲直보다 人倫의 上下序列이 먼저 기준이 되었던 것으로, 在下者의 在上者에 대한 拒逆은 용납되지 않았음을 말해주고 있다. 이 시기 주자학에 근거한 사회질서의 원리가 지니는 성격을 잘 보여주는 것이기도 하다.160)

父子·君臣·夫婦·長幼의 관계가 모두 上下·差別의 관계, 尊卑·貴賤의 관계로 정의되는 데 대해서 朋友의 관계는 서로의 對等性을 전

---

158) 『栗谷全書』 卷16, 雜著 3, 海州鄕約 가운데 禮俗相交條.
159) 『退溪全書』 卷42, 序·記鄕立約條序 附約條.
160) 朱子 또한 獄訟의 처리에서는 먼저 그 尊卑·上下·長幼·親疎의 分을 논한 다음에 일의 曲直에 대해서 물어야 한다고 주장한 것은 이와 같은 사정이라고 하겠다[『朱子大全』 卷14, 奏箚, 戊申延和奏箚(一)].

제로 한 것이라는 데 의문의 여지가 없을 듯 하다. 그런데 벗끼리는 서로 威儀로써 간섭해서 가르치고 訓戒하는 것이 벗 된 道理라고 했고(稽古-47), 또 서로 아래 되기를 사양하지 말아야 하는 것이 朋友의 恭順·恭敬이라고 했다.161)

上下關係에서 在下者의 기본 태도가 恭順이고 보면 朋友의 恭順도 예외일 수 없는 것으로, 恭順·恭敬의 태도(=服從의 태도)는 반드시 上位者를 의식해서만 나타나는 것이 아니라 對等者(朋友)를 포함한 모든 客體에 대한 態度範型이 되는 것이라 하겠다. 말하자면 朋友關係 또한 五倫의 다른 관계와 마찬가지로 上下差別關係를 구현하는 하나의 방법에 지나지 않는 셈이었다.

이상에서 『소학』의 五倫을 槪觀해본 바, 五倫의 社會關係는 在上者에 대한 在下者의 '섬김[事] 태도'(=恭順)를 기초로 한 上下差別·支配隸屬의 관계였다. 五倫의 이러한 관계는 또 在下者의 權利否定이고, 權利否定 이전의 단계에서 성립되는 인간의 불평등관계였다. 그러나 『소학』의 편찬자는 恭順만으로 이 상하관계의 기본 태도가 완성될 것으로는 보지 않고 있다. 上下觀念의 태도인 恭順·順從의 논리를 더 근원되는 것부터 설명할 필요가 있었던 것이다.162)

그래서 주자는 『소학』에서 父子關係가 五倫의 중심개념으로서 모든 사회관계로 파급되는 것이라고 말했다. 孝의 태도가 모든 恭順의 기본이라는 것이다.

孝는 "百行之源"으로 通念되었다. 『동몽선습』에서는 "사람의 行實은 五倫을 벗어나는 것이 없으며 孝道는 모든 行實의 根源이 된다"고 가르친다. 또 "사람의 行實이 착한지 착하지 못한지를 보려면 반드시 먼저

---

161) "朋友之際 欲其相下不倦 故於朋友之間 主其敬者 日常效與 得效最速"(嘉言-52). 이 밖에도 朋友의 恭敬에 대해서는 孔子(稽古-35), 程伊川(嘉言-51) 등의 말로 강조하고 있다.

162) 仁井田陞, 앞의 책, 1956, 45쪽.

그 사람이 孝誠스러운지 아닌지를 보아야 한다"고 주장한다.163) 이러한 孝至上主義論은 君臣·夫婦·長幼·朋友의 관계가 孝에 의해서 제약되거나 孝의 연장으로 파악되고 있음을 의미하는 것이었다.

『소학』에서는 孝를 百行의 근원이라고 못 박아 말하지는 않았지만 孝와 관련된 節目이 그 어느 것보다도 많고,164) 또 그 내용에서도 孝中心論을 전개하고 있다. 따라서 五倫 가운데 父子關係의 孝가 그 나머지 관계와 어떻게 관련되는지 볼 필요가 있다.

『소학』의 孝에서는 우선 자식의 配偶者, 즉 夫婦關係를 엄격히 제약하였다. 자식이 그 妻子를 돌보는 데 빠져서 부모 섬기는 일을 게을리 해서는 안 된다고 경고한다(明倫-37). 무엇보다도 자식의 配偶者 選擇權이 사실상 부모에게 있었던 점165)에서 보면 자식의 娶妻는 부모에 대한 孝의 일환이었음을 알 수 있다. 婦人의 '七去之惡' 가운데 시부모에게 不順하면 버림받는다고 한 것, '三不去'에서 父母三年喪을 치른 처는 내보낼 수 없다고 한 것도 그러한 類였다.166)

孝는 君臣關係도 규정하였다. "以孝事君則忠"(明倫-34)이라든가 "事君如事親"(嘉言-29)이란 표현이 그것이었다. 조선시기에는 통상 국왕은 백성의 부모로, 백성은 국왕의 赤子로 관념되고, 地方 守令은 국왕을 대신하는 牧民官으로 일컬어졌던 것도 事君을 事親하듯이 해야 한다는 것과 같은 사정을 말해주는 것이었다.167) 이는 君父一體觀念이었다. 이이도 君父는 一體이므로 父가 비록 慈愛롭지 않더라도 자식이 不孝할

---

163) 『童蒙先習』, 總論序, "人之行 不外乎五者 而唯孝 百行之源 …… 噫欲觀其人 行之善 不善 必先觀其人之孝不孝."

164) 孝와 관련한 節目의 수가 五倫의 나머지 節目의 3분의 2에 해당한다. 人倫에 관한 226章을 五倫으로 나누어 집계해보면 父子：80, 君臣：43, 夫婦：27, 長幼：36, 朋友：17, 공통 또는 通論：23으로 되어있다.

165) 주 150 참조.

166) 婦人 '三不去' 가운데 두 번째인 "與更三年喪不去"이다. 나머지들은 첫째 "有所取無所歸不去", 셋째 "前貧賤後富貴不去"이다.

167) 『太宗實錄』 卷5, 太宗 3년 6월 癸亥, 1冊, 268上, "傳曰 君者父母也 民者赤子也 郡守者乳保也 父母不能育其子 而育之者乳保也 君不能自撫其民 而撫之者郡守也 ……."

수 없는 것처럼 君이 不義하더라도 臣下가 不忠할 수는 없는 일이라고 하면서 君主에 대한 忠誠 또한 孝誠과 함께 無條件이어야 할 것을 주장하였다.[168]

忠을 孝의 연장으로, 또 君父一體의 문제로 인식했던 한 事例를 보면, 世宗 때의 한 中央官僚가 그의 父喪中에 娼妓를 가까이 한 사실이 탄로되어 兩司에서 '不孝'로 彈劾하였는데, 不孝의 罪는 國法으로도 免할 수 없고 天地間에 용납하지 못한다는 것이었다.[169] 『소학』에서 말하는 것을 보면, 원래 父母喪을 당하면 죽음 그 자체도 哀痛할 일이지만 자식으로서는 사람이면 마땅히 행해야 할 효도의 대상을 잃어버렸다는 의미에서 스스로 罪人을 자처해야 되었던 것이고(善行-16), 三年喪 중에는 반찬 없는 거친 밥을 먹고, 거적자리에서 흙덩이 베개를 베며, 夫婦의 잠자리도 서로 멀리해야 한다고 가르친다.[170] 그렇기 때문에 喪中에 妻도 아닌 妓妾과의 관계는 문제가 될 수밖에 없었다. 그것은 '不孝'로 그치는 것이 아니라 不孝子는 忠臣이 될 수 없다는 데 더 큰 문제가 있는 것이었고, 또 妾과 관련해서는 '正妻疎薄罪', '妻妾失序之罪'가 있다는 것이었다.[171] 그래서 이를 罪주지 않으면,

> 忠孝臣子之大節 刑罰國家之大柄 忠孝一失 不可以爲人 刑罰不中 不可以爲國[172]

---

168) 『栗谷全書』 拾遺 卷3, 李陵論, 2冊, 524쪽.

169) 『世宗實錄』 卷86, 世宗 21년 9월 丙辰, 4冊, 237上, "傳曰 居家孝 故忠可移於君 又曰 五刑之屬三千 而罪莫大於不孝 人而不孝 天地所不容 王法所不赦也."

170) 『小學』에서는 喪中·服中의 居家·飮食·往來·衣服·娶嫁에 대해서 상세히 규정하고 있다(嘉言-23, 24, 25). 또 喪中·服中 無禮로 해서 廢家亡身한 사례를 5가지나 보여주고 있다(嘉言-23). 그리고 呂氏鄕約의 德目 속에서도 鄕衆의 規制條項을 두고 있다(善行-7).

171) 『世宗實錄』 卷86, 世宗 21년 9월 己未, 4冊, 237上, "臣等窃謂 求忠臣於孝子之門 何徒知愛妾 而不知有父 不知有父 焉知有君乎 忠孝盡喪 行同禽獸."

172) 『世宗實錄』 卷86, 世宗 21년 9월 丙辰, 4冊, 237上.

이라고 해서 不孝・不忠을 '사람됨'의 문제, 國法・國家紀綱의 문제로 인식하고 있는 것이다. 이 사건 자체는 여러 사정이 背後에 깔려 있기도 한 것이지만, 중요한 것은 한 개인의 부자관계, 즉 孝의 태도가 개인 문제를 넘어서 사회・국가 문제로 직결되고, 또 그렇게 되는 것이 當然視된다는 점이다. 유교의 人倫道德을 사회질서・지배질서의 원리로 하고 있는 조선사회의 한 면모를 보여주는 것이라고 하겠다.

父子關係의 孝는 長幼關係도 규정하였다. 앞서 본 바와 같이 나이가 20년이 위이면 "父事之"라고 했다. 또 愛親할 줄 알아야 敬長할 줄도 알게 된다든가(明倫-69), "堯舜之道 孝悌而已矣"173)라고 한 것을 보면 事兄의 悌, 事長의 順 또한 孝의 연장인 것을 알 수 있는 일이다. 더욱이,

居處不莊非孝也 事君不忠非孝也 莅官不敬非孝也 朋友不信非孝也 戰陳無勇非孝也(明倫-38)

라고 해서 君臣・朋友와 같은 五倫 안의 관계뿐만 아니라 個人의 起居動作을 포함해서 居官・臨戰 등 모든 사회관계에서 孝의 精神을 미루어서 행할 것을 明示하고 있는 것이다.

원래 유교의 敎人法에서는 親한 데서부터 疎遠한 데로, 가깝고 작은 것에서부터 멀고 큰 것으로, 그리고 익숙한 것에서부터 어렵고 힘든 일로 차차 미루어 실천해가도록 가르쳤다.174) 주자가 『소학』의 "灑掃應對愛親敬長"으로부터 "明德新民"하는 『대학』에 이르기까지 學問階梯論을 세웠던 것도 바로 이러한 發想에서였다고 하겠다. 현실세계의 사람은

---

173) 『孟子集註大全』 卷7, 離婁章句 上.
174) "曾子曰 親戚不說 不敢外交 近者不親 不敢求遠 小者不審 不敢言大"(明倫-105), "明道先生曰 君子敎人有序 先傳以小者近者 而後敎以大者遠者 非是先傳以近小 而後不敎以遠大也"(嘉言-90). 이것은 또 孔子가 父母에 대한 사랑과 공경이 모든 他人에 대해서 우선하는 것이야말로 德과 禮의 단서라고 말한 것에서 비롯한 것이기도 하다(明倫-35).

孝의 태도를 求心點으로 해서 그것을 확장해감으로써 사람 된 所以를
구현해야 한다는 것이었다. "孝 百行源"이라는 古典의 표현도 바로 이
런 의미라고 하겠다.

그러면 孝의 태도는 恭順이었던 것인데, 이 恭順의 태도는 어디에서
緣由하며, 왜 그것이 服從의 태도가 될 수밖에 없었던 것일까.『소학』에
서는 敬身論과 恩惠論으로 恭順의 當爲性을 설명하고 있다. 그것은 일
종의 自己否定論이었다. 그것은 敬身의 이유에서부터 전개된다.

　　孔子謂曾子曰 身體髮膚 受之父母 不敢毁傷 孝之始也(明倫-34)
　　曾子曰 身也者 父母之遺體也 行父母之遺體 敢不敬乎(明倫-38)
　　身也者 親之枝也 敢不敬與 不能敬其身 是傷其親 傷其親 是傷其本 傷
其本 枝從而亡(敬身-序章)

자식의 몸은 부모가 준 것, 부모가 남긴 것으로 나무에 비유하면 부
모는 뿌리, 자식은 가지와 마찬가지여서 가지를 보존하는 일과 뿌리를
살리는 길이 하나의 이치라는 것이다. 마찬가지 이치로 몸은 자식 자신
의 것이 아니고 부모의 소유이므로 恭敬해야 한다는 것인데 몸의 공경,
즉 敬身은 손톱 하나, 머리카락 하나라도 소홀함이 없이 평생토록 온전
히 보존한다는 뜻이었다.175) 그래서 몸가짐하기를 깊은 연못가에 선 듯
이, 얇은 얼음을 밟는 듯이 삼가고 전전긍긍해야 할 뿐만 아니라 남으로
부터 어떤 멸시나 모욕을 받아서도 안 된다는 것이었다(稽古-15, 21). 이
러한 태도는 모두 肉身과 精神을 포함한 자식의 존재 一切가 부모에게
歸屬해야 한다는 생각에서 나온 것이었다. 또 이 敬身이야말로 孝의 시

---

175) 물론 자식 된 자는 머리털, 손톱 하나라도 다쳐서는 안 되는 것이었지만 그 부모의
　　생명을 구하기 위해서는 자신의 몸에서 살을 베어내고 피를 뽑아서 부모의 '藥'으로
　　하는 것이 孝였다. 조선 초기 世宗·端宗 시기에는 이러한 사례가 '孝行'으로서 22명
　　이나 보고되어 있다(平木實, 앞의 글, 1976, 273쪽 참조).

작이라고 보았기 때문에 『소학』의 敬身篇에서는 心術·威儀·衣食에
관한 몸가짐의 규정을 상세하게 마련해놓았던 것이다.

　그런데 孝와 관련한 敬身의 문제에서 중요한 것은 결국 자식을 부모
의 所有物로 보고 자식에 대한 부모의 絶對權力을 긍정하려는 의도라
고 할 것이다.176) 유교사상에서는 오직 부모만이 사람이 존재하게 되는
源泉이라고 생각하고 自然의 理法에 따라서 그리된 것으로 설명한다.
사람은 부모가 아니면 태어나지 못했고, 또 존재할 수도 없는 일이므로
자식 된 자의 몸은 부모의 소유라고 생각하는 것이다. 그래서 所有物로
보는 자식에 대해서 所有者인 부모의 權能도 당연히 예상되었다. 敬身
의 태도는 나(자식)를 있게 해준 恩惠, 낳고 길러준 은혜에 대한 최소한
의 태도인 셈이었다.

　사람이 生命을 부여받은 사실을 '恩惠'로 인식하는 것은 自然의 感情
狀態인데, 이를 부모라고 하는 실제의 人間存在에게 그 까닭을 돌리게
될 때 부모는 자식과 같은 인간존재이면서 동시에 絶對者나 超越者처
럼 次元을 달리 하는 權能을 갖게 마련이었다. 자식 위에 君臨할 수 있
는 부모로서의 權威였다. 이것은 한편 자식으로서는 自己否定의 論理
이며 사람으로서 主體性(＝相互對等性)을 거부하는 태도로 발전할 수
밖에 없는 일이었다. 이 은혜의 논리 위에서 자식은 부모의 은혜에 대한
보답, 즉 효도를 할 수 있을 것이었다. 이는 다음 이이의 말에도 잘 나타
나 있다. "몸은 내 소유가 아니고, 바로 부모의 소유다. 남에게 물건을
주어도 감격할 줄 알 것인데, 하물며 물려주신 부모에게 있어서랴. 힘을
다하고 목숨을 다하여도 족히 은혜를 보답할 수 없는 것이니, 사람의 자
식 된 자로서 능히 이 이치를 알 수 있다면 생각이 부모를 사랑하고 공
경하는 道에 半이 지났다고 할 수 있을 것이다."177)

---

176) 津田左右吉, 「儒敎の實踐道德」, 『滿鮮地理歷史硏究報告』 13, 1922, 608쪽.
177) 『栗谷全書』 卷23, 「聖學輯要」, 正家 第2, 孝敬章 第2, 1冊, 509쪽.

물론 人間不平等의 원리는 中世紀의 普遍槪念이었던 것인데 유교사상에서는 그 불평등의 원리, 예컨대 자식의 부모에 대한 복종의 논리를 이러한 恩惠觀念 속에서 도출해내고 있는 것이다. 그리고 이 은혜의 관념을 끊임없이 재확인해서 '服從'을 인간의 모든 태도로 관철하고자 효도를 강조한 것이었다. 『소학』 明倫篇의 '明父子之親'目에서만 무려 40여 章에 이르는 부모 奉養에 관한 태도를 열거하고 있는 것은 바로 그러한 이유에서라고 하겠다. 이른바 "昏定而晨省"으로부터 "事死如事生 事亡如事存"(稽古-10)하는 효도의 과정이 그것으로서 자식 된 자의 하루 日課는 번거로운 새벽의 부모 問安과 시중에서부터 시작되었고, 生前의 侍奉과 죽은 뒤의 居喪·祭祀에 이르기까지 자식 된 자, 실은 모든 사람의 一生은 부모에 대한 일[효도]에서 비롯되고 또 그것으로 끝맺게 되어 있었다. 그런가 하면 實踐德目으로서 효도는 은혜에 대한 보답이기 때문에 강제된 服從이나 盲從이 아니라 인간 本性에서 우러나오는 自發性·自意性을 띤 것이어야 한다고 했다.178) 효도는 所當然·所以然의 理였던 것이다.

부모의 낳아주신 은혜는 가르쳐주신 스승의 은혜, 먹여주신 임금의 은혜와 함께 사람이 사람답게 살아가도록 베풂[施]을 받은 원천이므로 하나같이 섬겨서 죽음에 이르도록 보답해야 한다고 규정하기도 했다(明倫-103). 君師父를 一體로 하는 은혜관념 가운데서도 특히 임금은 백성의 부모이며, 백성은 임금의 赤子라고 해서 孝와 忠을 '忠孝'로 統合槪念化한 것은 앞서 名分論에서 지적한 것처럼 古代 이래 絶對君主權을 확립하고 이것을 모든 社會階層 사이의 支配隷屬·主從 관계로까지 관철하려는 유교 정치사상의 所産이었다.179)

---

178) 부모에게 복종만 해서는 안 된다는 것을 『小學』에서는 자식의 '諫過의 禮'로써 가르친다. 그러나 어떤 경우에도 거역할 수 없다고 못 박아 말한다(明倫-21, 22, 23). 그래서 부모가 고집스러워서 효도를 못하는 법은 없다고 舜의 故事를 들어 강조한다(稽古-6, 嘉言-17).

179) 仁井田陞, 앞의 책, 1956, 152쪽.

『소학』의 孝論은 사람이 사람 된 所以를 그토록 人倫의 上位者에게 돌림으로써 사람이 또 다른 사람의 權威를 絶對視하는 觀念을 釀成하고, 나아가서는 사람의 差等性을 人倫秩序 속에서 확인하며 現實의 세계를 긍정하게 하는 論理를 제시해주었다. 父子를 媒介로 하는 孝의 개념은 여기에 그 본질이 있다고 하겠다. 요컨대 人倫(=五倫)은 社會關係(=身分·階級 關係)를 倫理道德으로 조직하는 것이었고, 孝는 그 人倫의 기본 태도였던 점에서 신분·계급 관계는 사실상 孝의 태도에 의해서 보증되는 셈이었다.180)

그런데 孝의 身分·階級性은 은혜의 관념만으로 확정되는 것은 아니었다. 은혜에 대한 보답이라는 의미에서 효도는 절대시되었던 것인데, 이 孝絶對觀念 자체에 의해서도 신분·계급성은 강조되고 있었다.

효도는 帝王으로부터 庶人에 이르기까지 똑같이 요구되는 태도였다. 은혜에 대한 보답으로 부모를 섬기는 일은 사람됨의 도리이기 때문에 帝王이나 庶人 사이에 차이가 있을 수 없다는 것이었다.181) 이 점에서 孝는 인간의 普遍價値이며 超身分의 槪念이라고 할 수 있었다. 그런데 앞서 지적한 바와 같이 孝는 個人의 모든 公私關係까지도 규제하는 德目이었고, 그래서 孝를 "百行之源"이라고도 했던 것이다. 16세기 말 사대부 정치가 柳成龍의 말 속에서 그것을 다시 확인해보면, "百가지 行實이 孝道가 아니면 서지 못하고 萬가지 착한 일이 孝道가 아니면 行해지지 못하는 것이니 이것이 이른바 하늘의 經이요, 땅의 義理이며 百姓의 떳떳한 바이니 天子로부터 庶人에 이르기까지 진실로 하루라도 익

---

180) 지배와 예속의 원리, 나아가서는 身分·階級 관계에 기초한 封建 社會體制의 원리로서 孝를 分析한 川島武宜, 「孝について」, 『日本社會の家族的構成』, 東京 : 日本評論社, 1950, 77~142쪽, 그리고 이를 비판 수용하고 있는 守本順一郞, 『日本思想史の課題と方法』, 東京 : 新日本出版社, 1974, 245~260쪽 등의 所論이 참고된다.
181) 『小學』에서는 堯舜을 포함하는 二帝三王의 孝行을 萬人의 모범으로 제시하고 있다. 또 朝鮮時期에도 이 帝王의 孝道率先垂範論을 士大夫官僚들이 현실의 國王을 牽制하는 수단으로 썼던 것은 얼마든지 있는 일이었다.

히지 않으면 안 되는 것이다"182)라고 하였다. 孝는 모든 行爲와 가치판
단, 심지어는 感情의 표현에서까지 그 기준이 되어야 하는 것으로서, 잠
시도 孝와 관련 없이 행해지는 일이 있어서는 안 된다는 趣旨이겠다.
효도는 사람으로서 존재하기 위한 우선적 조건이라고 할 수도 있었다.

　이렇게 孝의 태도가 인간 本性에 호소하는 普遍槪念임에도 불구하
고, 實際性·實踐性 위에서 孝中心論이 강조되면 될수록 실제로는 孝
가 철저한 신분·계급 관계를 옹호하는 수단이 되게 마련이었다. 현실
은 名分論에서도 주장하는 바와 같이 上下·尊卑·貴賤의 差別相의 세
계, 즉 신분·계급 사회인데, 이러한 현실 속에서 개인의 職分을 다하는
것이 효도하는 일이라고 강조되었기 때문이다. 예컨대 帝王은 帝王으로
서, 사대부는 사대부로서, 평민은 평민으로서 직분이 있는 것이어서 각
개인은 이 所任을 履行해가게 되었던 것인데, 이러한 所任의 완수가 다
름 아닌 효도의 길이라고 정의되었던 것이다. 그래서 사회신분·계급에
따라서 상이한 개인들의 所業이 효도라는 이름으로 遂行되어야 했다.
말하자면 孝의 職分論 같은 것이었다. 다음『소학』에 인용되고 있는
『孝經』의 文脈 속에서 그러한 孝의 성격을 살필 수가 있다.

　　　愛親者 不敢惡於人 敬親者 不敢慢於人 愛敬盡於事親 而德敎加於百姓
　　刑于四海 此天子之孝也.
　　　在上不驕 高而不危 制節謹度 滿而不溢 然後 能保其社稷 而和其民人
　　此諸侯之孝也.
　　　非先王之法服 不敢服 非先王之法言 不敢道 非先王之德行 不敢行 然後
　　能保其宗廟 此卿大夫之孝也.
　　　以孝事君則忠 以敬事長則順 忠順不失 以事其上 然後 能保其祭祀 此士

---

182) “蓋百行 非孝不立 萬善非孝不行 所謂天之經也 地之義也 民之彝也 自天子以至庶人
　　誠不可一日而不講也”[萬曆 17년(1589)刊『孝經大義』跋文].

之孝也.

　　用天之道 因地之利 謹身節用 以養父母 此庶人之孝也(明倫-34).

　　天子와 諸侯는 天下·國家를 안정시키는 일, 卿大夫와 士는 宗廟·祭祀를 보전하는 일, 그리고 庶人은 生計를 꾸리고 부모를 奉養하는 일이 저마다의 所任이라고 하였다. 그리고 남에게 미움 받거나 무시당하지 않는 것, 윗자리에서 교만하지 않는 것, 先王의 法服·法言·德行을 본받는 일, 忠順으로써 윗사람을 섬기는 일, 節候와 地利에 따라 농사를 열심히 하는 일, 이 모두는 저마다의 소임을 다할 수 있기 위한 태도였다. 이렇게 저마다의 身分에 따라 규정된 소임과 그 태도를 이행하는 것이 효도였다. 효도는 所業·職分의 完遂에 있다고 했으므로 효도를 하지 않는다면 그것은 職業·生業을 포기하는 일이 될 뿐만 아니라 인간으로서 生存의 의미까지도 잃어버리게 되는 셈이었다. 그래서 不孝는 道德上의 自責感은 물론이고, 만약 他意에 의해서라도 不孝로 규정받게 된다면 그것은 "五刑之屬三千 而罪莫大於不孝"(明倫-39)로 표현되는 바와 같이 죽음의 刑罰보다도 더 무서운 의미로 받아들여져야 했던 것이다.

　　어떻든 職分으로서 효도는, 사대부 孝子의 경우 修己治人之學을 쌓아서 科擧에서 及第하고 "揚名於後世以顯父母"해야 하는 것이며, 庶人의 孝子는 産業에 부지런해서 "養父母 育妻子"하는 일이었다. 이렇게 인간에게서 효도는 身分의 구현, 生存方式의 구현이 아닐 수 없었던 것이고, 社會關係에서도 不平等을 원칙으로 해서 편성된 身分秩序가 그대로 肯定되어야 하는 이유였다.

　　그런데 身分制의 安定이란 먼저 被支配層인 庶人層의 안정이었던 것이고, 이에 孝의 身分論은 신분질서 자체만이 아니고 그 질서의 안정 위에서 가능할 수 있는 經濟制度의 안정을 위해서도 필요한 것이었다. 그런 이유에서 庶人의 孝를 "用天之道 因地之利 謹身節用"이라고 규정해서 封建社會의 經濟問題까지를 포함시켰던 것이다. 즉 庶人의 孝는

天候와 地利를 이용한 농사에 있다는 것인데, 농업에 종사하는 농민은 바로 庶人으로 자기 소유지를 가진 自營農民이거나 지주의 토지를 借耕하는 佃戶農民이었다. 이들 농민이 국가에 대해서는 租稅의 力役을, 지주에 대해서는 地代의 납부를 충실히 이행하는 직접 생산자로 존재할 때에만 封建經濟의 土臺가 굳건히 안정될 수 있는 것이기 때문이었다. 이렇게 庶人의 孝가 社會身分制·封建經濟의 원리로 인식되는 데서, 주자는 특히 『示俗』이라는 이름으로 이 庶人의 孝만을 따로 떼어 그 사실을 간곡히 註해서 널리 榜示했던 것이다.[183]

이상과 같이 『소학』의 孝論은 恩惠의 觀念과 孝絶對觀念의 두 가지 면에서 신분·계급 관계를 보증해주는 논리가 되고 있었다. 조선사회에서는 이러한 孝를 중심으로 한 人倫道德을 모든 身分層이 공유하도록 권장함으로써 違和意識 없는 身分差別을 확실히 할 수가 있었고, 또 현실의 사회체제를 固定化할 수 있었다고 하겠다.[184] 이를테면, 妻妾制를 容認하는 가족제도 아래에서 妻妾과 그 所生을 嫡庶之分으로 차별하는 嫡庶觀念이나 兩班과 常民, 君子와 小人의 차별을 職業의 貴賤관계로 明分하려는 士·農·工·商의 四民觀念 같은 것이 바로 孝에 기초한 社會倫理에 의해서 固定될 수가 있었던 것이다.

6. 家族主義 思想

『소학』의 五倫(＝人倫)은 인간을 上下關係로 차별해서 身分·階級秩序 속에 編在시키는 社會倫理였다. 원래 현실의 身分·階級 關係는

---

183) 金容燮, 앞의 글, 1970, 267~268쪽 참조.
184) 이 점은 朝鮮王朝의 旌表政策에서 그 대상자가 現職官吏로부터 奴婢身分에 이르기까지 身分差等에 구애되지 않았던 사실에서도 잘 나타나고 있다(平木實, 앞의 글, 1976, 375~376쪽).

名分論과 人性論에 의해서 그 正當性이 설명되었던 것인데, 人倫(＝五倫)은 이것을 實踐道德으로서 보증한 것이었다. 그리고 人倫은 그 자체가 服從性・差別性의 논리이기도 하였지만 다시 孝의 태도에 의해서 더욱 강화될 수 있었다. 孝의 태도는 人倫의 기본 태도였을 뿐만 아니라 부모의 은혜에 대한 보답의 관념으로서 자식 된 자 개인의 沒主體한 服從과 獻身을 요구하는 것이었기 때문이다. 그런데 孝觀念에 기초한『소학』의 人倫, 즉 不平等의 實踐道德이 관념으로서, 또 행위로서 개인을 규제하고 그 恒久性을 보증할 수 있으려면 그것이 습득되고 傳承되는 터전[場]이 필요하였다. 이 人倫의 道場으로 기본이 되는 것은 무엇보다도 所與의 血緣結合인 家族이었다.

　五倫 가운데서도 父子・夫婦・兄弟(長幼)의 3가지가 모두 家族關係를 나타내는 점에서도 人倫秩序는 곧 家族秩序를 중심으로 한 것이고, 또 그 延長이라고 생각할 수 있었다.『소학』에서는,

　　夫有人民而後 有夫婦 有夫婦而後 有父子 有父子而後 有兄弟一家之親 此三者而已矣 自兹以往 至于九族 皆本於三親焉 故於人倫爲重也 不可不 篤(嘉言-47)

라고 해서 父子・夫婦・兄弟의 三親을 家(＝九族)와 人倫의 근본이라고 하였다. 人倫은 이러한 혈연 중심의 가족관계에 뿌리박고 있음으로써 더욱 견고한 秩序體系로 기능할 수 있었을 것이다.

　실제로 주자학자들은 三親을 중심으로 家와 國家의 관계를,

　　家者 國之則也 父子兄弟夫婦 各得其道 則家道正矣 推一家之道 可以及 天下 故家正則天下定矣[185]

---

185)『國譯 晦齋全書』,「中庸九經衍義」卷16, 親親 5 嚴正家之法, 746쪽.

라고 인식하고 있었다. 家는 國家의 法則이므로 '家正'은 '天下定'의 前提가 된다는 것이다. 이것은 帝王之學인 『대학』에서 말하는 齊家治國論이기도 하다. "天下之本在國 國之本在家 家之本在身" 또는 "治國在齊其家" 등이 그것으로 유교사상에서는 통상 家의 延長 또는 家의 기본 위에서 성립되는 것이 國家로 觀念됨으로써 家와 國家는 같은 원리로 이해되었다. 이는 국왕을 비롯한 治者의 齊家(=正家)하는 태도는 온 國人의 모범이 되어야 하고, 또 그래야 국가가 안정될 수 있다는 道德政治論의 一端이었지만, 여기에서 중요한 것은 모든 계층의 家의 구성과 운영이 국가의 그것과 같은 원리라는 생각이었다.

그래서 家의 家長이 國王이라면 家族員은 臣民이 될 것이었고, 국가의 君主는 백성의 부모로 백성은 君主의 赤子로 표현되기도 하였다. 또 국왕과 신민이 명령과 복종의 관계인 것처럼 가장과 가족원의 관계도 마찬가지로 지배와 예속의 관계였다.186) 그런가 하면 "以孝事君則忠"이라고 해서 父子의 私關係를 규정하는 孝의 태도를 그대로 君臣의 公關係인 忠의 개념으로 돌릴 수 있는 것도 역시 家와 國家를 동일한 구성 원리로 인식하기 때문이었다.

이러한 家·國家 觀念에서 보면, 사회의 기본 단위는 個人이 아니라 家族, 그것도 家父長 중심의 家族으로, 經濟·倫理·道德 등이 家族을 기본으로 해서 운영되고 個人은 이 家族 속에 編成되어 있게 된다.187) 그러므로 個人은 어떤 身分의 소유자라 할지라도 單位家族 안에서 '祖先-子孫'이라는 縱의 관계와 同行列이라는 橫의 관계로 표시되는 位差와 序列을 통해서만 그 존재가 파악되게 마련이었다.

한편 國家는 최고의 家父長인 國王을 頂點으로 해서 階梯化한 支配構造를 형성하게 되고, 個個의 家는 社會身分에 따라 그 구조 속에 遍

---

186) 仁井田陞, 『中國法制史硏究(第3)-奴隸農奴法·家族村落法』, 東京 : 東京大學出版會, 1962, 343쪽.
187) 津田左右吉, 앞의 책, 1938, 15~16쪽.

在되는 末端의 기본 단위가 되는 것이었다.188) 이를테면 常民의 家長은 家內에서는 國王과 같은 權威의 존재이지만, 家外에서는 양반·관리·지주에게 絶對順從해야 하는 존재였다.

이렇게 個人은 家族 안의 尊卑親等에 따라 上下關係로 序列지워지고 개개의 家는 社會身分에 따라 그 優劣의 상하관계가 부여되므로, 그러한 家族秩序와 社會 身分秩序를 固定하면 國家의 統治秩序는 자연히 안정될 것이고, 또 優位의 家인 현실 양반 지배층의 權益은 항구히 보장될 수 있을 것이었다. 요컨대 人倫(＝五倫)은 가족질서와 신분질서를 위한 하나의 원리로 제시되는 倫理道德의 體系였다. 그래서 齊家(＝正家)는 이 人倫에 의해서 실현될 때만 그것이 "天下定"에 歸結되는 의미가 있었다.

爲己治人之學을 공부한 조선의 양반사대부들도 가족질서의 문제를 夫妻·父子·兄弟 그리고 嫡庶·主奴의 관계까지 포함한 修身·齊家의 實踐問題로 인식하고 있었다. 그들이 남긴 기록 속에서 正家나 家道·居家라는 표현으로 그것은 쉽게 발견된다. 한 예로 이이가 생각하는 正家의 방법을 보면, 부모에게 효도하고 스스로 敬身하는 일[孝敬], 아내를 바르게 다스리는 일[刑內], 자식을 교훈하는 일[敎子], 兄弟·親戚과 親愛하는 일[親親], 그리고 이상의 네 가지 人倫과 관련해서 家事 운영의 태도로 謹嚴·節儉을 덧붙여 말하고 있다.189)

이이의 正家論의 골자는 우선 孝敬·刑內·親親인데, 이것은 실상 父子·夫婦·兄弟(長幼)의 관계를 의미하는 것으로 대개 『소학』의 구성 내용을 상기시킨다. 孝敬은 父子之親에 관한 各篇의 章과 敬身篇에 해당하고, 刑內는 夫婦之別·長幼之序를 규정한 章들, 敎子는 立敎라고

---

188) 梶村秀樹, 앞의 글, 1959, 138쪽.
189) 이것은 李珥가 儒敎政治를 구현하는 방법으로서 宣祖에게 바친 『聖學輯要』 正家 篇의 篇目을 적어본 것이다. 비록 최고의 家父長인 國王을 위해서 쓴 것이기는 하지만, 그 대상이 兩班士大夫이든 平民이든 正家의 원리는 同一한 것일 수밖에 없었다. 이와 비슷한 正家論은 李彦迪의 「中庸九經衍義」에서도 피력되고 있다.

표기된 제1권과 各篇의 章들, 親親은 善行篇에 열거된 行跡과 同居家族
의 事例들에 각각 해당하는가 하면, 謹嚴과 節儉에 관한 내용들도 嘉
言·善行을 포함한 各篇에서 자주 보이기 때문이다. 실제로 이이는 그
의『성학집요』에서『소학』의 내용과 똑같은 經典 구절들을 수없이 그
대로 옮겨 적고 있음을 볼 수가 있다. 이것은 주자학자로서는 불가피한
一致點이기도 하고, 또『소학』의 내용은 그만큼 正家論의 중심 내용을
구성할 만한 것이기 때문이기도 할 것이다.

그러면『소학』에서는 正家, 즉 人倫의 실현을 위해서 家의 운영을 어
떻게 설명하고 있는 것일까. 正家의 방법은 家長의 책임 아래 실행에
옮겨질 수 있는 것이어서, 무엇보다도 먼저 家의 운영을 위한 家長權이
규정되어야 했다. 말하자면 家事運營權과 家父長의 權威를 보증하는
일이었다. 통상 家長은 祭祀의 主宰者, 土地經營을 포함한 家材·家屋
등 家産의 管理者 그리고 家族成員의 統制者로서 權限을 행사하게 마
련이었다.190)

『소학』에서,

凡諸卑幼 事無大小 毋得專行 必咨稟家長(嘉言-15)

이라고 해서 家族員은 每事의 실행에서 반드시 家長의 승낙을 받도록
가르치고 있는 것도 그러한 家長의 存在와 權威를 강조하는 것이었다
고 할 수 있다.

家長은 父·兄·夫와 같은 人倫의 上位者이어야 하고, 家長權의 行
使도 이미 앞 장에서 언급한 바와 같이 下位者의 孝敬이나 悌順과 같은

---

190) 司馬光이 규정한 家長의 직무는, ① 禮法의 遵守와 群子弟·家衆(奴僕)의 統率, ②
　　倉庫·田園, 征役의 分擔과 감독, ③ 財用의 量入計出, 즉 衣食의 공급, 吉凶之事의
　　비용지출, 冗費의 절약, 사치 금지, 잉여의 저축 등, 요컨대 家族統制와 家族經濟 운
　　영의 문제였다(嘉言-55).

人倫의 태도를 바탕으로 해서 이루어져야 할 것이었다. 家長權은 子孫・妻妾・奴婢가 謀反 이외의 罪狀으로 父母 혹은 家長을 告訴하는 경우는 極刑에 처하도록 한 『經國大典』의 규정처럼,191) 철저히 無權利한 家族員의 不平等性・服從性 위에서 행사되어야 했다. 이제 다시 『소학』에서 규정하는 태도 속에서 家長의 權威를 보증하는 德目을 더 들어보기로 하겠다.

家長인 父는 子에 대해서 家長으로서가 아니라 오히려 父인 점에서 이미 직접적인 강대한 權威를 가지고 있었다. 子는 孝의 이름으로 父에 대해서 無定無量의 奉仕를 바쳐야 했기 때문이다.

이이가 "부모를 섬기는 자는 한 가지 일, 한 가지 행동이라도 감히 任意로 해서는 안 되고 반드시 부모에게 稟한 뒤에 실행하라"192)고 말하는 바와 같이 자식은 부모에게 從順해야 되는 것이었지만, 한편으로는 諫過之禮라고 해서 자식의 '옳은 생각'으로 부모를 설득할 수도 있었다. 부모의 意思가 자식에 의해서 어느 정도 제약될 수 있다는 의미이기도 하다. 그러나 諫하는 것이 부모의 意思에 거역하게 되어서는 안 되기 때문에 부모가 끝까지 듣지 않을 때는 그대로 따르라고 하였다.193) 부모가 아무리 잘못해도 父子는 헤어져버릴 수 없는 관계이고, 또 거역하면 부모의 낳아준 은혜를 손상하는 일이 된다는 이유에서였다. 이렇게 諫過의 태도에서조차 자식은 부모와 是非를 논할 수 없다고 해서 家長인 父의 敎令에 무조건 복종할 것을 규정하고 있는 것이다.

家長權은 夫婦의 主從關係에 의해서도 강조되었다. 여자의 主體性과 權利는 철저하게 부정되었다. "암탉이 새벽에 울면 집안에 災殃이 온다"는 俚諺을 통해서도 그러한 관념은 잘 표현되고 있었다. 여자는 家

---

191) 『經國大典』 卷5, 刑典, 479쪽, "子孫妻妾奴婢 告父母家長 除謀叛逆反外絞."
192) 『栗谷全書』 卷27, 「擊蒙要訣」, 事親章, 2冊, 85쪽, "凡事父母者 一事一行 毋敢自專 必稟命而後行."
193) 주 178 참조.

事에서 스스로 결정하거나 성취하는 일이 있어서는 안 되는 것이어서
才質과 能力이 있더라도 바깥일에 간섭할 수 없고, 오직 남편의 부족을
보좌하는 데 그쳐야 하며, 여자의 큰소리가 閨門 밖에 들려서는 안 된
다는 것이었다(嘉言-45).

　이러한 여자의 無主體性과 남자에 대한 복종, 특히 媤家에 대한 복종
을 관철하고자 여자의 '七去之惡'을 규정해놓고 있었기 때문에 시부
모·남편에게 거역하는 여자, 시집의 눈 밖에 난 여자는 언제라도 내쫓
길 운명에 놓여 있었다. 그렇고 보면 夫唱婦隨·夫妻一體·同甘同苦·
一心同體라는 관념도 실상 夫婦의 對等性을 부정하고 지배와 복종관계
를 긍정해서 妻 一方의 완전종속을 의미하는 점에서만 同體·一體라
할 수 있다고 하겠다.194)

　조선의 주자학자들도 이처럼 아내가 남편을 섬기는 것이 "小事長 賤
事貴"하는 이치이며 婦道에 합당하고 正家의 요건이 된다고 생각하였
다.195) 예컨대 그들은 '七去之惡'의 규범이 여자 학대에 惡用되는 것을
규탄하면서 鄕村 自治規約 속에 "黜其正妻"나 "正妻疎薄"을 懲罰條項
에 규정하기도 했었지만,196) 그렇다고 해서 '三從之道'나 '七去之惡'에
대한 의문을 제기하거나 그것의 철폐를 주장한 것은 아니었다. 다만 '正
家'의 원천인 夫妻의 主從關係를 원만히 유지하려면 妻의 지위를 최소
한의 선에서 보장해야만 하였기 때문이었을 것이다. 요컨대『소학』의
夫婦關係에서는 家長인 남성에 대한 모든 여성의 복종을 가르치고 있
었다.

　兄弟의 관계는 父子의 親 다음으로 至親인 관계로서 友愛라고 하는
平等의 개념으로 설명되고, 年齡의 간격이 가깝고, 同親·同行의 관계

---

194) 仁井田陞, 앞의 책, 1956, 248쪽.
195)『栗谷全書』卷23,「聖學輯要」5, 謹嚴章 第3, 正家 ;『國譯 晦齋全書』,「中庸九經衍
　　 義」卷16, 天下國家之要 親親 5, 嚴正家之法.
196) 韓永愚, 앞의 책, 1976, 107~109쪽 ; 田川孝三,「李朝の鄕規について 1」,『朝鮮學報』
　　 76, 1975 참조.

에 있었지만 이미 長幼의 序가 규정되고 있었기 때문에 兄의 權威를 인정하고 동생이 거기에 복종해야 하는 論理였다.197)

또 "堯舜之道 孝悌而已矣"와 같이 孝와 悌가 並稱되는 데서도 그 본질이 일치하고 있음을 짐작할 수 있는 바이지만, 『소학』에서 例示해주는 바람직한 형제의 友愛는 父子關係와 조금도 다름없는 모습으로 나타나고 있었다. 이황의 다음 말에서도 그것이 잘 표현되고 있다. 즉 "옛날에는 사람이 兄을 섬기기를 아버지처럼 하여 드나들 때는 부축해드리고 거처에서 奉養하는 데는 子弟의 도리를 다하였는데 이제 나는 오직 한 兄이 계시는데 그 도리를 다하지 못하여 한심한 일"198)이라고 하였다. 결국 兄弟關係는 父兄과 子弟의 관계로 표현되는 가운데 부모에 대한 자식의 태도를 통해서 家長인 兄에 대한 諸弟의 承服을 요구하고 있었다.

『소학』에서는 人倫의 三親, 즉 夫婦關係에 따라서 여자를 地位格下해서 남자에게 복종시키고 남자는, 父子關係와 兄弟關係에 따라서 序列化함으로써 家長·家父長의 權威가 보장되도록 하였다. 이 權威에 의해서 家長은 家族員을 統制할 뿐만 아니라 모든 家事決定權을 행사할 수가 있었다.

그러나 人倫의 道場인 家族은 家族員 저마다의 家長에 대한 관계, 또는 家族員 相互間의 個別關係의 德目만으로 설명될 것이 아니라 전체 家族과 家族員 個人과의 관계를 통해서도 이해되어야 하고, 또 그것은 社會構成의 기본 단위인 家族共同體를 직접 대상으로 해서 그 유지방안으로 파악되어야 할 것이기도 하다.『소학』에서는 그러한 家族生活의 事例들을 다수 소개하고 있다.

北朝의 名門 楊氏家의 椿과 津 兄弟의 경우, 이들은 曾孫 8寸에 이르

---

197) 清水盛光, 『家族』(岩波全書 184), 東京 : 岩波書店, 1955, 286쪽.
198) 『退溪全書』, 「李子粹語」 卷3, 居家, 5冊, 331쪽.

는 100여 口의 子孫을 거느리고 한솥밥을 먹는 食口로 살았지만 그러면서도 집안에 離間하고 다투는 말이 없었다고 한다(善行-37). 이들 兄弟는 서로 恭謙하기가 마치 父子와도 같았는데, 弟인 津은 兄이 외출에서 혹 늦으면 돌아올 때까지 기다렸다가 함께 식사하되 兄의 식사 시중을 손수 들면서 兄의 명령이 있어야 비로소 먹기 시작했고, 60살이 넘고 三公의 지위에 있으면서도 새벽마다 모든 子姪들을 이끌고 兄께 아침문안[晨省]을 드렸으며, 또 外方 守令이 되었을 때는 철마다 珍味를 서울의 兄께 올려 보내고 그런 다음에야 자신도 맛보았다는 것이다.

동생이 兄을 받들어 모시기로는 같은 시대의 崔孝芬 6형제의 경우도 마찬가지여서 맏형 孝芬의 명령이 없이는 諸弟들이 坐食進退조차 마음대로 하지 않았다고 한다(善行-47). 그런가 하면 長姪이 叔父를 아버지처럼 섬기기도 하였다. 唐의 柳仲郢은 父 公綽의 死後를 이어 家率을 이끌고 叔父 公權을 받들었는데, 자신이 높은 官位에 있으면서도 꼭 띠[帶]를 갖추어 뵈었고 길에서 叔父를 만나면 말에서 내려 揖해서 지나가기를 기다렸으며 叔父가 외출해서 늦으면 衣冠을 바로 한 뒤 말머리에서 마중했다고 한다(善行-51).

경우에 따라서는 兄이나 叔父만을 "父事之"한 것은 아니었다. 앞서의 崔孝芬 형제들은 먼저 叔父를 섬겼는데 뒤에 叔母를 奉養하기도 또한 친부모와 같이 해서 朝夕으로 문안하며 외출할 때는 반드시 아뢰고 돌아와서도 뵈었다는 것이다. 또 집안의 大小事를 한결같이 叔母에게 여쭈어서 결정하며, 밖에서 얻은 물건이 있으면 아무리 작은 것이라도 저마다의 私房에 들이는 일이 없이 叔母의 창고에 넣었다가 吉凶事가 있을 때나 철이 바뀔 때 고루 分給되었으므로 집안의 여자들도 서로 親愛해서 있고 없는 것이 공평하였다고 한다.

이들 이야기인즉 兄이나 叔父 또는 叔母를 부모처럼 받들고 그의 敎示에 따라 家務를 처리해가는 家族 共同生活의 모습을 보여주는 내용들이다. 이렇게 수십 또는 수백의 食口가 家長의 統制 아래 大家族으로

결합되어 있는 生活構造를 이른바 累世同居·同財共爨 등으로 표현할
수 있을 것이다. 이러한 家族共同體에는 그 운영에 따르는 여러 가지
특징과 문제점들이 있게 되는 것도 당연한 일이었다. 먼저 중요한 것이
家族 안의 秩序와 經濟의 문제였다.

家族秩序는 말할 것도 없이 人倫에 따라서 家族員의 관계가 序列化
되고 거기에 합당한 個人의 태도가 지켜져야만 유지될 수 있는 것이었
다. 십수 개 혹은 수십 개의 夫婦單位의 世帶가 縱橫의 관계로 연결되
어서 커다란 하나의 同居家族을 이루었을 때는199) 그만큼 가족관계가
복잡해지게 마련이고, 그래서 親等·上下·尊卑의 관계가 嚴正하지 않
으면 가족원 個別關係 그리고 가족 안에서의 個人의 위치와 역할(태도)
또한 분명할 수가 없을 것이었다. 말하자면 家族員 사이의 個別關係가
上下·尊卑의 관계로 확정되는 위에서 全體家族과 個人 사이의 관계,
즉 가족질서가 안정될 수 있다는 것이다.

먼저 부모에게 드리는 식사가, 시중·'昏定晨省'·'出必告 反必面', 그
리고 '禀命而後行' 등의 태도를 家長인 兄·叔父·叔母에게 드리는 것
이 美德이 되는 이유가 여기에 있었다. 이는 부모나 家長에 대한 섬김
[事]의 德目이었지만 그 기본은 恭敬과 順從의 태도였던 것으로, 人倫
의 下位者는 그때그때마다 上位者에게 이 恭順의 태도를 잃지 말아야
했던 것이다.

恭順의 태도는 兄弟·同氣 사이에서는 友愛로 나타나야 했다. 兄弟
는 본래 "分形連氣之人"(嘉言-47)으로서 至親의 관계였지만, 長成해서
各妻·各子를 거느리고 個別世帶를 이루게 되면 자연히 疎薄해지게 마
련이었으므로 兄弟들의 同居同財를 실현하려면 伯夷·叔齊처럼 謙讓
하고(稽古-32) 友愛해서 兄妻弟妻들도 여기에 同化되어야만 했다.

---

199) 앞서 楊氏家의 경우, 100여 명의 食口를 單位世帶 평균 5명씩으로 잡아보면 20세대
에 이른다. 『小學』에는 이 밖에도 江州陳氏의 10世同居에 700食口가 共飯하는 경우
(善行-52), 張公藝의 9世同居의 사례를 말하고 있다(善行-49).

同居家族과 閨門 안의 秩序는 시어머니와 며느리 그리고 여러 며느리들의 上下序列 문제였다. 며느리는 크고 작은 모든 일을 시어머니의 의사에 따라야 하며 명령이 없으면 마음대로 자기 방[私室]에 돌아갈 수도 없었다(明倫-19). 맏며느리[冢婦]는 시어머니에게 물어야 하고 작은 며느리[介婦]들은 다시 맏며느리의 지시에 따라야 하는 것이었다. 또 嫡庶之分에 의해서 妻와 妾, 嫡子와 庶子 사이의 上下·尊卑가 嚴則되어야 함은 물론이었다.

이렇게 人倫의 태도를 강조하는 累世同居의 현상은 그들 貴族社會가 지니는 禮敎意識의 特徵을 나타내는 것이기도 한 것이지만,[200] 이를 바꾸어 말하면 人倫과 禮敎를 家族秩序의 원리로 삼고 이 가족질서의 안정을 통해서 累世同居 家族의 社會的 經濟的 存立을 보장하려 했던 데 더 근본적인 의의가 있는 것이었다. 그런데 이황은 同居同財의 문제와 관련해서, "아비와 자식이 밥솥을 달리 한다는 것은 본래 좋은 일이 못되지만 同居하면서 財物을 달리하기보다도 차라리 分居하면서 한 살림살이하는 뜻을 잃지 않는 편이 낫다"[201]고 하는 것을 보면, 그도 또한 가족의 同居同財의 의의를 그 經濟的 結束에 두고 있음을 알 수 있다.

人倫이라고 하는 不平等의 원리에 따라서 家族秩序가 정착되어야 할 필요성은 가족의 경제관계, 즉 家族員의 生産과 消費 그리고 所有關係가 그러한 원리와 일치되어야만 했기 때문이었다. 同居家族 안에서 夫婦單位 각 世帶의 處所가 '私室' 또는 '私房'으로 표현되는 바와 같이 同居家族 전체와 個別世帶의 관계는 公과 私의 관계였다.[202] 그래서 家族과 '私室' 사이에는 여러 가지 相衝點이 충분히 예견되는 일이었지만 그것은 人倫秩序의 테두리 안에서 조절되기 마련이었던 것인데, 個人과

---

200) 谷川道雄, 「北朝貴族の生活倫理」, 『中國中世社會と共同體』, 東京 : 國書刊行會, 1976, 216쪽.
201) 『退溪全書』, 「李子粹語」 卷3, 居家, 5冊, 332쪽.
202) 谷川道雄, 앞의 글, 1976, 220쪽.

個別世帶의 요구는 私用이나 私欲이라고 해서 자제하지 않으면 안 되었다.

앞서 崔孝芬 형제의 同居家族에서는 財物의 私有를 禁하고 전체의 필요에 따르는 公平分給을 원칙으로 하고 있음을 본 바 있다. 다시 예를 들면, 北宋時代의 士大夫官僚인 李昉은 子孫이 서너 代에 200여 食口나 되었지만 同居同爨했는데, 田園에서의 收穫과 有宦者들의 祿俸을 모두 하나의 倉庫에 들였으며 食糧은 매일 食口數에 맞추어 내주도록 했다고 한다. 또 婚姻·葬禮·祭祀 등 家事의 비용도 모두 미리 정해진 額數에 따라 지출되고, 이를 여러 子弟들이 分擔하고 있었다는 것이다 (善行-53). 共財나 同財란 가족의 生産과 消費活動이 이처럼 共同性·共有性 위에서 이루어진다는 의미였다.

同居同族에서 家産이 統合運營되고 生活資料의 공급이 공평하게 이루어지려면 그만큼 家長權이 책임 있게 행사되기도 해야 하지만, 거기에 따르는 家族員의 生活態度 또한 여러 가지로 規制되지 않을 수 없었다. 『소학』의 人倫論에서는 먼저 所有關係에서 個人의 權利를 철저히 否定하고 있었다. 孝는 자식 된 者의 몸을 부모의 소유로 인식하는 데서 시작되는 것이라고 보았기 때문에,

禮記曰 父母在 不敢有其身 不敢私其財 示民於上下也(明倫-10).

라고 해서, 자식은 몸이 자기의 것이 아닐진대 자식의 私財가 가당한 일이겠느냐는 것이다. 자식에 대한 所有權 否定은 그대로 婦에게도 적용되는 것으로서 며느리는 私財가 없어야 하므로 私蓄·私器가 있어서는 안 되고, 따라서 私仮·私與도 있을 수 없다고 하였다(明倫-12). 家族員 個人 또는 個別世帶에 의해서 家財·家産이 分散되는 것을 미리 막고, 家族經濟가 家長의 專權에 속해야 함을 子와 婦의 孝의 태도로 규정하고 있는 것이다. 個人의 私有를 否定하고 그 대신 家族 또는 家

長權에 의해서만 所有關係가 성립될 수 있다는 것이었다. 이를 바꾸어 말하면 個人의 人間關係・社會關係를 규정하는 所有關係를 오직 家長의 權限으로 규정함으로써 家長에 대한 家族員의 관계는 依存과 服從, 非獨立의 관계가 되고, 이로써 家의 經濟秩序가 家長權에 의해서 조절될 수밖에 없도록 했다고 하겠다.203)

　私有・私欲의 否定은 그대로, 兄弟 사이의 爭田이나 分財와 같은 貪財의 태도는 家族生活의 不和와 龜裂을 초래하는 處事로 指彈되고(善行-32, 33) 반면에 寡慾・淸貧이 讚美되는 관념으로 연결되었다. 財보다는 義를 좇아야한다는 인간의 道德關係를 강조한 것이었다. 부모가 財産을 물려주려고 하는 것은 子孫을 게으르게 해서 志를 손상시킬 뿐만 아니라 허물과 원망을 조장하는 禍根이라고 하면서, 生活의 기틀은 힘써 갈고 가꾸어 먹을 수 있으면 족한 것이라고 하였다(善行-44, 45). 이이도 君子는 굶주리고 추운 것을 면하도록 할 뿐이고, 財産을 풍족하게 쌓아두고 지낼 생각을 해서는 안 된다고 하면서 궁색해도 義理에 맞게 처신하는 것이 학문하는 자세임을 강조하고 있다.204) 그래서 사대부의 子弟라도 나무하고 물 긷는 수고쯤은 常例로 있는 일이며(善行-46), "朝出耕 夜歸讀古人書"하는 寒士의 모습은 詩化해서 칭송되었다(善行-50). 이것들은 물론 人間性의 성취를 道德의 완성에 두고 인간 本然의 欲望(=七情)을 경멸하며 營利의 追求나 物質의 享有를 억제하는 淸貧主義의 一面이기도 한 것이지만, 이는 모든 經濟活動이 個人이 아닌 家長에게 집중되고 가족의 이름으로 행사되어야 함을 의도하는 것이었다.

　또 이러한 사대부 자신의 節制와 勤儉은 그대로 小農民・庶民層에게

---

203) 물론 近代에도 家族은 주로 父의 財産權을 중심으로 營爲되는 것이지만 個人이 所有關係의 主體가 되고, 이것으로 社會關係에서 人格의 主體性을 확인하게 되는 점에서 中世社會의 그것과는 근본적으로 다른 것이었다. 中國 中世의 農民家族의 경우 家族員은 家父長의 家內奴隸 같은 존재로서 家族經濟의 수단에 지나지 않는 상태에 있었다고 한다(仁井田陞, 앞의 책, 1956, 210～221쪽).

204)『栗谷全書』卷27, 「擊蒙要訣」, 居家章, 2冊, 89쪽.

는 모든 農耕活動이 勞動力의 集約的 投下를 통해서, 또 勤儉誠實의 바
탕 위에서 이루어져야 함을 예시해주는 것이라고도 할 수 있었다. 이는
말하자면 이 시기 기본적인 生産關係인 地主佃戶制가 節制있는 地主와
성실한 佃戶農民의 태도를 통해서만 원만하게 유지될 수 있었기 때문
이고, 이로써 支配와 被支配의 階級的 긴장을 완화할 수 있었을 것이
다.205)

　『소학』에서 보여주는 이상과 같은 家族共同體의 모습은 대개 後漢
이래 北宋에 걸치는 시기에 國家權力과 밀착해서 大土地所有의 기반
위에서 유지된 名門貴族 또는 士大夫官僚의 生存方式이었다. 그들은
九品中正制度를 장악한 門閥貴族으로부터 科擧制度에 의한 士大夫官
僚로 변신해갔으며, 그들의 大土地는 奴婢經營에서 佃戶經營方式으로
移行되어갔던 것으로 이것은 커다란 時代의 전환과정이었음에도 불구
하고 그들은 支配屬으로서, 또 大土地所有者로서 존재할 수가 있었다.
그들의 家族共同體는 이에 따른 다소의 변형이 있기도 했겠지만 크게
는 累世同居·同財·同爨의 형식이 그대로 추구되는 가운데 人倫主
義·禮敎主義를 固守해서 家族의 存立을 꾀하였던 것이다.206)

　이러한 家族共同體의 존재는 人倫에 의한 인간의 不平等關係를 통

---

205) 예컨대, 17세기 중엽의 『農家集成』에 실린 朱子의 第三勸農文에서는 地主와 佃戶
　　가 "佃戶旣賴田主給佃生借 以養活家口 田主亦籍佃客耕田納租 以供瞻家計"의 二者
　　相須하는 관계이므로 "佃戶不可侵犯田主 田主不可撓虐佃戶"해야 할 것을 말하고 있
　　는데, 이때의 田主와 佃戶의 경제관계 또한 그러한 節制나 淸貧을 통해서 그 계급갈
　　등을 무마하려고 했던 것이라고 하겠다(金容燮, 앞의 글, 1970, 257쪽 참조).
206) 그들은 家族의 永遠性을 보증하기 위해서 앞서 본 바와 같이 恭順과 友愛, 謙讓과
　　謹嚴, 忍耐와 節儉을 家族運營의 태도로 고수함은 물론 家族의 結束을 다짐하고 家
　　族에 대한 家族員의 義務意識을 고취하는 여러 가지 樣式이나 制度를 遵行해가고
　　있었다. 예컨대 家族結合의 중심이 되는 表徵은 家廟를 세우고 祖先의 祭祀를 받드
　　는 것이었는데, 祭祀는 家父長權과 長幼의 序를 확인하고 一家의 公事를 公議하는
　　기회가 되었다. 族譜의 排行은 長幼와 親疎의 관계를 밝히기 위한 것이었고, 義莊의
　　收入은 一家子弟들의 科擧試驗을 위한 學資로 充當되기도 했던 것이다(牧野巽,「支
　　那に於ける家族制度」,『岩波講座 東洋思潮－東洋思想의 諸問題』10, 東京 : 岩波書
　　店, 1935, 22쪽).

해, 所有의 不平等關係를 관철함으로써 그 共同體의 秩序를 유지할 수가 있었다. 말하자면 家族 안의 所有關係는 직접 經濟問題로 내세워서 말하기도 했지만, 오히려 그것을 人倫道德의 일환으로 강조함으로써 人倫의 원리를 그대로 經濟의 원리로서 관철시키려 했다고 하겠다.

『소학』에 담겨있는 家族共同體의 實相, 家族主義의 본질이 이러한 것이었기 때문에 그것은 그때그때의 政治·社會 態勢를 安定化하기 위한 要件이 될 수밖에 없었던 것이다. 이를테면 자식이 부모를 섬기며 家族員이 家長에게 順從하는 것과 똑같은 人倫의 원리에 의해서 奴婢는 上典을 섬기고, 佃戶는 地主에게 충실하며, 胥吏는 官長을 보좌해서 主從關係를 完結해야 되었던 바와 같이, 家族秩序와 社會秩序가 未分化한 상태에서는 人倫에 의한 家族秩序의 안정이 그대로 社會의 안정, 支配體制의 안정에 직결되는 것이었기 때문이다. 그러므로 家族의 人倫秩序, 즉 家族主義는 身分·階級의 差等에 관계없이 모든 家族共同體를 망라해서 구현되어야만 했다.

『소학』의 撰者인 주자가 善行篇에서 同居家族의 和睦한 生活相을 자상하게 소개하면서 그 '家和'의 바탕이 人倫의 秩序와 禮敎意識에 있음을 강조하는 이유가 여기에 있었다. 주자는 자신이 살고 있는 南宋社會의 안정, 宋王朝 體制의 강화가 그러한 家族主義를 기초로 해서 이루어져야 할 것으로 생각한 것이다.

이 점은 앞서도 누누이 지적되어온 바이지만, 朱子學思想을 받아들이고 있는 조선 士大夫層의 경우도 예외일 수가 없는 일이었다. 조선왕조 초기부터 『朱子家禮』의 실천을 통해서 사회를 身分·階級 關係로 조직하는 家族主義를 실현하려고 했던 것도 그러한 표현의 하나였다.207) 또 양성지의 大家世族育成論 또한 같은 맥락의 것이었다.208) 예

---

207) 梶村秀樹, 앞의 글, 1959.
208) 『訥齋集』續編 卷1, 北方備禦三疏四策.

컨대 양성지는 京鄕에 퍼져 살고 있는 大家世族을 우대하여 社稷之
臣·股肱之臣으로서 治家와 國防에 대비하게 하자는 것이었는데, 이는
大家世族인 양반사대부층의 안정 위에서만 조선왕조의 存立이 가능하
다고 보는 認識에서 나온 것이라고 할 수 있었다. 실제로 국가는 功臣
의 子孫들을 중심으로 해서 '家'의 육성과 유지를 도모하는 政策을 부단
히 추진하고 있었다.209)

　이이는『聖學輯要』나『擊蒙要訣』에서 보이는 바와 같이 正家나 齊家
에 대해서 누구보다도 깊은 관심을 가지고 그 방안을 마련하고 있었는
데, 또 스스로가 同居同財의 念願을 실현한 하나의 事例이기도 하였
다.210) 이 무렵은 이미 在地의 양반사대부들이 鄕村自治를 主導하는 한
편, 私塾·書院을 열어『소학』을 가르치고『소학』의 人倫道德을 家와
鄕村秩序의 표준으로 생각하고 있는 때이어서 同居同財에 대한 認識
또한 보편화되고 있었다고 보겠다.211)

　이러한 人倫을 통해서 실현되는 同居同財의 家族主義는 조선사회에
서 大土地所有의 大家世族이건, 이를 佃戶耕作하는 良人·奴婢의 小農
民 家族이건, 한결같이 적용됨으로써 그 身分·階級 關係, 支配·隸屬
關係를 관철하는 원리가 되었던 것이다.

---

209)『經國大典』의 戶典 田宅條, 禮典 奉祀條에서 규정하는 家產·祭祀의 相續問題를
　　통해서도 알 수 있는 사실이다(梶村秀樹, 앞의 글, 1959, 143쪽 참조).
210) 그는 父母와 伯兄의 死後에 仲兄과 여러 子姪들로 더불어 海州로 옮겨 살면서「同
　　居戒辭」를 지어 한 달에 한 번씩 奴僕까지 포함한 모든 家率들이 序列에 따라 差等
　　整列한 자리에서 이것을 익히게 하였다는 것이다.「同居戒辭」의 취지는 대개 祭祀의
　　精誠과 齊潔, 家長에 대한 順從, 上下尊卑의 分限, 離間과 讒言의 嚴戒, 家用의 節儉
　　등으로 집약되는데 이는『小學』의 그것과 기본에서 일치하고 있다(『栗谷全書』卷35,
　　附錄 3, 行狀, 2冊, 342·356·365쪽과 卷16, 雜著 3,「同居戒辭」, 1冊, 366~367쪽).
211) 이에 관련해서는 다음 논문들이 참고된다. 金鴻植, 앞의 책, 1981, 제4장 '村落構造의
　　變化와 共同體的 性格'; 李泰鎭,「朝鮮前期의 鄕村秩序」,『東亞文化』13, 1976 ; 李
　　泰鎭,「士林派의 留鄕所復立運動」上·下,『震檀學報』34·35, 1972·1973.

7. 맺음말

이상에서 우리는 朝鮮社會에서 朱子學의 정착·발전 과정의 일단을 『小學』에 의한 社會敎化, 그리고 그 내용구성의 분석을 통해서 살펴보았다.

朱子學思想은 集權的 封建制(＝集權體制)와 地主佃戶制의 생산양식이 일층 강화 완성되는 시기의 정치·사회 이념으로 수용된 것이었다. 그런 점에서 주자학사상은 封建的인 思惟樣式, 封建 社會思想이라고 규정될 수 있는 것이었다. 이제 이러한 관점에서 파악된 바, 본론의 내용을 다시 요약 정리해보는 것으로 결론을 대신하려고 한다.

이른바 麗·鮮 交替는 新興士大夫層이 舊貴族層을 타도하고 추진한 하나의 정치적 변혁이었지만, 이 과정은 실로 高麗社會로부터 朝鮮社會로의, 中世社會 내부의 質的 전환이라는 데에 더 근본적인 의의가 있는 것이었다. 郡縣制와 科擧制의 발전을 통해서는 集權的 官僚體制가 더욱 철저해지고, 土地制度로서 收租權分給方式인 田主佃客制는 職田制를 마지막으로 소멸하면서 所有權에 바탕을 둔 地主佃戶制만이 유일한 경제제도로서 계속 발전해가게 되었다. 이는 集權體制의 강화과정과 관련해서 國家가 收租權分給에 의해서 보장해주던 지배층의 농민지배를 점차 철회해가는 과정이었던 것으로, 여기에는 농민층의 存在形態에서도 일정 정도 지위향상이 예상되는 것이었는데, 여기에는 이 시기 農業生産力의 발전과 農民의 社會意識 성장이 그 기본적 전제를 이루고 있었다.

그런데 封建國家와 지배층은 相互 保險關係에 있었던 데서, 또 그들의 사회·경제 기반이 농민과 토지 지배에서 마련되고 있었던 데서 국가는 지배층·지주층의 농민지배를 어떤 방식으로든 항상적으로 보장해주어야만 했다. 그것은 일종의 間接 支援方式으로 먼저 농민의 土地緊縛策이라든가 農法의 보급, 水利施設과 같은 勸農政策이 국가적 차원에서 마련되고 있었다. 그러나 무엇보다도 地主佃戶制의 생산관계를 항구화할 수 있는 觀念體系·思惟樣式에 의한 思想敎化가 더 근본적인 대책이 될 수 있는 것이었다. 이는 또 社會身分制를 더욱 철저화하는 방향에서 추진될 필요가 있었다.

조선왕조와 사대부 지배층은 그것을 儒敎의 政治思想에서 제시하고 있는 '敎化'라는 이름으로 표현하고 있었다. 敎化의 문제는 '農桑'으로 표현되는 바, 봉건적인 경제문제와 나란히 제기되는 '學校'의 문제이기도 하였다. 學校는 서울의 成均館·四部學 그리고 郡縣마다 상설되어 있는 鄕校를 가리키는 것으로, 여기서는 儒敎 經典을 가르치고 있었고 그 가운데서도 朱子의 『小學』은 필수교과목으로 강조되었다. 『소학』은 小科·大科의 시험과목이나 마찬가지였다. 『소학』은 정부에서만이 아니고 지방 사대부들이 스스로 배우고 가르쳤다.

주자 『소학』은 12세기 地主佃戶制를 기축으로 한 南宋 士大夫社會에 적합한 敎化書로 편찬된 것이었는데, 조선의 양반 지배층은 주자학사상에 바탕을 두고 정치제도와 사회·경제 정책을 추진하고 있었던 바와 같이 역시 朱子的인 視角과 인식 위에서 『소학』에 의한 社會敎化를 구상하고 또 실행해갔던 것이다. 이는 地主佃戶制의 경제기반 위에서 集權體制를 완성하고 있는 15·16세기 조선사회가 주자 시기의 남송사회와 그 구조적 일치점을 지니고 있음에서 연유하는 것이라고 할 수 있을 것이다.

『소학』은 '敬身'이라고 하는 바 精神과 行爲(태도)의 함양을 통해서 人格의 완성자, 즉 聖人(=君子)에 이르는 것을 목표로 한 '修己之書'였다. 그런데 그러한 완성자(=聖人)에 이르는 길은 "灑掃應對"와 "愛親敬長"하는 日用之事에서부터 시작되는 것이었고, 그 구체적인 태도양식으로 주어지는 것이 이른바 '三綱五倫'이었다. 『소학』은 이처럼 人倫의 實踐德目을 상세하게 제시해서 이를 社會倫理로 받아들이도록 한 점에서 '人倫之書'이기도 한 셈이었다.

    조선의 양반사대부들은 현실문제를 항상 綱常·人倫 問題로 파악하면서,『소학』에 의한 人倫教化를 통해서 그러한 '現實'을 타개해가려고 생각했었다. 말하자면 社會身分制와 地主佃戶制를 기반으로 한 封建社會 내부의 身分·階級的인 矛盾을 社會倫理問題의 차원에서 인식하고, 또 해결해가려고 하는 것이었다.『소학』에 들어있는 實踐德目을 피지배 대중에게만 요구하는 것이 아니라 양반사대부층 스스로가 자신의 지향점으로 삼고 率先垂範할 것을 강조한 것은 바로 그러한 倫理的 次元의 현실대책이 아닐 수 없는 것이었다.

    『소학』의 人倫論은 실로 주자학의 名分論을 實踐道德으로 마련한 것이었다. 名分論이란 말할 것도 없이 東洋 中世의 自然法思想, 즉 理氣論·人性論의 철학적 기반 위에서 인간을 上下·尊卑·貴賤에 따라 階梯化함으로써 그 社會關係를 上下關係로 秩序化하려는 封建的 思惟樣式이었다. 그래서『소학』에 규정된 人倫(＝五倫)의 德目들을 日用之事로서 意識化 生活化해서 실천해가기만 하면 名分論的인 사회, 上下關係로 秩序化된 사회를 自然法則으로써 보증하고 정당화해가게 되는 셈이었다.

    이처럼『소학』의 五倫에서는 個別存在의 獨自的 思考와 認識能力을 전제로 하면서도, 순전히 哲學的 思辨的 推論을 통해서만 그러한 인간관계의 階梯性·不平等性을 절대진리로 수긍시키려고 하지는 않았다. 오히려 자발적인 感情의 흐름에 호소해서 그것에 대한 긍정으로 유도하고 있었다. 五倫의 人間關係는 下位者가 上位者에게 '恭順'의 태도로 복종해야 되는 것이었는데, "孝百行之源"으로 표현되는 바와 같이 恭順의 태도는 五倫의 최고 범주인 '孝'의 태도에서 연역되고 있었다. 그런데 孝의 실천은 부모에 대한 보답으로 자식 된 자의 沒主體性과 無定無限의 自發的 獻身을 통해서만 가능하도록 되어 있었기 때문에, 이러한 孝의 논리를 밀고 나가면 인간의 意識과 모든 社會關係는 人間本性으로부터 上下垂直의 관계라는 것을 인정해야 하고, 身分·階級 秩序를 합리적 보편적 진리로 긍정하게 되기 마련이었던 것이다.

또 五倫은 그 자체가 家族關係를 場으로 해서 습득되고 전승되는 것이었고, 더구나 家族秩序의 延長 또는 그 累層的인 확대가 國家·社會秩序에 직결되는 것으로 인식되었기 때문에 五倫의 家族主義는 身分·階級主義와 表裏가 되고 있었다.

五倫은 이러한 방식으로 意識化 生活規範化됨으로써 사람은 누구나이 질서 속에 安住하며, 그 身分과 職業에서 分數(名分)에 충실할 수 있게 하였고 이로써 君主와 臣下, 上典과 奴婢, 兩班과 常民, 地主와 佃戶등 身分·階級 關係로 固定되는 현실의 不平等社會는 어떠한 强制規定이나 法的 拘束力보다도 오직 人倫이라고 하는 社會倫理에 의해서 강력한 보증을 얻을 수 있게 된 것이었다.

이미 고려시기에도 忠·孝와 같은 人倫道德은 있었지만 조선시기에는 이것이 個別主體의 意識과 思考를 규정하는 思惟樣式으로서 體制維持의 원리가 되어있다는 데에 그 社會的 歷史的 性格을 달리하는 것이었다. 요컨대『소학』의 社會敎化를 통해서 확립될 수 있는 질서는 集權體制의 강화와 社會身分制의 확립, 그리고 이와 관련해서 발전하고 있는 封建的인 生産關係, 즉 地主佃戶制의 기초 위에서 지주의 농민지배를 보장하기 위한 질서이며, 결국 封建 社會體制를 완결하는 질서였다.『소학』의 분석에서 나타난 身分·階級主義와 家父長主義·家族主義가中世 封建 社會思想으로 규정되는 까닭이 여기에 있다. 또 이로써 조선사회에서『소학』의 社會的 機能이 얼마나 심대한 것이었는가를 알 수있다.

(『東方學志』29, 1981)

Ⅳ. 朝鮮時期의 朱子學과 兩班政治

1. 머리말

동아시아 전통사회의 정치, 특히 조선시기 정치의 이론과 그 운영방식은 어떠했나. 그 가운데서 무엇이 오늘날 정치발전의 모범적인 선례, 또는 대안적 근거로 제시될 수 있을까. 이는 요즘처럼 정치에 대한 불신과 불만이 커질수록 더욱 절실해지는 물음이기도 하다. 그러면 과연 조선시기의 정치이론·정치운영방식을 잘 들여다보면 현대 한국정치에 도움이 될 무엇을 찾아낼 수 있을까. 당연히 그렇다고 대답해야 할 것이다. 가령 그렇지 않다 하더라도 지금의 우리는 과거의 그것을 올바로 이해하고 체계적으로 설명할 수 있어야만 한다. 물론 논자에 따라서는 지나간 과거를 곱씹기보다는 밖에서 좋은 이론이나 제도를 들여오면 된다고 생각하는 경우가 적지 않다. 과거의 정치문화를 그저 촌티 나고 고집스런 양반들이 門地·學緣에 얽매여 당파싸움으로 세월을 보낸 것쯤으로 치부한다면 더욱 그럴 것이다.

과거사는 지금의 우리 자신을 비춰 보는 거울이 아닐 수 없다. 그러니 잘되고 자랑스러운 것은 말할 것 없고 비록 잘못되고 부끄러운 것일지라도 모두 오늘을 사는 우리들의 소중한 문화유산이다. 거울은 있는 그대로를 정확히 비춰주기 때문에 없어서는 안 되듯이, 과거로부터 내려오는 전통과 유산은 그 실상을 밝히고 거기에 간직된 의미를 객관적으로 짚어내야 한다. 정치문화도 그렇다. 우리의 정치전통과 그 체질을 먼저 바로 알아야 안에서 좋게 고쳐갈 수 있을 뿐만 아니라 밖에서 좋은 것을 들여다가 유익하게 활용할 수도 있다. 비유하자면 같은 질환이라도 환자에 따라 증상이 다르므로 진단을 정확히 하고 그 치료법을 달리해야 하는 이치와 같다. 우리나라처럼 역사의 과정이 길고 복잡하며, 儒敎・朱子學의 고등 정치이론이 철저했던 경우에는 더욱 그렇다고 할 수 있다,

조선시기 유교・주자학과 이를 바탕으로 한 정치운영・정치사상에 대해서는 아직 일반의 관심도 적고 학자들의 연구도 만족스럽지 못한 실정이다. 근래 여러 역사학 학술지에 실리는 연구동향이나 성과의 분석기사를 일별해보아도 그렇다. 이렇게 된 근본 원인은 무엇보다도 왕조의 몰락이 근대 시민사회의 성립으로 발전하지 못하고 오히려 식민지 지배로 이어진 사실에 있을 것이다. 스스로 근대세계의 당당한 일원이 되는 데 일단 실패함으로써 자기 전통에 대한 거부감에 휩싸여 역사의 단절을 절감하고 있는 것이 지금껏 우리 한국인의 일반 정서임을 부정할 수 없기 때문이다. 그러니 자기 역사와 문화, 그 가운데서도 특히 정치사에 대한 학문적 객관적 인식과 정리라는 과제가 제대로 풀려가기 어려울 수밖에 없었을 것이다.

사실 연구자와 학계의 임무란 사회 일반이 관심을 두거나 궁금하게 여기는 문제들에 대해 적극 대답을 내고, 해결해야 할 현실의 문제점들을 지적하거나 생겨나게 될 장래의 과제들을 예측하고 그 대안을 모색하는 데 있을 것이다. 학문적 검증이 제대로 이루어지지 않고는 현실문제에 대한 어떠한 논의나 주장도 그 근거가 빈약하여 설득력을 얻기 어렵고 그 실행과정은 시행착오를 반복하게 될 것이기 때문이다.

이렇게 보면 조선시기의 정치를 주로 다루는 역사학・정치학 분야야

말로 제 몫을 다하지 못한 것이라 하겠다.[1] 그러므로 이제 조선시기의
정치·사상 전통의 구체적인 사실관계를 새로 밝혀내고 이를 토대로 학
설이나 이론의 체계를 다듬어가는 學問熱이 고양되어야 한다. 늦었으면
늦은 대로, 여건이 불충분하면 불충분한 대로 회피하거나 뒤로 미룰 수
없는 일이 이것이기도 하다. 이렇게 되면 폐기해야 할 것과 다시 닦고
손질해서 새 것보다 더 유용하게 쓸 수 있는 것을 분명히 가려낼 수 있
을 것이며, 학계 자체는 물론이고 사회 일반에서도 여기에 관심을 가지
게 되고 그 공감대도 확대되어갈 것이다.

　본 논의는 이러한 문제의식에서 조선시기 정치의 운영원리와 그 구조
의 개략을 살피기로 한다. 그런 가운데서 그 특징과 의의에 주목하여 이
를 우리 현실정치와 사상의 배경으로서 짚어보도록 한다. 이것이 비록
개략적인 작은 검토라 하더라도 바람직한 시각과 방법론을 모색해보는
기회이고, 또 본격적인 논의를 위한 하나의 예비단계로 삼고자 한다.

2. 새 왕조의 건설과 朱子學

　조선왕조는 都評議使司가 결의하여 李成桂를 새로운 국왕에 추대함
으로써 성립하였다. 처음 얼마 동안은 국호도 高麗 그대로 썼고 새 왕
조의 大小臣僚들 대부분이 고려 조정에서 벼슬하던 사람들 그대로였
다.[2] 고려왕조가 무너지고 조선왕조가 성립한 이른바 '麗·鮮 交替'의

---

1) 우리는 학자·전문가의 견해라 해도 일반의 통념과 별로 다를 게 없다거나, 너무 현
　학적이고 생소하다는 반응에 부딪히게 되는 경우를 종종 본다. 혹은 전통과의 단절,
　철학의 빈곤이라는 말도 듣는다. 일반적으로는 가치관의 혼란이며 현실인식의 결여
　라고 하겠는데, 아마 이러한 현상의 책임 소재를 따지자면 학계와 학문에 종사하는
　각 개인이 될 것이다. 전문 연구분야의 연구자·지식인들은 학문적 신념이나 책무의
　식이라는 점에서 일반 대중과는 달라야 하고 그들에 대해 짊어져야 할 책임이 있다
　는 것이다.
2)『太祖實錄』卷1, 太祖 원년 7월 丙申, 丁酉條 참조, "國號仍舊爲高麗 儀章法制 一依

처음 사정이 이러했기 때문에 이를 과소평가하여 '易姓革命'으로 부르는 논자도 있다.3) 하기는 근래의 시대구분에서는 고려와 조선을 같은 중세사회의 범주로 묶고 고려시기를 한국 중세의 발전기로, 조선 전기를 그 완성기(또는 재편성기)로 보는 견해가 거의 통설로 되어가고 있다.4) 그러므로 고려와 조선, 즉 앞뒤로 연속되는 두 시기 사회에서 서로 공통되는 요소나 성격을 더 중시하고 이를 한국 중세의 특징으로 규정하려는 경향이 있는 것만은 분명하다고 하겠다.

그러나 왕조의 교체과정에서 혁명적 성격이 별로 드러나지 않았고, 또 고려·조선 두 사회에 대하여 중세 '집권적 봉건제'라는 동질성을 강조한다 하더라도 두 왕조사회가 여러 가지 면에서 뚜렷한 차이점을 지니고 있었던 사실 또한 부정할 수 없다. 그것은 새 왕조의 지배권이 안정되어가고 文武官制를 비롯해서 여러 새로운 문물제도가 정비되는 太宗·世宗 연간에 접어들면서 한층 확연해지기 시작했다. 당연한 일이지만 사회발전의 수준에서 조선사회는 고려사회에 비해 뚜렷이 앞선 면모를 보여주고 있었다. 이제 그러한 사정을 편의상 조선왕조의 국가이념에서 드러나는 정치원리와 그 운영방식의 특징에 주목하여 확인해보기로 하자.

잘 알려진 대로 農本主義와 事大交隣 그리고 이를 아우르는 儒敎(＝朱子學)主義는 조선왕조가 내세운 국가적 이념이었다.5) 이들 세 가지는

前朝故事"(『太祖實錄』卷1, 太祖 원년 7월 丁未)라는 표현에서도 이 같은 사정이 충분히 짐작된다. 李相佰, 『李朝建國의 硏究』, 을유문화사, 1949 ; 韓永愚, 「朝鮮建國의 政治·經濟 基盤」, 『朝鮮前期 社會經濟硏究』, 을유문화사, 1983 참조.

3) 대체로 일제시기 총독부와 京城帝大를 중심으로 한 官邊史學의 견해인데, 여기에는 조선시기의 역사적 停滯性을 부각하려는 의도가 베어있다는 설이 유력하다.

4) 먼저 한국사연구회, 『한국사연구입문』, 지식산업사, 1981 ; 한국역사연구회, 『한국역사』, 역사비평사, 1992의 목차만 보아도 쉽게 확인된다.

5) 이 세 가지는 처음부터 한꺼번에 명시적으로 제기된 것이 아니라 왕조의 개창배경이나 초기의 대내외 정책과정에서 점차 확립된 것이라고 해야 옳을 것이다. 예컨대 유교·주자학은 불교에 호의적인 보수 귀족세력을 압도하기 위한 신진사대부층의 대항논리로서 이미 14세기 후반에 수용된 것이며, 농본주의는 토지분급제의 모순을

후대에 견주어 그 내용과 수준에서는 차이가 있었지만 벌써 신라시기부터 시작된 국가운영의 목표였다. 고려시기에 이르러서 그러한 지향이 한층 구체화되고 높아졌음은 두말할 나위도 없었다. 그러므로 조선왕조가 이를 새롭게 천명하기는 했지만 전에 없이 획기적인 일일 수는 없었다. 이미 말했듯이 조선왕조와 고려왕조는 앞뒤로 전승관계에 있었으므로 이는 아주 자연스러운 일이기도 했다. 그렇지만 조선왕조의 이 세 가지 國是를 찬찬히 뜯어보면 앞의 고려와 다른 조선 나름의 독특한 내용과 의미를 발견하게 되는 것 또한 움직일 수 없는 사실이다. 먼저 조선사회가 고려사회보다 한 단계 발전한 수준을 이룩했으리라는 전제에서도 그렇거니와, 무엇보다도 주자학의 이념적 기능이 매우 철저하고 독특했던 사정에 주목해보더라도 그렇다고 할 수 있다.

조선의 주자학은 농본주의와 사대교린을 아울러 떠받치는 기본 논리가 되었다. 뿐만 아니라 정치·경제·문화·교육 등 모든 방면에 걸쳐서 유일한 규정원리로 자리 잡게 되었고, 때문에 개인의 의식과 행동까지도 모두 여기에 완전히 포섭되기에 이르렀다. 국가·사회를 운영하는 여러 제도나 법규·儀禮가 오직 주자학의 敎示에 근거를 두게 된 것이다. 이로써 조선의 주자학은 종래의 유교가 고려사회에서 차지하던 역할의 차원을 훨씬 넘어서는 위치에 놓이게 되었다. 이것은 儒·佛 並行의 고려사회가 朱子學一遵의 조선사회로 이행했음을 의미하였다. 상이한 두 가지 思潮가 공존하던 多元사회로부터 주자학만이 용인되는 획일사회로의 전환이었다. 말하자면 儒·佛을 함께 논리기반으로 하던 고려의 농본주의나 사대교린이 주자학＝理學(유교) 단일논리가 뒷받침하는 조선의 농본주의·사대교린으로 바뀌어간 것이었다. 여기에 그 내용

______

극복하고자 科田法·職田法을 수립하는 것과 함께 15세기 전반기에 천명된 것이었으며, 사대교린은 선진문물의 본고장인 중국과 관계를 원만하게 유지하고 호전적인 북방 여진을 회유하거나 倭寇의 심각한 피해를 근절하기 위한 방법의 일환으로서 15세기의 전·후반기에 걸쳐 확립된 외교논리였다고 할 수 있다.

이나 성격에서 고려와 조선이라는 커다란 차이를 드러내는 농본주의와 사대교린이 예상되지 않을 수 없는 일이라 하겠다. 예컨대 소비적 성향이 큰 불교의례를 위주로 하는 귀족취향의 개방문화가 사회적 모순을 극복하는 과정에서 생산활동과 근검·절제를 중시하는 양반 주도의 폐쇄적인 통제문화로 교체되어갔다.[6]

먼저 농본주의에 대해서 보면, 이는 두말할 것도 없이 유교·주자학의 정치론, 즉 爲民論·民本論을 직접 반영하는 것이었다. 생산활동에 주력하여 衣食住의 기본을 해결하는 것이 위민·민본의 시작이었기 때문이다. 15세기에는 '守令七事'의 강화나 『農事直說』의 간행에서 보듯이 농업인구의 증식과 안착, 농지의 개간과 확대, 농업기술의 보급 등 농업기반 자체의 구축·확장에 주력하는 정부 주도의 勸農政策이 적극 추진되었다.[7] 그러던 것이 16세기 이후 이른바 士林의 중앙정계 진출이 활발해지고 주자학의 보급과 연구열이 높아지면서, 농민의 근면성과 성실성이이야말로 실천윤리의 최고 덕목인 孝悌를 실현하는 길이라고 역설한 朱子의 교시가 勸農策의 근간으로 자리 잡아갔다.[8] 기술적 실제적 농본·권농 정책의 기초 위에 도덕적 관념적 농업생산론이 추가됨으로써 조선 나름의 농본주의의 실상이 구체화되어간 셈이었다.

---

6) 14세기 말의 儒佛論爭은 學說·敎義 論爭이기보다는 귀족 중심 佛事의 사치·낭비로 흐르는 경향과 농민들의 寺社投託으로 말미암은 생산노동력과 公稅擔當層의 감소를 문제 삼는 신진사대부층의 권문귀족 관인층에 대한 정치적 공세라는 성격이 짙었다. 이에 대해서는 정도전의 분석·비판이 먼저 주목된다(金海榮, 「鄭道傳의 排佛思想」, 『清溪史學』 1, 1984 ; 李洪淳, 「鄭道傳의 排佛思想」, 『애산학보』 12, 1992 참조). 개인과 사회에 대한 유교의 통제적 기능은 그 윤리·도덕론에서 분명히 드러나는데, 이에 대해서는 金駿錫, 「朝鮮前期의 社會思想—『小學』의 社會的 機能 分析을 중심으로」, 『東方學志』 29, 1981(이 책 제1편에 재수록) ; 金勳埴, 「16세기 『二倫行實圖』 普及의 社會史的 考察」, 『역사학보』 107, 1985 참조.

7) 金容燮, 『朝鮮後期 農學史硏究』, 일조각, 1988 ; 金容燮, 「朝鮮初期의 勸農政策」, 『東方學志』 42, 1984 ; 金泰永, 『朝鮮前期 土地制度史硏究』, 지식산업사, 1983 ; 李景植, 『朝鮮前期 土地制度硏究』 Ⅱ, 지식산업사, 1998 참조.

8) 이 시기에 『三綱行實圖』·『二倫行實圖』·『小學』과 같은 윤리교육서나, 朱子 增損의 '鄕約'에 대한 관심과 보급이 확대되는 사정이나, 17세기에 간행된 『農家集成』이 주자 권농문을 근간으로 한 사정을 통해서 이 같은 추이를 충분히 확인할 수 있다.

이러한 농업관·농업정책은 그대로 抑末策, 즉 농업을 本業으로 장려하는 대신 상공업은 末業이라 하여 억제 경시하는 정책으로 이어졌다. 商賈를 단순히 勤勞의 수고로움이 없이 재화를 취득하거나 이윤을 노리는 행위로 여겨, 자연질서에 반하고 인간의 본성을 타락시키는 부도덕의 근원이라고 보는 편견이 없지 않았다.9) 이는 기본적으로 유교·주자학 경제사상의 특징이지만, 고려 말기 寺院經濟의 폐단이나 사회적 혼란에 대한 반성의 소산이기도 했다. 더구나 조선의 농업은 三南의 稻作과 집약농법을 근간으로 했기 때문에, 많은 인구를 토지에 안착시키고 인력의 遊休를 억제하며 생활자료를 절제하는 대책이 절실히 요청되었다. 그리하여 농본주의는 集權體制의 안정에 직결되었을 뿐만 아니라 지주경영을 중심으로 하는 재지양반층의 사회적 기반을 유지 강화하는 데도 크게 유리하였다. 조선왕조 장기지속의 물질기반은 결코 상공업이 아니라 농업에 있었으며, 왕실이나 양반층이 富國强兵에 소극적이었던 까닭도 이와 관련이 깊었다.

事大交隣을 중핵으로 하는 대외관계 또한 국내의 農政理念과 맥락을 같이 하였다. 글자 그대로 事大는 중국의 주변국들이 중국에 대해 취해야 할 외교태세였고, 交隣은 주변국 상호간의 선린관계를 의미하였다. 그러니까 이 말에는 중국 중심의 思惟方式과 世界觀이 그대로 압축되어 있는 셈인데, 유교와 주자학의 교시에 충실하다보면 이것을 의심할 바 없는 眞理로 받아들이게 마련이었다. 14세기 말 신진사대부들은 조선왕조의 개창과 함께 또한 같은 신흥왕조인 明나라의 승인을 얻는 데 힘썼는데, 그 까닭은 명나라가 단순히 강대국이라거나 그들의 실질적인 원조가 필요해서가 아니라 그들이 곧 중국의 정통왕조라는 사실에 있었다. 주자학을 신봉하는 조선왕조의 親明事大 외교는 너무나 당연한 일이었다.10)

---

9) 朴平植, 『朝鮮前期 商業史研究』, 지식산업사, 1999 참조.

한편 15세기 女眞·日本과의 교섭태도에서 보이듯이 조선에서는 중
국을 제외한 동아시아 이웃나라와 국제관계를 원만히 유지하는 방법으
로 交隣, 즉 '이웃과의 대등한 親交' 방법을 모색하고 그것을 정착시키
는 데 힘썼다. 서북 변경의 여진이 분쟁을 일으키면 일단 대군을 출동시
켜 응징하고 한편으로는 爵祿과 物貨로써 회유했을지언정 그들의 근거
지를 유린하거나 살상과 보복을 능사로 삼지는 않았다. 변방의 經略은
소란을 억제하고 王化를 확대하되 교린의 기틀을 다지는 데 그쳐야 한
다고 믿었기 때문이다. 같은 무렵 倭寇의 근거지를 소탕하기 위해 막대
한 병력으로 對馬島를 정벌하고도 교린을 역설했을 뿐 그 토지와 주민
의 지배에 관심을 보이지 않은 것도 같은 이유에서였다. 특히 일본에 대
해서는 아직 華夷도 구별 못하는 후진으로 여기고 조선이 사절을 보내
어 국가 간 禮交의 정연한 시범을 보임으로써 그들을 왕화의 울타리 안
으로 불러들이려고 노력했다.11) 진정한 교린의 실천이란 그러해야 했던
것이다. 그리고 이러한 인식과 태도는 모두 유교·주자학에 그 근거를
두고 있었다.

주자학은 본시 그 사상체계가 원시유교를 토대로 발전한 것이므로
仁政·德治論이나 爲民論을 그대로 수용하고 正名說과 革命論에 동의
하였다. 여기에 더하여 理氣·人性論을 새롭게 수립함으로서 유교의 정
치·사회론에 철학적 기반을 제공하게 되었을 뿐만 아니라, 修己治人의
임무를 제왕에게서 사대부 일반으로 확대했으며 正名說을 綱常論으로
구체화하여 인간 보편의 윤리·규범 체계를 세웠다. 그리하여 주자학은
우주 삼라만상으로부터 인간의 내면세계에 이르기까지 그 존재와 所以
를 정합적으로 해명하는 사유체계가 되었다. 왕조창건의 주체들은 이러
한 주자학을 유일한 지도이념·國定敎學으로 채택했으므로, 이제 국가

---

10) 박충석·유근호, 『조선조의 정치사상』, 평화출판사, 1980 ; 김한규, 『한중관계사』
  Ⅱ, 아르케, 1999 참조.
11) 閔德基, 『前近代東アジアのなかの韓日関係』, 早稲田大学出版部, 1994 참조.

의 公的 法制·儀禮는 물론이고 모든 인간·사회 관계가 이에 의해서 일사불란하게 질서화될 것이 기대되었다. 이는 불교와 유교를 절충했던 고려사회의 이념적 모순과 한계를 비판 극복하기 위해서도 당연한 선택이었을지 모른다. 거듭 말하거니와 아마 여기에 고려로부터 조선으로의 이행이 지니는 역사적 의의가 있기도 할 것이다.

조선왕조가 지향하는 이념과 과제를 주자학의 敎說에 근거해서 보면 크게 두 가지로 집약될 것으로 생각한다. 하나는 고대의 周王朝를 모범으로 삼아 조선을 유교의 이상국가로 만드는 일이었고, 다른 하나는 이를 통해서 華(문명)와 夷(야만)로 양분되는 華夷의 天下觀, 중국 중심의 세계질서에서 조선이 바로 華의 문화를 앞장서 실현함으로써 스스로 중국적인 지위에 서는 일이었다. 이러한 목표는 고려 말 주자학에 관심을 가진 신진사대부들에게서 싹트기 시작하여 왕조의 초기인 15세기까지도 일관되게 추구되었다. 이를테면 周의 문물제도를 담고 있는 『周禮』의 연구를 토대로 마침내 '萬世不易之典'인 『經國大典』을 완성한 것, 儀禮詳定所를 두고 古禮의 典據를 연구하여 『國朝五禮儀』로 집대성한 일, 그리고 井田制의 정신을 내세우는 計民授田原則의 표방과 貢法의 제정, 籍田·義倉으로 상징되는 勸農策, 成均館·鄕校를 근간으로 한 교육제도의 정비, '訓民正音'의 창제로 나타난 國民敎化의 추진 등은 그런 지향의 산물이라고 보아도 좋을 것이다.12)

---

12) 이 시기 『周禮』·井田制에 대한 관심이나 권농책의 적극적 추진이 모두 주자학 자체에 깊이 천착하거나 주자의 교시에 충실한 결과로 보기는 어렵다. 유교의 정치이념에 유의하게 되면 이들이 대개 주목의 대상이 되게 마련이라는 점에서도 그렇다. 대체로 15세기의 사대부 관인들은 주자학의 이름 아래 중앙정부가 주도하는 儒敎化政策을 추진함으로써 국가의 公的 法制的 기능과 목표를 분명히 하려 했다면, 16세기에는 주자학에 대한 실제적인 이해와 연구가 한층 심화되는 가운데 在地士林이 정치운영의 주도권을 장악하게 되고 동시에 그들의 私的(지방·문중) 儀禮的 지향이 강화되는 것으로 볼 수 있을 것이다. 다시 말하면 주자학을 국가적 차원에서 외형적 제도적으로 표방하는 경향으로부터 지방적 개인적 차원에서 내면적 학문적으로 천착해가는 경향으로 전환이 이루어졌던 것이라 하겠다. 때문에 그 과정은 바로 조선 수자학의 성립과 빌진이라는 시각에서 이해해야 할 것이고, 조선시기 전체에 걸쳐서

앞에서 잠깐 살폈듯이 농본주의 경제원칙이나 사대와 교린의 외교방략 또한『주례』와 주왕조의 전례에 근거하고 있었다. 그러니까 조선왕조는 새로 출범하는 왕조답게 그 나름의 새로운 제도나 이념을 창출해내기보다는 先進의 그것을 가져다가 현실의 조건에 맞도록 보충하고 손질해서 자기 것으로 만드는 길을 택했던 것이라 하겠다. 또 이렇게 유교와『주례』에서 원용해온 것 자체는 앞의 신라나 고려가 그랬던 것과 크게 다르지 않았다. 다만 신라와 고려에서는 그런 사실을 크게 의식하거나 강조하지 않았음에 견주어 —— 따라서 土風(=전통문화)과 華風(=유교·주자학 문화)이 자연스럽게 조화되었음에 견주어 —— 조선왕조에 이르러서는 주자학의 의의를 부각하고 이를 새롭게 채용한다는 사실을 강조하고 여기에 특별한 의미를 부여한 점에서 서로 달랐다고 할 수 있다. 조선이야말로 유교의 이상사회로 가고 있다는 그 나름의 표방이었음은 물론, 주자학의 수용이 불러온 변화의 폭이 그만큼 큰 것이기도 했다.

그러나 이것이 신라·고려 때보다 한층 중국풍(=華風)이 우세해지고 상대적으로 조선풍(=土風)이 약화되며, 사회의 개방성과 유연성이 억제되는 커다란 원인이었을지도 모른다. 주자학과『주례』는 거의 2천 년의 세월을 거치며 거대한 중국의 사회·문화 조건 아래 성장해온 것이며 元帝國의 세계지배에서 그 진가가 확인된 통치이론이자 도구였다. 그러므로 이것을 풍토가 중국과 다르고 규모 또한 턱없이 작은 조선사회에 적용하고 보면, 그 견고하고 철저함에 압도되어 조선사회 나름의 생동력이 질식하지 않을 수 없는 일이었기 때문이다.

실제로도 그렇게 되어갔다. 주자학 이외의 사조나 이념이라면 일단 부정되었다. 주자의 교시 밖에서 학문과 정치를 거론하는 것은 금기시

보면 주자학이 국가경영의 원리로서 뿐만 아니라 개인의 사유와 행동양식을 규정하는 준거로서 한결같이 관철되었다고 보아도 무리가 없을 것이다.

되었으며, 모든 개인은 三綱五倫을 실천도덕으로서 의식화하고 생활화하기에 이르렀다. 여기에서 벗어나면 비록 君王일지라도 綱常罪人으로 몰리게 되고, 그가 만약 官人·識者라면 斯文亂賊으로 지목되어 破門의 대상이 되게 마련이었다.[13]

3. 朱子學의 정치이론과 兩班士大夫

조선시기의 정치제도와 그 운영원리는 삼국시기 이래의 土風(=전통)을 계승하면서도 훨씬 더 많은 부분에서는 주자학과 『주례』가 지침으로 활용되었다. 먼저 집권체제의 권력구조를 보면, 국왕의 裁決權과 신료집단의 비판·견제 기능으로 나뉘어 짜여진 점에서 그 특징이 드러난다. 다름 아닌 왕권과 신권의 대항관계다. 이러한 권력의 두 축은 정무를 심의 집행하는 議政府와 六曹의 기능에 의해서 매개되었다. 의정부는 고려의 都評議使司에 해당되나, 조선에 와서 그 규모와 기능이 뚜렷이 축소된 것은 왕권이 신장된 탓도 있지만 그보다는 신료집단의 귀족적 성향이 한층 관료적 성향으로 전환된 때문으로 볼 수 있다. 그리고 국왕과 신료 간, 신료 상호간의 권력관계에서 각각 견제와 균형을 유지하려는 의도가 三司라는 조선 특유의 언론제도로 성립되었다.[14]

이러한 권력관계의 제도적 구조적 개편은 고려 말기 파행적 정치운

---

13) 이에 대한 사례로는 잘 알려진 바와 같이 光海君을 축출했던 '仁祖反正'과 주자의 經典註釋에 이의를 제기한 尹鑴에 대해 宋時烈이 반격한 學理論爭을 들 수 있다. 전자의 논리는 廢母殺弟, 즉 신민에게 孝悌의 모범을 보여야 할 군왕이 스스로 不孝不悌했다는 것인데, 이는 자기들의 반대 당파를 옹호하는 군주를 배격하려는 구실이었고, 후자의 경우는 주자·주자학 옹호세력과 그 비판세력 사이의 대립으로서, 진보와 보수로 갈리는 이념의 차이가 내포되어 있으면서도 표면적으로는 학계·정계의 주도권을 둘러싼 정치·학문 세력 사이의 싸움으로 비쳤다.

14) 崔承熙, 『朝鮮初期의 言官·言論研究』, 한국문화연구소, 1976 ; 崔異敦, 『朝鮮中期 士林政治構造研究』, 일조각, 1994 참조.

영의 경험을 반성 극복하려는 것이며 신흥사대부들이 정치 주도층으로 많이 진출한 결과였음은 두말할 나위도 없다. 국왕이 정치의 주체이며 권력의 근거임을 부정할 수 없었던 정치수준에서는 이렇게라도 하지 않으면 專制的 국왕권력을 견제하고 양반사대부층의 權力均霑을 보장하기 어려웠을 것이다. 또 이런 점들이야말로 조선왕조를 새로 출범시킨 주인공이 李氏王室이기보다는 고려 구질서의 청산을 지향하며 저항했던 신진사대부들이라는 사실과도 무관하지 않았다.

그러나 '왕권＝신권'의 균형적 권력관계를 유지할 제도의 근거는 經典의 어디에도 명시적으로 나타나 있지 않았다. 그들은 조선의 정치제도와 그 원리가 三代 聖王의 그것을 본보기로 한다는 사실을 거듭 강조할 수 있었을 뿐이었다. 그들에게 중요한 것은 어쩌면 명문화된 규정 자체보다도 성왕의 이상정치를 추구하고 있다는 그들 스스로의 신념에 있었으며 이를 합리화할 수 있는 典據, 즉 주자학과 유교경전이 존재하기만 하면 되었던 것이라 하겠다.

양반사대부들이 권력의 分占에 참여하려면 과거에 합격하거나 門蔭·薦擧 등의 방법으로 관직을 부여받아야만 했다. 그러나 정치참여가 반드시 벼슬길에 나서야만 가능한 것은 아니었다. 그들이 유교(＝주자학)의 학식을 갖춘 지식인이기만 하면 朝野를 불문하고 별다른 차별을 두지 않았던 언론제도를 통하여 개인의 정견이나 요구를 제기하고, 이로써 정치운영에 일정한 반향을 불러일으킬 수도 있었다. 이를테면 三司의 밖에서 이루어지는 언론활동이라고 할 수 있는 上疏(封事, 應旨疏 등)·上言15) 제도가 그것이었다. 상소제도는 때때로 成均館의 捲堂이나 連名疏·萬人疏라는 이름에서 보듯이 집단적인 정치행동으로 발전할 수 있었다. 民意나 輿論이 양반층의 의도에 따라 형성되고 이것이

---

15) 18세기에 이르면 上言은 擊錚과 함께 양반층은 물론 서민들까지도 자기의 처지나 요구를 정치적 사회적으로 호소하는 수단으로 활용하였던 점에서 특히 주목된다(韓相權,『朝鮮後期 社會와 訴冤制度－上言·擊錚 硏究』, 일조각, 1996 참조).

政局의 움직임에 크게 영향을 미치도록 되어있었던 셈이다. 관인·식자들이 국왕에게 올리는 上疏文에서 가장 중요하게, 그리고 빈번히 제기하는 요구사항이 다름 아닌 '言路의 개방'에 관한 것이었다. 言路, 즉 양반사대부들의 요구와 주장이 국왕에게 도달하는 통로가 막힌다면 그 경위가 어떻든 이는 곧 士論(＝公論)을 무시하거나 차단하는 것이며, 국왕의 무능과 부도덕에 기인하는 것이기 때문에 정상적인 정치의 규칙을 포기한 것으로 여겨졌다. 양반사대부의 政見·政論이란 이런 의미를 띠고 있었기 때문에, 정부는 어려운 현안에 부딪히거나 주요 정책의 결정을 앞두고는 국왕의 이름으로 求言敎를 내리기도 하고 지방 수령들로 하여금 詢問에 나서게 함으로써 전국적 차원의 民心, 다름 아닌 士論을 파악하고 輿論에 귀를 기울였다.

　이렇게 조선왕조의 정치는 양반사대부의 관직참여와 언론활동을 통해서 권력에 대한 항상적인 감시와 견제가 이루어짐으로써 그 정당성과 안정성이 보증되고 있었다. 아마 왕조가 장기간 지속될 수 있었던 요인의 하나가 여기에 있었다고 해야 할 것이다. 아무튼 이것은 현실적으로 신분적 우월계층이며 정치의 독점세력인 양반사대부들에게 사회·경제적 여러 특권을 보장하려는 그들 자신의 정치적 안전장치였으며, 이념적으로는 유교·주자학에서 제기하는 정치원리의 두 基本軸, 즉 民本과 修己治人을 조선사회 나름의 방식으로 구현하는 일이기도 했다. 정치란 본시 개인이나 집단·세력 사이의 이해관계를 조절하는 기능이므로 정치권력에 참여하는 양반사대부들은 무엇보다도 자신들의 私的 권익을 챙기는 일에 우선할 수밖에 없었을 것이지만, 그렇다고 그들이 이를 드러내놓고 요구하거나 표현하지는 않았다. 오직 나라의 안녕과 生民의 困苦를 걱정하는 일로 政論의 주제를 삼았다. 유교의 정치윤리는 그렇게 하지 않으면 안 되도록 되어 있었다.

　이미 말한 民本·修己治人이란, 글자 그대로 정치는 인민을 본위로 하는 것이어야 하며, 그러자면 治者는 스스로를 연마하여 인민을 지도 할 만한 인격과 능력을 갖추어야 한다는 논의였다. 그것은 유교 정치사상의 기본 명제이며 仁政·德治說의 다른 표현이기도 했다. 그러나 愛民·民本說이나 修己治人說은 그 나름의 정치이론이었던 만큼 현실적으로는 엄연히 지배의 논리로 기능하지 않을 수 없었다. 즉 民本(=愛民)說은 치자층(=지배층) 전체의 존립근거가 되는 인구와 토지를 적절히 보호 유지하기 위해, 그럼으로써 지배층 전체의 공동이익을 보장하기 위해 도출된 정치이론이었으며, 修己治人은 양반사대부로 하여금 치자다운 소양과 의지를 갖추도록 요구함으로써 피치자층과 차별적 우월성을 분명히 하고 치자층 자체를 자율 정화하기 위한 도덕적 규준이어야 했다. 그리하여 이 두 가지 명제는 時局이나 정치현안을 둘러싼 朝野의 논의에서 '生民'이라든가, '風教'·'士風'(士氣) 등의 표현을 통해 끊임없이 제기되었다. 진정 국가와 민생에 직결되는 公心에서 나온 논의였든 순전히 개인의 이해타산을 엄폐한 私心에서였든, 표면적으로는 이렇게 民本과 修己의 정신을 내세워야 했다.

앞에서도 지적했듯이 조선왕조의 정치는 모두 유교·주자학에 바탕을 두고 있었으며 15세기의 약 백 년 동안 그것은 法制와 禮俗을 포함한 사회의 모든 영역에 걸쳐 깊이 뿌리내려갔다. 처음에는 유교화의 방법과 수준을 놓고 주체층 내부에서도 갈등이 일어났고 불교적인 전통이나 토착문화의 저항도 없지 않았다. 하지만 16세기에 접어들면 벌써 유교·주자학 이념으로 무장한 향촌의 士林이 대거 중앙정계에 진출하게 되고 주자학의 주요 학리·학설에 대한 이해의 수준 또한 최고 단계에 도달하여 조만간 '朝鮮 朱子學'의 성립을 바라보게 되었다. 어찌 보면 유교의 大勢化가 지나칠 정도로 빠르고 강력하게 진척되었으며 이에 따른 사상·이념의 一邊倒 경향 또한 뚜렷해졌다. 이러한 유교화(=주자학화)의 속도와 수준은 일찍이 불교수용 과정이 적어도 2백 년 이상(三國의 전성기였던 4세기 중엽부터 6세기 중엽까지) 걸리면서 그 범위가 중앙과 귀족 지배층에 한정되었던 사정과는 사뭇 대조적인 것이었다.

유교화의 진전이 이러한 가운데서 이제 양반사대부들은 대체로 두 가지 유형의 적응태세를 취하게 되었다. 하나는 대부분의 양반들이 보이는 태도로서 유교·주자학을 자신들의 私的 목적 달성을 위한 수단·방편으로 활용하려는 태도였고, 다른 하나는 유교·주자학 본래의 敎示에 충실하여 그 주체자, 또는 公的 운용자로서 자세를 견지하려는 모습이었다. 그 두 가지가 모두 유교·주자학의 대세에 포섭되는 점에서는 같았고 각 개인들에게서는 복합적으로 드러나는 경우도 있었다. 다만 전자가 지배층, 즉 유자·관인의 특권적 지위를 획득 유지하는 것을 우선 목표로 삼고 유교 교양을 습득하여 과거나 벼슬에 나서며 이로써 기존 질서에 영합 안주하려는 태도였다면, 후자는 사회의 변동을 인정하고 이에 능동 대처하는 진취적 태세를 보이되 그렇기 때문에 유교·주자학의 소양을 쌓아 과거·관직에 진출함을 개인적 입신영달의 기회로 삼기보다는 국가·민생을 위해 기여해야 할 소명으로 생각하는 태도였다.

이렇게 양반 지배층이 보이는 상반된 태도는 다른 형태의 사상·이념에 이끌리는 사회에서도 어느 정도 발견되는 현상이겠지만 유교 주자학의 경우 그 사상 자체의 속성에 기인하여 이런 측면이 특히 두드러졌던 것으로 생각한다. 이는 주자학에서 가르치는 사대부의 규범과 사명의식이 매우 철저했던 사정에서, 그리고 양반·관인들의 경우 정치운영이나 정책의 수행을 둘러싸고 是非·正邪를 치열하게 따지던 나머지 黨派 대립의 경향을 뚜렷이 했던 사정을 통해서 입증되는 것이라 하겠다.

사대부의 소명의식이란 예컨대, "天地를 위해서 마음[心]을 세우고 生民을 위해서 道를 세우며 옛 聖人을 위해서 끊어진 학문을 잇고 萬世를 위해서 太平盛世를 연다"고 한 명제에서도 잘 드러난다.16) 萬物을 化育하는 天地의 일을 돕는 것이 聖人인데 이제 그러한 성인의 임무를

---

16) 『近思錄』 卷2, 爲學類, 95章.

사대부가 담당해야 한다는 의미이다. 이에 따르면 사대부는 단순히 제왕의 의지에 따라 움직이는 관료·보조자에 그치는 것이 아니라 스스로 제왕의 마음과 행동을 지녀 정치에 나서서 生民을 이끌어야 했다. 이는 爲民(=愛民)을 위한 직접적 실천과 책임이 바로 사대부 자신에게 있음을 인식하고 이를 신념화할 것을 요구하는 것이라 하겠다. 결국 修己治人은 사대부가 스스로 연마하여 聖人의 경지에 도달하고 성인으로서 치자가 되어야 함을 함축하게 되었다. 그러니까 수기치인이 『大學』의 明德·新民과 誠意·正心·治國·平天下의 과정을 통해 부연되는 것은 너무도 당연한 일이었던 셈이다.

조선의 양반사대부들은 오로지 주자와 주자학을 신뢰하고 있었으므로 그 先河를 이루는 北宋 사대부들의 이러한 自負에 아무런 주저 없이 적극 공감했을 것이다. '조선 주자학'이 독창성보다도 그 철저성에서 특징을 드러내는 것을 보면 양반사대부들의 자부와 신념은 중국 사대부들의 그것을 능가하고 있었는지도 모른다. 이는 그 시기 주자와 주자학에 대한 연구열·보급열을 통해서도 충분히 짐작되는 일이었다. 15세기 초에는 명나라에서『性理大全』을 들여와 힘들게 탐구하던 수준이었으나, 16세기 초에는 四書·三經의 주자 註釋本을 개별 연구하는 데 이르고 그 후반에는 주자 개인에 대한 관심이 높아졌다. 그의 文集과 語錄, 특히 書簡에 대해 치밀하고 분석적인 접근이 시도되는 가운데 그의 인간과 학문의 실상이 조선 유자들에게 소상히 알려지게 되었다.17) 그리하여 마침내 주자학은 학문대상의 차원을 넘어 주자의 敎說을 眞理視할 뿐만 아니라 주자 개인을 聖人으로 높이는 경향으로 발전하기에 이르렀다.18)

---

17) 조선 전기 敎本을 중심으로 한 주자학의 이해와 연구 상황에 대해서는 金恒洙, 「16 世紀 士林의 性理學 이해-書籍의 編纂·刊行을 중심으로」,『韓國史論』7, 서울대학교 국사학과, 1981 ; 金恒洙, 「16세기 經書諺解의 思想史的 고찰」,『奎章閣』10, 1987 ; 高英津,『조선중기 예학사상사』, 한길사, 1995 참조.

18) 이러한 주자·주자학의 절대화 경향은 壬亂·胡亂으로 야기된 체제적 위기를 사

　주자학을 앞세우는 사대부의 소명의식과 유교화의 진전은 주자학의 학문적 연구에만 그치는 것이 아니었다. 三綱五倫으로 집약되는 인륜의 질서는 개인은 물론이고 국가·사회가 지탱하는 공적 질서의 원천이었고 양반사대부는 이를 솔선수범해야 하는 주체였다. 유교·주자학에서는 世帶·家族 내부의 질서, 즉 父子·夫婦·長幼의 관계로 구분되는 人倫이라는 血緣秩序를 원천적인 것으로 하고 이 토대 위에 다시 마을이나 고을사회를 규제하는 地緣秩序를 수립하였다. 이렇게 혈연질서는 가족─마을─고을을 유기적으로 연결하게 되고, 이것이 순차적으로 쌓아올려져 마침내 국가·정치 질서까지도 이 윤리의 차원에서 규정되기에 이르렀던 것이다. 그러므로 국가는 마치 가족이라는 인륜의 기본 단위가 수없이 쌓여 만들어진 거대한 피라미드, 윤리의 집약체였다. 양반사대부는 바로 이러한 혈연의 私的인 윤리가 사회·국가에 이르는 公的 질서로 환원하는 과정을 매개하거나 조절하는 역할을 담당하였다. 예컨대 양반들이 주도하는 門中과 族譜를 비롯해서 鄕約·書院(祠宇)·社倉·鄕所(鄕會)도 그 고유한 사회적 경제적 기능과 함께 혈연윤리와 사회윤리를 證驗하고 전수하는 학습장이었다.19)

　　상·이념의 재무장을 통해 극복하려는 정계·학계의 주류에서 일어났는데, 17세기 후반의 기호학파, 특히 宋時烈이 그 중심인물이었다[金駿錫, 「17세기 畿湖朱子學의 동향─宋時烈의 道統繼承運動」, 『손보기박사정년기념 한국사학논총』, 지식산업사, 1988(이 책 제2편에 재수록) ; 金駿錫, 「17세기 正統朱子學派의 政治社會論─宋時烈의 世道政治論과 賦稅制度釐正策」, 『東方學志』 67, 1990]. 17, 18세기에는 주자의 言說을 정확히 이해하고 그 定論을 밝히기 위한 주자의 言說·文字의 고증연구가 모든 학술활동의 주류를 이루었다[金駿錫, 「조선후기 畿湖士林의 朱子認識─朱子文集·語錄 硏究의 전개과정」, 『百濟硏究』 18, 1987(이 책 제2편에 재수록) 참조]. 이런 가운데 사람들의 담화와 문장에서 한 글자 한 구절이라도 주자의 교시와 어긋나는 것을 용납하지 않게 되었다. 이 무렵의 實學은 조선사회의 모순에 대한 학문적 비판과 대안의 모색 활동이었던 만큼, 그것이 이러한 교조적 주자주의에 대항하는 反主流의 학풍이 되는 것은 너무도 자연스러운 일이었다.
19) 이렇게 보면 주자학은 정치·경제·문화·교육 등 현실사회의 모든 방면에서, 또 각 개인들의 의식과 행동에서도 한결같이 관철되는 기본 원리였으며, 이상적인 사회, 바람직한 인간상의 모범이 바로 주자학 안에 있는 셈이었다. 벌써 보았듯이 『三綱行實圖』·『五倫行實圖』의 거듭된 편찬과 산행이나, 완벽한 실천윤리의 지침서인 조선

4. 世道政治論과 蕩平政治論의 갈등

대개의 종교·신앙 체계는 우주 삼라만상을 규율하는 神聖·絶對의 존재를 내세우며 사람들로 하여금 여기에 복종하고 歸依할 것을 주된 내용으로 한다. 주자학에서는 이러한 神性·神格을 객관적 절대권위로 앞세우기보다는 각 개인의 자율적 사고와 판단에 의한 特立獨行을 理想으로 여겼다. 인간은 선천적으로 善한 본성을 타고났으므로 이를 제대로 개발하기만 하면 완전한 인간, 즉 聖人의 경지에 도달할 수 있다고 본 것이다. 이때 삼강오륜은 그 본성을 개발하기 위해서 배우고 행동에 옮겨야 하는 실천적 규범이었다. 그러니까 성인은 삼강오륜을 제대로 알고 완벽하게 실천하는 자였으며 賢人은 성인에 못 미치지만 노력하며 그를 따르는 자였다. 이들 聖賢(성인과 현인)에게는 이렇게 인격의 개인적인 성취에 머무르지 않고 여러 우매하고 평범한 자들로 하여금 그와 같은 경지에 이르도록 깨우치고 이끌어야 할 책무가 부여되어 있었다. 이것을 修己治人이라고 했다.

이렇기 때문에 유교·주자학에서는 종교와 정치, 즉 聖과 俗의 구분이 뚜렷해야 할 이유가 없었다. 그리고 정치는 성인이 맡아야 하는 것으로 생각되었으며, 거꾸로 현실의 군주는 성인이며, 그 군주를 보좌하는 신료는 현인으로 여겨졌다. 또 사회 일상의 문제는 삼강오륜을 중핵으로 하는 윤리·도덕의 문제로 치환되었으며, 정치란 바로 이를 조절하는 기능이나 마찬가지였다. 정치를 흔히 爲民·德治로 표현하고 정치와 敎化가 거의 동의어로 쓰인 까닭도 이것이었다. 결과적으로 정치적 행동이나 목표가 지나치게 윤리·도덕적인 차원에서 설정되기에 이르고 사회 전반에 걸쳐 정치의 비중이 상대적으로 높아지게 되었다.

판『小學諸家集註』의 성립은 말하자면 그러한 모범의 구체적 제시를 목적으로 한 것이었다. 金駿錫, 앞의 글, 1981 ; 金勳埴, 앞의 글, 1985 ; 金恒洙, 앞의 글, 1981 참조.

　　당연한 일이지만 관인·식자들은 이러한 주자학을 공통된 인식기반이자 이념으로 삼고 있었으므로 자신들의 견해나 이해관계를 관철하려면 저마다 여기에 의존해야 했다. 때문에 문제의 논의과정은 미세한 차이를 둘러싼 논전이 되게 마련이었으며 異見이 생기고 대립이 커져가도 타협이나 調停의 여지는 찾기 어려웠다. 오히려 仲裁者나 調停論理는 대립의 당사자들로부터 是非黑白을 뒤섞는 似而非 협잡으로 매도당하기 십상이었다. 조선시기 역사·문화에서 화해와 관용의 전통을 찾기 어려운 까닭도 이러한 주자학의 운용상에서 드러나는 특성과 무관하지 않을 것이다. 더구나 현실의 거의 모든 문제가 정치에 수렴되고 있었으므로 정치 마당이야말로 온갖 쟁점이 집중하는 각축장이 되지 않을 수 없었다. 이런 현상은 사회변동의 규모와 양상이 더 크고 복잡해지는 조선 후기에 이르러 한층 더 분명하고 심각해졌다. 말할 것도 없이 지도이념인 주자학이 변동 발전하는 사회현실 사이에서 일으키는 모순의 확대현상이었다. 이제 여기에서 드러나는 몇몇 특징과 그 의의를 짚어보기로 한다.

　　첫째, 公意識과 私意識의 갈등이나 혼란이었다. 公人일지라도 그의 私的인 思惟가 公的인 책무보다 우선해도 이를 當然視하는 경우가 많았다. 물론 유교의 人倫規範에 근거해서였다. 예컨대 忠과 孝는 각각 公과 私를 상징하는 실천윤리의 최고 범주였다. 조선시기에는 '孝는 百行의 근원'이라는 말이 恒用되고 君과 父에 대하여 똑같이 '三諫'의 규범이 적용되더라도, '父子天合'과 '君臣義合'이라는 차이가 엄연히 인정되었다. 孝와 忠의 先後輕重을 따지게 될 경우 당연히 孝가 먼저였고 실천과정에서는 더욱 그러했다. 그리하여 私人·私家의 행사가 부모, 즉 孝와 결부되는 한, 대개 公人·公家(=國家)의 임무인 忠은 일단 유보되었다. 관인이 父母喪을 당하면 三年服을 마친 다음에야 복직되었는데 이는 官의 명령이 아니라 부모를 섬기는 자식 된 자의 도리였으므로 국가의 법제도 이를 간섭하지 않았다. 그러나 국가의 기능과 권위가 실제로 개인·私家의 윤리규범에 얽매일 경우 문제가 되지 않을 수 없었다.

여기에서 우리는 公權의 표상인 왕권이 私家倫理에 의해서 제한을 받아 상대적 열세에 놓일 수 있는 가능성을 분명히 확인하게 된다. 이러한 사례는 크고 작은 경우를 막론하고 조선시기 문헌기록에서 쉽게 발견된다.[20] 이는 일단 효윤리를 우선하는 유교윤리의 특성이자 그 자체가 내포하고 있는 公·私 意識의 미분화와 불완전성에서 기인하는 것이라고 하겠다. 그리하여 國家公權이 사대부의 私的 동기에 의해서 훼손되어도 이를 견제할 논리가 상대적으로 빈곤하고 열세에 놓이게 되는 것이다. 그러나 중요한 것은 이런 사례가 거듭되는 과정에서 국가공권이 사가윤리에 우선해야 할 당위성이 거론되고 그 논리가 점차 성장하게 되리라는 예상일 것이다. 비록 제한적이기는 하지만 장차 私倫理의 규범에 대신하는 公倫理 또는 公法意識이 성장하는 실마리인 것이며, 17세기 이후 대두하는 實學의 현실비판과 제도개혁론은 바로 그 증거가 되는 것이라 하겠다.

둘째, 是非辨別이나 正統性 경쟁이 지나쳐서 사회적 互惠關係나 가치관의 다양화를 위축시켰다. 朱子學 道統主義가 그러했다. 道統이란, 글자 그대로 유교의 宗旨가 堯舜으로부터 周公·孔子·孟子를 거쳐 주자에 이른 것을 가리키는데, 조선에 와서는 이것이 누구로 이어지며 누가 더 정당한 계승자인가를 따지는 문제가 되었다. 도통 시비는 확연히 승패를 가리고 판정을 내릴 만한 객관적 근거를 찾기 어려운 문제였으

---

20) 한 예를 들면 병자호란을 치른 뒤의 일로, 청나라 사신을 맞기 위해 국왕이 몸소 慕華館까지 나가야 하고 여기에 衆臣이 국왕을 수행하지 않으면 안 되는 상황이었는데 임금과 至近한 직책을 맡은 한 신하가 자기에게는 청나라가 父祖의 원수이므로(할머니가 강화도에서 청군에게 살해되었기 때문에) 자손 된 자의 의리상 그 사신을 맞이할 수 없다면서 국왕 隨行의 임무를 거부한 일이 있었다. 이 사건은 곧장 신하로서 군주에 대한 불충행위라는 비판론과 자손으로서 父祖에 대한 당연한 道理라는 옹호론이 대립하는 양상으로 확대, 충·효의 先後輕重을 따지는 朝野의 쟁점으로 떠올랐다. 당시의 士論은 孝를 앞세운 그 관인의 행동을 지지하는 의견이 우세하였다. 鄭萬祚,「朝鮮 顯宗朝의 公義·私義 論爭과 王權」,『東洋 三國의 王權과 官僚制』, 국학자료원, 1999 참조.

며, 결국 경쟁관계에 있는 학문·정치 세력 사이의 주도권 다툼과 얽히
게 마련이었다. 李滉과 李珥를 각각 내세우는 양대 학파가 영남과 기호
로 나뉘어 경쟁 대립한 것은 그 대표적인 경우이다.21) 도통의식은 조선
후기에 이르면서 學淵·學派의 분화를 촉진하고 門地意識과 결합하여
당파의 분열과 항쟁을 격화시켰다. 이렇게 도통이라는 이름의 정통성
경쟁은 바로 양반들의 정치참여나 권력균점에 직결되는 死活이 걸린
일이었기 때문에 書院設立 경쟁과 文廟從祀 운동 그리고 斯文亂賊 시
비와 朱子定論 논쟁과 같은 학문적 대립으로 이어지고, 마침내 전국적
인 차원의 정치·사회 문제로 확대되었다.

　한편 도통주의는 주자학 자체의 속성이기도 했다. 잘 알려진 대로 주
자학에서는 불교의 '心外無別法'에 대항하여 '性卽理'를 제창하였는데,
이는 心의 작용을 본원적인 것으로 보고 개성을 인정하는 불교적 인간
관을 부정하는 대신 天이 부여해준 善性(＝本性＝理)을 회복하는 것,
즉 유교의 聖人을 본받는 것이야말로 바람직한 인간의 길임을 주장한
것이었다. 다시 말하면 주자학에서는 인간은 모두 삼강오륜의 躬行實踐
을 통해서 이상적인 인간의 '유일한 객관적 표준'인 성인을 배우도록 요
구하며, 이를 理의 근원성·절대성을 내세워 설명한다. 그리하여 인간
개인의 다양한 감정이나 욕망은 규범(＝표준)과 理에 의해 節制되고 모
든 사회관계 또한 이 하나의 규율과 질서에 의해 통합되어야 했다. 이때
의 '유일한 객관적 표준'이나 그 원리인 理를 밝히고 지속시키는 일은
다름 아닌 도통의 확인이며 계승이기도 했다. 그러니까 유교·주자학의
도통은 객관윤리(＝삼강오륜)나 그 근원자인 理와 분리해서 생각할 수
없는 것이었다. 사실 이러한 이론과 실천을 통해서 조선의 국가사회는
고도의 안정성과 장기지속을 실현할 수 있었다.

　그러나 여기에는 무거운 對價가 따랐다. 다양한 가치와 개성의 추구

---

21) 金駿錫, 앞의 글, 1988 참조.

나 진취적인 창조의 기상이 시들어갔을 뿐만 아니라 知的 動力은 도통이라는 유일의 추상가치, 공허한 권위를 서로 장악하기 위한 치열한 대립항쟁으로 소모되었다. 마침내 주자학 정통주의에 대항하는 反朱子學이 實學思潮에서 싹트게 되는 것은 필연적이며 다행스러운 일이었던 셈이다.

셋째, 修己治人의 논리가 강조되어 君主權을 약화시킨 결과 公論(=士論)이 균형을 상실하고 黨爭이 격화되는 현상을 초래했다. 소략했지만 앞에서 살핀 대로 수기치인은 君子가 스스로 인격을 연마하고 학식을 쌓아 그 혜택을 백성에게 베푼다는 의미였다. 양반사대부들은 자신들이야말로 수기치인의 과업을 수행해낼 군자라고 자부하며 君主와 더불어 民本(=愛民)하는 정치의 주체로 등장한 사람들이었다. 그런데 주자학에서는 수기치인을 군주가 臣民에게 率先垂範해야 할 것임을 분명히 했다. 모범은 위에서 아래로 보이는 것인 데다, 군주는 聖人으로 여겨지며 성인을 지향해야 하는 존재였기 때문이다. 결국 16세기 조선의 유자들이 거듭 강조했던 帝王學 또는 君主學問은 수기치인 공부를 중심내용으로 하게 되었다. 이렇게 현실의 군주가 성인으로 만들어지기 위한 공부를 '君主聖學'이라고 부르기로 하자.22) 군주성학은 書筵·經筵의 제도를 마련하고 학자·관인이나 저명한 山林·學德을 師傅로 삼아 세자와 국왕에게 강론하는 것으로써 실행에 옮겨졌다.

經筵제도를 통한 군주학문, 즉 군주성학은 조선시기 정치제도의 주요 특징 가운데 하나였다.23) 여기에서는 대체로 세 가지가 주목되는데, 제왕도 신하를 스승으로 삼아야 한다는 것, 군주의 聖學·帝王學일지라도 신하들과 마찬가지인 수기치인 공부에 지나지 않는다는 것, 그리고 강

---

22) 이에 대해서는 金駿錫, 앞의 글, 1990 참조.
23) 權延雄, 「세종조의 경연과 유학」, 『세종조 문화연구(1)』, 한국정신문화연구원, 1982 ; 權延雄, 「朝鮮 英祖代의 經筵」, 『東亞硏究』 17, 서강대, 1989 ; 權延雄, 「朝鮮前期 經筵의 諫諍論」, 『慶北史學』 14, 1991 ; 南智大, 「朝鮮初期의 經筵制度－世宗·文宗 年間을 중심으로」, 『韓國史論』 6, 서울대학교 국사학과, 1980 참조.

론과정에서는 과거 제왕들의 치적은 물론이고 당장의 정치·사회 정황이나 국왕 개인의 言行·起居動作조차도 검토와 비판의 대상이 된다는 것이다. 이렇게 되면 국왕은 초월적 지위를 갖고 절대적 권력을 임의로 행사하는 전제군주(＝제왕)라는 존재이기보다는, 신료들로부터 일거수일투족에 대해서까지도 비판·검증을 받아야 하는 被後見人의 처지에 놓이게 될 경우가 충분히 예상되는 일이었다. 국왕이 이를 의도적으로 거부하더라도 신료들은 기회 있을 때마다 修己治人과 綱常倫理를 근거로 내세워서 국왕을 견제하는 것이 가능한 일이었다. 조선시기의 권력관계나 정치운영에서는 실제로 이러한 현상이 얼마든지 확인된다. 이렇게 양반·관인들은 주자학의 정치이론과 그 제도를 활용해서 집단적으로 군주권을 제약할 수 있었으며, 다른 한편으로는 권력의 瓜分에 참여하여 개인적 사적인 특권과 이에 상응하는 여러 가지 이익을 보증할 수 있었다. 수기치인의 정치이론은 비록 고상한 것이었지만 일단 정치논리로 활용되는 과정에서는 정치 본래의 속성에서 예외가 되기는 어려웠던 셈이다.

君主聖學을 강조하는 논자들은 여기에서 한 걸음 더 나아가 군주를 대신해서 정치운영을 책임질 世道宰相의 필요성을 주장하였다. 그들이 이해하는 유교의 理想政治는 堯舜으로 설명되듯이 제왕 자신이 성인으로서 실행하는 정치이거나, 비록 제왕이 아니었지만 幼沖한 군주를 도와 聖人政治를 이룩한 周公과 같은 경우였다. 후대의 정치에서 가능한 경우는 전자가 아니라 후자라는 것이 양반들의 생각이었다. 즉 현실의 군주들은 혈통에 의해 君位를 세습하게 되므로 그 資稟이 凡庸하기 쉽고 따라서 성학에 힘써 군주의 이상을 실현할 가능성이 희박하므로, 사대부 가운데 성현의 자품과 포부를 가진 자, 살아있는 '周公'같은 자를 택하여 그에게 정치(＝世道)의 권한을 주자는 것이었다.24) 물론 실제로

---

24) 金駿錫, 앞의 글, 1990 참조.

세도를 짊어질 만한 자는 당대의 알려진 儒賢일 수밖에 없었으므로, 아마 다수 당파의 領袖이거나 그들이 추대하는 山林·道學者이기 마련이었다. 仁祖反正 이후 이른바 '儒賢'·'山林'을 우대하는 정책이 거의 國是化하고 그들의 정치적 비중이 크게 증가한 것은 이 같은 인식의 반영이기도 했다.[25] 세도재상에 대한 신료들의 意念은 당연히 국왕에게 보이지 않는 압력이며 왕권에 대한 견제가 아닐 수 없었다. 세도재상론은 주자학 정통주의자들에 의해 꾸준히 이어졌다. 그리고 老論이 우세한 黨派力을 형성하고 一黨專制를 지향하며 마침내 '勢道'政治를 출현시키는 이론기반이 되었다.

거듭 말하지만 수기치인론·군주성학론·세도재상론은 사대부 신료집단이 그들 본위로 내세우는 정치이론이었으며, 그 본질은 국왕권을 견제하거나 간섭하는 수단이라는 점에 있었다. 주자학 정치이론이 본시 臣權 처지에서 수립된 것이고 보면 이는 오히려 당연한 일이었다. 또 그것은 정치·권력에 대한 참여범위를 크게 확대해서 帝王의 專制權을 견제하며 특정 權臣의 등장이나 권력의 편중을 예방하는 효과가 크게 기대되는 이론이었다. 이런 측면에서 보면 조선의 경우에도 주자학 정치이론의 긍정적 의의가 적지 않았다고 할 수 있다. 19세기 세도정권기를 제외한다면 왕권의 專制도, 權臣의 출현도, 심지어는 권력을 휘두른 환관·외척도 거의 없었기 때문이다.

그러나 조선시기의 정치현실에서는 신권의 지나친 비대화와 이에 따른 왕권의 위축, 신료집단(=양반층)의 분열과 당쟁의 격화가 더 큰 문제로 떠올랐다. 신권의 신장이 왜 그렇게 문제가 되는가. 대체로 왕권이 신권을 억제하지 못하면 양반층의 권력 瓜分과 사적 기반의 확대를 방임할 수밖에 없고, 이렇게 되면 국가, 즉 대다수 백성의 처지를 고려한

---

25) 이 시기의 山林의 존재와 성격에 대해서는 禹仁秀, 『朝鮮後期 山林勢力硏究』, 일조각, 1999 참조.

제도나 정책의 시행, 사회·경제의 융성을 거의 기대할 수 없는 국면으로 떨어지게 된다. 또 신권의 신장, 신료집단의 비대화는 자연히 그 자체의 분열과 항쟁으로 이어지게 되고 미약한 왕권은 이를 견제하거나 조정할 힘이 부족하게 된다. 적어도 이 두 가지 상황은 조선시기 정치의 실상에서 그대로 확인된다.26) 대체로 관인층 내부의 견제관계가 안정되고 왕권이 상대적으로 강력했던 초기 백 년 동안과 蕩平策이 추진되었던 18세기의 英·正祖代를 그렇지 않았던 다른 시기와 비교해보면 이 사실이 금방 자명해진다.

신권의 비대화와 왕권의 상대적 약화현상은 16세기 초 中宗反正을 계기로 지방 士林의 중앙진출이 활발해지고 주자학에 대한 학문적 이해가 본궤도에 오르면서 뚜렷해졌다. 강상윤리에 바탕을 둔 수기치인론과 군주성학론이 구체화되고 이것이 三司의 언론과 상소제도를 통해서 이른바 '公論'(＝士論)이라는 이름으로 정국을 이끌게 되었던 것이다.27) 물론 사림 내부에서도 공론의 객관성과 형평성을 견지하려는 노력이 없었던 것이 아니며, 朋黨의 출현과 黨論의 편파적 경향을 우려하는 목소리가 높아졌으며, 국왕을 고무해 그 조정력의 발휘에 기대를 걸기도 하였다. 그러나 정치의 구조적 이론적 특성과 그 모순관계, 이를테면 정치와 권력의 중앙집중, 제한된 관직을 둘러싼 치열한 경쟁, 잘 발달한 언론활동의 기회, 정치이론의 지나친 도덕적 경향과 兩斷論理, 지방세력의 다양한 집단화 장치, 國王權 옹호이론의 빈곤 등등으로 정상적인 政論의 합의나 정책의 집행은 점점 어렵게 되어갔다. 倭亂과 胡亂, 두 번에 걸친 큰 전란은 이러한 내부의 정치사정으로 말미암아 더욱 확대

---

26) 이런 사실은 당쟁사를 정리 연구한 논저에서 분명하다. 李建昌, 『黨議通略』 ; 姜周鎭, 『李朝黨爭史硏究』, 서울대학교 출판부, 1971 ; 李銀順, 『朝鮮後期 黨爭史硏究』, 일조각, 1988 ; 李成茂·鄭萬祚 외, 『朝鮮後期 黨爭의 綜合的 檢討』, 한국정신문화연구원, 1992.

27) 崔異敦, 『朝鮮中期 士林政治構造硏究』, 일조각, 1994 ; 정홍준, 『조선중기 정치권력 구조연구』, 고려대 민족문화연구소, 1996.

되고 그 피해가 컸던 측면이 없지 않았다.

17세기 중엽 이후 實學이 본격화하면서 과거제도와 언론제도의 폐단, 관인들의 직무의식 결여, 양반의 증가와 그 특권의 남용 등의 구조적인 문제점이 지적되고 이것이 정치제도 전반의 개혁론으로 수렴되어 갔다. 그런 가운데서 신료 주도가 아닌, 국왕 스스로가 구상하는 君主學問論이나 尊君卑臣의 정치이론이 대두하였다.28) 주자학에 근거한 정치의 이론과 제도가 구래 봉건적인 것으로 규정되어야 한다면 실학의 발흥과 관련해서 등장하는 정치이론들은 당연히 反朱子學·反封建的 정치질서를 지향하는 것이 되지 않을 수 없었다.

넷째, 18세기에는 도덕과 功利의 균형을 추구하는 새로운 정치이론과 그 운영방식이 탕평론·탕평책으로 등장하였으나 綱常倫理(=名分)를 앞세우는 朱子學—遵主義에 의해 저지되었다. 대부분 영·정조대가 차지하는 18세기를 두고 한국의 문예부흥기라고 부르는 논자도 있다. 정치·사상의 측면에서 보더라도 이 주장은 설득력이 없지 않다. 탕평론과 탕평책의 전개가 그것인데, 大同法과 均役法이 이 시기에 완성된 것도 결코 우연한 일치라고 볼 수는 없다. 18세기는 모처럼 大同·均平의 이념이 정치와 사회·경제 방면에서 폭넓게 추구된 시대였던 것이다.

대동이나 균평이란, 글자 그대로 갈등·불신을 해소하고 서로 화합하거나 불공정·차별을 타파하여 기회를 고르게 한다는 의미이므로, 어쩌면 사회정의를 실현하기 위해서는 먼저 챙기지 않으면 안 될 기본 전제들이라 하겠다. 이같이 중요한 사회적 정의·개념들이 이 시기의 주요 정책이나 이념에서 표방되었던 것은 결코 예사로운 일이 아니었다. 아마 사회를 바라보는 인식의 틀이 크게 확대되고, 또 이를 추동하는 현실사회의 변화와 요구가 뚜렷했던 사실의 반증일 것이다. 예컨대 농업생

---

28) 金駿錫, 「朝鮮後期의 黨爭과 王權論의 추이」, 『朝鮮後期 黨爭의 綜合的 檢討』, 한국정신문화연구원, 1992.

산력이 크게 증대하고 이것이 상공업과 유통경제의 발전에 이어지는 사정, 그리고 이런 경제성장을 주도하거나 그 성과를 누리는 새로운 사회계층의 출현은 이 시기에 나타난 괄목할 현상이었다.29) 한편 이런 변화의 흐름 속에서 沒落失勢하는 양반도 적지 않았으며, 농민층의 양극분해는 농사지을 기회조차 박탈당한 다수 不農之民의 등장으로 이어졌다. 더구나 사회변동과 계층갈등의 확대는 그 무렵 더욱 격렬해진 당쟁과 맞물려 사회·정치 불안을 한층 부추기고 있었다. 특히 신흥 경제세력과 몰락계층은 서로 다른 처지와 지향을 보이면서도 현실정치에 대해 불만을 갖고 있었다는 점에서 일치하고 있었으므로, 이것이 여러 가지 양상으로 일어나는 민중저항이나 정치변란에 영향을 미치는 사회동력으로 작용하게 되었다.

집권양반층의 처지에서는 이러한 사회 전반에 걸친 변화·발전의 대세나 정치 불만세력의 압력에 대해 수수방관만 할 수는 없었다. 정국운영의 방법을 크게 쇄신하여 정치현안들을 적극 해결함으로써 민심을 진정시키고 정치적 위기도 벗어나야만 했다. 그러나 그들은 서로 불신을 증폭하며 분열과 정쟁을 거듭하고 있었으므로 이에 능동적으로 대처할 정치적 포용성이나 타협력을 발휘하기가 어려웠다. 또 이럴수록 경직되고 교조화한 주자학 이념에 한사코 매달리는 경향조차 없지 않았다. 사정이 이러했기 때문에 기성 정치질서를 타개할 새로운 방안이 더욱 절실해졌고 여기에 탕평론·탕평책이 등장하게 된 것이었다.30)

초기의 탕평론은 단순히 人事나 정책의 결정과정에서 調劑保合이나

---

29) 조선 후기 사회의 구조적 변동과 발전의 실상은 농업·농민 문제를 중심으로 볼 때 정확하고 구체적으로 확인된다. 이에 대해서는 주로 金容燮, 『增補版 朝鮮後期農業史研究』Ⅰ, 지식산업사, 1995 ; 金容燮, 『增補版 朝鮮後期農業史研究』Ⅱ, 일조각, 1990 ; 金容燮, 『增補版 韓國近代農業史研究』上·下, 일조각, 1984 ; 金容燮, 앞의 책, 1988 참조.
30) 金駿錫, 「탕평책 실시의 배경」, 『한국사 32 - 조선후기의 정치』, 국사편찬위원회, 1997.

兼收並用의 원칙을 적용하여 無偏無黨하기만 하면 될 것으로 생각하는 수준이었다. 일의 옳고 그름이나 인물의 能否를 따지면서 일어나는 충돌을 피하고, 쌍방 사이의 세력이나 利害의 균형을 실현하는 데만 초점을 맞춘 것이다. 때문에 이 논의는 같은 士林이면서도 君子와 小人을 구별해야 한다면서 是非明辨·進賢退邪를 주장하는 논자들의 완강한 반대에 부딪히게 되었다. 이론적 방법적으로 새로운 차원의 탕평론이 마련되어야 했고 실제로 그렇게 되어갔다. 더구나 是非와 名分을 따지는 논자들도 蕩平의 취지 자체까지 부정할 수는 없다고 생각하고 명분과 의리를 관철하는 위에서의 탕평, 즉 '先義理後蕩平'의 논리를 펴게 되었다. 그리하여 調劑蕩平論과 이에 반대하는 義理蕩平論이 맞서게 된 것이었다.[31]

18세기 초에 이르면 조제보합설은 점차 皇極蕩平論으로 대치되고 의리탕평론은 주자학 명분론의 입장을 더욱 고수하게 되었다. 황극탕평의 경우 皇極을 大中으로 보아 국왕이 정치운영의 한 중심에 서서 표준을 세우고 쌍방의 타협과 균형을 이끌어내야 한다는 것이었다. 국왕의 專權을 우선 긍정함으로써 명백히 국왕에 의한 신료집단의 견제와 조정을 기대하는 논리였다. 일정하게 漢唐 유교의 황극 해석을 원용한 것이었다. 후자의 의리탕평론은 당연히 주자의 견해에 의존해서 황극을 제왕이 인륜도덕의 솔선수범자, 즉 완전한 도덕적 표준이 된다는 의미로 해석했다. 여기서는 황극이 명분·의리의 범주를 벗어나지 못하므로 是非明辨이 강조될지언정 국왕에 의한 포용과 조정·타협의 논리를 찾기는 어렵다. 또 주자의 敎說이나 명분·의리를 고수하는 한, 비록 탕평을

---

31) 朴光用, 『朝鮮後期 '蕩平'硏究』, 서울대학교 박사학위논문, 1994 ; 金成潤, 『朝鮮後期 蕩平政治 硏究』, 지식산업사, 1997 ; 鄭萬祚, 「英祖代 初半의 蕩平策과 蕩平派의 活動」, 『震檀學報』56, 1983 ; 鄭萬祚, 「英祖代 中半의 政局과 蕩平策의 再定立」, 『역사학보』 111, 1986 ; 鄭景姬, 「肅宗代 蕩平論과 '蕩平'의 試圖」, 『韓國史論』 30, 서울대학교 국사학과, 1993 ; 金駿錫, 「18세기 蕩平論의 展開와 王權」, 『東洋 三國의 王權과 官僚制』, 국학자료원, 1999.

말하더라도 실질적인 탕평론이 될 수는 없었다. 엄밀한 의미의 탕평이란 결국 황극탕평이어야 했다. 하여튼 황극탕평론은 신권에 대한 왕권의 절대우위와 왕권 중심의 정치운영을 실현함으로써 신권의 비대화로 말미암은 당쟁을 해소하며 정치소외층의 불만도 일정하게 완화할 정치적 대안이 될 수 있었다. 왕권강화를 통해서 정치질서를 바로잡으려 했던 영조와 정조가 이러한 탕평론에 공감하고 黨色에 얽매이지 않는 인사정책을 추진했던 것은 일단 시대의 큰 흐름에 부응하는 당연하고 바람직한 선택이기도 했다.[32]

이렇게 보면 탕평론은 정치이론의 측면에서 일정하게 주자학을 극복해가는 논리였던 셈이다. 사실 18세기의 탕평론과 탕평책은 단순히 정치운영이나 권력구조 문제의 테두리에 머무는 것이 아니라 이 시기까지 조선사회가 성취한 발전의 수준과 성과를 압축적으로 표현하고 있었다. 우선 종래 綱常說(＝名分論)을 앞세운 윤리·도덕 중심적 가치지향에 대항하는 사회적 저항, 즉 실용·공리주의적 가치지향이 새롭게 성장했던 사실을 들어야 할 것이다. 신흥 경제세력이나 광범한 몰락계층의 정치·사회적 불만과 저항은 이러한 가치관의 변화와 직결되는 것이라 하겠다. 그런가 하면 새로운 부세제도로서 均役法의 성립, 상업상의 기회균등을 지향하는 通共策의 실시, 전국적인 유통경제의 확대와 도시적 분위기의 성장, 서민문화의 발흥 등도 大同·均平의 含意를 지니는 점에서 탕평이념과 부합하고 있었다.

학문·사상의 조류를 보더라도 그렇다. 명분론과 華夷觀의 발상에 토대를 두고 있는 北伐論과 小中華論(＝朝鮮中華論)에 반발해서 北學論이나 西學論이 실학의 테두리에서 크게 대두하는 것도 다름 아닌 탕평적 사유와 그 지향의 일면이었다.[33] 특히 이 시기 실학에서 제기한 정

---

32) 金駿錫, 앞의 글, 1998 참조.
33) 특히 북학론과 관련해서는 유봉학, 『燕巖一派 北學思想 研究』, 일지사, 1995 참조.

치운영론·제도개혁론을 현실 정치운영에 반영한 형태가 다름 아닌 탕평정치·탕평책이라고 해야 할 것이다. 이미 보았듯이 (황극)탕평론은 그 성격상 주자학의 정치이론에 반대해서 성립한 것이며, 實學 또한 주자학의 한계와 모순을 극복하기 위한 학문운동이라는 논리적 정합성에서 그렇다.

탕평론·탕평책을 통해서는 兩亂 이후의 정치사뿐만 아니라 사회 전반에 걸친 변동과 발전까지도 아울러 확인할 수 있다. 적어도 18세기 말까지는 그러했다. 그러나 그 뒤에는 탕평정책과 탕평적인 정치·사회 분위기가 지속되지 못했으며 새롭고 발전적인 단계로 전환되지도 못했다. 그것은 정조의 죽음과 함께 急轉直下로 위축되고 변질되었다. 국왕의 외척세력이 국왕권을 배경으로 정치운영의 전권을 장악하는 '勢道' 政權이 출현한 것이었다. 이는 탕평정국의 좌절일 뿐만 아니라 심각한 黨爭政局에서도 명맥을 유지하던 양반 여론정치가 극단적으로 閉塞되는 것을 의미했다.[34] 외형상으로만 보면 그들은 한두 外戚閥閱을 중심으로 한 老論 僻派의 결집이었지만, 그 저변을 이루는 실체는 정통 주자학의 義理·名分論에 철저하며, 영조·정조 이래의 왕권 중심의 탕평정책이나 유연한 학문·사상 조류에 불만을 품어온 광범한 보수양반층과 이들의 지지였다.

이렇게 反蕩平·反西學을 기치로 하는 반동적 정치상황은 곧 기층사회의 격렬한 저항을 불러일으키는 것이기도 했다. 1811~1812년 평안도 농민전쟁의 발발이 그것이다. 그러나 잘 알려진 대로 이 미증유의 농민적 반체제적 저항운동은 세도정권에 의해 무참히 진압되었다.[35] 이때 중앙정치에서 소외되어 있던 광범한 재지양반층은 놀랍게도 세도정권

---

34) 세도정권기의 정치세력과 정치동향에 대해서는 한국역사연구회,『조선정치사 1800~
   1863』상·하, 청년사, 1990 참조.
35) 이 시기의 정치사·농민봉기의 성격과 관련한 1811~1812년 평안도농민전쟁의 연
   구로는 정석종의『조선후기의 정치와 사상』(한길사, 1994)이 주목된다.

의 농민군 탄압에 묵시적으로 동의하였다. 그리하여 농민전쟁의 좌절은
세도정권의 최대 위협세력이 일단 해체된 것을 의미하였으며, 오히려
이를 기화로 그 뒤 50여 년 동안이나 세도정권이 지탱할 수 있는 정치
적 기반이 만들어진 것이기도 했다. 그리고 이로써 18세기 이래로 추구
되던 타협과 화해를 핵심으로 하는 '蕩平'의 정치사회적 지향도 일단 중
단될 수밖에 없었다. 결국 19세기 후반의 준비 없는 문호개방과 제국주
의침략의 위기에 몰리게 되는 정치적 사상적 원인이 여기에서 찾아지
는 것이라 하겠다.

5. 맺음말

오늘날 우리 주변에서는 전통과 현대의 단절 현상을 우려하는 목소
리가 높다. 그런가 하면 사회정의와 가치관의 정립이 반드시 전통에 근
거해야 하는가에 대한 회의적인 견해도 없지 않다. 유럽 사회의 경우 전
통이야말로 선진화의 뿌리가 되었다는 사실에서 전통과 현대의 연속성
을 설명하는 본보기로 거론되게 마련이다. 반면에 한국사회는 낡은 전
통의 효과적인 극복에 실패한 나머지 식민지로 전락했다는 인식 때문
에 전통에 대한 접근을 지나치게 조심스러워하는 경향이 있다. 물론 이
와 정반대의 태도를 취하는 경우도 적지 않다. 쉽게 말하면 우리는 아직
도 유럽적인 모범과 낡은 전통 사이에서 의식의 방황, 가치관의 혼란을
계속하고 있는 셈이다. 이런 사이에 현실의 사회는 최첨단 과학문명의
혜택을 누리면서 유럽적인 것보다는 미국적인 생활방식에 훨씬 더 젖
어가고 있다. 어쩌면 의식과 행동, 도덕과 공리, 이상과 현실 사이에 괴
리가 점점 더 커지고 있는 현상인지도 모른다.

우리는 역사상 크게 보아 세 차례의 사회적 문화적 변동, 혹은 대전
환을 경험했다고 할 수 있다. 처음은 삼국의 통합운동이 일어나던 무렵

의 불교수용이고, 두 번째는 조선왕조의 성립과 함께 주자학이 채용된 것이고, 세 번째는 구미 자본주의의 팽창과 함께 들어온 기독교문화의 충격이다. 앞의 두 경우는 그래도 전통과의 유관성이 적지 않았고, 또 능동적으로 서서히 진행된 점에서 마지막의 기독교·자본주의의 충격에 견주면 그 변화의 크기나 파장은 상대적으로 적은 것이었다. 우리가 근대화과정에서 겪은 질곡이 무겁고, 전통과 현대 사이에 놓인 단절을 크고 심각하게 생각하는 이유는 무엇보다도 자주적 근대화의 좌절이 곧장 식민지로의 전락이었기 때문이다.

하지만 이것이 오늘날 우리의 가치규범이 무너지고 사회정의가 바로 서지 못하는 근본 이유는 아니라고 생각한다. 객관적 상황이 지금의 그것보다 훨씬 더 어려웠던 백여 년 전 당시의 사정을 돌아보더라도 그렇다. 잘 알려진 대로 기독교와 자본주의의 침투가 본격적으로 시작되자 처음에는 관인·식자들이 東道西器論으로 이에 맞섰다. 종래의 유교정신을 바탕에 두고 기술과 제도는 서양의 것을 수용하여 새로운 국가체제·사회질서를 수립한다는 것이었다. 동도서기론은 그 뒤 구미의 사상과 법제를 동시에 구현하려 했던 變法開化의 단계를 거쳐 다시 舊本新參論으로 발전하였다. 정신과 물질이 원천적으로 분리될 수 없음을 실천적으로 경험하는 과정이었다. 그리고 이 구본신참론에 바탕을 둔, 자주적 근대국가 수립을 위한 마지막 개혁운동이 大韓帝國의 성립이었다.

한국사에서 19세기 후반기는 개혁의 시대였다. 그 짧은 기간에 한편으로는 외래 자본주의의 우수성을 배워야 했고 다른 한편으로는 그들의 침략에 맞서 국가의 자주·독립을 지켜내야만 했다. 이렇게 무거운 이중의 과제에 대하여 당시의 官人·識者들은 나름대로 목표와 방법을 마련하고 이를 실행에 옮겼다. 우리는 이러한 근대시기의 역사과정에 대해 안타까움을 안고 있다. 그렇다면 해방 뒤 반세기도 훨씬 더 지나고 있는 지금의 시점에서 우리는 당면과제를 무엇으로 설정하고, 그것을 어느 정도 실행하고 있는지 스스로 되묻지 않을 수 없다.

　우리의 역사전통은 이 땅에서 크고 수준 높은 문화를 독자적으로 창출한 데 있지 않다. 오히려 선진의 문화나 사상·종교를 적극적으로 수용하고 이를 종래의 것과 적절히 조화해 자기 것으로 소화한 데 그 特長이 있었다고 할 수 있다. 사회의 규모와 지정학적 위치를 보아도 그렇다. 이러한 사정은 과거만 그런 것이 아니라 현재도 그렇고, 아마 가까운 미래에도 별로 달라지지 않을 것이다. 이러한 사실을 직시하고 이 조건을 적절히 활용하는 데에 한국의 활로가 있을 것이며, 세계에 기여하는 길이 트이기도 할 것이다.

　감히 말하자면 이 글을 작성하는 처음 의도도 여기에 있었다. 즉 이러한 한국의 역사, 그 정치전통을 어떤 눈으로 돌아보아야 하고, 그 가운데서 무엇에 주목해야 하며, 왜 그런가에 대해서 나름대로 의견을 가지려는 것이었다. 그러나 이렇게 거칠고 간략한 내용으로 대답할 수 있는 문제는 아니다. 앞에서 살펴본 내용은 조선시기 정치사상이나 그 운영과정에서 나타난 몇 가지 특징과 성격을 시론적으로 들추어본 데 지나지 않는다. 이제 그것을 몇 조목으로 나누어 짚어보는 것으로 결론을 대신하기로 한다.

　첫째, 조선시기의 정치인, 즉 官人·識者들은 거의 동일한 정치 학습과정을 거쳐 일선정치에 참여하며 주자학이라는 사변적인 정치원리나 이론을 서로 공유하였다. 때문에 정견의 발표나 정책의 심의·결정 과정에서는 이론의 해석이나 원칙의 적용 여부를 둘러싸고 爭端이 일어나며, 결국 양보나 타협은 생각할 수도 없는 대결국면으로 치닫기 십상이었다. 조선시기 당쟁의 커다란 폐해가 여기에 있다는 지적은 일찍부터 여러 논자들에 의해서 지적되어온 터이다. 그러나 그들은 고상한 정치이론을 체계적으로 학습했으며 政論이 치열하게 교차하는 마당에서도 논쟁의 규칙을 지키고 識者·治者로서 품위를 잃지 않았다. 또 그 가운데 상당수는 정치학자로서 전문성과 양식을 유감없이 발휘하기도 했다. 단순히 우두머리의 눈치나 살피고 끼리끼리의 이해관계만을 지상의 義理로 여기는 패거리 정치문화와는 사뭇 거리가 있었다.

둘째, 정치의 목표와 이념이 분명하게 표방되었다. 爲民(＝民本)說은 그 근간이 되는 것이었으며 온갖 政論은 항상 이를 전제로 하여 전개되었다. 물론 그것이 소수 특권 지배층 자신을 위한 정치논리이고 전근대의 낡은 이론이라는 점을 부정할 수는 없다. 그러나 그러한 역사적 한계 때문에 그것이 한국의 오랜 정치전통에서 차지했던 비중이나 성과 자체까지 경시할 수는 없는 일이다. 오늘날 한국의 전통과 부합하는 민주정치의 원리와 참모습은 어떠해야 하는가를 고민하고 모색하는 과업이 얼마나 중요한 일인가. 그럼에도 불구하고 그것은 어렵고 지지부진한 상황에 처해 있다. 전통시대 정치의 이념이나 이론을 소홀히 생각할 수 없는 이유가 여기에 있다고 하겠다.

셋째, 治者와 被治者를 인격과 자질에 따라서(실제는 신분에 따라서였지만) 처음부터 분명히 구분하고 치자에게는 그 임무수행을 위한 인격과 능력의 배양을 위해 끊임없이 노력할 것을 요구하였다. 修己治人이라는 명제가 바로 그것이며, 바람직한 治者像을 궁극적으로는 君子·聖人에서 찾았다. 조선시기의 科擧制나 薦擧制는 오랜 운영과정에서 많은 문제점을 드러내었지만 일단 여기에 그 이상과 목표를 두었던 인재발굴 제도였다. 공무 담임자는 그 능력과 도덕성이 충분히 검증되어야 한다는 전제에 아무도 이의가 있을 수 없었고, 그 표준과 선발과정은 法制에 의해 명백히 규정되어 있었다. 被選者가 중대한 과실을 저지를 경우 그를 발탁한 試驗官이나 推薦者를 엄중 문책하도록 명시되었음도 물론이다.36)

---

36) 조선 후기 실학자들의 과거제도 비판론과 능력본위의 인재등용론, 정치제도 개혁론은 모두 이러한 문제의식에서 나온 것이었다. 洪以燮, 『丁若鏞의 政治經濟思想硏究』, 한국연구원, 1959 ; 韓㳓劤, 『星湖李瀷硏究』, 서울대학교 출판부, 1980 ; 歷史學會, 『實學硏究入門』, 일조각, 1973 ; 정성철, 『실학파의 철학사상과 사회정치적 견해』 상·하, 사회과학출판사, 1974(한마당·백의, 1989 재출판) ; 강세구, 『순암 안정복의 학문과 사상 연구』, 혜안, 1996 등 참조.

정치운영이나 공무집행의 성패는 무엇보다도 그 적임자의 발탁 여부와 권한에 따른 책임을 분명히 하는 데 달려 있다. 그러자면 民意에 의한 선거방식이든, 執權者에 의한 임명방식이든 그것이 가능하도록 하는 제도의 모색이 끊임없이 지속되어야 하고, 또한 衆議에 의한 감시와 독려, 功過에 따른 賞罰 원칙의 준수가 법제와 사회정의에 의해서 뒷받침되어야 할 것이다. 이를 위한 전통의 계승, 역사적 검증은 학문적으로 이루어져야 할 필수적인 작업이다.

넷째, 時局·懸案 문제를 제기하고 이의 타개책을 마련하기 위하여 항상 言路가 열려있어야 한다는 원칙이 강조되었고, 이것은 지켜졌다. 언론의 궁극 목표는 말할 것도 없이 民生, 즉 爲民과 치자의 책무를 환기하는 데 있었다. 이러한 언로개방의 장려는 여러 가지 사회현안을 정치문제로 전면 부각한 점에서 그 이전 시대에 견주면 획기적인 발전이었으며, 조선왕조가 장기 지속할 수 있었던 하나의 요인이기도 했다. 다만 公論(=士論)을 빙자한 편파적인 강경론이 득세하여 정국의 균형을 무너뜨려도 이를 제어할 장치가 미약했다는 점, 政論의 전반적 준거나 원칙이 지나치게 의리·명분과 같은 도덕지향성을 띰으로써 민생이나 국방·외교와 같은 實際·功利的인 문제에서 무기력과 비효율을 초래했다는 비판을 면하기는 어렵다. 언론의 소임이란 사회 전반에 걸쳐 문제점을 짚어내고, 균형 잡힌 비판과 함께 가능한 대안을 제시하는 데 있다. 비록 조선시기의 정치언론이 양반 지배층에 한정된 일종의 특권이었고 당파분쟁의 도구로 전락한 경우가 적지 않았지만, 언론의 의의나 책무의식 자체는 현대 민주언론의 유구한 전통으로 손색이 없을 것이다.

다섯째, 주자학은 본고장인 중국보다도 오히려 조선에서 철저히 실험되고 현실의 지도이념으로 크게 활용되었다. 주자학의 역사적 실상으로는 다른 유례가 없다고 하겠다. 그것은 엄격한 윤리적 표준을 객관적으로 마련하여 인간·사물 관계를 준별함으로써 넓은 지역과 많은 인구,

다양한 문화를 통제하고 질서지우는 사유체계였다. 그리하여 안으로는 급속히 팽창하는 地主佃戶의 생산관계를 지주의 입장에서 안정시키고, 밖으로는 異民族인 遼·金의 압박에 시달리는 宋 왕조의 군사적 열세를 극복하고 문화적 우월성을 천명할 수 있었다. 이러한 주자학이 조선 사회에 적용되자 관용과 타협의 정신보다는 획일적인 차별의 논리가 조장되어 사회관계가 더 편협하고 경직된 양상을 띠게 되었다. 이제 '檀君神話'나 『三國遺事』가 보여주듯이 다양성과 개별성을 존중하는 관용과 화해의 전통을 만들어가기 위한 반성적 작업으로서 주자학의 역사성에 대한 객관적 검증은 여전히 긴요하다 하겠다.

(『實學思想硏究』 17·18 합집, 2000)

제2장 朱子道統主義의 확립과 畿湖士林

Ⅰ. 朝鮮 後期 畿湖士林의 朱子 認識
－朱子文集・語錄 研究의 전개과정－

1. 머리말

조선 후기 朱子・朱子學에 대한 관심은 四書集註 등 朱子의 註釋本에 주력하는 연구의 범위를 넘어서 『朱子大全』과 『朱子語類』까지도 주요한 텍스트로 파악하는 정도까지 확대되고 있었다. 특히 朱子의 詩文集 (『朱子大全』)과 『朱子語類』가 『周子書』나 『二程全書』, 나아가서는 『性理大全』보다도 더 주목받기에 이른 것이다. 이는 주자의 방법과 이론을 통해서 儒學의 세계, 곧 孔孟의 사상에 접근해가야 한다는 것, 그러자면 주자의 인물과 사상 그 자체도 관심과 연구의 대상으로 삼지 않으면 안된다는 생각의 반영이었다. 아마도 '조선 후기의 유학'이 거의 '주자학'을 대명사로 해서 불리는 이유도 여기에 기인하는 바 클 것이다.

그런데 朱子와 그 저작물에 대한 탐구를 학문의 주된 목적과 대상으로 삼는 경향은 退溪學派보다 畿湖學派의 경우에 더 적극적이었다고 생각한다. 이는 조선 후기 朱子學의 두 학파 사이에 朱子에 대한 접근 방식, 나아가서는 유학의 학문방법과 목표에서 분명한 차이를 드러내고 있었음을 의미한다. 말하자면 理氣・人性說 등 형이상학적인 문제에 대

한 대립뿐만 아니라 구체적인 현실문제의 인식과 그 타개방안의 모색
에서 이미 학파·당파적 입장과도 관련된 상이점을 보이고 있었던 것이
고, 이것이 주자와 주자의 저작에 대한 태도의 차이로 표출되었다고 할
수 있는 것이다.

이 글에서는 이 점에 주목하면서 먼저 17~19세기에 이르는 기호학파
의 사상·학문 동향을 살펴보려고 한다. 즉『朱子大全』·『朱子語類』에
관한 抄略·分類·註釋·정리 작업의 전개과정과 이에 따른 人的 교류,
정치적 관련을 살피는 일이다.

『朱子大全』과『朱子語類』에 관한 저작·편찬물은 儒者 나름의 개성
이나 작성시기·學淵관계에 따라 그 형식이나 분량·내용에서 매우 다
양한 면모일 것이 예상된다. 그러므로 書誌的 측면과 함께 그 전체상을
드러내어 만족할 만큼 밝히기는 쉬운 일이 아니다. 이 점은 이 글의 파
악이 학파상의 주요 인물이나 편찬물의 특징적인 점에 한정된 개괄적
인 것이라는 한계에 머물 수밖에 없는 이유이기도 하다. 그러나 이 검토
작업은 조선 후기 기호학파의 주자·주자학 연구의 내용과 성격, 그들
의 정치·사회적 대응방식을 밝혀가기 위한 기초적인 단계는 되리라고
생각한다.

2. 17세기의 朱子 研究

1) 宋時烈의 朱子 계승의식

주자와 주자 저작의 연구에 평생 심혈을 기울인 대표적인 경우는 宋
時烈(1607~1689 ; 尤庵)이었을 것이다. 그가 17세기 정치사와 사상사에
서 빼놓을 수 없는 인물로 알려지게 된 것도 실상 주자 숭배와 주자학
연구에서 보인 그의 철저하고도 일관된 태도 때문이었다고 할 수 있을
것이다. 門人 李喜朝(1655~1724 ; 芝村)가 그를 위한 追悼文에서 "선생

(송시열)이 배우고자 원하는 바는 실로 朱子였습니다. 참되게 알고 독실하게 믿어서 부모처럼 받들고 神明처럼 공경하였습니다. 夫子(주자－이상 필자)를 위해서라면 비록 죽어도 달게 여길 사람은 선생 말고는 없을 것입니다”1)라고 특기하였음은 결코 범상한 일은 아니었다.

송시열 스스로도 주자에 대한 흠모와 예찬을 아끼지 않았다. 주자의 글에는 “그 一字一句도 至論格言 아님이 없다”2)든가, “말씀마다 옳은 분도 朱子이고 일마다 맞는 분도 朱子”3)라는 등의 표현이 그것이다. 이러한 주자 확신의 태도는 마침내 주자를 無謬의 聖人으로 여기는 데 이르렀다. “朱子는 성인이 아닌가. 朱子의 定論이 있는 이상 멋대로 朱子說을 고치고 그것으로 朱子의 말씀에 대신하는 일이 옳으냐”4)고 門人·弟子들에게 엄중히 가르치고 있는 것이다. 송시열은 자신이 처한 개인적 시대적 상황에 대한 인식이나 그 해결방안을 주자의 사상과 행동을 통해서 이끌어내야 할 것으로 생각하였다.

잘 알려진 바와 같이 그는 春秋大義·尊華攘夷를 내세워서 ‘北伐論’을 주장했던 것인데, 이는 明의 ‘再造藩邦之恩威’에 보답하고 ‘三田渡의 굴욕’을 雪恥하자는 단순한 報恩·復讎論의 차원에서 이해될 것이 아니다. 日本과의 ‘7년 전쟁’과 女眞(淸)의 내습으로 국토와 生民이 거듭 유린당한 뒤 땅에 떨어진 국가의 존엄성과 양반사대부층의 권위를 회복하고 좌절된 민심을 고무시킴으로써 피폐한 국운의 중흥을 꾀하기 위해서는 그 길밖에 없다고 생각했는지도 모른다. ‘북벌론’은 결국 지배체제 유지의 이데올로기로 전락해버렸지만5) 그 구상 자체는 주자 당시의 시대인식과 기본적으로 일치하는 것이었다. 즉 주자는 遼·金 등 북방

---

1)『芝村集』卷17, 祭尤庵先生文, 12ㄱ·ㄴ.
2)『宋子大全』卷7, 辭召命兼論聖學疏(庚寅 8월 27일), 3ㄴ(『宋子大全』을 이하『大全』으로 줄임).
3)『大全』附錄 卷17, 語錄, 27ㄴ.
4)『大全』卷51, 與金延之(乙丑 9월 13일), 1ㄱ ;『大全』附錄 卷18, 語錄, 29ㄱ.
5) 李離和,「北伐論의 思想史的 檢討」,『創作과 批評』겨울호, 1975 참조.

민족의 위협에 시달리고 있는 南宋사회의 당면과제를 '修政事 攘夷狄'[6]
으로 제시했던 것이고, 송시열은 이러한 주자의 時局觀·經世論의 틀을
그대로 수용하고 있었던 것이다.[7]

　송시열이 주자에게서 놓칠 수 없었던 또 한 가지는 주자야말로 진정
한 道統傳授者라는 사실이었다. '道統'이란 堯舜 이래 孔孟을 거쳐서 주
자까지 전해진 儒家의 要義, '聖人之道'였다. 그것은 일종의 超歷史的이
고 불변적인 絶對眞理라고 관념되는 점에서 인간과 사회를 主宰해가는
絶對精神·絶對理念이라고 할 수 있는 것이었다.[8] 韓愈(768~824 ; 唐
昌黎人, 字 退之)로부터 처음 성립된 이 道統의 관념은 주자에 의해서
더욱 조직화되고 주자학의 발전과 함께 그 주요 구성요소로 확립되어
갔는데, 송시열의 관심도 여기에서 예외는 아니었다.

　주자가 중국 漢族의 宋과 북방민족의 遼·金의 대항을 華와 夷의 관
계로, 宋朝 官人層 내부의 대립을 君子와 小人의 관계로, 程朱學을 正
學의 위치에 두고 老·佛·陸學을 異端·邪學으로 규정했을 때, 華와
君子와 正學은 말하자면 민족적 문화적(도덕적) 사상적인 정통성·정
당성을 강조하는 말이었고, 그 정통성은 곧 道統이라는 절대정신에 의
해서 보증될 수 있는 것이었다. 마찬가지로 송시열의 경우, '胡虜'인 淸
에 대항해야 할 조선, 南人·少論黨과 대립관계인 西人 老論, 그리고 反
朱子學 혹은 朱子相對主義를 배격하는 자신의 朱子一遵主義는 (小)中
華·君子·正學으로 파악되는 것이었다. 이러한 상황인식의 논리에서
는 당연히 '주자의 방법'을 채용하지 않으면 안 되었을 것으로, 여기에
주자와 송시열, '주자의 남송'과 '송시열의 조선'은 공간적 시간적 단절
을 뛰어넘어서 일체화되는 계기가 마련될 수 있었다. 아무튼 송시열은
스스로 朱子道統의 계승자가 됨으로써 그 개인적 시대적 과제를 해결

---

6) 『朱子大全』 卷11, 壬午應召封事, 4ㄱ(四部備要本).

7) 『大全』 卷5, 己丑封事 참조.

8) 張立文, 『朱熹思想硏究』, 北京 : 社會科學出版社, 1981, 588~597쪽 참조.

해가려는 것이었다.

송시열은 먼저『朱子大全』과『朱子語類』의 공부를 통해서 주자 이해에 철저하려고 했다. "내가 배운 것은『朱子大全』뿐"[9]이라든가, "학문하는 사람은 하루라도『朱子語類』가 없어서는 안 된다. 의복을 팔아서라도 사야 된다"[10]고 한 데서 그가 주자의 詩文集과 語錄에 얼마나 심취해있는지를 짐작하게 된다. 또 그것을 四書·六經보다도 더한 經典으로 간주함은 앞서 본 바와 같이 주자를 절대 긍정하고 聖人視했던 것과 表裏一體를 이루는 태도라고 할 수 있다. 그러므로 송시열의 주자 공부는 주체적 입장에서 주자를 상대적 존재로 인식하여 그 저작·言說을 분석 비판 수용하는 것이 아니라, 자신의 主觀을 주자의 그것에 일치시켜가기 위한 일종의 학습으로서의 공부방식이 아니었을까.

그는 개인적 내면적 측면에서 주자 이해에 몰입하는 한편, 사회정치적 차원에서도 주자를 선양하고 주자학의 정당성을 확립하는 데 힘썼다. 그럼으로써 朱子道統의 전수관계를 객관적으로 보증하려는 것이었다고 생각된다.

먼저 조선의 주자학 연원·사승관계를 자기 방식으로 재정립하려고 했다. 즉 畿湖朱子學의 開祖인 栗谷(李珥)을 주자의 嫡傳으로 推奬하는 일이었다. 율곡의 학문은 '專主考亭(朱子―필자)'[11]했을 뿐만 아니라 "우리나라 先儒로서는 아는 것이 바르고 선명하기가 栗谷만 한 이가 없다"고 생각했다.[12] 그래서 "栗谷 先生은 참으로 朱子의 嫡統"[13]임을 단정했던 것이다. 그가 율곡의 年譜를 刪潤해서 그 행적을 면밀히 재검토한 일, 율곡의 文廟從祀를 끝까지 실현한 일, 退溪(李滉)의 학문과 出處

---

9) 『大全』 卷77, 與金遠明(戊申 11월 25일), 16ㄱ.
10) 『大全』 附錄 卷16, 語錄, 40ㄱ·44ㄱ.
11) 『大全』 卷139, 朱子大全箚疑序, 43ㄱ·ㄴ.
12) 『大全』 附錄 卷17, 語錄, 18ㄱ.
13) 『大全』 卷100, 答兪公佐(己巳 4월 29일), 22ㄱ.

語默에 비판을 가한 일 등은 朱子－栗谷으로 이어지는 道統傳授 관계를 확립하기 위한 기초 작업이 될 수 있었다. 이렇게 되면 栗谷－沙溪(金長生)－愼獨齋(金集)－尤庵(송시열)으로 연결되는 기호학파는 朱子嫡統, 곧 朱子道統을 계승하는 것이 되고 嶺南學派(退溪學派)에 대한 이제까지의 劣勢도 만회될 것이었다. 물론 영남학파에서는 기호학파·서인 중심의 새로운 道統 계승운동을 좌시하지 않았기에 그 시기 두 학파·세력 사이에는 저토록 격렬한 당파적, 학문·사상적 대결을 연출했던 것이다.

주자학을 수호하기 위한 송시열의 또 다른 노력은 朱子說에 비판을 제기하는 모든 異說이니 반대세력을 철저히 배격하는 일로 나타났다. 이것이 곧 '崇正學·闢異端'운동으로서 이 시기의 저명한 反朱子學者 尹鑴(1617~1680 ; 白湖)·朴世堂(1629~1703 ; 西溪)을 '斯文亂賊'으로 규정, 破門한 사실이 바로 그것이었다. 이는 말할 것도 없이 朱子道統 계승운동의 일환이기도 하였다.

賊鑴·夷狄·猛獸 등으로 표현된 이때의 윤휴에 대한 배격은 주자를 절대 긍정하는 데 이의를 제기하는 여러 사상경향·사회세력까지를 겨냥한 거부·배격이기도 했다. 同志·師弟 관계에 있던 尹宣擧(1610~1669 ; 美村·魯西)·尹拯(1629~1714 ; 明齋) 부자를 그토록 배척했던 것은 그들이 윤휴를 비호했다는 사실 그 자체 때문보다는 윤휴 비호에 대응하는 만큼 주자에 대해 불철저한 태도를 더 문제시했기 때문일 것이다. 송시열이 느끼고 있는 17세기의 '체제적 위기'는 주자·주자학에 대한 절대확신에 의해서만 극복될 수 있었던 것이다.

2) 『朱子大全箚疑』의 편찬

주자학 수호운동은 그 절대성의 근거가 되는 주자의 저작과 언론에 대한 逐次的인 고증·분석 작업으로 이어졌다. 이는 주자의 眞意와 定論을 분명히 확인함으로써 朱子說의 先後 不一致나 難解處를 해소하고,

나아가서는 주자 비판론자들의 공격에 대비하자는 것이었다. 『朱子大全
箚疑』(이하 『箚疑』로 줄임)와 『朱子言論同異攷』는 그러한 의도에서 착
수된 것으로, 후자의 작업은 그의 再傳弟子인 韓元震(1682~1751 ; 南塘)
이 이어받아 끝마치게 되고, 전자의 『箚疑』는 그 자신의 손으로 일단 완
성을 본 뒤 19세기 중엽 李恒老(1792~1868 ; 華西)가 『朱子大全箚疑輯
補』로 집대성하기까지 160여 년에 걸친 후속작업으로 계승되었다.

　『朱子大全』의 註釋書, 곧 『箚疑』를 만들어야 한다는 생각은 오래 전
부터 있었지만[14] 그것을 본격적으로 착수하게 된 것은 1675년(肅宗 1)
長鬐의 謫所에서였고,[15] 일차 草本이 만들어진 것은 그 3년 뒤였다.[16]
송시열은 "庶可爲明聖學 扶世敎之一助"라고 이 『箚疑』에 의의를 부여
하고 있다.[17] 『箚疑』는 곧 보완·개정 작업에 들어갔고 이후 그가 죽는
순간까지도 계속되었다.[18] '箚疑'란, 글자 그대로 疑晦處·難解處를 隨
手箚錄했다는 의미이므로 '問目'이나 '箚目'이라는 말과도 같은 뜻이다.

　1680년(肅宗 6) '庚申換局'으로 西人이 재집권하게 되고 송시열도 유
배에서 풀려남으로써 '箚疑' 작업은 더욱 박차를 가할 수 있었다. 金壽
興(1628~1690 ; 退憂堂)·朴世采(1631~1695 ; 玄石·南溪) 등의 進言으
로 국왕의 관심도 얻게 되고 物資의 지원도 따랐다.[19] 이런 분위기에서
그는 주자의 封事와 奏箚 가운데서 '今日之病'을 다스리는 데 요긴하다
고 생각되는 내용을 가려 뽑아 책자로 만들어 올리기도 하였다.[20] 『朱

---

14) "嘗欲於大全語類等書 箚其所疑 以質於四方盆友 而不是易事 每深慨歎也"[『大全』
　　卷94, 答李同甫(甲寅 5월 20일), 10ㄴ~11ㄱ].
15) 『大全』 附錄 卷7, 年譜, 崇禎 51년 8월 戊子, 48ㄱ.
16) 『大全』 卷69, 答朴和叔(戊午 8월 11일), 18ㄴ.
　　『大全』 附錄 卷7, 年譜, 崇禎 51년 8월 戊子, 47ㄴ.
17) 주 15와 같음.
18) 그는 賜死의 즈음에 門人 權尙夏에게 『箚疑』를 완결하도록 부탁하고 있다[『大全』
　　卷89, 與權致道(己巳 3월 7일), 19ㄴ ; 『大全』 卷89, 奉訣致道(己巳 5월 14일), 26ㄴ].
19) 『肅宗實錄』 卷14上, 肅宗 9년 4월 庚辰, 38冊, 637上ㄴ.
　　『肅宗實錄』 卷14下, 肅宗 9년 7월 辛卯, 38冊, 659上ㄴ.
　　『大全』 附錄 卷9, 年譜, 崇禎 56년 7월 辛卯, 51ㄴ.

文抄選』(4권 2책)이 그것이었다.

『箚疑』가 완성 印刊된 것은 老論의 우세가 확실해진 1715년(肅宗 41), 곧 송시열 死後 27년만의 일이었다. 그는 생애 마지막 순간에 손수 쓴 『箚疑』의 序文에서 그 의의와 연혁을 밝히고 있다.[21]

먼저 주자의 저작, 특히『朱子大全』의 연구와 이해에서 영남학파의 수준을 능가하게 된 것을 자부하고 있다. 물론 선행하는 주자 연구로 李滉(1501~1570 ; 退溪)의『朱子書節要』(20권 10책)와 그 註釋本인『朱書節要記疑』(15권 2책)의 공로를 십분 인정하고 있다.[22] 鄭經世(1563~1633 ; 愚伏, 李滉의 孫弟子)의『朱文酌海』(16권 8책)에 대해서도 그것이『朱子書節要』의 羽翼으로서 후학에 기여하는 바가 크다고 평가하기를 잊지 않았다. 그러나『朱子書節要』와『朱書節要記疑』는 주자의 簡牘 가운데서만 뽑아 모아 이에 한정해서 註釋한 것이고,『朱文酌海』는 그나마 註解가 전혀 없는 상태임을 지적하였다. 말하자면 영남학파의 주자 저작 연구는 부분적이고 불완전하다는 비판이다.[23] 그래서 자신은 "續記疑 通釋酌海"해서 "及於其餘"함으로써 그 遺志에 스스로 대비했다고 말한다.[24]『朱子大全』전체를 주석해서 완결하겠다는 의지를 피력한 것이다.

『箚疑』의 작성은 무엇보다도 주자를 선양하고 주자의 論旨를 확정해서 後進敎導의 표준을 세움으로써 反朱子學風의 확산을 저지한다는 의도에서 나온 것임을 강조했다.[25] 그는 "대개 사람들이 (주자의 글을―필

---

20) 『肅宗實錄』卷14下, 肅宗 9년 6월 庚子, 38冊, 651下ㄴ.
  『大全』附錄 卷9, 年譜, 崇禎 56년 6월 癸巳, 47ㄱ.
21) 『大全』附錄 卷11, 年譜, 崇禎 62년 2월 庚戌, 12ㄴ.
22) "以釋其肯綮難解處 以訓蒙士 其功大矣"(『大全』卷139, 朱子大全箚疑序, 42ㄴ·43ㄱ).
23) 그가 이미『朱子書節要』와『朱文酌海』를 合本하고 자신의 註記를 더하여『朱子節酌通編』을 만들었던 것은 이러한 불만스러운 점을 메우기 위해서였을 것이다[국립중앙도서관 소장(한貴古朝44-가56),『朱子節酌通編』41권 34책 藁本 참조].
24) 또 "然苟其所疑不妄 而諸友商證 終得其是 則亦退溪先生之所願聞也"(『大全』附錄 卷7, 年譜, 崇禎 51년 8월 戊子, 48ㄱ)라고『箚疑』에 자부심과 확신을 보이고 있다.

자) 알지 못하기 때문에 좋아할 줄 모르고 좋아할 줄 모르기 때문에 괴이한 말에 현혹되는 것"26)이라고 생각했다. 배우는 사람이 주자의 言說에 접할 기회가 없고, 접하더라도 그 眞意를 바로 알기 어렵기 때문에 윤휴와 같은 주자 비판론자의 주장에 끌려들어가게 된다는 것이다. 말하자면 『箚疑』는 그 올바른 길잡이가 되기 위해서 만들어진 것이었다.

　여기에서, "理致는 모두 朱子가 밝혀놓았으니 후세의 저술은 무의미한 雜說일 뿐"27)이라고 그가 단정했던 사실을 상기할 필요가 있다. 송시열은 後來人들로 하여금 자신이 믿어온 바와 똑같이 주자를 믿고 의심 없이 그것을 받아들이도록 기대했음에 틀림없다. 그렇다면 朱子言論에 대한 상세한 考證·註釋이야말로 주자를 신봉하는 그가 진정 해야 할 과업이었을 것이다.28) 같은 맥락에서 그는 『朱子語類』가 주자의 本旨에 어긋나는 곳이 많다고 하여 나름대로 編目을 세워 내용분류를 시도했으며,29) 주자가 四書의 集註 과정에서 여러 先儒의 설을 辨釋取捨하게 된 사정을 밝히기 위해 『論孟或問精義通攷』(14권 10책)30)를 편성하기도 하였던 것이다.

　송시열은 『箚疑』가 여러 門人·師友들과 質正을 거친 공동작업의 성과임을 그 序文에서 특기하였다. 그와 학문적 관련이 있는 儒者·門人들은 직접·간접으로 편찬작업에 참여하고 있었으므로,31) 이 과정을 통

----

25) 『大全』 附錄 卷7, 年譜, 崇禎 51년 8월 戊子, 48ㄱ 참조.

26) 『大全』 卷139, 朱子大全箚疑序, 42ㄴ·43ㄱ.

27) 『大全』 附錄 卷3, 年譜, 崇禎 31년 12월 辛巳, 29ㄴ.

28) 三浦國雄, 「朱子大全箚疑에 대하여—朝鮮朱子學의 一側面」, 『森三樹三郎博士頌壽紀念東洋學論集』, 1979, 733~736쪽 참조.

29) 『朱子語類小分』(佚傳)이 그것이다. 『朱子語類』 기사의 錯雜煩複된 단점을 해결하기 위해서 '隨類以分'했다고 말한다(『大全』 附錄 卷9, 年譜, 崇禎 52년 12월 戊子, 54ㄴ).

30) 『大全』 附錄 卷11, 年譜, 崇禎 62년 윤3월 己酉, 15ㄱ ; 『論孟或問精義通攷』 해제(『奎章閣韓國本圖書解題—經·子部』, 서울대학교도서관, 1978, 25쪽) 참조.

31) 송시열은 도움이 될 만하면 손길이 닿는 대로 협조를 구했다. 問目의 副本을 만들어 보내 質正을 받아 수정하고, 또 이것을 다른 사람에게 돌려 보이는 등의 과정이었을 것이다. 南龍翼[『大全』 卷76, 答南雲路(丙辰), 24ㄴ·25ㄱ]이나 韓聖佑(『大全』 卷82, 答韓汝尹, 1ㄱ·ㄴ)의 경우는 평소 학문적 교류가 별로 없었으면서도 『箚疑』 때문에

해서 그들 내부의 학문·사상적인 견해의 同異點을 재확인 또는 재조
정하게 되었으리라고 예상하기는 어렵지 않다. 송시열 중심의 학파적
결속을 공고화하기 위해서도 필요한 일이었을 것이다.

金壽增(1624~1701 ; 谷雲)·金壽興·金壽恒(1629~1689 ; 文谷) 3형
제와 金昌協(1651~1708 ; 農巖, 김수항의 次子) 등 金尙憲(1570~1652 ;
淸陰)의 후예들, 김상헌의 門人으로 자신의 門下에도 출입했던 박세채,
그리고 權尙夏(1641~1721 ; 遂菴·寒水齋)·李喜朝·李箕洪(1641~
1708 ; 直齋) 등의 門人들이 주요 協贊者로 꼽히고 있었다. 송시열의 長
孫 疇錫은 문헌정리·淨寫 등 실무를 주선하고 있었음은 물론이었다.[32]
가장 긴밀한 상담역으로서 편찬사업을 마지막까지 이끌어간 사람은 권
상하였다. 그는 『箚疑』의 완성을 遺言으로 부탁받았고,[33] 또 그것을 충
실히 이행한 것이다. 淸州의 華陽洞에 萬東廟를 세우고 明의 神宗·毅
宗을 祭享하도록 한 부탁도 실행되었다. 그런가하면 朱子―尤庵으로 이
어지는 道統傳授의 체계를 확립시키는 데도 권상하의 노력이 컸다.[34]

송시열은 자신보다 조금 앞서 賜死된 김수항을 애도하기 위해 특별
히 誌文을 지어 보내면서, 김창협에게 『箚疑』에 힘쓰는 것이 곧 "繼志
述事之道"라고 당부하였다. 김창협이 『朱子大全箚疑問目』(12권 12책)을
만든 것은 그러한 遺囑에 부응하는 의미도 컸던 것이다. 김창협이나 이
희조는 송시열과 마치 祖孫을 방불케 하는 師生관계였지만, 송시열은
김창협을 '高明'으로 존칭하거나 "今日知我者 惟同甫(이희조―필자)"[35]

商訂을 부탁했던 예이다.
32) 『大全』卷102, 答金主簿(己未 3월), 40ㄴ.
33) 『大全』卷89, 奉訣致道(己巳 5월 14일), 26ㄴ.
34) 그는 栗谷·沙溪·愼獨齋를 건너뛰어서 스승인 송시열을 직접 朱子의 嫡傳으로 이
    어놓고 있다. "集群聖而大成者 孔子也 集群賢而大成者 朱子也 集群儒而大成者 先生
    也 朱子 孔子後一人也 先生 朱子後一人也"라는 표현이 그것이다(『大全』附錄 卷19,
    記述雜錄, 權尙夏, 1ㄴ). 이러한 발상은 그 뒤 李恒老에게서도 다시 확인된다. 孔子―
    朱子―尤庵의 전수관계를 "非權先生 道不到"라 하고 "眞百世不易之論"이라고까지
    생각하는 것이다(『雅言』卷12, 堯舜 제36, 23ㄴ).
35) 『大全』卷96, 答李同甫(丁卯 5월 3일), 18ㄱ.

라고 곡진한 신뢰를 보이기를 마지않았던 것이다. 이희조는 송시열과
여러 가지 經義를 문답하거나 出處문제를 상의함은 물론『朱子語類』의
분류작업에 조력하기도 하고,36) 또『程書分類』를 만들 때도 이기홍과
함께 거들었다.37) 송시열은 이희조의 父인 李端相(1628~1669 ; 靜觀齋)
과 曾祖인 李廷龜(1564~1635 ; 月沙)와의 각별한 親交를 회고하면서38)
그에게『箚疑』편찬에 참여하는 의의를 일깨우고 있다. 그런데 김창협
은 이단상의 사위이고 金昌翕(1653~1722 ; 三淵, 김창협의 弟)은 그 門
人이었으므로 安東金氏와 延安李氏의 兩家는 學淵·姻婭 관계에 의한
밀접한 결연이 예상되는 가운데 두 사람은 송시열의 門下에서 촉망을
모으고 있었던 것이다.

　박세채는 송시열이 처음『朱子大全』의 問目을 작성하면서 누구보다
도 먼저 지지와 협력을 기대했던 인물이다.39) 또 박세채 스스로도『朱
子大全拾遺』(6권 2책)를 편집했고40) 송시열의『箚疑』편찬을 국왕에게
소개한 장본인이기도 했으므로41) 이 일에 적격자라 할 수 있었고, 나름
대로 관심을 보이기도 했다.42) 두 사람 사이에는『箚疑』만이 아니라 학
문·出處·時局 문제에 대한 의견교환도 매우 활발했었다. 그러나 尹拯
과의 불화가 점차 심화되어가고 老·少의 분립이 可視化해가면서부터
『箚疑』를 위한 협력관계도 깨어져갔다.

---

36)『大全』卷96, 與李同甫(壬戌 3월 2일) 別紙, 1ㄴ.
　　『大全』卷96, 答李同甫(壬戌 7월 16일), 2ㄴ.
37)『大全』卷67, 答朴和叔(庚申 7월 그믐), 26ㄱ.
　　『大全』卷95, 答李同甫(庚申 7월 29일) 別紙, 31ㄱ·ㄴ.
38) 송시열은『月沙集』의 序文(『大全』卷139, 35ㄴ~38ㄱ)과「靜觀齋記」(『大全』卷139,
　　34ㄱ~35ㄴ)를 쓰고 있다.「靜觀齋李公神道碑銘幷書」(『大全』卷170)에서는 생전의
　　厚誼를 상기하고 있다.
39)『大全』卷67, 答朴和叔(戊午 8월 11일), 18ㄴ.
　　『大全』卷67, 答朴和叔(庚申 7월 그믐), 26ㄴ.
40)『南溪先生朴文純公文正集』卷14, 再辭召命因進朱子大全拾遺疏 참조.
41)『南溪先生朴文純公文正集』卷17, 筵中講啓(癸亥 3월 16일 熙政堂 召代), 28ㄴ·29ㄱ
　　참조.
42)『大全』卷67, 答朴和叔(庚申 6월 10일), 25ㄱ.

박세채는 당시 士林의 촉망을 받으며 정치·사상적으로는 윤증과 접근되어 있을 뿐만 아니라 실제로 保合調劑論, 곧 蕩平的인 政局 정상화를 주장했으므로[43] '淸議'를 내세워서 黨을 나누어 논란하지 않을 수 없다고 생각하는[44] 송시열과는 기본적으로 입장을 달리하게 되었다. 그렇더라도 박세채에 대한 송시열의 호의와 기대는 끝까지 변치 않았다. 주자의 선양과 '世道'의 실행이라는 자신의 학문·정치적 포부를 실행할 때 박세채야말로 가장 필요한 협찬자라고 생각했기 때문일 것이다.

아무튼 송시열은 道統的인 사유과정을 통해서 자신의 입장과 방법에 대한 절대확신을 세우고 17세기 후반기의 시대상황에 대처해가게 되었다. 당시의 정치·사상 상황은 朋黨의 各立과 항쟁, 朱子批判論의 대두에 따른 정통 주자학과의 대립으로 요약되는 것이었는데, 그는 이 과정을 주도적으로 이끌어간 것이다. 주자·주자학을 선양하고 이에 배치되는 사상경향이나 정치세력에 대해서는 단호히 맞서 배격하는 한편, 그 이론기반을 강화하기 위한 주자학 연구에 박차를 가하여『箚疑』를 성립한 것 등이 그 구체적인 내용이었다. 그런데 그 과정에서 과거의 동지·제자와 갈라서고 많은 반대자들을 만들어내기도 하였지만, 동시에 자신의 門下生들을 중심으로 한 학문적 정치적 지지기반을 구축하고 18세기 이후 老論세력의 閥閱化와 함께 朱子·宋子 一遵主義가 확립될 수 있는 단서를 열어놓기도 하였다.『箚疑』작성사업은 거기에서 결정적인 매개체 역할을 했던 것이다.

---

43) 玄相允,『朝鮮儒學史』, 民衆書館, 1949, 183쪽 참조.
44)『大全』附錄 卷18, 語錄, 13ㄱ·ㄴ.

3. 18세기 宋時烈 淵源의 朱子 研究

18세기에 주자의 저작·어록 연구는 이미 송시열이 설정해놓은 방법과 체계 위에서 진행되고 있었다. 그러므로 당연히 기호학파, 특히 송시열 연원에서 주류를 형성하는 가운데『箚疑』를 부연 증보하는 형태로, 혹은 주자 言說의 통일된 定論을 세우는 작업으로, 또 달리는『朱子大全』과『朱子語類』를 크고 작은 門目에 따라 분류하는 형식 등으로 전개되었다. 이 시기에는 같은 송시열 연원이면서 理氣四七論이나 人物性同異論과 같은 학리·학설의 분화·대립과도 관련해서 다기한 주석·분류 작업이 이루어지고 있었던 것이다.

1)『朱子大全箚疑問目』과『朱子大全箚疑問目標補』

『箚疑』를 작성하는 과정에서 가장 많은 商訂 왕래가 있었던 한 사람이 김창협이었음은 앞서 이미 말했다. 특히 그가 副校理 시절 왕명으로 『箚疑』의 교정을 전담하면서 "錄爲問目 反復講質"하고 송시열이 이에 따라 修改한 것이 "十居八九"였다고 한다.45) 그의『箚疑』에 대한 보완 작업은 송시열의 사후에도 계속되었다. 그 성과가『朱子大全箚疑問目』 (12권 12책, 이하『箚疑問目』으로 줄임)인데, 이에 들인 노력은 "晚年精力所筌"이라든가 "費終身之研究"라고 평가되는 것이었다.46)

그러나 이『箚疑問目』은 그의 생전에 마무리 되지 못하고 있다가 10여 년 뒤 그의 가장 저명한 門人 魚有鳳(1672~1744 ; 杞園)의 손을 거쳐서야 일차 완성을 보게 되었다.47) 어유봉은 그「後序」에서, 주자의 道가 아니면 홍수나 짐승, 즉 異端의 禍를 막을 수 없었기 때문에『箚疑』를

---

45)『農巖集』卷35, 附錄 年譜, 丙寅(36세)條, 18ㄱ.
　　『杞園集』卷19, 朱子大全箚疑問目後序.
46)『臺山集』卷6, 答姜舜如, 10ㄱ.
47)『杞園集』卷17, 附錄 杞園先生年譜 己酉條 참조.

만들게 되었다고 전제한 다음,『箚疑問目』은 김창협이 송시열의 遺囑에
따라 "一生擔負"로 삼아 만든 것으로 "曲暢旁通　精密的確"한 내용이라
는 것, 또 자신이『箚疑問目』을 別個成冊하게 된 이유는『箚疑』와 더불
어 두 책이 不可分의 相須관계임을 보이고 朱子書의 微辭奧義를 개발
한 두 사람의 공로를 표창하기 위해서라고 말했다.[48]

그는 같은 취지에서「箚疑問目修正凡例」를 상세히 작성했는데, 그
主旨는『箚疑問目』에서『箚疑』에 取入된 것을 밝혀 적고,『箚疑』의 原
說에 대한『箚疑問目』의 改正處를 明示함으로써『箚疑問目』의 곡진한
分析과 的確性을 드러내 보이며,『箚疑』는『箚疑問目』과 折衷取捨를
통하여 거듭 수정됨으로써 "合得其當"하게 되어있음을 강조하는 것이
었다.[49]『箚疑』에 끼친 김창협의 공로가 이러한 것이었기에 후일 徐瀅
修(1749~1824 ; 明皐)는, "『朱子大全箚疑』는 尤庵에게서 시작되어 農巖
에 이르러 완성되었다. 이 책(『箚疑』－필자)이 없고서는 朱子의 저술을
읽을 수 없고 주자의 저술을 읽지 않고서는 三經四子도 따라서 읽을 수
없다"[50]고 말하면서 그를 退溪・尤庵과 함께『朱子大全』註釋의 '三賢'
으로 꼽았을 것이다.

그 뒤『箚疑問目』을『箚疑』보완의 불가결한 업적으로 인정하는 흐
름을 계승해서 만들어진 것이『朱子大全箚疑問目標補』(24권 12책, 이하
『標補』로 줄임)라고 할 수 있다. 그것은 김창협의 4代 從孫이기도 한 金
邁淳(1776~1840 ; 臺山, 金昌翕의 현손)의 손에 의해서였다. 18・19세기
송시열 연원 儒者들의 일반적인 성향이 그러하듯이, 그 역시『朱子大全』
의 이해에 心手口眼을 집중하는 가운데 隨得隨錄해두었던 것을 모아
나름대로 註釋本으로 만들게 된 것이라고 말한다.[51]

---

48)『杞園集』卷19, 朱子大全箚疑問目後序 참조.
49)『杞園集』卷19, 箚疑問目修正凡例 참조.
50)『朱子大全箚疑補』[金敏材 編, 121권 6책, 寫本 ; 奎(古)1344-25] 所收 朱子箚疑補後
　　序(徐瀅修 ; 己巳 1809년) 참조.

　　그러나『標補』를 구상하게 되는 더 구체적인 동기는 다분히 어유봉의 그것과도 상통하는 바가 있었다. 즉『箚疑問目』의 補正 의견이『箚疑』에 충분히 반영되지 못했고, 또 取入된 것의 경우도 단편적인 일부 내용에 그치고 있다는 것, 더구나 採錄되지 못한『箚疑問目』의 註說이『箚疑』의 그것보다 더 타당한 경우도 있다는 것이었다.52) 이렇게 되면 어유봉의 노력에도 불구하고『箚疑問目』은 아직 미완성의 草稿나 다름 없는 상태인 것이고, 여기에 김매순은 자신이 해야 할 일을 찾게 된 셈이었다.

　　그는 먼저『箚疑』의 註說을 標示하고 이에 대한『箚疑問目』의 質定 의견을 '按……'으로 摘示한 다음, 다시 한 글자를 내려서 '補按……'이라고 자신의 견해를 表記해 넣는 방식으로 體例를 만들었다.53) 書名에 특히 '標補'라는 표현을 쓴 것은 말하자면『箚疑』에 기울인 族祖 김창협의 心血을 음미하고 그 탁월성을 부각하자는 생각에서였을 것이다. 그러나 김매순의 연구가 송시열의 울타리 밖에서 이루어졌다기보다는 오히려 송시열의 주자 연구 체계 안에서 자기 위치를 모색했다고 해야 할 것이다.

　　어유봉이『箚疑問目』작업의 성과를『箚疑』와 독립된 別冊의 체계로 정리함으로써 그 스승으로 하여금 주자 저작 註釋史上에서 분명한 위치를 얻게 했던 사실은 앞서 살폈다. 그런데 그는 스스로 주자 연구 실적도 내고 있었다.『朱子語類要略』(이하『要略』으로 줄임)이 그것이다.54)『朱子語類』는 공부하는 사람들에게 "一日不可缺之書"이기는 하나 重複

---

51)『臺山集』卷6, 答姜舜如, 10ㄴ.
　　『臺山集』卷7, 朱子大全箚疑問目標補序　참조.
52)『臺山集』卷7, 朱子大全箚疑問目標補序.
53)『標補』의 체제와 내용상의 특징에 대해서는 三浦國雄, 앞의 글, 1979, 733~736쪽 참조.
54)『朱子語類要略』은『朱子語類節略』으로도 불려진 것 같으나(前間恭作,『古鮮冊譜』, 東京 : 東洋文庫, 1944, 796쪽 참조) 주요 漢籍目錄에서 확인하지 못했다. 洪直弼의 後序가 있다고 했으나(『杞園集』卷17, 杞園先生年譜 丁丑條),『梅山集』에는 실려 있지 않다.

繁雜하여 本旨를 파악하기 어렵기 때문에 略加選定하지 않을 수 없다는
점을 그 작성동기로 들고 있다.55) ‘要略’은 그래서 붙여진 명칭인 것 같
다. 그리하여 원본의 煩蕪함을 잘라버리고 精粹한 것을 가려 뽑아『近思
錄』의 問目을 참작해서 21편으로 나누어 편집했다고 한다.『朱子語類』
에 대한 書誌的인 검토는 16세기에 이미 柳希春(1513~1577 ; 眉巖)에 의
해서도 시도되었지만56) 그 내용을 抄出하거나 분류 분석하는 작업으로
는 송시열의『朱子語類小分』(佚傳)이 시초였던 것 같다. 그러나 이『朱
子語類小分』이 거의 알려지지 않은 상태였으므로57) 어유봉의 작업은
그 개척적인 의의를 지닐 수 있었을 것이다.58) 아무튼 이제『朱子大全』
연구의 성과가 일정하게 축적되는 것과 함께 그 관심과 연구영역이『朱
子語類』까지 확산되고 있는 것이었다.

2)『朱子大全箚疑後語』와『語類要解』

　1737년(영조 13)『要略』이 편성된 것과 비슷한 시기에 李縡(1680~
1746 ; 陶菴)는『朱子語類抄節』(이하『抄節』로 줄임)을 편집하고 있었던
것 같다.59)『抄節』이『朱子語類』를 “抄其要節而刪其繁亂”한 점은『要
略』과 다를 바 없다. 다만『抄節』이 上下文字를 移易하여 語勢와 義理
를 막힘없이 드러내어 열람에 편하도록 했으면서도 門目을 세워 분류
배열하는 방법을 따르지 않은 점에서는『要略』과 성격을 달리하는 것

---

55) 『杞園集』卷17, 杞園先生年譜 丁丑條.
56) 이때는『朱子大全』의 검토도 함께 이루어졌던 것으로 그 내역이『朱子文集語類校
　　正凡例』(1책, 寫本, 奎3307)로 남아 있다. 이보다 훨씬 후대의 것으로 보이는『朱子語
　　類大全考證』(1책, 木版本, 奎1075, 편자·간행년 미상)도 있는데 이는 張次와 行間을
　　표시하면서 내용의 착오를 지적, 校勘해놓은 것이다.
57) 주 29 및『梅山集』卷5, 與鼇村宋丈(穉圭 ; 己卯 11월 7일), 15ㄱ 참조.
58) 洪直弼은 그 後序에서, 이『要略』을 退溪의『朱子書節要』의 對가 된다고 평가하면
　　서 “垂永世 爲吾道之模準”해야 할 것이라고 부연하고 있다(주 55와 같음).
59) 이『抄節』또한 어유봉의『要略』과 마찬가지로 所在未詳이다. 다만 奎章閣 소장의
　　『朱子語類抄』(奎1588, 奎433 ; 각기 21권 11책과 21권 8책, 撰者·刊年 미상, 丁酉字
　　本)가 李縡의『抄節』과 同一書가 아닌지 모르겠다.

으로 생각된다.60)

『要略』은 아마 같은 시기 嶺南의 李栽(1657~1730 ; 密菴)가 만든『朱語要略』에 더 가까운 형태였는지도 모른다.61) 그러나 李縡가『抄節』을 구상하고 일생동안 전력을 다하게 된 동기도 어유봉이 송시열의『朱子語類小分』이 佚失不傳하게 된 것을 아쉽게 여긴 것과 같은 심정에서였다는 추측은 어렵지 않다.62) 李縡는 특별한 師承관계 없이 靜菴(趙光祖)과 栗谷을 사숙하면서 일가를 이루었으면서도 송시열을 尊慕하고 그 학풍을 자부했던 것이다.63) 학문교류나 정치적 견해도 모두 老論, 특히 洛論系와 긴밀했었다.

김창협의 문하에 어유봉이 있었듯이 李縡의 門人으로 李宜哲(1703~1778 ; 文菴)이 나와서 송시열의 주자 연구를 발전시켰다.『朱子大全箚疑後語』(18권 9책, 이하『箚疑後語』로 줄임)와『朱子語類考文解義』64) (42집 10책, 이하『考文解義』로 줄임)가 주목되는 것들이다.『箚疑後語』를 만들게 된 동기는 그 선배들의 경우와 크게 다를 것이 없다.『朱子大全』은 地負海涵의 書라는 것, 그런 만큼『箚疑』의 註釋이 아직 미치지 못하는 곳, 불만스러운 점 또한 많다는 데에『箚疑後語』를 착수하는 이유가 있었다. 그는 먼저『朱子大全』의 원전을 對校해서 본문의 오류나 탈락을 바로잡은 다음,65) 난해한 곳, 의문되는 곳을『箚疑』에서 찾아보

---

60)『陶菴先生家狀』(朴聖源 撰, 奎5478) 58장 참조.

61)『朱語要略』은『朱子語類』에서 '訓語之要節'을 節取해(金道和,『拓菴先生文集』卷 17, 謹書朱書集覽後, 1ㄱ 참조) 이를 단순히 言行・訓門人・爲學之方 등의 門目으로 編次한 것이다[『密庵全集』, 下冊(여강출판사 영인본, 1986)에『朱全集覽』・『朱書講錄刊補』와 함께 수록되어 있는 不分卷의 筆寫本이다].

62) 주 55와 같음.

63) 주 60의 家狀 및 李丙燾,『韓國儒學史略』, 아세아문화사, 1986, 237쪽 참조.

64) 奎(古)1744-19, 寫本. 이는『朱子語類要解』라는 서명으로도 알려져 있다(前間恭作, 앞의 책, 1944, 796쪽).

65) 이때『朱子大全』에 대한 逐字的 검토를 위해서「朱子大全校文注議目例」를 만들기도 했다(『文菴集』卷44). 그리고 이 검토작업을 토대로『朱子大全』과『朱子語類』의 刊本을 改修하도록 정부에 건의한 것 같다(『文菴集』卷13, 乞修朱子大全語類刊本疏 甲午 참조). 또 編者・刊年이 미상으로 되어있는,『朱子語類大全考證』(1책, 木版, 卷

고 거기에 빠져서 해석이 없거나 差誤가 의심되는 경우에는 곧 典據를
검토해서 論定하는 순서로 주석작업을 진행했다.66) 그는 訓詁를 밝히
고 文義를 파악하는 데 주력함으로써『箚疑』에 訂正을 가할 수 있어야
한다고 생각한 것이었다.

『考文解義』는『箚疑後語』가 일단 마무리 지어진(1762년) 훨씬 뒤인
생애의 말년(1774년) 작업인 것 같다. 평소『朱子語類』의 疑難處를 기록
하거나 注疏해두었다가 다시 '嶺南新本'과 비교·論辨을 거쳐 그 謬戾
를 바로잡은 것이라고 편성경위를 밝히고 있다.67) 이『考文解義』는『朱
子語類』의 註解書로서는 이제껏 처음 만들어진 것이라는 점에 주목할
필요가 있다.68) 故事·名物·文義 등에 註解를 붙이는 방식 자체는 종
래의『朱子大全』註釋작업에서 그랬던 것과 별로 다를 바 없지만, 原典
의 各卷이 끝날 때마다 '補義'·'考異' 또는 '今考'라는 標示語 아래 보충
설명을 가하고, 이어서 '按……'이라 해서 자신의 견해나 평론을 덧붙이
고 있음은 또 하나의 특징이라고 할 수 있다.

『考文解義』는 본격적인『朱子語類』연구서인 점에서 우선 그의 스승
李縡의 그것으로부터 크게 진일보한 것이라고 하겠고, 나아가서는 송시
열 이래의 주자연구에서『朱子語類』의 위치를『朱子大全』에 못지않게
끌어올렸다고 할 수 있을 것이다. 그만큼 이의철은 송시열의 주자학·
학문방법을 충실히 계승 발전시키고 있는 셈이었다. 이의철의 송시열에
관한 연구, 계승의식은『尤庵先生書節要集解』(20권 10책)와『尤庵先生
遺書集解』(2권 2책)라는 편집물을 통해서도 잘 드러난다.69)

1075) 또한 李宜哲의 편찬일 가능성이 있어 보인다. 그가『朱子語類』에 대해서도 최
　　초의 註釋을 낸 사실로 미루어 보아도 그렇다.
66)『文菴集』卷28, 朱子大全箚疑後語序, 22ㄴ·23ㄱ.
67)『朱子語類考文解義』卷首 所收의 序文 참조.
68)　같은 시기 安鼎福도『朱子語類節要』(8권 5책, 寫本, 국립중앙도서관 한-16-10)를 만
　　들고 있었지만 종래 방식의 抄錄 정리였을 뿐이다.『朱子語類』에 관한 가장 이른 시
　　기의 註釋書는 아마도 柳希春의『朱子語類箋解』일 것이나 불행히도 佚傳이다(『增
　　補文獻備考』卷246, 藝文考 5, 6ㄴ).

이의철의 주자 저작 연구과정에서 나온 또 하나의 편집물은『朱子典要』였다. 이는 주자의 문장과 어록에서 道體·性命 등에 관한 要語를 발췌하여 內·外集으로 나누어 수록한 것이다.[70] 글자 그대로 學者들의 공부에 '典則'이 될 내용이었는데, 이 편집물은 아마도 退溪의 '居敬' 중심의 학문방법에 공감하고『朱子大全』과『朱子語類』를 그러한 측면에서 주목해보려는 시도인 것 같다.

3)『朱子言論同異攷』와『朱書分類』

한원진은 송시열의 再傳弟子로서 孔子—朱子의 不可分的인 관계,[71] 道統傳授者인 주자의 無謬性을 보증하려는 측면에서 송시열의 주자 연구를 계승하였다. 그에 따르면 주자는 '生而知者'인 공자와는 달리 '學而知者'이므로 그 言論의 前後·初晩의 사이에 異同이 생기게 마련이었는데, 後來의 학자들이 이를 任意取捨하게 됨으로써 주자의 本旨를 잘못 받아들일 뿐만 아니라 나아가서는 공자의 道까지도 不明不行하게 되었다는 것이다. 여기에 朱子言論의 통일된 定論이 제시될 필요가 있었다. 그러자면 종래와 같이 字句·文義의 세세한 註釋에 치중하기보다는 朱子의 사상과 행동을 전체적 통일적으로 분석 정리할 수 있는 방법론이 마련되어야 했다. 송시열이 晩年에 착수하고 있던『朱子言論同異攷』(6권 3책, 이하『同異攷』로 줄임)를 자신의 평생과업으로 완성하게

---

69) 전자(寫本, 奎1498)는 송시열의 주요 書札을 추려 엮은 것이고, 후자[寫本, 奎(古) 1360-23] 또한 주요한 서간을 모으고 약간의 해설과 字句에 註解를 가한 것인데, 편찬형식이『朱書節要記疑』와 거의 일치하고 있어서 退溪 淵源의 朱子書 연구방식 그 자체는 畿湖 儒者들에게도 무리 없이 채용되고 있음을 보게 된다.

70)『朱子典要』는 佚傳되고 書名만 전하고 있는 것 같다.「朱子典要內集序」와「朱子典要外集序」(『文菴集』卷28, 所收)로 그 변모를 짐작하게 되는데, 門人 韓啓增과 함께 3년에 걸친 작업으로 완성했다고 한다.

71) "學者 必讀孔子之書 而後可以盡天下之義理 又必讀朱子之書 而後可以讀孔子之書也"라고 하고(『南塘集』卷31, 朱子言論同異攷序, 3ㄱ), 또 "孔子 天地間一人而已矣 朱子 孔子後一人而已矣 有孔子則不可無朱子 而尊朱子者 乃所以尊孔子也"라고 한다(같은 글, 4ㄱ).

되는 계기가 이것이었다.

그는 朱子言論의 내용을 先後初晩에 따르는 異同관계와 표현은 달리하되 의미는 같은(言異而指同) 경우로 나누어 분류 검토하고, 이를 論辨 정리해서(疏釋而會通之) 최종적인 定論을 세우려고 시도했다. 이것은 아마 송시열이 고심하고, 또 의도했던 것이기도 할 것이다. 『同異攷』의 體例, 즉 編目설정이 처음부터 송시열의 손으로 된 것인지는 의문이나 한원진이 구상한 編目도 여기에서 크게 다르지는 않았을 것이다. 송시열이 일찍이 『程書分類』를 작성하면서 그랬던 것처럼[72] 한원진도 『性理大全』 編目條例를 거의 그대로 準用하고 있는 점에서도 그렇다. 性理學·朱子學의 사상체계를 주요 개념·주제에 따라 파악하기 위해서는 역시 『性理大全』의 體例와 門目에 따르는 분류방식의 채택이 효과적이었을 것이다.

그는 이 작업에서 『朱子大全』과 『朱子語類』 전체를 검토대상으로 해서 내용을 분류하고 그 주요 부분들을 논리적인 맥락을 고려하면서 각 門目에 맞추어 배열해 넣고 있다. 물론 여기에는 細註를 베풀되, 경우에 따라서는 '按……'이라는 자기 견해를 제시하고, 또 典據가 표출되도록 유념하였다. 言說의 내용이 의심 없는 부분에는 '定論'이라고 明示하기를 잊지 않았다.

이 같은 『同異攷』의 작업은 『箚疑』와 같은 逐字的인 註釋작업이 이루어진 바탕 위에서만 가능한 일이었을 것이다. 또 주자 사상의 철학적 기반을 일관되게 파악해온 준비과정이 있었기 때문에 『同異攷』 정리의 기준과 방향도 확실해질 수 있었을 것이다. 그가 일찍이 先師 권상하로부터 所聞한 經義解釋을 토대로 하고 여기에 自家의 견해를 더해 작성한 『經義記聞錄』(6권 3책)은 말하자면 그러한 준비과정에 해당하는 것이었을 것이다. 그 내용은 『大學』·『中庸』·『易學啓蒙』 등 주로 理氣

---

72) 『程書分類』 卷首, 凡例 참조.

性說에 관한 것으로 宋代 이후 諸儒의 관련 논설을 朱子說에 바탕을 두고 비판하고 있기 때문이다.73)

『同異攷』의 體例와 그 편찬의 정신은 姜浩溥(1690~1778 ; 四養齋)의 『朱書分類』(84책)로 계승되었다. 한원진이 "惟栗谷尤庵二先生最著"라고 儒道를 전한 공로를 율곡·우암에게 돌리고, 이를 이어서 "作承正傳而益究其精"한 사람은 遂菴(권상하)이라고 찬양했듯이,74) 강호보는 栗谷－沙溪－尤庵－遂菴의 학문을 傳授받아 발휘한 공로는 한원진에게 있다고 주장하였다.75) 그가 이러한 주자학의 統緖를 강하게 긍정하는 점에서는 道統論者였지만 당시 송시열 연원의 儒者들의 일반적인 경향과는 달리 송시열을 통한 주자의 이해라는 입장에서 다소 융통성이 있었던 것으로 보인다.

그러나 주자에 대한 확신은 철저했던 것 같다. 주자를 믿고 朱子書를 연구하는 데 89년 생애를 보냈다. 주자의 論議와 문장을 가리켜 "都是民彝物則"이라거나,76) "地負海涵 無理之不具 無事之不修者"77)라고 했다. 또 世道가 不明不行하게 된 것은 朱子書를 제대로 읽지 못했기 때문이라고까지 생각하였다. 그래서 한원진의 『同異攷』와 『經義記聞錄』을 높이 평가하고,78) 자신은 그 후속작업으로 朱子言論을 망라한 '分門類編'을 계획한 것이다. 그는 선배 유자들이 이 '分類' 작업의 필요성을 느끼면서도 工夫와 事力의 부족으로 착수하지 못했으리라는 것,79) 송시열 또한 그 점을 잘 알았기에 후배들에게 부탁조차 못했을 것임을 회고하면서80) 작업에 어려움이 많을 것으로 예상하고 있었다. 그러나 자

---

73) 『南塘集』 卷31, 經義記聞錄序 참조.
74) 『南塘集』 卷34, 寒水齋權先生行狀, 24ㄴ.
75) 『贅言』 卷27, 祭南塘先生文, 3ㄴ.
76) 『贅言』 卷22, 朱書分類序, 54ㄱ.
77) 『贅言』 卷3, 與北伯金(漢喆), 19ㄱ.
78) 주 75와 같음.
79) 『贅言』 卷3, 與北伯金(漢喆), 18ㄱ.
　　『贅言』 卷3, 與李校理(碩載)叔果, 28ㄱ.

신의 이 사업이야말로 "大補於世道"할 것임을 자부하기도 하였다.[81]

『朱子大全』으로부터 시작해『朱子語類』·『論語集註』·『孟子集註』·『大學章句』·『中庸章句』·『四書或問』·『太極圖說』·『通書』·『朱子年譜』에 이르기까지 주자의 言說을 모두 收括해서[82] "逐段分類 各立門目"하는 일은 40여 년의 세월이 걸려서 84책의 巨帙로 완성되었다.[83]

『朱書分類』의 규모와 凡例가 "皆出臆斷"이라고 스스로 시인하는 바와 같이 주자의 言說 그 모두를 정해진 門目에 적절히 배열해 넣는다는 것은 무리일 수밖에 없었다.[84] 體例·門目의 大綱은 송시열이『程書分類』에서 援用하고 있는『性理大全』의 그것을 따를 수밖에 없었을 것이지만, 그러한 소략한 編目에 따른 분류는 강호보가 의도하는 분류작업의 의의를 살릴 수가 없게 될 것이었다. 다종다양한 주자의 문장과 논의를 逐目尋綱해서 찾아보게 하기 위해서는 세세한 中·小 門目을 무수히 추가 설정하지 않으면 안 되는 이유가 여기에 있었다. 그의 말과 같이 朱子書를 파악하는 데는 "合之爲綱領 分之爲條目"[85]하는 방법이라야 되었다.

'分類'작업은 아무튼 이렇게 두 가지 점, 즉 朱子書의 文義를 파악하는 일과 그 파악된 내용에 알맞은 問目을 체계적으로 세우는 일에서 어려움을 겪고 있었다.[86] 더구나 여기에『同異攷』·『朱書節要記疑』·『箚疑』·『箚疑後語』·『考文解義』 등과 여러 중국 문헌을 인용한 註說을

---

80) 『贅言』 卷22, 朱書分類序, 55ㄱ.
81) 『贅言』 卷3, 與李校理(碩載)叔果 29ㄴ.
82) 『贅言』 卷22, 朱書分類序, 55ㄴ.
83) 『贅言』 卷首, 行狀(林在達 撰), 12ㄱ.
84) 주 82와 같음.
85) 『贅言』 卷22, 朱書分類序, 54ㄱ.
86) 현존『朱書分類』 2종 가운데 규장각본(54권 54책, 寫本, 奎1788)과 국립중앙도서관본(84책 : 10책분 缺, 寫本, 한고朝17-179)은 그 卷帙의 수뿐만 아니라 目次에서도 서로 出入의 차이가 상당히 심하게 나타나고 있음은 그 門目 설정이 마지막까지 변동되고 있었다는 증거일 수도 있다. 또『增補文獻備考』(卷246, 藝文考 5, 13ㄱ)에는 54卷으로 되어 있다.

베풀고, 필요한 경우 '按……'으로써 自家의 견해를 부연해야만 되었다. 이 방대한 편집작업에는 그만한 人的 物的 지원이 뒤따라야 했을 것이다. 趙曦(1719~1777 ; 永湖)의 협조가 특별했음이 지적되고 있다.87)

이상과 같이 朱子言論의 '定論'을 세우기 위한 한원진과 강호보의 작업은 註釋의 단계를 넘어서 주자 연구의 새로운 차원을 제시해준 것이었다. 그것이 일단은 송시열의 주자학 연구체계 안에서 이루어지고 있는 일임에는 틀림없었다. 그러면서도 그것은 그 시기 老·少 朋黨의 갈등과 蕩平策·均役法에 집약되는 民生문제, 收取體系의 재조정이라는 정치·사회적 정황 속에서 전개된 理氣人性論爭이나 人物性同異論爭, 나아가서는 朱子批判論과 같은 學理·學說 논쟁을 주자·주자학에 대한 도전과 '위기'로 받아들이고 있는 正統 주자학 자체의 이론 정비라는 의미를 지닌 것이기도 하였다. 예컨대, 송시열의 『程書分類』나 한원진·강호보의 저작에 다같이 '異端'門을 설정해서 여기에 夷狄·諸子·老·佛·陸學·王學을 포함시키고 있음은 그러한 단서 가운데 하나일 것이다.

한편 이희조의 族中에서도 강호보의 그것과 동일한 書名의 분류작업이 있었던 사실을 지적해야 할 것 같다. 李熙輔(?~1804 ; 麓巢, 이희조의 再從孫)의 『朱書分類』(24권 8책, 近代活印本)는 강호보의 것을 대폭 간추린 것 같은 형태이지만 두 편집물이 직접 관련은 없어 보인다. 이희보가 '出處'를 大門目으로 내세운 것을 제외하면 編次방법에 큰 차이는 없다.

---

87) 주 83과 같음. 이 분류작업의 대부분은 그가 65세의 늦은 나이로 科擧에 합격하기 이전의 어려운 시절에 이루어진 것이었다. 많지 않은 몇몇 士友들에게 이 일의 중요성을 누누이 강조하고, 조정에 稟伸해서 지원을 주선하도록 호소해 마지않았다. 주 79의 두 서찰에 그 사정이 비교적 자세하다.

4. 『朱子大全箚疑輯補』의 성립

1) 李恒老의 朱子－宋時烈 인식

19세기에 이르면 주자의 저작·언론에 대한 연구는 거의 2세기에 걸친 주석작업의 성과를 하나의 편집물로 집대성하는 단계가 된다. 이는 그동안의 연구가 축적된 결과이기도 하지만, 이 시기 西敎(天主敎)의 파급과 '西洋'의 충격이라는 사회상황을 관념적으로 인식하는 정통 주자학자들의 사상적 대응이라는 의미도 있었다. 그 대표적인 인물이 李恒老 父子였고 그 작업의 산물이 곧 『朱子大全箚疑輯補』(이하 『箚疑輯補』로 줄임)였다.

이항로(1792~1868 ; 華西)는 19세기 衛正斥邪思想의 원류를 형성한 유학자였다. '衛正斥邪'란 正學, 곧 儒學의 道統을 보위하고 邪學·異端을 배격한다는 의미이므로 이는 송시열 이래의 '崇正學·闢異端'운동의 다른 표현이기도 한 것이었다. 17세기의 崇正學·闢異端은 안으로 정통 주자학에 대한 老·佛 등의 諸子나 陸·王學, 나아가서는 朱子註說의 절대성에 반대하는 朱子批判論을 배격 대상으로 하는 이념체계이지만, 이를 밖으로 연장하면 중국과 조선의 문명세계, 곧 中華를 높이고 이에 적대하는 세력(17세기에는 淸)을 夷狄으로 규정, 극복해야 한다는 尊華攘夷論이 되는 것이었다. 이에 대해서 위정척사는 안으로 주자학의 명분론과 家族主義에 상충되는 西敎의 확산에 대처하고 밖으로는 中華的 세계질서를 파괴하려는 西洋 자본주의의 침투에 대항하는 自尊自守의 논리라는 점에서 시대적 차이가 있을 뿐, 朱子正統主義(道統論)를 위협하는 사상이나 중국 중심주의(小中華論)에 대한 도전세력을 배격하는 思惟體系임에서는 崇正學闢異端·尊華攘夷와 다를 바가 없었다.[88] 이 점에서 이항로는 송시열의 사유방식을 계승하고 있는 것이었다.

---

88) 강재언, 「이항로의 위정척사사상」, 『近代韓國思想史硏究』, 한울, 1983, 53~78쪽 참조.

師承관계에서 이항로는 송시열 연원과 깊은 관련이 없었지만[89] 학문의 방법과 과정에서는 송시열과 일치하고 있었다. 주자의 集註와 章句를 통한 四書 중심의 爲己之學에 전념, 반복 연구한 결과 주자의 학문이 곧 聖人을 계승해서 百家之學을 절충한 최선의 것임을 알게 되었으며, 이어 『朱子大全』을 專門해서 그 微言大義를 터득했고 『宋子大全』(우암 송시열의 문집)을 읽으면서는 그 학문이 주자의 正宗임을 믿어서 우암을 주자 다음으로 존숭하게 되었다는 것이다. 그리하여 그는 "朱子를 宗主하지 않으면 孔子의 門庭에 들어갈 수 없고 宋子를 憲章하지 않고서는 朱子의 統緖에 접할 수 없다"고 단언하기에 이르렀다.[90] 孔子-朱子-宋子(송시열)로 이어진 道統傳授 관계를 인정하고 있는 것이다.

그는 "孔子와 朱子와 宋子의 세 夫子를 하늘이 양성해낸 것은 진정 심상한 일이 아니라"[91]하고, 또 "堯舜으로로부터 周公에 이르기까지는 道를 행한 統緖이고 孔子로부터 尤庵에 이르기까지는 學을 전승한 統緖인데, 孔子는 堯舜과 같고 孟子는 禹와 같으며 朱子는 周公과 같고 尤翁은 孟子와 같다"고 말하기도 했다.[92] 송시열을 주자와 함께 이같이 '聖人'의 열에 대칭시키는 데는 명백한 이유가 있었다. 즉 공자는 "尊周攘夷 討亂誅賊"해서 君臣·父子의 大義를 밝혔고 주자는 "討復之謀"를 세워서 중국을 夷狄으로부터 막아서 宋나라의 大統을 지키게 했는데, 明나라가 망해서 주자 때의 한 모퉁이의 中華마저 사라져버린 때 나온 우암은 오히려 공자·주자의 事功을 마음에 새기고 三綱을 지킴으로써 人類가 夷狄·禽獸에 떨어지는 것을 면하게 했으므로 그 공로는 주자

---

89) 「儒賢淵源圖」(姜斅錫, 『典故大方』 卷3)에 따르면 그의 師承관계를, 李端相-金昌翁-金亮行-李友信-李恒老로 표시하고 있으나, 그의 「年譜」(柳重敎 撰, 『華西集』 附錄 卷9)에는 일찍이[壬申(21세)條, 4ㄴ] "先生爲學 不由師承"[癸酉(22세)條, 5ㄱ]이라고 되어있다.
90) 『華西集』 附錄 卷9, 年譜, 癸酉(22세)條, 5ㄴ.
91) 『雅言』 卷11, 武王 제32, 10ㄴ.
92) 『雅言』 卷12, 堯舜 제36, 17ㄱ.

보다도 빛난다는 것이었다.93)

이항로는 주자의 학문세계, 더 직접적으로는 송시열의 사유방식에 몰입함으로써 道統傳授者인 송시열의 학문과 행동을 십분 긍정하게 되고, 그러한 인식기반 위에서 자신의 시대적 과제를 풀어나가게 되었다. 華夷·中外·尊卑라는 인식논리에 의해서 성립된 衛正斥邪思想이 19세기 중엽 外壓과 대결하는 斥和·斥洋(倭) 의병운동의 이념이 되었음은 결코 우연이 아니었던 것이다. 그러나 이미 18세기 조선사회에서 성립하고 있던 보편적 과학적 세계관, 주체적 思惟로 접근할 기회는 이항로로부터 그만큼 멀어져만 갔던 셈이다.

이항로의 도통의식·위정척사사상을 집약하고 있는 학술적 성과는 두 가지로 요약될 수 있다. 『朱子大全』에 대한 東儒의 註說을 集成하는 일(朱書擬輯東儒說)과 靑史에서 北帝(元王朝)編을 삭제하고 새로운 正史를 편찬하는 일(靑史行刪北帝編)이 그것이었다.94) 공자의 『春秋』, 주자의 『資治通鑑綱目』은 무엇보다도 '尊中華攘夷狄'하는 데 그 큰 의의가 있다는 것, 그럼에도 불구하고 元나라는 夷狄으로서 참람히 中國을 차지하였으므로 그것이 "僭而非正 僞而非眞 變而非常"임을 밝혀 적어서 영구히 경계를 삼아야 한다는 것이 靑史 개편의 이유였다.95) 그는 또 中華의 정통은 宋·明에 있고 元·淸은 夷狄의 왕조이므로 正道에서 이탈한 것이라는 道統史的인 관점에서, "華東(小中華)인 朝鮮이야말로 中華의 정통을 계승하고 있다"고 보는 것이었다. 『宋元華東史合篇綱目』의 편찬은 말하자면 이러한 입장에서 尊攘大義를 천명하기 위한 작업이었던 것이다.96)

그는 오직 우리나라의 학문만이 한결같이 주자를 宗主한 사실에 긍

---

93) 『雅言』 卷11, 武王 10ㄴ · 11ㄱ.
94) 『華西集』 附錄 卷9, 年譜, 乙未(44세)條, 12ㄱ.
95) 『華西集』 附錄 卷9, 年譜, 乙未(44세)條, 12ㄴ.
96) 『華西集』 附錄 卷9, 年譜, 壬子(61세)條, 44ㄴ 및 癸亥(72세)條, 53ㄱ 참조.

지를 느끼고 東儒들의 『朱子大全』 註說을 집대성해야 한다고 생각했다. 물론 여기에는, "朱子는 聖人이므로 그 말 한 구절, 글자 하나라도 미심한 데가 있다면 그 피해가 生民에 이르고 禍를 후세에까지 끼치게 될 것"[97]이라든가, "지금은 성현들의 덕택이 차츰 멀어지고 異端邪說이 서로 다투는 데다가 古註의 지루하고 투박한 말까지 바다 한 구석의 이 볼 것 없는 나라에 횡행하고 있다"[98]는 등의 '正學'에 대한 위기의식도 깔려있었다.

아마 이 두 가지 저작(朱書와 靑史)이야말로 '宋子'의 뜻을 계승하는 것이라고 그는 확신했을 것이다. "中華를 높이고 夷狄를 물리치는 일은 세상이 끝날 때까지의 大經"[99]이고 『朱子大全』은 그것의 가장 실천적인 지침서였다고 할 때, 송시열은 그 '尊攘'을 몸소 실행했을 뿐만 아니라 『朱子大全』에 대한 註釋에 神命을 다했기 때문이다. 이항로는 이렇게 朱子―宋子를 체현하고 이를 통해서 자신의 현실에 대한 해답을 찾으려고 했다.

2) 『朱子大全箚疑輯補』의 체제와 그 편찬

『朱子大全箚疑輯補』(이하 『箚疑輯補』로 줄임)의 편찬에서 그 規模와 綱領의 작정은 이항로에게서 나왔지만, 문헌의 수집과 분류·정리 등 모든 실무는 그 아들 李埈(1812~1853 ; 槐園)의 책임 아래 진행되었다.[100]

이준은 家學의 영향 밑에서 처음부터 의심 없이 주자 연구에 전념했을 뿐만 아니라, 송시열에 대한 숭배와 연구도 마찬가지로 철저하였다.[101] 이는 "朱子를 알려면 宋子를 먼저 알아야 한다"는 그 부친의 훈

---

97) 『雅言』 卷11, 易者 제33, 20ㄴ.
98) 『雅言』 卷11, 易者 제33, 21ㄱ.
99) 『雅言』 卷10, 尊中華 제30, 16ㄴ.
100) 『華西集』 附錄 卷9, 年譜, 丙午(55세)條, 27ㄱ·ㄴ.
101) 매우 간략한 것이기는 하지만, 그가 『宋子大全箚疑』와 『宋子言論同異攷』를 내고 있음은(『槐園集』 卷11, 雜著 참조) 앞서 李宜哲의 송시열 연구에 대비되는 것이기도 하다.

시 때문이기도 했을 것이지만, 스스로도 "朱子가 나온 뒤로 義理는 中
天의 태양처럼 분명해졌으니 뒷날 사람들은 다만 朱子書를 읽어서 (의
리를) 구하는 것만으로도 족하다"고 한 송시열의 말을 깊이 음미하면
서,102) 『箚疑』가 後人들에게 끼친 혜택은 주자가 四書나 六經을 修整한
일에 同符하는 길이라고 찬양하기도 했다.103)

그가 家君의 뜻에 공명하고 『箚疑輯補』의 편찬에 적극 뛰어들게 된
계기는 이처럼 朱子書를 四書六經과 같은 차원에서 인식하기 때문이었
다.104) 주자 저작을 經典과 동일시하게 되는 현실적인 계기는 이준 자
신이 작성한 『箚疑輯補』의 序文에서 더 분명해진다. 즉 주자가 講明取
捨하고 出處踐履한 실상은 『朱子大全』에 상세하나 너무 방대한 내용이
라서 首尾一貫한 파악이 어렵다는 것, 오늘날의 형세는 陸學에 浸潤되
어 漢儒를 높이며 北虜가 중국을 차지하고 西洋의 꼬임에 넘어가서 性
命이 흙탕물에 뒹굴고 人倫은 禽獸의 지경에 떨어졌어도 막을 수 없는
상태라는 것, 그리하여 朱子書를 講明하지 않고서는 斯道를 밝힐 수 없
고 斯道가 아니면 달리 방법이 없다는 것이다.105)

역시 朱子的인 사유체계 안에서 세계를 내다보며, 陸學과 漢學, 北虜
와 西洋을 각각 正學(주자학)과 中華를 위협하는 異端·夷狄으로 규정
하고 있는 것이다. 이는 중국의 阿片戰爭 패배, 異樣船의 출현과 西敎의
전파, 여기에 세도정권의 타락·무능력과 불온한 사회분위기를 목도한
19세기의 50년대 儒者 일반의 위기의식을 대변해주는 것이기도 하였다.

아무튼 지켜야 할 가치가 中華와 正學이라면 그것을 옳게 파악하고
실행에 옮겼던 주자를 배워야 하고, 그러자면 주자의 언설을 정확하게

---

102) 『槐園集』 卷2, 上洪梅山(丁未 7월 20일), 35ㄱ.
103) 『槐園集』 卷3, 答李長汝(丙午 7월 5일), 91ㄱ.
　　　『槐園集』 卷5, 答金稑章(丙午 6월 21일), 38ㄴ.
104) 그는 『宋元華東史合編綱目』의 편수에도 자료검토 등의 일로 깊이 관여했다[『槐園
　　　集』 卷3, 答李季文(辛丑 8월 9일), 60ㄴ].
105) 『槐園集』 卷12, 朱子大全箚疑輯補序(庚戌), 22ㄴ.

이해하기 위한 완벽한 註釋書가 만들어져야 했다. 그런 의미에서 송시열의『箚疑』는 규모와 工力이 宏密하면서도 "首尾貫徹 巨細兼擧"한 작업으로서 주자 이래 가장 성대한 功業이라고 그는 평가한다. 또 그 뒤『箚疑』를 節衍補闕한 註釋家들이 다수 있었으면서도 그것이 벽장 안에 묻히어 草稿인 채로 散爛해버리는 일도 적지 않아 窮鄕晩學들로서는 있는지조차 알기 어려운 상태임을 지적했다.106) 그래서 古今을 막론하고『朱子大全』에 관계되는 訓釋論說로서 參究에 도움이 될 만한 것은 모두 搜括해서『語孟精義』와 같은 體例에 따라 逐條彙編하기로 방침을 세웠다.107) 또 중국으로부터 혹 註釋類가 입수되면 당연히 포함시키기로 하였다. 이쯤 되면『朱子大全』의 주석서는 거의 완비될 것으로 생각하였다.

이준은 두 가지 점을 생각하면서『箚疑輯補』를 만들었던 것이다. 첫째는『朱子大全』의 이해를 위해서 완벽한 註釋書를 만든다는 것이고, 둘째는 佚失되어가는 東儒의 주자 이해의 노력, 곧 주석본을 모두 수집해서 보존 전승한다는 것이었다. 諸家의 주석을 집대성하는 형태의 편집물이 된 데는 이러한 이유가 있었던 것이다.

실제 편찬작업이 진행되는 과정에서는 만만찮은 어려움들이 가로놓여 있었다. 먼저『朱子大全』의 註說釋論의 編者와 書名, 所在處를 파악하기 어려웠고, 또 확인하였더라도 그것을 借覽 또는 抄寫해오는 데는 관련자들의 도움이 요청되었다. 거기에는 적지 않은 시간과 인력·비용이 소요되게 마련이었다.108) 일단 수집된 자료 가운데에도 내용이 소략한 것, 또 보관 소홀로 草稿상태에서 脫漏된 것이 적지 않았고,109)『大

---

106)『槐園集』卷12, 朱子大全箚疑輯補序(庚戌), 23ㄱ.

107)『槐園集』卷12, 朱子大全箚疑輯補序(庚戌), 23ㄴ.

108)『槐園集』에는 이러한 사정을 호소하고 지원을 요청하는 書札들이 적지 않다. 특히 '上洪梅山'書(丙午 8월 3일, 卷2) 및 '答李長汝'書(丙午 7월 5일, 卷3) 등에 그 정황이 자세하다. 丙午年(1846)의 6·7·8월은 이 작업을 착수한 초기단계로서 어려움이 더 컸던 것 같다.

全後語』(이의철 편집)와 같이 書名만 확인한 채 실물은 마침내 얻어 보지 못한 경우도 있었다.110) 그런가하면 『朱子大全』원본의 여러 板本(唐本·鄕本 등)을 대조하여 字句의 異同이나 誤脫 여부도 확인해야 했다.111)

편찬작업은 諸家의 주석을 하나로 집대성하기만 하면 斯文에 "莫大之幸"이 될 것이라는 기대 하나로 이루어지고 있었다. 編次式은 『箚疑』를 위주로 하고, 諸家註釋을 "標別付下 條例詳嚴 逐篇立題"한다는 원칙이 마련되었다.112) 일에 착수한 지 5년 만에(庚戌, 1850년) 일단 草本을 완성하기에 이르렀다. 그동안에 예산·일자의 차질은 물론, 工程上의 어려움도 컸다.113) 또 만들어놓고 보니 卷帙이 너무 浩穰해서 독자들이 이용에 난색할 우려도 없지 않았다.114) 草本은 이해 여름 雙溪寺에 모여 合力抄寫하려고 했다가 협찬자들의 居所인 雙溪·三浦·檗溪의 세 지역으로 나뉘어 筆寫작업을 진행했던 것 같다.115)

이리하여 『朱子大全』의 註釋史에서 처음이자 마지막의 집대성작업이 철저한 송시열 숭배론자인 이항로 부자에 의해서 70여 책의 巨帙로 이룩되었다. 그것은 書名에서도 제시되는 바와 같이 『朱子書節要』이래 약 2세기 동안 이룩되어온 諸家들의 『朱子大全』註釋을 集成하는 것이면서도, 동시에 송시열의 『箚疑』를 '補闕'한다는 또 다른 의도를 내포하는 작업이기도 하였다. 卷帙 분량은 강호보의 『朱書分類』를 능가하는

---

109) 『箚疑輯補』의 「諸家箚註書目」에서도 간략한 소개를 하고 있다. 또 '上洪梅山'書(註 108)의 편지, 34ㄱ 참조.
110) 「諸家箚註書目」에서는 "今其書不傳"이라고 적고 있다.
111) 『槐園集』卷4, 與趙敬訥(庚戌 6월 28일), 24ㄱ~25ㄱ 참조.
112) 「朱子大全箚疑輯補抄寫法例」(『箚疑輯補』卷首 所收) 및 『槐園集』卷4, 與尹校理(士育 ; 戊申 12월 14일), 22ㄴ 참조.
113) 『槐園集』卷5, 答李長汝(庚戌 4월), 19ㄴ.
114) 『槐園集』卷5, 答李長汝(庚戌 4월), 19ㄱ ; "計不下百許卷帙"[『槐園集』卷5, 答李長汝(庚戌 4월), 20ㄱ].
115) 「朱子大全箚疑輯補編次記」(『箚疑輯補』卷首 所收) 참조.

것이었지만 작업내용은 단순한 편집이었으므로 그보다 어려운 것은 아
니었을 것이다. 또『朱子大全』의 註釋사업이 워낙 송시열 연원의 관심
사였고 그 성과도 압도적으로 많았기 때문에『箚疑輯補』에 수록된 것
도『朱子書節要註』와『朱書節要記疑』(15권 2책), 그리고『朱書講錄刊
補』(6권 3책)116)의 3종만이 영남학파에서 나온 것이고, 나머지 20여 종
은 모두 송시열 연원의 所産이었다. 李栽의『朱子大全集覽』117)(不分卷
4책)이 영남학파에게는 송시열의『箚疑』에 비길 만한 註釋書임에도 수
록되지 못한 것은 아마 파악과정에서 누락된 때문인 것 같다.

　이항로는『箚疑輯補』에서 다시 중요한 내용을 뽑아 按說을 붙여서
『朱子大全集箚』(20권)를 만들고, 이를 여러 차례의 수정을 거쳐서 완벽
한 주석서로 삼으려고 하였다.118) 아마 註說의 주요 부분을 쉽게 파악
하도록 하고, 분량이 너무 커서 불편한『箚疑輯補』를 대신하는 통용본
으로 사용하려고 했는지도 모른다. 그는 또『二程全書』의 註解本을 門
人 金平默(1819~1888 ; 重庵)에게 만들도록 하였다.119) 주자의 학문은
二程子에게서 나왔으므로『二程全書』또한『朱子大全』과 표리관계가
된다는 이유에서였다. 이때의 底本은 송시열의『程書分類』였다. 이 두
가지 편찬사업은『箚疑輯補』와 밀접히 관련된 보충적인 연구였다고 하
겠다. 또 그들 부자는『朱子語類』에도 관심이 컸을 것이지만, 기존의
연구로서는 이의철의『朱子語類考文解義』가 고작이었을 상태에서『箚
疑輯補』와 같은 형태의 편집물을 생각할 수는 없었을 것이다.

---

116) 이는『朱子書節要講錄』(李德弘 編, 1책)이 퇴계의 校勘을 받지 못한 채 통용되는
　　데 불만, 이를 '補漏刊誤'한다는 방침 아래 만든 것으로『朱子書節要』註釋本 가운데
　　결정판이라고 해야 할 것이다[『密庵先生文集』卷12, 朱書講錄刊補序(癸巳), 15ㄱ].
117)『朱子大全』전체에 대한 주석서로서, "考定事實 究覈義趣"하기 위한 것이 편찬의
　　동기였다[『密庵先生文集』卷24, 附錄 年譜, 丙午(70세)條, 15ㄴ 참조]. 아마 송시열의
　　『箚疑』가 나온 것을 의식하면서 작성한 것으로 생각된다[『箚疑』는 1715년(肅宗 41)
　　印刊되었고,『朱子大全集覽』은 1726년(영조 2)에 편집이 마무리되었다].
118)『華西集』附錄 卷9, 年譜, 丙午(55세)條, 27ㄴ 및 年譜, 己未(68세)條, 51ㄱ 참조.
119)『華西集』附錄 卷9, 年譜, 戊申(57세)條, 32ㄱ.
　　『雅言』卷11, 易者 제33, 21ㄴ.

요컨대 조선 후기에는 諸經典類에 대한 여러 가지 형태의 편집물이 나오고 있었지만 그 어느 것도 『箚疑輯補』에 필적할 만한 것은 없었다. 여기에 주자는 한 개인 儒者인 주자가 아니라 한 시대이념의 주인공인 주자였던 것이고, 이항로 부자는 그러한 주자를 극명하게 표출하는 것으로써 그 소임을 다하려 했다고 보인다.

5. 맺음말

지금까지 우리는 송시열의 『朱子大全箚疑』로부터 이항로의 『朱子大全箚疑輯補』에 이르는 약 160여 년에 걸친, 주자의 저작·언론에 대한 註釋史의 전개과정을 살펴보았다.

주자 저작·어록의 연구는 처음 퇴계로부터 시작되었지만 그것을 본격적인 단계로 끌어올린 사람은 우암 송시열이었다. 송시열은 17세기의 역사적 과제를 동요하는 양반 지배체제의 재정비와 中華的 세계질서의 회복으로 파악하고, 그 해결방안으로는 오직 '주자로부터의 모색'이 최선이라고 생각하였다. 그리하여 주자의 사유와 행동을 믿고 닮아가기 위해서 朱子絶對意識을 고취하는 대신 모든 朱子批判思想을 용납하지 않았다. 말하자면 다종다양한 여러 입장과 주장을 조정 조화하는 가운데 현실문제가 해결되어가는 것이 아니라, 唯一者인 주자의 論旨에 통합됨으로써만 타결될 수 있다는 것이었다. 여기에 주자의 저작과 언설에 대한 정확한 이해가 요청되는 것이었고, 이렇게 시작된 그의 주자 연구는 『朱子大全箚疑』와 『朱子言論同異攷』로 집약되었다. 그는 이 과정을 통해서 자신의 율곡 연원이 朱子道統의 嫡傳임을 선양하고 주자 이해의 방법과 목표를 제시했을 뿐만 아니라, 그 門下生을 중심으로 한 學淵·黨派的인 유대와 결속을 다짐하고 이에 의한 정치·사상적인 지지기반도 구축해갈 수 있었다.

18세기의 주자 연구는 이미 송시열이 설정해놓은 방법과 영역 안에서 그것을 부연하고 구체화하는 차원의 주석·분류 작업으로 그의 再傳·三傳 제자들에 의해서 이루어지고 있었다. 그리고 이제는 송시열 연원 내부에서도 연구주제와 방법에서 서로 경향을 달리하는 세 계통의 흐름이 드러나고 있었는데, 예컨대 김창협·김매순은『箚疑』를 보완하는 데 충실하되 그러면서도 自家註釋의 독자적 입장을 제시하려 했고, 李縡 門下의 이의철은 또한『箚疑』의 보완작업을 우선하는 가운데『朱子語類』에 대한 최초의 본격적인 註釋書를 산출함으로써 이를『朱子大全』註釋과 대등한 위치로 끌어올리고 있었으며, 한원진·강호보는 본격적인 분류·분석과 編目작업을 통해서 때와 경우에 따라 달리 표현된 주자 論旨의 異同에 대해서 주자 本旨에 바탕을 둔 再'定論'을 시도하였다. 이러한 경향의 차이는 같은 송시열 연원의 정통 주자학이면서도 학문적인 敎義나 정치·사회적 견해가 다른 것과도 무관하지 않을 것이다. 그런데 더 본질적이고 철저한 주자 연구성과는 洛論系보다도 한원진의 湖論 쪽에서 이루어졌다고 생각된다. 또 이 시기는 송시열을 宋子로 추숭하고 孔子－朱子－宋子로 이어지는 道統體系가 점차 實勢化하는 때이기도 했으므로 '宋子를 통한 朱子 이해'라는 시각도 보편화되어가고 있었다.

학문의 방법과 입장에서 19세기 畿湖朱子學(송시열 주자학)을 대표하는 유자는 이항로였다. 그는 송시열의 직계연원은 아니었으나, 송자를 통한 주자 이해, 주자를 통한 공자 이해라는 도식적인 宗旨 파악단계를 설정하고 있었는데, 이는 송시열이나 한원진의 '주자 이해로부터 공자 이해로'라는 논리와 일치한다. 그는 또 17세기 송시열의 대응논리였던 尊華攘夷·崇正學闢異端을 그대로 계승해서 19세기 反西敎·斥洋斥倭의 이념으로서 衛正斥邪를 제창했던 것이다. 그는 스승으로부터 배운 것이 아니라 스스로 송자를 알게 되었고, 그 송자가 믿었던 바가 곧 주자라는 것을 깨닫게 되었다. 그러므로 朱子－宋子의 道統傳授 관계는 확고부동한 것이 되고, 송시열이 그랬듯이 주자를 철저히 알고 그것으로부터 현실의 대안을 이끌어내야 된다고 믿었던 것이다. 그가 종래의 『朱子大全』 주석서를 집대성해서 『朱子大全箚疑輯補』를 편찬하고 있었음은 곧 현실 그 자체의 모색을 뜻하는 것이었다. 그에게 주자를 올바로 이해한다는 것은 朱子書를 통해서 주자를 믿는다는 의미였다.

이 글의 내용을 이상과 같이 요약하고 보면 조선 후기 기호학파의 사상경향은 주자의 저작·언론에 관한 註釋史라는 성격이 두드러진다는 사실을 확인하게 된다. 그리고 송시열의 주자 계승의식, 곧 道統意識이 그러한 註釋史 전개의 주된 계기였다는 사실도 주목된다. 또 기호학파(송시열 학파)만큼 주자 註釋書를 내지 않았던 영남학파의 '주자학'은 내용과 방법에서 차이가 그만큼 클 것이라는 예상도 가능할 것이다. 주자는 聖人이고 주자가 모든 것을 다 밝혀놓았으므로 이후로는 著作이 필요 없이 朱子書를 읽어서 그 義理를 구하기만 하면 된다는 태도는 처음 송시열에게서 확립되었던 것이고, 이는 말할 것도 없이 道統論的인 발상이었다. 이러한 인식상황 아래서는 오직 訓詁와 解釋을 위한 註釋 작업만이 학문으로 남을 수 있을 뿐이고 개인의 비판적인 사고, 자유로운 개성의 발휘를 통한 학문·사상 활동은 용납되기 어렵다. 송시열은 그러한 註釋 중심의 연구방법과 목표를 제시해두었던 것이고 그것이 또 충실히 계승·발전되고 있었음을 보았다.

그런데 주자 저작의 註釋을 통한 주자와의 일치는 곧 朱子墨守의 태도에 직결되고 이러한 묵수·답습은 주체적 진보적 사유태도와는 거리가 먼 것으로, 현실문제에서는 구질서의 극복을 지향하는 체제개혁적 입장이기보다는 '祖宗之聖法'을 내세우는 체제내적 變通論에 머물게 마련이었다. 이 점은 18세기 이후의 정치·사상적 기저가, 진보적인 지식인들의 사회개혁 방안을 묵살한 老論 閥閱세력과 '송시열 주자학'의 결합에 의해서 마련되고, 또 이끌려갔던 사실에서 극명하게 드러나는 것이다.

(『百濟硏究』 18, 1987)

Ⅱ. 17세기 畿湖朱子學의 동향
─宋時烈의 '道統' 계승운동─

1. 머리말

조선시기에는 朱子學이 '正學'[1]이었다. 왕조의 성립 이래 주자학이 正統의 학문, 國政의 敎學으로 확립되어간 것이다. 그런데 17세기 중엽, 顯宗·肅宗 연간에는 이 '正學' 자체에 또 다른 정통성 시비가 일어나고 있었다. 주자학의 정통주의를 강화하려는 측과 여기에 동조하지 않는 입장 사이의 사상적인 대립이었다.

'禮訟'과 西·南 黨爭의 격화, 老·少의 分黨과 이에 관련된 黜陟·換局의 반복은 말하자면 그러한 갈등이 정치현상으로 표출된 것이라고 할 수 있다.

잘 알려진 바와 같이 宋時烈(1607~1689 ; 尤庵)은 이때 주자학 정통주의, 즉 '正學' 수호운동을 주도한 중심인물이었다. 그의 주자 숭배와 '正學'에 대한 기본 인식은 다음 인용문에서 그 특징이 잘 나타난다.

---

1) '正學'이란 문자 그대로 '正統의 학문'을 가리키는 말로서 '曲學'의 대응이 된다. 漢武帝 때 百家의 學을 배척하여 오직 儒術만을 높이고 儒家學說을 '正學'으로 인정한 데서 기원한다[『辭源』(修訂本), 商務印書館, 1979, 1666쪽 참조].

생각하건대 群聖을 모아 大成한 분은 孔子이고 群賢을 모아 大成한 분은 朱子입니다. 前後의 聖賢이 그 法揆는 비록 다 같다 할지라도 그 博文과 約禮 두 가지가 지극하고 공부와 力行이 투철하여 堯·舜·禹 이후로 大成의 道에 한 가지라도 부합하지 않음이 없이 專一하기로는 朱子만 한 분이 없습니다. 栗谷 선생의 학문은 오로지 朱子한테서 나왔으므로 일찍이, "내가 다행히 朱子의 뒤에 나와서 학문이 거의 어긋나지 않게 되었다"고 말씀하셨는데 우리 선생(金長生－필자)께서는 바로 그 계통을 이으셨습니다.2)

1689년(숙종 15) 1월 송시열은 元子冊封에 반대하다가 濟州道로 流竄됐고, 이 글은 連山을 지나는 길에 그의 스승 金長生(1548~1631 ; 沙溪)을 추모해서 지은 것이다. 그는 아마도 이번에야말로 다시 돌아오기 어려운 길임을 직감했는지도 모른다.3) 글은 계속해서, "朱子가 아니었다면 孔子의 道가 밝아지지 못했고 밝아지지 않았다면 道는 전해지지 못했을 것"이라는 김장생의 말을 상기하는 것으로 이어진다. 공자의 道가 전해진 脈은 주자에 의해서 찾아졌다는 것, 그 脈은 孔子→朱子→栗谷→沙溪라는 계통으로 이어져 왔다는 것, 그리고 무엇보다도 자신이 이 道脈, 즉 道統의 확립을 위해서 평생을 바쳤던 것이 절대로 옳았다는 것을 강조해 마지않았다.

이렇게 보면 '崇正學·闢異端'운동의 선봉에 섰던 송시열의 思惟構造의 특징은 이 朱子道統論의 계승·발전이라는 측면에서도 찾아진다고 하겠다. 그런데 17세기 이후 思想界는 兩亂 뒤의 社會變動과도 관련해서 정통 주자학에 대한 反朱子學의 도전, 즉 보수사상 대 진보사상의 갈등이 점차 고조되어 가는 점에 그 특징이 있었다. 그러므로 정통 주자

---

2) 『宋子大全』 卷151, 告沙溪先生墓文, 40ㄱ(이하 『宋子大全』을 『大全』으로 줄임).

3) 그는 그해 6월 7일 加律(＝賜死)의 명을 받고 井邑에서 죽었다(『大全』 附錄, 卷11 年譜, 崇禎 62년 己巳 6월 癸酉, 25ㄴ).

학과 밀착된 집권양반층의 현상유지책의 성격은 朱子學的 道統論의 사유구조를 통해서도 설명되어야 할 것이다. 이 글에서 송시열 중심으로 추진된 '正學' 수호운동의 성격을 道統論의 성립·발전 과정이라는 관점에서 정리해보려는 이유가 여기에 있다.

2. 朱子絶對化와 栗谷의 宣揚

편의상 道統論의 성립과 그 의미에 대해서 간단히 살펴둘 필요가 있다. 道統에 관한 논의는 韓愈(768~824 ; 唐 昌黎人, 字 退之)한테서 처음 나온 것이었다.4) 그는 불교의 宗派·師徒 相傳의 法統을 염두에 두고 유교의 源遠流長한 道統을 수립함으로써 儒·佛·道 3敎의 항쟁 속에서 유교의 지위를 한층 높여보자는 생각이었다.5) 그러나 한유의 道統論을 수용한 위에서 經籍과 先儒의 말을 收合, 하나의 조직된 이론으로 체계화해간 것은 주자였다.6)

주자에 따르면 道統이란 유가의 학문의 요지인 "人心惟危 道心惟微 惟精惟一 允執厥中"7)이라는 16字의 내용을 傳授해간 내력으로서, 堯·舜·禹·湯·文·武의 帝王과 周公에 이어진 뒤 공자가 이것을 顔子·曾子를 거쳐 子思·孟子에게 전했다고 한다. 맹자의 학문이 '聖人之道'의 宗旨를 얻고 있었다는 것은 한유의 주장과 다를 바가 없다. 주자는 여기에서 한 걸음 더 나아가 道統계승에 二程子의 공로가 컸음을 강조

---

4) 『韓昌黎集』 卷11, 原道, "斯道也 …… 堯以是傳之舜 舜以是傳之禹 禹以是傳之湯 湯以是傳之文武周公 文武周公傳之孔子 孔子傳之孟軻 軻之死不得其傳焉."
　　侯外廬 主編, 『中國思想通史』 4卷 上, 北京 : 人民出版社, 1959, 327~337쪽 참조.
5) 張立文, 『朱熹思想硏究』, 北京 : 中國社會科學出版社, 1980, 589쪽.
6) 勞思光, 鄭仁在 譯, 『中國哲學史』(宋明篇), 탐구당, 1987, 318쪽·382쪽.
7) 『朱子大全』 卷76, 中庸章句序. 朱子의 道統說에 대해서는 이 밖에도, 「大學章句序」(『朱子大全』 卷76), 『孟子集註』(卷14, 盡心章句 下, 第38章), 『朱子語類』(卷93, 道統)를 통해서 그 대체를 파악할 수 있다.

하였다. 즉 맹자 이후 1400년 동안 유가의 道가 민멸되었다가[8] 程子 형제가 나와서 道·佛의 '似是之非'를 배척함으로써[9] 聖人之道가 '煥然復明于世'[10]했다는 것이다. 그것은 주자가 程子의 私淑弟子였음을 자부했고,[11] 선배 宋儒들 가운데서도 가장 존중되어야 할 사람은 二程子(특히 叔程子인 程頤를 존숭했다)라고 생각했기 때문이었다. 그의 기준에서는 한유를 포함한 漢·唐代의 儒者 가운데 道統을 이을 만한 眞儒가 없었던 셈이고, 그래서 孟子→程子(明道-伊川)→朱子로 이어지는 道統 체계가 만들어질 수밖에 없었다.[12] 그 뒤 『宋史』에 「道學傳」을 설정하게 됨으로써 주자의 道統계승의 지위는 국가적인 승인도 얻게 되었다. 이는 주자가 평생 道統을 自任해왔던 사실,[13] 또 주자에 대한 門人들의 추숭과 주자학 자체가 정치이념으로 수용되어간 결과였다고 할 수 있다. 요컨대 道統의 傳授者이기 위해서는 '聖人之道'를 실행에 옮긴 帝王이거나, 그 要旨를 학문(개인적인 修養과 정치적 전망)으로 발전시켜간 '眞儒'이어야만 되었던 것이다.

이렇게 보면 道統이란 본시 人心·道心·允執厥中과 같은 유가의 要義가 그 '聖賢'들에 의해서 정치나 학문의 요소로 충실히 전승되는 데 의미가 있게 된다. 그러나 그것은 지극히 추상적 관념적인 것, 초역사적

---

8)『孟子集註』卷14, 盡心章句 下, 第38章, "道不行 百世無善治 學不傳 千載無眞儒."

9)『朱子大全』卷76, 中庸章句序.

10)『孟子集註』卷14, 盡心章句 下, 第38章.

11)『朱子大全』卷76, 大學章句序, "雖以熹之不敏 亦幸私淑而與有聞焉."

12) 물론 伊川의 다음 자리에 朱子를 넣어 道統을 삼은 것은 그의 門人 黃幹(朱子의 사위이기도 했다), 陳淳 등이었다. 黃幹은 "由孟子而後 周·程·張子繼其絶 至先生(朱子)而始著"(『朱子年譜』 卷4下, 朱子行狀)라 했고, 陳淳은 朱子를 "蓋所爲集諸儒之大成 而嗣周·程之嫡統 萃乎洙泗濂洛之淵源者也"(『北溪先生字義』卷下, 嚴陸講義·師友淵源)라고 추숭했다(張立文, 앞의 책, 1980, 592쪽 참조). 여기에서 송시열이 栗谷·沙溪를 朱子의 道統으로 설정하는 의식의 일단을 볼 수 있다. 또 송시열의 門人 權尙夏가 栗谷·沙溪를 제쳐두고 그 스승을 직접 朱子에 연결하는 발상도 이와 무관하지 않을 것이다. "集群聖而大成者 孔子也 集群賢而大成者 朱子也 集群儒而大成者 先生(송시열-이상 필자)也 朱子 孔子後一人也"(『大全』附錄, 卷19, 記述雜錄, 權尙夏, 1ㄴ).

13) 勞思光, 앞의 책, 1987, 457쪽.

비실재적인 것일 수밖에 없었다. 말하자면 그 要義는 不變의 絶對眞理라는 전제 아래서 묵시적으로 승인되고 있었던 것이다. 그리하여 儒學이 '현실 匡捄의 학문', 즉 정치·사회 사상이라는 점과도 관련해서 道統은 하나의 絶對精神(＝이념)으로서 인간과 사회를 主宰하는 개념이 되어가고 있었다. 실로 주자는 道統論의 시각에서 현실을 바라보고 역사의 과정을 道統의 성패과정으로 이해하고 있었다.14) 三代(夏·殷·周)는 聖人之道가 실행된 光明한 道統의 시대였으나, 秦漢 이후 五代까지는 聖人之學(＝大道之要)이 "晦盲否塞 反覆沈痼"한 암흑의 시대, 道統斷絶의 시대였다가 宋나라가 일어나면서 "治敎休明"한 道統時代가 비로소 다시 회복되었다는 생각이 그것이다.15)

그는 三代와 그 이후를 나누어 전자와 후자 사이에 道와 無道, 구체적으로 말하면 天理와 人欲, 義와 利, 王道와 覇道의 차이를 설정하고 있다. 그래서 道統論의 기준에서 보면 漢·唐의 정치·사회·학술·인물의 그 무엇에 대해서도 實在로서의 의미·가치 부여를 거부하고 있었다.16) 그는 사회의 실재적인 力量과 그 성과보다도 추상화된 觀念體, 즉 道統(＝絶對精神)의 계승 여부에서 의미를 찾으려고 하였던 것이다. 불변적 가치인 道統은 '영웅'의 의지에 의해서 계승되는 것이었다. 주자는 결국 사회·역사 발전의 법칙성을 부인하고 역사를 영웅 중심의 관념 발전의 과정, 道統의 역사로 이해한 것이었다.17)

---

14) 위의 책, 417쪽.
15) 朱子의 道統史的 인식은 특히 그의 「大學章句序」에 잘 나타나 있다. 예컨대 "三代之隆", "及周之衰 賢聖之君不作", "五季之衰而壞亂"이라든가 "天運循環 無往不復 宋德隆盛 治敎休明"이라는 등의 표현이 그것을 말해준다.
16) 이러한 朱子의 인식시각은 그 당대 儒者들에 의해서도 맹렬한 비판대상이 되기도 하였다. 陳亮·葉適이 그들이다(狩野直喜, 吳二煥 譯, 『中國哲學史』, 을유문화사, 1986, 416~421쪽 참조).
17) 張立文, 앞의 책, 956쪽 참조. 그런데 여기에서 거의 不可抗力的인 실재적 制約을 정면으로 부정하는 힘이 나오는 것으로 생각된다. 朱子에게는 북방민족(遼·金)의 압박에 당면한 국가적 위기상황, 道·佛에 대한 유가의 사상적 우월성 고수, 韓侂胄 등 정치적 박해세력에 의한 道學의 위기는 오로지 道統의 傳授라는 絶對精神에 귀의함

송시열은 이상과 같은 주자의 道統論的인 사유방식을 고스란히 자기의 것으로 수용하고 있었다. 그렇다고 '道統' 그 자체를 자주 내세워 말하지는 않았다. 그의 학문과 정치활동, 즉 생애의 과정을 통해서 道統의 구축을 실현해갔다고 할 수 있다. 이제 그의 朱子崇信의 태도, 주자 자체를 학문의 대상으로 삼았던 데서부터 살펴가기로 하겠다.

주자학의 시대에 주자를 관심의 대상으로 삼는 일이 특이할 것은 없었지만, 송시열은 젊은 시절부터 특별한 믿음을 가지고 주자를 공부했던 것 같다. 그의 충실한 門人 李喜朝(1655~1724 ; 芝村)는 그를 追悼하는 글에서, "선생의 배우고자 원하는 바는 실로 朱子였습니다"[18]라고 적었는데, 이는 범상하게 보아 넘길 말이 아니다. 송시열에게는 어떤 무엇보다도 朱子崇信이야말로 그를 찬양하는 일이 될 것으로 이희조는 생각했을 것이다. 찬사는 계속된다.

참되게 알고 독실하게 믿어서 부모처럼 받들고 神明처럼 공경하였습니다. 夫子(朱子－필자)를 위해서라면 비록 죽어도 달게 여길 사람은 선생 말고는 없을 것입니다.[19]

주자를 위해서 살았고 주자를 위해서 죽었다는 것이 그 자신과 門人들의 자랑거리였던 것이다. 송시열 스스로는 주자를 어떻게 말했던 것일까.

臣은 젊어서부터 朱子의 글을 읽었지만 그 一字一句도 至論格言이 아닌 것이 없습니다.[20]

으로써만 그 극복이 가능할 수 있었을 것이다. 朱子의 이와 같은 관념적 지향에 연관된 현실인식과 그 대응태세는 宋時烈에 이르러서는 한 단계가 더 추상화되고 그것에 대한 확신(朱子도 그렇게 해서 극복했다는)은 더욱 철저화 극단화되어 갔다고 생각된다. 송시열이 尊周義理나 事大尊明을 표방했음은 그 증거가 아닐까.

18) 『芝村集』 卷17, 祭尤庵先生文, 347下ㄴ(영인본), "乃先生之所願學者 則實在於朱子也."
19) 『芝村集』 卷17, 祭尤庵先生文, 347下ㄴ.

이는 孝宗에게 '聖學'을 공부하도록 권유하는 가운데 나온 말이었다.

　제자들과 주자의 言行을 강론하다가는,

　　　말씀마다 옳은 분도 朱子이고 일마다 맞는 분도 朱子이시니라.[21]

라고 말했다. 주자에 대한 믿음과 흠모의 정이 어느 정도였는지를 느끼게 된다.

　그 믿음은 經典의 註釋에서 朱子說을 절대 우선하는 것으로도 나타났다. 門人들이 주자 아닌 先儒들의 註說에 조금이라도 긍정하는 태도를 보이기만 하면 그때마다 朱子註를 따르도록 충고해 마지않았다. 다음 예문에서도 그 점이 잘 드러난다.

　　　先儒의 註說이라 할지라도 朱子의 註釋이 아니라면 왜 오류가 없겠느냐. 그러므로 沙溪 선생도 늘 "朱子註가 아니면 반드시 애써 공부할 것은 없다"고 말씀하셨다.[22]

　朱子註를 놓아두고 다른 해석을 넘겨다보는 것 자체가 경솔한 공부 태도로 간주되는 것이었다. 朱子註를 여타의 모든 先儒註에 우선하는 경향은 조선 주자학의 전개과정에서 꾸준히 추구되어온 하나의 특징이라고 할 수 있을 것이지만, 송시열의 단계에서는 여타의 주석은 아예 비판·부정의 대상이 될 뿐임을 보게 된다.

---

20) 『大全』 卷7, 辭召命兼論聖學疏(庚寅 8월 27일), 3ㄴ.
21) 『大全』 附錄, 卷17, 語錄, 27ㄴ.
22) 『大全』 附錄, 卷17, 語錄, 18ㄴ.
　그의 門人들이 기록한 송시열의 「語錄」이나 師友 사이에 왕래한 書簡의 도처에 經義問答의 내용이 나온다. 여타 諸儒의 註說은 언제나 朱子註를 채용하기 위한 보조적 방편으로서 언급될 뿐이었다. 혹 그것이 朱子說과 다를 경우에는 바로 朱子의 註釋에 근거한 비판이 따르게 마련이었다.

> 朱子가 나온 이후로 義理가 크게 밝아져서 一言一句도 밝혀놓지 않은
> 곳이 없으니 그 다음 사람들의 저술은 쓸데없는 것이고 만약 朱子의 말과
> 조금이라도 다르면 雜說일 뿐입니다.[23]

국왕 효종에게도 朱子註說만이 유일한 正論으로 인정되어야 함을 설명
한 것이다. 그도 물론 선배의 저술은 취사선택해서 따를 만한 것은 따라
도 좋을 것이라고 말한다.[24] 그러나 주자는 단순한 先輩·先儒가 아닌
聖人으로 간주되는 존재였기 때문에 선택의 여지가 있을 수 없다고 생
각했던 것이다. 주자에 대한 믿음이 더욱 철저해졌을 때의 말에서 그것
이 여실하다.

> 朱子는 聖人이 아닌가. 朱子의 正論이 있는 이상 멋대로 朱子說을 고치
> 고 그것으로 朱子의 말씀에 대신하려는 일이 옳겠는가.[25]

무조건적인 주자 긍정이 그대로 朱子學說에 대한 절대 긍정으로 이어
지고 있었던 것이다.

송시열의 주자 공부는 『朱子大全』과 『朱子語類』를 통해서 더욱 구체
화되어갔다. "배우는 사람이 朱子의 글에 익숙하지 못하면 儒者의 일을
하기 어렵지 않겠습니까"라는 이희조의 질문에, "그렇다. 『朱子大全』과
『朱子語類』를 읽지 않을 수 없다"고 공감하였다.[26] '儒者의 일'이란 공
자의 道, 聖人의 학문에 들어가는 일이다. 그는 또 "사람을 敎導하는 점
에서 이 책(『朱子大全』-필자)은 四書·六經보다 下位에 있지 않다"고

---

23) 『大全』 附錄, 卷3, 年譜, 崇禎 31년 戊戌 12월 辛巳, 29ㄴ.
24) 『大全』 附錄, 卷17, 語錄, 18ㄴ.
25) 『大全』 卷51, 與金延之(己丑 9월 13일), 1ㄱ.
   『大全』 附錄, 卷18, 語錄, 29ㄱ.
26) 『大全』 附錄, 卷14, 語錄, 31ㄱ·ㄴ.

말한다.27) 四書·六經을 가벼이 생각해서가 아니라 『朱子大全』과 『朱子語類』의 효용을 강조하는 표현일 것이다.28) 주자의 인간과 학문방법을 검증 수용함으로써 孔孟의 학문에 접근해가려고 할 때, 또 그것이 최선이라고 생각될 때는 『朱子大全』·『朱子語類』가 더 좋은 敎本일 수가 있었다. 그것들이야말로 살아 숨쉬는 인간과 행동을 구체적으로 부각시켜줄 것이고, 이 점에서는 經書보다도 더 큰 공감을 줄 수 있을 것이기 때문이다.

　그러나 송시열의 주자 저작에 대한 신봉은 학문을 위한 방법의 모색을 넘어선 그 이상의 것이었다.

　　　내가 배운 것은 『朱子大全』뿐이다.29)
　　　학문하는 자는 하루라도 『朱子語類』가 없어서는 안 된다. 의복을 팔아
　　　서라도 사야 된다.30)

그는 『朱子大全』만을 배웠을 뿐이라면서, "배운 것을 버리고 감히 다른 학문을 하겠느냐"31)는 반문을 던지고 있다.32) 주자의 저술 이외에는 '다른 학문'으로 간주한 것이다. 이는 그가 주자의 인간됨과 註釋家로서 탁월함에 매료되었음을 말해준다. 주자에 대한 숭배의 念에서 그를 聖人

---

27) 『大全』 卷25, 假注書宋相琦傳諭後書啓(丙寅 4월), 26ㄴ.
28) 그는 四書를 우선하지 않은 經學공부에 반대하고(『大全』 附錄, 卷18, 語錄, 3ㄴ) 『孟子』를 스스로 1천 번을 읽어서 모두 외우고 있었음은 물론(『大全』 附錄, 卷17, 語錄, 13ㄱ), 읽고 외우는 공부의 필요성을 말하고 여기에는 『書經』보다 나은 것이 없다고도 했다(『大全』 附錄, 卷17, 語錄, 13ㄴ). 四書·五經의 중요성과 그 特長을 결코 소홀히 볼 이유가 없었다.
29) 『大全』 卷77, 與金遠明(戊申 11월 25일), 16ㄱ.
30) 『大全』 附錄, 卷16, 語錄, 40ㄱ · 44ㄱ.
31) 주 29와 같음.
32) 그는 『朱子大全』과 『朱子語類』를 다 같이 존숭하면서도 『朱子大全』은 朱子의 직접 저술이지만, 『朱子語類』는 門人들이 기록한 것이므로 내용에 차이가 발견될 경우 『朱子大全』을 따르도록 정하고 있었다(『大全』 附錄, 卷18, 語錄, 23ㄱ · ㄴ 참조).

視하며 그 저작과 語錄을 최선의 經典으로 인식하기에 이르렀던 것이다. 나아가서는 주자의 생애 자체를 자신이 답습해가지 않으면 안 되는 필연의 '예정'으로까지 받아들이게 된 것이었다.[33]

우리는 여기에서 朱子道統을 추구하는 데 집중된 송시열의 학문태도가 결국 그 자신이 주자라는 人格體에 동화되어버림으로써 주자를 상대화할 수 있는 계기를 상실해버린 채 그를 철저한 朱子絶對論者로 변신시켜가고 있음을 보게 된다. 이는 그 스스로 선택한 길이라기보다도 주자의 道統論的인 사유방식에 설득 또는 압도되어간 결과라고 해야 할 것이다.

앞에서 살핀 바, 송시열의 道統意識과 관련된 주자·주자학 絶對論은 송시열 개인의 주관적 사유의 측면에 주목해본 것이었다. 그는 여기에 현실적인 보편성과 객관적인 정당성을 부여해야 한다고 생각했을 것이다. 그 시도는 대개 세 가지 측면에서 전개되었다고 생각된다. 주자학의 淵源·師承 관계를 자기 방식으로 재정립하는 일, 주자와 주자학설에 비판을 제기하는 모든 異說이나 반대세력을 철저히 배격하는 일, 또 절대성의 근거가 되는 주자의 저작과 어록에 대한 逐次的인 考證·辨正작업을 통해서 그 완전성을 확립하는 일 등이 그것이었다. 이러한 의도는 그 자체가 사상계·정계의 관심사이기 마련이었기 때문에 그것이 실행에 옮겨지던 효종~숙종 연간에는 嶺南朱子學과 畿湖朱子學의 학파적 대립과 西·南 政爭이 더욱 격화되기도 하였다.

17세기 기호지방의 주자학은 栗谷 → 沙溪(金長生) → 愼獨齋(金集)로 이어지는 연원을 중심으로 충청도의 魯城·連山·懷德 지역에서 활발한 움직임을 보이고 있었다.[34] 그러나 기호주자학은 退溪 연원의 영남

---

33) 그는 일상생활에서부터 出處語默과 政論에 이르기까지 모든 행동거지를 '朱子의 방식'대로 '追體驗'하려고 했었다. 이에 대해서는 三浦國雄의 정리된 글이 참고된다. 三浦國雄, 「十七世紀朝鮮における正統と異端―宋時烈と尹鑴」, 『朝鮮學報』 102, 1982, 특히 106~108쪽 참조.
34) 송시열을 비롯한 宋浚吉·李惟泰·尹宣擧·兪棨 등은 모두 末年의 金長生과 그

주자학보다도 그 출발이 뒤늦을 뿐만 아니라 학파적 지위도 상대적인 열세에 놓여 있었다. 西人黨의 정치 주도권 장악에도 불구하고 이 현상은 송시열 당시까지도 의연 계속되고 있었다. 그것은 學派·黨派를 초월해서 존숭되고 있는 퇴계의 부동적인 위치와도 무관하지 않았을 것이다. 그는 이러한 열세를 먼저 기호주자학의 學統 정립을 통해서 만회하려고 했다. 아마 이것이 朱子崇信을 위한 주요 실천과제가 된다고 생각했을지도 모른다.

송시열이 주장하는 道統도, 孔子→朱子→栗谷→沙溪의 연원으로 이어지는 것이었음은 앞서 말하였다. 그는,

> 栗谷 선생은 참으로 朱子의 嫡統이다.[35]

라고 단정하였다. 자신이 栗谷의 孫弟子라는 學淵관계가 우선적인 이유였을 것이다. 율곡의 학문이 '專主考亭(朱子-필자)'[36] 했을 뿐만 아니라 "우리나라 先儒로서는 아는 것이 바르고 선명하기가 율곡만 한 학자가 없다"[37]고 말했다. 율곡이 과연 주자를 가장 충실히 공부한 최고의 儒者라면 퇴계에 대비해서도 그렇다는 것일까.

> 栗谷이야말로 靜菴(趙光祖-필자)과 퇴계의 학문을 겸비한 데다가 經濟의 재주를 더하였다.[38]

이것은 우리나라 儒者로서 누가 正宗이 되겠느냐는 門人의 질문에 李

아들 金集 門下에 출입하던 자들로 효종~현종대에 西人 山林세력의 주축을 형성하게 되었다(禹仁秀, 「17世紀 山林의 進出과 機能」, 『歷史敎育論集』 5, 1983 참조).

35) 『大全』 卷100, 答兪公佐(己巳 4월 29일), 22ㄱ.
36) 『大全』 卷139, 朱子大全箚疑序, 43ㄱ·ㄴ.
37) 『大全』 附錄, 卷17, 語錄, 18ㄱ.
38) 『大全』 附錄, 卷14, 語錄, 24ㄱ.

植(1584~1647 ; 澤堂)의 말을 빌려서 대답한 것이었다. 송시열 또한 퇴계에 대한 존경심이 없을 수 없었기 때문에 퇴계·율곡을 직접 비교하기는 주저되는 일이었을 것이다. 그러나 그의 文集 도처에서 퇴계의 학문과 出處에 비판을 가한 대목을 접하게 된다. 예컨대, 퇴계가 한결같이 주자의 出處語默을 본받는다고 하면서 조정에 나가서는 늘 "低徊雍容 緘口拱手"했다든가,[39] 靜菴의 학문은 "以誠正之學 施君民之志 其治敎之盛 非後世所及"인데도 퇴계가 이를 "虛著見敗"했다고 보는 것은 "誠非後學所敢知"라고 한 것이라든가,[40] 또 어느 때 '太極圖說'을 검토하는 자리에서 퇴계의 논설 전체를 문제 삼았던 일[41] 등이 그런 예였다. 그러면서도 자신의 이러한 태도가 嶺儒들의 공격대상이 될 것을 우려하기도 하였다.[42]

퇴계 비판의 태도는 理氣·心性 문제에서도 마찬가지였다. 요컨대 율곡의 '氣之運理'說이 퇴계의 '理之主氣'說보다 더 타당하다는 것이었는데, 이는 어느 쪽이 주자의 論旨를 바로 파악했느냐의 관점에서 내린 결론이었다. 말하자면 자신이 이해한 朱子理氣論에서 볼 때 栗谷說이 주자에 가깝다는 것이었다. 같은 맥락에서 四端을 理의 발동으로, 七情은 氣의 발동으로 분리 이해하는 퇴계의 견해를 버리고 心則氣로 요약되는 율곡의 주장을 따르고 있다.[43]

---

39) 『大全』 卷93, 與金仲和(辛酉 6월 1일), 26ㄱ·ㄴ.
40) 『大全』 卷72, 與李擇之(丙寅 8월 8일), 49ㄱ.
41) 『大全』 附錄, 卷14, 語錄, 48ㄱ, "退溪所論說 多有可疑者 余不得不——辨明……."
42) 『大全』 附錄, 卷14, 語錄, 48ㄱ, "而此若流傳嶺外 則必爲余一大罪案矣."
43) 송시열 자신의 理氣·四七論에 관한 논의는 주로 金幹과의 書信(『大全』 卷104) 및 대화(『大全』 附錄, 卷15, 語錄) 내용에서 그 대강이 파악된다. 특히 栗谷의 理氣·心性說에 관한 辨明은 「擬兩賢辨誣疏」(『大全』 卷21)에 소상하다.
　　그러나 그의 理氣說의 특징은 퇴계·율곡의 兩說을 절충한 형태의 것으로 이해된다. 즉 氣 이전의 보편적 절대적(정신적) 實在인 理의 一次性을 인정하고 있는 점에서 朱子·栗谷說과도 일치하지 않는다는 것이다(그는 世界의 始元으로서 理氣를 말할 때는 理先氣後라 하고, 그 운동변화에서는 理氣先後를 인정하지 않는다).
　　송시열이 현실인식에서 朱子·栗谷의 경험적 실재적인 태도로부터 훨씬 후퇴한 관념적 경향을 띠게 된 것도 이러한 그의 理氣觀의 시각에서 보면 우연한 일은 아니라 이러한 퇴계 비판은 율곡의 상대적 우월성을 입증해서 朱子→栗谷의 道統을 보증하자는 의도였을 것이다. 또 기호주자학파의 존재를 과시해서 학파적 결속을 다진다는 의미도 있었을 것이다. 그러나 율곡을 주자의 嫡傳으로 확정지우는 일은 당시의 學脈·黨派의 정황에서 결코 쉬운 일은 아니었다. 嶺南儒林層, 南人系 정치세력이 이를 용인할 까닭이 없었다. 만약 그렇게 된다면 퇴계 연원의 주자학은 기호주자학의 상대적인 입장으로 떨어지는 것이 되고, 결국 퇴계 주자학의 學的 正統性의 약화, 나아가서는 정치·사회적 失勢와 위축을 가져올 것이기 때문이었다. 이 사정은 栗谷 文廟從祀 運動의 추이에서 확인되는 것이기도 하다.

文廟는 成均館에 설치되어 있는 공자의 祀堂에 불과하지만, 중세 儒敎國家에서는 敎權의 최고상징물로서 권위를 지니고 있었다.44) 그러므로 학문과 인품이 뛰어나다고 인정된 儒賢이 아니면 '從祀'의 영예를 바랄 수 없는 일이고, 그런 만큼 여기에 從祀된 儒者의 학파는 그 학적 정통성과 우월성을 국가적으로 승인받는 것이 되었다. 퇴계는 이미 1609년(광해군 2)부터 문묘에 배향되고 있었다. 율곡의 종사문제가 이제 거론단계에 있는 기호학파로서는 사정이 다급하지 않을 수 없었다. 그러나 1650년(효종 1)부터 본격화된 '兩賢' 文廟從祀 運動은 30여 년이나 지난 1682년(숙종 8)에야 겨우 그 실현을 보게 되었다.45) 嶺南士林·南人

고 하겠다[鄭鎭石·鄭聖哲·金昌元, 宋枝學 譯, 『朝鮮哲學史』, 東京 : 弘文堂, 284~289쪽 ; 裵宗鎬, 『韓國儒學史』, 연세대학교 출판부, 1974, 136~139쪽, 182~185쪽 ; 郭信煥, 「宋尤庵의 理氣心性觀」, 『東方思想論攷-그 本質과 現代的 解釋(道原 柳承國 博士 華甲紀念論文集)』, 종로서적, 1983 참조].

44) 조선시기의 文廟문제에 대해서는 다음 논고가 참고된다. 金相五, 「黨爭史의 立場에서 본 李珥의 文廟從祀問題」, 『全北史學』 4, 1980 ; 池斗煥, 「朝鮮前期文廟從祀論議」, 『釜山史學』 9, 1985 ; 鄭玉子, 「朝鮮後期文廟從祀의 釐整」, 『韓國文化』 7, 1986.

45) 栗谷만 먼저 배향하느냐(單擧論), 栗谷·牛溪(成渾 ; 1535~1598)를 동시에 배향하느냐(並擧論)의 문제를 놓고 기호사림 내부에서 논의가 거듭된 결과, 金集의 의견에 따라 동시 배향을 추진하게 된 것이었다[『大全』 卷96, 答李同甫(丁卯 5월 3일), 別紙, 20ㄱ·ㄴ]. 이는 율곡·우계의 생전 교분이나 그 門人들의 긴밀 중복된 연관관계의 탓도 있겠으나, 아마 嶺南의 반대세력에 대항하기 위한 勢의 결집이 필요했기 때문이었다고 생각된다.

系의 저지운동이 그만큼 완강했던 것이다. 양측은 서로 수백 명의 儒林을 동원한 投疏와 논쟁을 전개하였던 것이다.46) 이때 송시열은 율곡의 생애에 관한 면밀한 검토작업을 진행하는 한편,47) 畿湖士林·西人 정치세력의 결집을 독려했었다.48)

실로 조선 주자학에서 道統 장악을 위한 치열한 대립은 文廟從祀 문제를 정치문제로 만들어가고 있었던 것이다. 賢者인지 아닌지, 문묘에 들어갈 수 있는지 없는지 어떤 기준에서 누가 결정할 것이며, 또 그 결정 자체를 누구나가 승복할 수는 있을까. 그것은 어차피 정치적인 절충이거나, 아니면 '實力'에 의한 제압 이외의 방법이 없었을 것이다.49)

결국 율곡을 宣揚해서 퇴계와 비견시키고 그의 文廟配享을 추진했던 것은 朱子→退溪의 정통성을 내세우는 嶺南學派에 대항해서 朱子→

---

46) 앞서 洪葳·李元相 등이 올린 李珥·成渾聖廟從祀疏를 반박하는 上疏를 필두로 (효종 1년 2월 乙巳), 柳稷을 재반박하는 40여 인의 疏(같은 해 5월 癸丑), 영의정 李敬興의 양측을 무마하라는 진언(같은 해 6월 癸未), 경상도 유생들의 柳稷 옹호를 위한 拒試(같은 해 7월 壬子), 成均館 유생들의 捲堂(같은 해 7월 甲寅), 우의정 趙翼의 兩賢從祀를 지지하는 상소(같은 해 7월 癸酉), 함경도 유생 李後彬의 從祀請願 상소 (같은 해 9월 丙寅), 경상도 진사 李尙逸 등의 柳稷을 지지하는 疏(같은 해 11월 辛酉) 등 1650년(효종 1) 한 해 동안 양측의 攻防만도 이 정도였으므로 당시의 첨예한 대립을 짐작케 한다.

47) 그것은 「栗谷年譜」의 校勘·刊行 사업이었다. 이는 영남학파에서 栗谷이 한때 佛教에 몰두했다는 등 그 행적에 대한 비판을 제기했던 데 자극된 것이기도 하다. 여기에는 송준길·이유태·윤선거도 助力하고 있었다(『大全』附錄, 卷2, 年譜, 崇禎 23년 庚寅 11월 27ㄴ ;『大全』附錄, 卷4, 年譜, 崇禎 35년 壬寅 10월 37ㄱ ;『大全』附錄, 卷5, 年譜, 崇禎 38년 乙巳 9월 12ㄱ 참조).

48) 이때 작성한 「擬兩賢辨誣疏」(『大全』卷21)는 栗谷·牛溪의 학문과 행적이 朱子學의 정통성에 위배되지 않는다는 사실을 입증하려는 것이었는데, 이를 통해서 영남유림 측에 반격을 시도함은 물론 기호사림 내부에서 栗谷에 대한 확신을 강화하려고 했던 것 같다.

49) 1680년(숙종 6)의 '庚申換局'으로 南人勢를 축출함으로써 일단 실현되었던 '兩賢'의 從祀가 그 뒤 1689년(숙종 15)의 '己巳換局'에서는 西人의 퇴각과 함께 黜享처분되었다가, 그 5년 뒤인 1694년(숙종 20) 南人이 재차 실각하고서야 復享되는 곡절을 겪게 되었음은 문묘종사의 정치적 성격을 잘 말해준다. 율곡 이후의 從祀者들은, 金長生 (1717년), 송시열·宋浚吉(1756년), 朴世采(1764년), 그리고 趙憲·金集(1833년)의 차례로 이어졌는데[『增補文獻備考』卷204, 學校考(文廟) 참조] 이들이 모두 西人系, 특히 朴世采를 제외하면 모두 老論系라는 사실에서는 문묘종사의 여부가 정치 주도세력의 지지 여하에 달려있는 일임을 잘 알 수 있다.

栗谷의 道統을 확립하려는 시도의 일환이었다. 그 실행과정은 동시에 기호주자학파의 재편성·결속을 도모할 수 있는 계기가 되었다. 이를 주도했던 송시열은 자신의 존재위치를 확보하고 그 영향력을 확대해갈 수 있는 기반을 마련한 셈이었다.

3. 朱子批判論과 항쟁

그런데 朱子→栗谷의 道統 확립운동은 동시에 반대세력과 격렬한 대결과 긴장상태를 심화해가는 과정이기도 하였다. 禮訟期에는 嶺南儒林과 尹鑴(1617~1680 ; 白湖)를 포함한 南人系 人士들과 대립하였지만, 이것은 곧 老少分黨期로 이어지면서 尹拯(1629~1714 ; 明齋)·朴世采(1631~1695 ; 玄石·南溪) 등 같은 기호주자학파·西人 내부의 갈등으로 확산되고 있었다.

이때 송시열이 내세운 논리는 말할 것도 없이 正學(=正統)의 수호를 위해서 異端을 배격한다는 것이었다. 주자학과 집권체제의 결합에서 제기되고 있는 정치·사상계의 모순을 朱子絶對意識의 차원에서 해결해 간다고 할 때, 그것은 '崇正學·闢異端'의 길일 수밖에 없었을 것이다. 17세기 조선사회의 '현실'과, 12세기 南宋社會를 통해서 성립된 주자의 '理想'은 송시열에 의해서 그 통일점이 모색되고 있는 것이기도 했다. 그는 윤휴를 '異端' 그 자체로, 윤선거·윤증 父子 등 이를 동정하거나 친교하는 자는 모두 '異端'의 幇助者로 간주하고 있었다.50) 그런데 윤휴는 처음부터 學的 淵源과 色目을 달리하는 남인이었지만, 윤선거와 송시열은 같은 서인으로서 김장생·김집 문하에서 함께 受學했던 同志였

---

50) '正統'과 '異端'의 개념에 대해서는 三浦國雄의 앞의 글, 특히 제1장 '前言－中國·朝鮮思想史における正統と異端の輪郭' 참조.

을 뿐만 아니라 윤증은 송시열의 문인이었다. 또 이들 坡平尹氏와 恩津
宋氏의 兩家는 姻戚으로서도 긴밀한 관계에 있었다는 사실에서 이들의
사상적 정치적 분열과정에 대해서 더욱 주의를 기울이게 된다.[51]

　아무튼 송시열은 윤휴와 윤선거에 대한 공격을 거의 동시에 전개하
였다.

　　하늘이 孔子에 이어 朱子를 낸 것은 진실로 萬世의 道統을 위해서였다.
　朱子가 난 이후로 한 가지 理致라도 드러나지 않은 것이 없고 한 가지 글
　[書]이라도 밝혀지지 않은 것이 없는데 (尹)鑴가 감히 자기 소견을 내세워
　방자하게 臆說을 주장한다. 그대(尹宣擧)는 전도유망한 牛溪의 外孫으로
　서 도리어 그의 偏黨이 되어 朱子에 반역하는 卒徒가 됨은 무슨 이유인
　가.[52]

주자는 道統의 계승자로서 그 言說이 완벽하다는 것이다. 송시열이 보
는 윤휴의 과오는 그러한 ‘완벽성’을 부정하고 방자하게도 자기의 소견
을 내세우는(自立己見 肆其胷臆) 데 있었다. 동시에 그와 가까운 윤선
거는 반역자의 卒徒로 규정되어야 마땅하다고 보았다.

　이보다 1년여 앞서 윤휴는 『中庸章句』를 개정해서 새로이 自家註釋
을 내놓았던 것이고 송시열은 여기에 크게 자극을 받았던 것 같다.[53]
윤휴를 ‘異端’・‘斯文亂賊’으로 규정하기 시작한 것도 이 무렵부터였

---

51) 송시열의 系子 基泰는 尹宣擧의 從妹(仲父 烇의 女)의 所生이고 또한 尹宣擧의 從
　　子(兄 文擧의 子) 搏은 송시열의 次婿가 되었다. 한편 윤증은 權諰(1604~1672 ; 炭
　　翁)의 長婿이고 윤휴의 長子 義濟는 그 次婿였다. 또 권시의 次子 惟는 송시열의 長
　　婿이다. 그러므로 이들 송시열・윤선거・윤휴의 家는 安東權氏家를 중심으로 姻戚
　　을 형성하고 있는 점에서도 그들 항쟁의 이유를 정치・사상적인 측면에서 찾게 된다
　　(姜周鎭, 『李朝黨爭史研究』, 서울대학교 출판부, 1971, 제3편 제1장 ‘宋時烈・尹鑴・
　　尹宣擧・權諰 등의 連婚關係에서 본 分黨’ 참조).
52) 『大全』 附錄, 卷2, 年譜, 崇禎 26년 癸巳 윤7월, 32ㄱ.
53) 『大全』 附錄, 卷2, 年譜, 崇禎 26년 癸巳 윤7월, 33ㄱ.

다.54) 윤휴는 理氣·心性論에서, 또 經典의 주석에서 확실히 朱子說과 다른 자기 학설을 세우고 있었다. 예컨대 四端과 七情을 각각 '性之乘氣'와 '情之循理'로 설명함으로써 人性을 性情·理氣 양면에서 통일적으로 파악하려고 시도하고, 주자의 善惡二元論的인 人心道心說을 一心兩面說로 대치하고 있었다.55) 또 주자의 『大學章句』에 이의를 제기해서 古本『大學』을 채용한 註說을 만들었을 뿐만 아니라,56) 『孝經』·『詩經』·『尙書』·『周禮』·「內則」(『禮記』) 등에 대해서도 나름대로 비판적인 검토를 시도하고 있었다.57) 그러나 禮訟의 辨論을 제외하면 송시열이 윤휴의 이와 같은 자의적인 理氣·人性說, 經典註說에 대해서 學理·學說的인 反論을 구체적으로 제기한 경우는 별로 없었다.58) 윤휴의 학설 자체에 비판의 초점을 맞추었다기보다도 心情的으로 먼저 그에게 거부감을 느끼고, 윤휴라는 존재 자체와 그 주장 내용이 政界·學界에 미치게 될 영향력에 대해서 더 많이 우려하고 있었는지도 모른다.

1656년(효종 7)에는 윤휴를, '斯文亂賊'의 범주를 훨씬 넘어서서 '洪水' 같은 災禍로 지목하고 있었다.

---

54) 『大全』附錄, 卷2, 年譜, 崇禎 26년 癸巳 윤7월, 32ㄱ·ㄴ.

55) 윤휴의 理氣·心性論에 관해서는 다음 논고가 참고된다. 李乙浩, 「白湖尹鑴 人性論 研究」, 『學術院論文集』16집(人文·社會科學篇), 1977 ; 韓㳒劤, 「白湖尹鑴의 四端七情人心道心說」, 『李相佰博士回甲紀念論叢』, 을유문화사, 1964 ; 宋兢燮, 「白湖尹鑴의 理氣哲學序說」, 『哲學研究』, 1970 ; 金基鉉, 「白湖尹鑴의 理氣性情 및 人心道心論」, 『民族文化研究』17, 1983.

56) 宋秉杰, 「大學古本을 통해 본 白湖의 經學思想研究」, 『민족문화』11, 1985.

57) 윤휴는 그 學的 系譜나 黨色에서 송시열보다는 훨씬 자유로운 입장에 있었고, 그래서 朱子 비판도 가능할 수 있었을 것이다. 그는 고조부 寬 이래로 趙光祖 계통의 家學을 이어온 위에 父 孝全은 張顯光·鄭逑와 같은 南人系 학자와도 교류가 깊었다고 알려진다(윤휴의 家系·學淵에 관해서는 韓㳒劤, 「白湖尹鑴 研究(1)」, 『歷史學報』15, 1961 참조).

58) 그는 오히려 윤휴가 栗谷과 牛溪를 비방한 일, 자신의 朱子 비판의 공을 禹의 공적에 비교한 일, 朱子註는 읽지 않아도 무방하다고 한 일, 孔子의 이름을 諱할 필요가 없다고 한 일 등 學說外的인 문제로 더 많이 윤휴를 공격하고 있었다(三浦國雄, 앞의 글, 213쪽 참조).

　　(윤휴가) 朱子의『詩經』주해를 가리켜, "『詩經』의 本旨를 잃었다"고 비평했다 하네. 참으로 駭怪한 일이네. 그 說이 더욱 기이해서 사람들을 그르치는 일도 더욱 많아질 것이네. 도대체 누가 이 洪水를 막는 임무를 맡을 것인가.59)

주자의『詩經』註에 이의를 제기했다는 사실은 곧 聖人, 無謬의 존재인 주자와 그 言說을 손상시키는 일이며 그 절대권위에 도전하는 행위로 간주되는 것이었다. 윤휴가 '異端'으로 규정되어야 할 이유는 명백해진 것이다. '기이한' 說이 "擧世風靡 爭相歸王"60)함으로써 사람을 洪水의 지경으로 몰아넣는 상황을 누가 막을 것인가. 송시열 자신이 가장 심각하게, 잘 인식하고 있으므로 그 임무를 맡아야 한다는 사실도 분명해졌다. 윤휴라는 '異端'·'邪說'이 일어났기 때문에 송시열과 같은 '正學'·'正統'의 수호자가 나서야 했던 것이다.

　　'우려되던 사실'이 드디어 현실로 닥쳐왔다. 顯宗朝 一代에 걸치는 禮訟의 결과 西人이 패배하여 송시열도 失脚, 流竄의 처분을 당하게 된 것이었다(1675년, 숙종 1). 이때의 사정과 심경을,

　　오늘의 禍는 夷狄이 中國을 어지럽히고 맹수가 사람을 핍박하는 것보다 더 참담하네. 邪說이 사람을 속이고 仁義가 꽉 막히게 된 것을 사전에 배격하지 않으면 뛰어난 용기와 지혜를 겸비했더라도 天下의 일을 어찌할 수 없게 될 것이네.61)

라고 호소하고 있다. 주자를 聖人視하는 자신과 西人黨이 주자 言說의 비판을 서슴지 않는 윤휴의 黨에게 패배한다는 것은 곧 중국이 오랑캐

---

59)『大全』卷40, 答李泰之(丙申 1월 21일), 14ㄱ.
60)『大全』卷66, 答朴和叔(甲寅 9월 21일), 35ㄴ.
61) 위와 같음.

에게 짓밟히고 사람이 猛獸에게 잡아먹히는 '禍'가 아닐 수 없다는 것이다. 이제 윤휴를 '賊鑴'·'異端'·'斯文亂賊'에서 '洪水'로, 다시 夷狄·猛獸로 규정하기에 이른 것이다.

송시열의 논리에 따르면 자신과 윤휴 두 사람은 中華(＝인간의 세계)와 夷狄(＝禽獸의 세계)으로 맞서 있는 것이 된다. 윤휴의 주장과 그 인간 존재가 송시열에게 용납될 수 없는 이유가 여기에 있었던 것이다. 日·淸에 의한 戰亂이 몰고온 국가와 民生의 피폐, 양반사대부층의 자존심과 권위의 실추 등 17세기적인 사회상황과 주자학이라는 공통된 '현실'을 기반으로 하고 있으면서도 그들의 사유방식이 이러한 兩極的 對立相을 보이고 있음은 어째서일까. 송시열의 경우에는 기존 가치의 절대화, 즉 朱子絶對化와 朱子道統의 확립을 통해서 그 좌절상태를 극복하려고 했던 것 같다. 반면에 윤휴는 현실에 대한 적극적 긍정을 통해서 이를 주체와 세계에 대한 비판적인 인식의 계기로 삼으려 했던 것으로 생각된다. 이렇게 상이한 두 입장의 차이는 그 시기 가장 대조적인 인식태도를 대표하는 것이라고 할 수 있는 것으로, 그 차이는 주자·주자학 이해만이 아니라 여러 현실문제의 인식에서도 그대로 일치될 것이었다.

'斯文亂賊'으로 배격당하고 있는 윤휴 자신의 주자 인식태도에서도 이러한 차이는 분명히 관찰된다. 그는 자신이야말로 참된 朱子學徒라는 자부심을 갖고 있었던 것 같다. 그는,

後生이 法으로 삼을 자는 晦翁(朱子－필자)이 아닌가.[62]

라고 했고 주자의 「白鹿洞學規」를 가리켜서는 "萬世學問의 準則"이라고 칭송하였다.[63] 주자를 尊尙하고 주자학을 높이되 그것은 훌륭한 儒

---

62) 『白湖全書』(慶北大影印本) 卷17, 答閔生(丙辰 8월 16일), 722쪽.

者로서였지 聖人이라고 생각해서는 아니었다. 그는 또, "義理는 天下公共의 것"64)이며 "天下의 義理는 無窮한 것"65)이어서 "人之所見 亦各不同"하다고 말했다.66) 그러므로 자신은 스스로 '所見'을 가진 한 사람의 儒者임을 확신하는 것이다. 마찬가지로 주자도 한 사람의 宋人이며 그도 誤謬가 있을 수 있다는 의미를 내포한다. 그는 儒者에게 '出處'의 최고 價値準則이 되는 '義理'의 개별성을 인정함으로써 주자와의 一致를 추구하는 '義理'의 절대성을 부정하고 있는 것이다. 이렇게 주자를 상대화 객관화해서 스스로의 '所見'으로 直視하며, 그럼으로써 자신을 투사해보는 태도야말로 주체적 사유의 자세가 아닐까.

이러한 윤휴로서는 주자를 篤信하고 주자의 방법을 따르는 것만이 진정한 학문이라고 믿는 송시열과 같은 사유방식을 용납할 수 없었을 것이다. 그러나 그는 "송시열이 헛되이 잘못된 朱子禮說을 따르고 있다"고 비판하는 것 말고는 그에게 낱낱이 反論하지는 않았다. 오히려 송시열의 '復讐義理'를 긍정하고67) 송시열에 대한 告廟論이 일어났을 때 이에 반대함으로써,68) 털끝만큼도 윤휴를 용인하지 않으려던 송시열에 대해서조차 한 가닥 관용의 태도를 잃지 않고 있었다.69)

아무튼 송시열의 주자 숭배, 道統 확립을 위해서 있어서는 안 될 존재가 윤휴였다. 그는 流配 중에도 맹자·韓子(=愈)·주자가 그랬던 것처럼70) 윤휴라는 이단과 싸워 이기기로 결심하고 있었다. 그래서 자신

---

63) 『白湖全書』卷32, 白鹿洞規釋義, 1307쪽.

64) 『白湖全書』卷27, 漫筆(下), 1175쪽.

65) 『白湖全書』卷41, 讀尙書, 1641쪽.

66) 『白湖全書』卷17, 與閔大受, 711쪽.

67) 『白湖全書』卷15, 答許眉叟, 618쪽.

68) 『白湖全書』附錄, 卷4, 行狀, 2084쪽 ; 『白湖全書』附錄, 卷5, 年譜, 己未 5월條, 2168쪽. 告廟論을 강력히 주장했던 사람은 許穆이었고 許積과 尹鑴는 이에 반대했었다. 결국 告廟에 의해서 송시열을 죽이자는 주장은 좌절되었으나 庚申換局 뒤에 告廟를 반대하던 두 사람도 賜死되고 許穆은 단지 削職脫爵에 그쳤다. 이 결정이 西人들에 의해서 이루어진 것임은 물론이다.

69) 윤휴의 송시열 비판에 대해서는 三浦國雄, 앞의 글, 제5장 '尹鑴의 宋時烈批判' 참조.

의 윤휴 배척운동을 주자의 陸學 배척 사실과 일체화해서 인식하고 있
었다.

> 象山과 陽明의 說은 程朱의 道와 더불어 氷炭·薰蕕와 같아서 서로 勝
> 負와 消長이 된다. 程朱의 道가 패해서 사라지게 되면 그 피해는 홍수나
> 맹수의 害보다 더 심할 것이다.71)

正學(＝正統)과 邪說(＝異端)의 대결은 이겨서 커가느냐, 아니면 패해서
소멸하느냐의 싸움이라는 것이다. 그리하여 그는 주자의 道를 지키기
위해서는 죽어도 좋다고 다짐하기에 이르렀다.72) 그것도 "윤휴의 손에
죽게 된다면 더 없는 영광"이라고 역설적인 수사법을 쓰고 있었다.73) 朱
子·朱子說에 대해 절대 확신하는 입장과 주자를 상대화하는 인식 사이
에는 共有의 영역이 존재할 수 없었던 것이다. 주자를 절대 긍정하는 연
장선 위에 윤휴에 대한 절대부정이 성립되는 것이기도 했다.

　1680년(숙종 6) 南人의 실각과 함께 윤휴는 賜死되고 송시열은 謫居
에서 풀려났다. 또 '黑水'·'賊鑴'의 友軍으로서 그토록 그의 마음을 괴
롭혔던 윤선거는 이보다 10년 앞서 죽었기 때문에(1669년, 현종 10) 이
제 '異端'과의 지루한 싸움도 종식되어야 했다. 그러나 실제로는 이후
10년 동안이야말로[윤휴가 賜死된 뒤 10년째인 1689년(숙종 15) 송시열

---

70) 孟子는 堯舜·孔子의 道를 지키기 위해서 揚朱·墨翟을 異端으로 배격하였고(『孟
　子集註』卷6, 勝文公章句 下, 10章의 正文 및 朱子註 참조), 韓愈는 堯舜 및 孔孟까
　지의 儒家道統을 세우면서 釋·老와 대항했었다(이 글의 '2. 朱子絶對化와 栗谷의
　宣揚' 참조). 朱子는 陸學과 논쟁했을 뿐만 아니라 老·佛 그리고 여타의 功利的 學
　說들과 대항했다.
71) 『大全』卷94, 答李同甫(丙辰 9월 3일) 別紙, 31ㄴ.
72) 『大全』卷68, 與朴和叔, 45ㄱ.
　송시열에 따르면 韓愈는 "道統을 위해서는 만 번 죽어도 유감이 없다"고 했다는 것
　이고 자신도 한유의 그런 심정이라는 것이다[『大全』卷96, 答李同甫(丁卯 2월 29일)
　別紙, 16ㄴ].
73) 『大全』卷59, 與閔大受(戊午 12월), 29ㄱ.

자신도 賜死되었다] 송시열의 주자 수호운동은 가장 외롭고 처절한 항쟁의 연속이었다고 해야 할 것이다.[74] 송시열-윤휴의 대결은 송시열-윤선거의 갈등관계를 심화시키고, 이는 송시열-윤증의 새로운 싸움으로 발전하고 있었다. 이른바 '懷尼是非'로 불리는 송시열과 윤증의 대립은 西人이 老·少論으로 갈라서게 되는 주된 계기의 하나였음은 잘 알려진 사실이다.[75] 南九萬(1629~1711 ; 藥泉)·朴世采·趙持謙(1639~1685 ; 迂齋)·韓泰東(1646~1687 ; 是窩)·吳道一(1645~1703 ; 西坡)·尹趾完(1635~1718 ; 東山)·崔錫鼎(1646~1715 ; 明谷)·朴泰維(1648~1696 ; 白石) 등 당대의 名士들이 모두 송시열에게 등을 돌리고 윤증을 동정하게 되는 것도 이 과정을 거치면서였다.[76]

송시열이 꼽는 윤선거의 '죄'는 江島에서 적(淸軍)의 손에 죽지 못해 節義를 배반했다는 것과 윤휴를 推獎하고 주자를 모욕했다는 일의 두 가지로 집약되는 것이었다. 그는 전자의 과오는 이미 용서했다고 했으나[77] 후자에 대해서는 결코 용납하지 못한다는 태세였다. 이 두 가지가 처음부터 개인의 양심과 이성적인 판단에 맡겨져야 할 문제인지 여부

---

74) 그의 오랜 동지였던 宋浚吉(1606~1672 ; 同春堂)·兪棨(1607~1664 ; 市南)는 일찍 죽었고, 그에게 直言을 아끼지 않았던 李惟泰(1607~1684 ; 草廬)와는 禮訟과정에서의 異見으로 돌이키기 어려운 反目상태로 빠져들고 있었다. 이유태는 송준길과 함께 송시열과 가장 긴밀한 同志的 관계에 있었던 沙溪書堂의 同門이었기 때문에 이 두 사람 사이의 疎遠은 이 시기의 정치사 이해에도 일정한 의미를 가진다고 생각한다. 송시열 편에서 보는 疎遠의 이유는, 『大全』 附錄, 卷7, 年譜, 崇禎 49년 丙辰 2월 및 7월 35ㄴ~40ㄴ ; 『大全』 附錄, 卷7, 年譜, 崇禎 52년 己未 5월 53ㄴ~54ㄴ ; 『大全』 附錄, 卷8, 年譜, 崇禎 53년 庚申 5월 1ㄴ~2ㄴ에 비교적 소상하다. 庚子禮訟 이후 이유태는 사실상 송시열의 朞年說의 오류를 시인했다는 것이고 이 때문에 서로 멀어지게 됐다는 것이다.

75) '懷尼是非'의 내용과 老·少 分黨 사정에 대해서는 다음 논문이 참고 된다. 李銀順, 『朝鮮後期 老少黨爭史 硏究』, 중앙대학교 박사학위논문, 1985, 제2장(老少黨爭의 論點과 名分論) ; 金相五, 「懷尼師生論의 是非와 丙申處分에 대하여」, 『全北大學校 文理科大學 論文集』 1, 1974 ; 姜周鎭, 『李朝黨爭史研究』, 서울대학교 출판부, 1971, 제3편(黨爭의 周邊的 原因) 및 제6편(老論·南人 및 少論黨의 成立).

76) 張志淵, 『朝鮮儒教淵源』 卷2, 滙東書館, 1922, 98쪽.

77) 『大全』 卷89, 與權致道(己巳 4월 2일), 別紙, 23ㄱ, "至於江島事 則吾嘗甚恕."
『大全』 卷78, 答韓汝碩(戊辰 2월), 別紙, 35ㄱ.

를 따지기에 앞서, 먼저 양반사대부들의 '公論'의 대상이 되고 그 판단 여하에 맡겨져야 한다는 사실에 문제의 심각성과 중요성이 있었던 것이다. 이것이 말하자면 朱子學的 名分論의 사회적 역사적 기능이라고 해야 할 것이다. 아무튼 윤휴는 斯文亂賊이고, 春秋筆法에서는 亂臣賊子를 치기 위해서 먼저 그 黨與를 다스리도록 되어 있다는 것이 윤선거를 용서 못할 근거로 제시되었다.78) 그는 이를 師友·門人들에게 두루 公言하였다. 그리고 윤선거가 윤휴의 偏黨이라는 사실은,

> 義理는 天下의 公共한 것인데 어째서 朱子만 옳고 希仲(尹鑴－필자)은 알지 못한다는 말인가? 希仲은 뜻이 너무 높고 총명이 지나친 데 불과하네.79)

라고 그가 말했다는 것으로, 자신이 윤휴를 배척할 때마다 윤선거는 이런 태도를 취했다는 것이다.

이리하여 윤휴 공격의 화살은 윤선거에게 집중되기에 이르렀다.

> 大尹(尹宣擧)의 嘉言·善行이란 바로 仁義를 배우다가 잘못된 楊朱·墨翟의 경우와 같네.80)
>
> 그(尹宣擧－이상 필자)의 嘉言·善行은 겨우 娼家에서 禮書를 읽고 屠家에서 부처에게 拜禮하는 것과 다를 바 없다.81)

---

78) 『大全』 卷53, 答金起之, 32ㄴ.
　　『大全』 卷100, 答兪弼卿(乙丑), 別紙, 42ㄴ.
　　『大全』 卷106, 答朴大叔(甲子 12월 1일), 19ㄱ.
79) 『大全』 卷53, 答金起之, 32ㄱ·ㄴ.
　　『大全』 卷100, 答兪弼卿(乙丑), 別紙, 42ㄴ.
80) 『大全』 卷66, 與朴和叔(己巳 5월 16일), 54ㄴ.
81) 『大全』 卷78, 答韓汝碩(戊辰 7월), 36ㄴ.
　　『大全』 卷66, 與朴和叔(己巳 5월 16일), 55ㄱ.

주자의 말에 비추어볼 때 윤선거는 '賊之黨'·'賊邊人'이며 '吾道之大賊'
일 수밖에 없었던 것이다.82) 죽은 윤선거를 이렇게 斷罪함으로써 살아
있는 윤증의 존재를 부정해버리자는 것이었을까. 그러면서도 옛 친구,
제자에 대한 이 같은 배격운동이 正學(＝正統)인 주자학의 수호라는 大
義에서 나온 것임을 누누이 강조하기를 잊지 않았다. "尼尹의 말에 동
요된다면 『(朱子)語類』를 대할 면목이 없게 된다"83)거나 "朱子의 道가
어찌 東方의 한 보잘 것 없는 陋生(송시열－필자)을 기다려서 보존될
것인가"84)라고 겸사하면서도,

> 우리 東魯(朝鮮－필자) 사람으로 하여금 朱子의 道가 孔孟의 가르침을
> 이어받았음을 조금이라도 알 수 있도록 한다면 비록 鐵輪을 내 머리 위에
> 서 돌린다 해도 꺼릴 바가 무엇이겠는가.85)

라거나,

> 만일 朱子와 栗翁의 道가 우리 東方에서 없어지지 않게만 된다면 비록
> 죽어 없어진다 해도 아무 여한이 없겠네.86)

라고 다짐하는 의미가 그것이었다. 윤휴와 윤선거 부자에 대한 공격이
자신에게 어떠한 危害가 되어 되돌아오게 될지를 예상한 듯한 말이기도
했다. 그 뒤 "윤휴의 伸冤운동을 윤증의 편에서 거들고 있다"는 소식에
접하자, 그는 일이 이렇게 될 것을 이미 알고 있었다고 하면서, 그들을

---

82) 『大全』 卷78, 答韓汝碩(戊辰 2월), 別紙, 32ㄴ·35ㄴ.
83) 『大全』 卷102, 答閔士正(己巳 4월), 26ㄱ.
84) 『大全』 卷96, 答李同甫(丁卯 2월 29일), 別紙, 16ㄱ.
85) 『大全』 卷96, 答李同甫(丁卯 3월 16일), 17ㄱ.
86) 『大全』 卷89, 答權致道(丁卯 2월 20일), 3ㄱ.

배척한 자신의 태도가 옳았음을 새삼스럽게 재확인하기에 이르렀다.[87]

　다소 장황하기는 했으나 지금까지 살핀 바가 송시열에 의한 윤휴와 윤선거 부자 배척운동의 대강이라고 하겠다. 그것은 거의 信仰化한 朱子篤信, 즉 朱子絶對化의 사유방식에서 相對的 존재인 주자, 곧 주자를 한 사람의 儒者로 보는 인식태도에 대한 공격으로 시작된 갈등과 항쟁이었다. 이러한 주자 인식의 차이는 그들 저마다의 세계관·인간관의 차이에서 기인하는 것이고 동시에 현실인식의 차이로 나타나게 마련일 것이다. 여기에 그들 인식의 역사적 사상적인 의미가 찾아진다고 할 수 있을 것이다. 그렇다면 먼저 당시 송시열과 맞섰던 反對黨人들에게는 이러한 송시열의 인식과 태도가 어떻게 비쳐지고 있었는지를 간취할 필요가 있을 것 같다.

　　山林의 이름을 빌려서 조정의 권세를 잡고 오로지 黨을 세우는 데 힘써 자기와 생각이 다른 자는 배척했습니다. 또 君上의 처분이 조금이라도 마음에 들지 않으면 분함을 품고 풍자하는 뜻을 붙여 반드시 이기고야 맙니다.[88]

이는 南人들이 禮訟에서 승리한 뒤 송시열을 加律하자고 열거한 그의 罪案의 일부다. 派黨을 조장해서 반대파를 배격하고 君王을 侵侮했다는 의미다. 그런가 하면 義理를 自負하여 세상을 속이고 名望을 훔쳤다든가, 세력과 당파를 내세워서 "使一世不敢言其非 人主不能正其罪"하는 지경에 이르게 했다고 지탄되기도 했다.[89] 또 服制문제에서는,

---

87) 즉 "그 아들의 마음에는 黑水가 君子가 된 다음에야 그 아비도 君子가 될 수 있을 것이라고 생각한 것이니 오늘날의 이 같은 사태는 이상할 것이 없네"라고 했다[『大全』卷56, 答金久之(丙寅 8월), 13ㄴ]. 또 "나는 晦菴(朱子-필자)을 위해서 旗幟를 세웠으니 비록 남의 화풀이를 당한다 한들 무엇이 부끄러울까"라고도 했다(『大全』附錄, 卷18, 語錄, 43ㄴ).
88) 『大全』附錄, 卷7, 年譜, 崇禎 48년 乙卯 1월 辛未, 20ㄴ.

　　宗廟를 10년 동안이나 주관한 임금을 어찌 嫡統이 아니라고 할 수 있겠
습니까. 宋浚吉·李惟泰의 獻議(朞年服說－필자)는 송시열이 시킨 것[葫
蘆]인데 서로 손발을 맞추고 威勢를 도와서 세상의 입에 재갈을 물리어
온 나라 사람들을 휘몰아갔습니다. …… 士林의 重望이 있는 자와 搢紳名
流들이 이에 연좌되어 罪에 빠지고 忠義로운 사람이 입을 다물고 길에서
서로 만나도 눈짓만 주고받을 뿐입니다.[90]

라고 하여 朞年說의 오류가 송시열의 주도 아래 된 일이라는 것, 또 그
의 주장에 대한 反論이 심히 억제당했음을 강조하고 있다. 獨斷·偏黨
과 擅權이 지나쳤다는 것이다.

　한편 윤선거가 송시열로부터 끊임없는 비난·공격의 대상이 되고 있
을 때 윤증은 어느 만큼 인내하고 있었을까. 그는 ‘師生之分’·‘君師父
一體’를 관념하는 시대에 ‘背師’의 낙인을 두려워하지 않을 수 없었을
것이다.[91] 그러나 마침내 송시열을 향한 항변이 제기되었다.

　　가만히 보건대 선생님께서는 晦翁의 道로써 自任하여 大義의 名分을
스스로 세워 주장함이 심히 지나치므로 이미 능히 마음을 겸허하게 가져
남의 衷言을 받아들이지 못하고 자신을 끌어올리기를 너무 높이 하므로
남들이 의문을 드러내거나 論難을 내놓지 못하게 합니다. 이러므로 찬동
하는 자는 친애하고 반대하는 자는 疎遠을 당하며 바로잡아 돕는 자에게

---

89) 『肅宗實錄』 卷2, 肅宗 원년 1월 辛酉, 38冊, 231上ㄱ.
90) 『肅宗實錄』 卷2, 肅宗 원년 1월 辛酉, 38冊, 230下ㄴ.
　　『大全』 附錄 卷7, 年譜, 崇禎 48년 乙卯 1월 辛未 21ㄱ.
91) 실제로 老論 측에서 윤증을 공격하는 첫째 罪案은 ‘背師’論이었다. ‘背師’의 실체는
　　어쨌든지 背師의 罪가 不孝의 罪만큼이나 크게 부각되기는 아마 이때만 한 경우는
　　없었을 것이다. 1716년(숙종 42) 이른바 ‘丙申處分’에 의해서 윤증의 ‘背師’는 국가차
　　원에서 斷罪되었다. 이보다 2년 전에 죽은 윤증의 벼슬은 追奪되고 그의 文集도 毁
　　板되기에 이르렀다. 少論에 대한 老論의 정치적 우위는 이로써 결정되고 있었다(金
　　相五, 앞의 글, 1974 및 李銀順, 앞의 글, 1985, 제2장 참조).

는 後患이 있고 받들어 순종하는 자는 탈이 없으니 이것이 이른바 큰 이름은 세상을 압도하되 實德은 속으로 병든 것이니 이는 자기 一身을 행세하는 데서 나오는 것입니다.[92]

이러한 송시열의 잘못된 태도를 그의 학문방법에 문제가 있기 때문으로 보고,

> 자기 私慾을 이겨 몸소 행하고 실지로 공부를 다하는 곳에서는 조금도 언급한 것이 없고 비방하여 꾸짖고 풍자하여 손상시키고 눌렀다 올렸다 주었다 빼앗았다 하는 의사는 입을 열고 붓을 달려 내뿜기를 혹독하고 심각하게 하여 남을 공격하고 남을 이기는 말을 끊이지 않았습니다. 法則을 이끌어 너그럽게 응대하느냐 가혹하게 죄책을 짊어지우느냐 하는 데 이르러서는 一言一句의 異同이나 한 가지 일의 어긋남에도 분석에 분석을 더하여 가혹하게 합니다.[93]

라고 지적하였다. 이는 송시열이 尊德性보다 道問學에 치중하고 誠意正心이 格物致知에 미치지 못함으로써 전·후자 사이의 균형을 강조했던 주자의 말에도 위배된다는 비판일 수도 있었다. 말하자면 윤선거 부자에 대한 비난이 곧 송시열 자신의 잘못된 주자 공부에 기인한다는 논리였던 것이다.

　이러한 윤증의 송시열 비판의 시각은 陽明學的 경향을 가진 鄭齊斗(1649~1736 ; 霞谷, 윤증의 再從妹夫)에 이르러서는 한층 직설적인 표현으로 나타난다.

---

92) 張志淵, 『朝鮮儒敎淵源』 卷2, 滙東書館, 1922, 98쪽.
93) 위와 같음.

　　오늘날 朱子를 말하는 자는 朱子를 배우는 것이 아니라 바로 朱子에 假
托하는 자이다. 朱子에 假托하는 것이 아니라 朱子를 附會하고 있다. 자기
생각을 성취하는 데 朱子를 끼고 위엄을 부리며 그 私計를 이루는 것이
다.[94]

이러한 여러 송시열 비판이 다소 그 偏黨性에서 제기된 것이라 할지라
도 그것은 송시열 자신의 선제공격에서부터 시작된, 反對黨人들 사이에
오가는 공방전일 수밖에 없었다. 다만 주자와 주자의 학문에 절대적인
가치를 부여하고 자신만이 그 절대성을 대변할 수 있다는, 즉 道統의
계승자라는 견해와 처음부터 그 절대성을 인정하지 않는 태도 사이의
대결이었다. 이는 주자학이라는 공통의 사상에서 출발한 識者·儒者들
에게는 그 사유방식의 分岐과정이기도 했다.

　　서로 대립적인 사유방식은 언제나 있게 마련이지만, 중세사회의 해체
기, 즉 종래 주자학사상 기반 위에 성립되어 있던 사회 전반의 질서가
동요되고 있는 17세기의 시대적 조건에서 볼 때, 이러한 朱子絶對論과
朱子批判論의 대립은 그것이 곧 舊來體制의 保守論과 그 變革論으로서
전개되리라고 예상되는 점에서 그 역사적 사상적인 의의를 찾게 된다.

4. 朱子 著作의 연구 — 朱子道統派의 형성

　　송시열은 正統敎學(＝주자학)의 권위가 동요되는 현상을 '異端'·'邪
說'의 만연으로 이해하고 있었다. 앞서 본 바와 같이 그는 정치적 학문
적 경쟁자들을 그 '異端'·'邪說'의 구체적인 대상으로 규정하고 있는 것
이었다. 곧 "賊鑴攻朱子 而尹家黨助之"[95]로 파악한 바가 그것이었다.

---

94) 『霞谷集』正集, 存言 下.

그는 士友·門人들에게 주는 수많은 서신에서 "주자의 논설을 비방한 윤휴", "義理를 저버린 失節者 윤선거"라고 지칠 줄 모르는 비난과 공격을 거듭했었다. 그렇게 함으로써 '正學'을 수호해서 주자를 높일 수 있다고 확신했기 때문일 것이다. 또 그 수호자가 바로 송시열 자신임을 확인시키려는 의도이기도 했을 것이다.

이제 송시열은 그들을 異端·斯文亂賊으로 규탄 공격하는 단계를 넘어서 보다 적극적인 의미에서 주자·주자학의 정당성을 옹호하려고 시도하게 되었다. 그것은 주자의 著作·言說에 대한 전반적인 재검토작업을 통해 주자의 眞意와 定說을 명백히 해둠으로써 朱子說의 不一致를 문제 삼는 반대론자들의 공격에 대비하자는 것이었다. 즉 주자가 손수 기록한 文集인『朱子大全』과 門人들이 그 언설을 채록한『朱子語類』그리고 經典解釋인『四書集註』에는 논리상 서로 모순·相馳되거나 오해의 소지가 있는 難解處가 없을 수 없었던 만큼,96) 그 문제의 내용을 摘出해서 여기에 註釋을 가하고 論旨의 통일을 기하는 일이었다.

이러한 의도의 결과로 나온 것이 바로『朱子大全箚疑』(이하『箚疑』로 줄임)와『朱子言論同異攷』(이하『同異攷』로 줄임)였다. 후자는 송시열의 孫弟子인 韓元震(1682~1751 ; 南塘)에 의해서 완성을 보게 된다. 전자의『箚疑』는 송시열 當代에 그 자신의 손으로 일단 완성을 본 뒤 19세기 중엽 李恒老(1792~1868 ; 華西)가『朱子大全箚疑輯補』로 집대성할 때까지 160여 년에 걸친 후속작업으로 이어졌다.『朱子大全』의 주석작업은 실로 18~19세기 주자─송시열을 이념화해가는 과정으로서 함께 전개되었다고 보아도 좋을 것이다.

그런데 송시열이 추진한 주자 저작의 연구·주석 사업의 앞뒤 시기는 그 자신이 반대파와 맞서야 했거나 과거의 동지들과 갈라서야만 하

---

95)『大全』卷89, 與權致道(戊辰 6월 18일), 13ㄱ.
96) 예컨대, "大全不但與語類異同 其自相異同處亦多 觀於學蔀通辨可見矣"[『大全』卷 88, 答權致道(壬戌 7월 18일), 7ㄴ]는 그러한 표현의 하나이다.

는 시기이기도 했다. 동시에 바로 이 과정을 통해서 여러 지지자를 모으고 결속시켰던 것도 사실이었다. 그는 학문과 정치의 양면에서 동지와 敵을 명백히 구분지어 갔던 것이고, 이 연구·주석 작업은 그 실행을 위한 방법의 일환이기도 했다. 이 점에 유념하면서『箚疑』의 성립과정을 살피기로 하겠다.

『朱子大全』의 '箚疑'를 만들 생각은 오랫동안 해왔던 것이고,[97) 늦어도 顯宗代 중반에 접어든 1668년 무렵에는『箚疑』의 구상이 구체화되어 갔던 것 같다.[98) 이때는 服制문제를 둘러싸고 송시열에게 집중되었던 南人 측의 공격도 주춤해지고 政界에서 그의 활동 또한 침체상태에 놓여있던 시기였다. 이러한 객관적 사정으로 다소 '불안한' 前途를 의식하고 주자 저작의 탐구에 몰두했던 것으로 보인다.『箚疑』가 본격적으로 착수된 것은 그의 謫所 長鬐에서 생활이 시작된 1675년(숙종 1)부터였고,[99) 그 草本이 일단 마무리된 것은 3년 뒤인 1678년(숙종 4)이었다.[100) 송시열은 이『箚疑』의 의의를 "庶可爲明聖學 扶世教之一助"라고 스스로 말하고 있다.[101)『箚疑』는 곧이어 그 보완·改訂 작업에 들어갔다. 어쩌면 이제부터야말로 진정한『箚疑』 작성은 시작되었다고 해야 할 것으로, 그는 죽는 순간까지도 이 일을 손에서 놓지 않았다.[102)

'箚疑'의 작업은 '問目'이라는 이름으로도 진행되었다.

---

97) 『大全』 卷94, 答李同甫(甲寅 5월 20일), 10ㄴ～11ㄱ, "嘗欲於大全語類等書 箚其所疑 以質於四方益友 而不是易事 每深慨歎也."
98) 『大全』 卷46, 答李雲擧(戊申 6월 24일), 12ㄱ, "比者 尹友仁卿 與宋生尙敏 通讀此書 (『朱子大全』－필자)于黃山 方有箚疑云 早晚見示 其有益於老昏者 多矣."
99) 『大全』 附錄, 卷7, 年譜, 崇禎 51년 戊午 8월 戊子, 48ㄱ.
100) 『大全』 卷69, 答朴和叔(戊午 8월 11일), 18ㄴ.
    『大全』 附錄, 卷7, 年譜, 崇禎 51년 戊午 8월 戊子, 47ㄴ.
101) 주 99와 같음.
102) 그는 賜死되던 해(1689년, 숙종 15)의 3월과 5월 두 차례에 걸쳐 門人 權尙夏에게『箚疑』 작성작업을 완결해주도록 간곡히 당부하고 있다.
    『大全』 卷89, 與權致道(己巳 3월 7일), 19ㄴ.
    『大全』 卷89, 奉訣致道(己巳 5월 14일), 26ㄴ.

『朱子大全』은 지금 사람으로서 이 책이 있음을 아는 사람조차 드무네. 더구나 그 속에 들어가서 이치를 탐구하기를 바라겠는가. 時烈은 어려서 부터 가만히 읽어보고 마음속으로 기뻐하여 보고 또 보아도 의심되고 모를 곳이 매우 많았으므로 의문을 속에 담아둔 채 憤悱를 이기지 못하였네. 드디어 손닿는 대로 뽑아 적어두었다가 朋友들에게 質正을 구할 수밖에 없었는데 그것이 쌓여 冊卷이 되어 이름을 問目이라고 하였네. 모르는 사람들은 이를 註釋으로 잘못 알아 소문이 파다해졌으니 마음이 편치 못하네.103)

사람들이 『朱子大全』의 중요성을 인식하지 못하고 있다는 것, 疑晦處가 많아서 이해에 불편이 크므로 質正과정의 필요성을 일찍부터 느끼고 있었다는 것, 그리고 質正은 師友들과의 협력에 의해서 이뤄져야 한다는 것 등을 말하고 있다. '箚疑'는 글자 그대로 難解處를 '隨手箚錄'했다는 의미이므로 '箚目'·'問目'이라는 표현도 마찬가지였다. 또 '箚疑'는 결코 註釋이 아님을 강조했다.104) 이는 아마도 經典視하는 『朱子大全』에 감히 註釋을 낸다는 것 자체가 외람된 일로 느껴지거나, 아직 『朱子書節要記疑』나 『朱文酌海』밖에 내지 못한 嶺南儒林을 자극하지 않으려는 표현인지도 모른다.

'庚申換局'으로 西人이 再執權하고 송시열도 流配에서 풀려남으로써 『箚疑』의 편찬사업도 박차를 가할 수 있게 되었다. 국가적 관심과 지원도 따르게끔 되었다. 金壽興(1626~1690 ; 退憂堂)의 進言으로 『朱子大全』을 註釋하라는 王命을 얻게 되고,105) 本道(忠淸道)로 하여금 그 작성에 필요한 紙筆墨 등 물자를 繼給하도록 조치된 것이었다.106) 이보다

---

103) 『大全』卷102, 答金主簿(己未 3월), 40ㄴ.
104) 그것이 註釋의 체제를 본뜬 것이 아니므로 다만 "音義句讀之間"에 다소 보탬은 될 수 있을 것이라고 겸사한다(『肅宗實錄』卷14下, 肅宗 9년 6월 庚子, 38冊, 652上ㄱ).
105) 『大全』卷88, 答權致道(丙寅 11월 28일), 32ㄱ.

앞서 朴世采는 국왕에게 '程朱의 故事',107) 특히 주자의 封事를 친히 열람하도록 권유하면서 송시열의 朱子文集에 대한 '註敍'가 있음을 소개하고, 이를 참고하면 "必有開悟處"가 있을 것이라고 進言한 일이 있었다.108) 이런 분위기에서 송시열은 주자의 封事와 奏箚 가운데 중요한 것에 대한 '箚疑'를 冊子로 만들어 올리게 되었다.109) 이때 그는 箚子에서, 조선의 開國은 趙宋과 같아서 그 末弊 또한 비슷할 뿐만 아니라 주자는 聖人 가운데 가장 가까운 세대에 산 분으로서 당시 상황을 救濟할 때 여러 가지 방도를 생각했으므로 오로지 주자를 法받아 '今日之病'을 다스릴 수 있음을 누누이 강조하고 있었다.110) 송시열로서는 주자의 학문과 정신을 선양하고 자신의 주자에 대한 확신을 국왕에게 주지시킬 수 있는 적절한 기회를 얻은 셈이었다. 그는 곧 이어서 『朱子大全』의 '箚疑' 작업은 아직 草藁상태에 있으므로 鄕里士夫들과 신중히 "更加修整以進"할 계획임을 말하고,111) 먼저 召對·夜對에서 활용할 수 있도록 『朱子書節要』와 『朱文酌海』에서 몇 편을 뽑아 『朱文抄選』으로 이름하고 口訣을 붙여 上送하였다.112)

이는 주자·주자학을 특히 표방하는 정치세력, 儒者群에 의해서 국왕이 고무되고 있는 분위기의 반영이었다. 아무튼 국왕과 조정의 관심이 이같이 『朱子大全』과 『箚疑』에 모아지는 것은 일찍이 없었던 일이고

---

106) 『肅宗實錄』 卷14上, 肅宗 9년 4월 庚辰, 38冊, 637上ㄴ.
　　　『肅宗實錄』 卷14下, 肅宗 9년 7월 辛卯, 38冊, 659上ㄴ.
　　　『大全』 附錄, 卷9, 年譜, 崇禎 56년 癸亥 7월 辛卯, 51ㄴ.
107) 박세채는 程子·朱子의 經筵記事 가운데 요긴한 곳을 가려 뽑아 『經筵故事』로 편집해둔 것이 있었다(『南溪先生朴文純公文正集』 卷7~9, 經筵故事 참조).
108) 『南溪先生朴文純公文正集』 卷17, 筵中講啓(癸亥 3월 16일 熙政堂召對), 28ㄴ·29ㄱ.
109) 이는 물론 『朱子大全』 전체의 '箚疑'는 아니었다.
　　　『肅宗實錄』 卷14下, 肅宗 9년 6월 庚子, 38冊, 651下ㄴ.
　　　『大全』 附錄, 卷9, 年譜, 崇禎 56년 癸亥 6월 癸巳, 47ㄱ.
110) 『大全』 卷18, 進朱子封事奏箚箚疑箚(癸亥 6월 28일), 21ㄴ~23ㄱ.
111) 『肅宗實錄』 卷14下, 肅宗 9년 8월 庚子, 38冊, 660下ㄱ.
112) 『大全』 附錄, 卷9, 年譜, 崇禎 56년 癸亥 8월 乙巳, 52ㄴ.

송시열로서는 결코 싫을 이유가 없었다. 이럴수록『箚疑』의 결정판을
만들어야 한다는 의지도 따라서 커지는 것이었다. 그러나『箚疑』의 校
勘작업은 생각처럼 진척되지는 못하고 있었다. 士友·門人들에게 간곡
히 협조를 요청하고는 있었지만 權尙夏(1641~1721 ; 遂菴·寒水齋) 이
외에는 기대만큼 관심과 열의를 기울여주지 않았던 것 같다.113) 또 송
시열은『箚疑』를 시작한 이래로 자신의 餘生이 얼마 남지 않았고 그래
서『箚疑』를 끝마칠 수 없으리라는 불안을 떨쳐버리지 못하고 있었
다.114)

　1688년(숙종 12) 아직 校正작업이 진행 중인데도『箚疑』刊布의 命이
내려지고,115) 곧『箚疑』의 草本은 宣索되었다.116) 이에 송시열은 刊
行·配布의 결정을 취소해줄 것을 거듭 요청했다.117) 주자도 당시에 그
랬다는 것으로, "時勢之不便"과 "或有未盡 以誤學者"하게 될지도 모른
다는 우려가 그 표면상의 이유였다.118) 실제로 이 무렵은 송시열이 죽
기 3년 전의 시기로 老少의 分黨이 확실해지고119) 南人들이 서서히 재

---

113) '庚申換局' 이후 가장 긴밀한 상의와 자료교환이 이루어지고 있었던 사람은 권상하
　　였다. 송시열이 오직 그에게 호소하고 독촉하기를 마지않았던 사정을 그에게 보낸
　　여러 차례의 서신에서 확인하게 된다. "自今日爲始而精神昏耗 不可獨任 切欲得致道
　　略來相助 ……"[『大全』卷88, 與權致道(癸亥 4월 10일), 10ㄱ]라든가, "就白大全箚疑
　　昨承聖諭 亟欲校進 而疾病如許尙未始功日夕皇隙 秋夕後則斷不敢遷延"[『大全』卷
　　88, 與權致道(癸亥 7월 그믐), 12ㄱ], 또 "啓下之後 刊事正急 箚疑之校 不可少緩 而日
　　寒如此 賤軀旣不敢動 …… 今則已有上命其可少緩乎 只恐註解或失以負聖意 得罪斯
　　文"[『大全』卷88, 答權致道(丙寅 1월 23일), 25ㄱ] 등에서 그 초조한 심경이 잘 드러
　　난다.
114) 즉 "本知造物者 少留此漢 俾得卒業否耶"[『大全』卷83, 答高汝根(丙辰 1월 2일), 8ㄴ]
　　라든가 "朱子於晚年禮書 極有日暮道遠之歎 不料今日眞踐斯境也"[『大全』卷96, 答李
　　同甫(戊辰 1월 9일), 27ㄱ]라는 표현이 그것이다.
115)『大全』附錄, 卷10, 年譜, 崇禎 59년 丙寅 3월 丁丑, 23ㄴ.
116)『大全』附錄, 卷10, 年譜, 崇禎 59년 丙寅 4월 丙午, 24ㄱ·ㄴ.
　　『肅宗實錄』卷17, 肅宗 12년 4월 壬子, 39冊, 65上ㄴ.
　　『肅宗實錄補闕正誤』卷17, 肅宗 12년 4월 丁酉, 39冊, 89下ㄱ.
117) ㉠『大全』卷19, 乞削奉朝賀之號並收惠養恩例仍請寢箚疑刊布之命疏(丙寅 4월), 22
　　ㄱ·ㄴ.
　　㉡『大全』卷19, 待罪後請勿刊布箚疑疏(丙寅 윤4월 24일), 23ㄱ~24ㄱ.
118) 주 117의 ㉠, 22ㄱ.

기하고 있는 정치상황이었기 때문에120) 이것이 時勢의 불안요인일 수
도 있었다. 그러나 더 큰 이유는『箚疑』가 국가사업으로 刊布되고 나면
嶺南學派에서 여기에 어떤 형태로든 시비쟁점을 들고 나올 가능성이
없지 않다고 생각한 때문이었을 것이다.121) 더욱이『箚疑』가 완성, 印刊
된 것은 老論의 우세가 확실해진 1715년(숙종 41)이었음을122) 생각하면
송시열이 주저한 이유는 충분한 근거가 있었다고 본다.

『箚疑』의 序文은 송시열이 죽기 4개월 전 유배지인 제주도에서 썼
다.123) 餘命이 다 되었음을 짐작하고 이 사업의 의의와 연혁을 스스로
밝혀놓으려는 의도였을 것이다.124)『箚疑』의 편찬 의의는 그 서문에서
대체로 세 가지 측면에서 정리된 것으로 파악할 수 있다. 먼저 주자 저
작, 특히『朱子大全』의 연구와 이해에서 영남학파의 수준을 비로소 능가
하게 되었음을 과시하고 있다. 물론 선구적인 업적으로서 이황의『朱子
書節要』(이하『節要』로 줄임)와 그 註釋인『朱子書節要記疑』(이하『記
疑』로 줄임)의 공로를 십분 인정하고 있다.125) 鄭經世(1563~1633 ; 愚伏,
李滉의 孫弟子)의『朱文酌海』(이하『酌海』로 줄임)126)에 대해서도, 그것
이『節要』의 羽翼으로서『節要』와 함께 後學들의『朱子大全』공부에 기

---

119) 이때 송시열은 박세채가 윤증과 자신을 포함한 老少保合의 시도를 포기하고 落鄕
　　해버린 데 대해 政局이 악화되리라는 깊은 우려를 나타내고 있다[『大全』卷88, 與權
　　致道(丙寅 7월 10일), 29ㄱ~30ㄱ].
120) 그는 "所可憂者 今日 黑水(尹鑴－필자)餘派 漸漸放闊"이라고 그 사정을 말한다[『大
　　全』卷88, 與權致道(丙寅 7월 10일), 30ㄱ].
121) 그는『箚疑』가 모두 先正의 說話, 특히 退溪의 註解에 근거했다는 것, 그러나 疑問
　　處를 드러내어 밝힌 것과 편집과정에서 일어난 착오로 말미암아 斯文에 죄를 얻게
　　될지 모른다고 말했다. 이는『箚疑』에 대한 嶺南學派의 반응에 마음이 쓰인 때문이
　　라고 보인다(주 117의 ㉡ 참조).
122)『寒水齋集』附錄, 卷1, 年譜, 44ㄱ 참조.
123)『大全』附錄, 卷11, 年譜, 崇禎 62년 己巳 2월 庚戌, 12ㄴ.
124) 序文은 처음 閔鼎重에게 부탁한 일이 있었다[『大全』卷60, 答閔大受(庚申 2월), 11ㄴ].
125)『大全』卷139, 朱子大全箚疑序, 42ㄴ・43ㄱ, "以釋其肯綮難解處 以訓蒙士 其功大矣."
　　『朱子書節要』와『朱子書節要記疑』에 대한 解題는 前間恭作,『古鮮冊譜』, 東京：
　　東洋文庫, 1944, 799쪽 참조.
126) 前間恭作, 위의 책, 809쪽 참조.

여하는 바가 컸다고 평가하였다. 그러나 퇴계의『朱子大全』연구는 주자의 簡牘 가운데 20편을 抄選하고(『節要』) 이에 한정해서 註釋을 가한 것(『記疑』)이고,『酌海』는 그나마 注解가 전혀 없는 상태임을 지적하였다. 말하자면 영남학파의 연구작업은 부분적이고 불완전한 것이라는 비판이었다. 그래서 자신은 "續記疑"하고 "通釋酌海"해서 "因以及於其餘"함으로써 그 遺忘을 스스로 대비했다고 말한다.127)『朱子大全』전체를 빠짐없이 註釋해서 완결하겠다는 것이다.

둘째로『箚疑』가 여러 師友·門人들과 긴밀한 상의와 質正을 거쳐서 이루어진 일이라는 것과, 특히 金尙憲(1570~1652 ; 淸陰)의 嗣孫인 金壽恒(1629~1689 ; 文谷)·金壽興·金壽增(1624~1701 ; 谷雲)   3형제의 相助에 의해서 '訂誤補漏'할 수 있었음을 밝히고 있다. 송시열은 이 '箚疑' 작업을 통해서도 朱子→栗谷學派의 統緖體系를 정립하려 했던 것이고, 이때 金湜→金尙憲→朴世采로 이어지는 연원과의 提携를 모색하고 있었다. 이 점에 대해서는 後述하겠지만, 김상헌이 80 高齡으로 朱子註解의『周子書』를 강론한 사실과 율곡의 死後 그 碑文을 작성하게 된 내력을 여기에 특기하고 있음은 바로 學脈·政派의 형성과 관련되는 사실로 보인다.

셋째는 주자를 宣揚하고 주자의 論旨를 확정해서 後進教導의 표준을 세움으로써 反朱子學風의 확산을 저지 대항한다는 의도를 내포하고 있었다.128)

아, 근래 斯文의 災厄이 극심하다.『朱子大全』의 문자가 앞서 黑水의 더럽힌 바 되었으나 세상 사람들이 괴이하게 여기지 않고 도리어 믿고 따르는 자까지 있었다. 대개 사람들이 (朱子의 文을) 알지 못하기 때문에 좋아

---

127) 그는 또 "然苟其所疑不妄 而諸友商證 終得其是 則亦退溪先生之所願聞也"(『大全』附錄, 卷7, 年譜, 崇禎 51년 戊午 8월 戊子, 48ㄱ)라고 자위하기까지 했다.
128)『大全』附錄 卷7, 年譜, 崇禎 51년 戊午 8월 戊子, 48ㄱ 참조.

하지 않고 좋아하지 않기 때문에 괴이한 말에 현혹되는 것이다. 만약 이
글(『箚疑』－필자)이 끝내 울타리 밑에 버려진 물건이 되지만 않는다면 어
찌 이 글로 말미암아 그 門路를 얻어서 宗廟의 美와 百官의 富를 두루 다
보게 되지 않겠는가.129)

배우는 사람이 주자의 言說에 접할 기회가 없고 접하더라도 그 眞意를
바로 알기 어렵기 때문에 윤휴와 같은 주자 비판론자의 주장에 끌려들
어간다고 생각하는 것이다. 그리하여 『箚疑』는 주자가 밝혀놓은 올바른
길(宗廟·百官)로 이끌어가는 인도자가 되어야만 했던 것이다. 요컨대
'崇正學·闢異端'의 방법으로 이 『箚疑』를 작성했던 것이다.

　송시열의 유일한 저술이 이 『箚疑』였다. 주자가 다 밝혀놓았으니 이
후의 저술은 모두 雜說이라고 단정하는 그로서는 당연한 일이기도 했
다.130) 그가 할 수 있는 일은 後代人들이 자신이 믿어온 바와 똑같이 주
자를 믿고 의심 없이 그것을 받아들이도록 기대하는 것뿐이었다. 그러
기 위해서는 주자 言論에 대한 상세한 考證·註釋이야말로 진정 그가
해야 할 작업이었던 것이다.131) 그리고 그 주석 작업이 결코 『箚疑』만
으로 그칠 일도 아니었다. 주자 저작 전체가 대상이 될 수밖에 없었다.
예컨대, 『朱子語類』도 先生의 本旨를 그르친 곳이 많으므로 "不可不 删
潤해야 한다"고 하면서132) 編目을 세워 내용 분류에 착수한 일,133) 주자

---

129) 주 125와 같음.

130) 주 23 참조.

131) 이 점을 더 분명히 설명하기 위해서는 『箚疑』의 편성형식과 내용검토가 이뤄져야
　　할 일이나 이 글에서는 여기에 손이 미치지 못했다. 이와 관련해서는 三浦國雄, 「『朱
　　子大全箚疑』를めぐって－朝鮮朱子學の一側面」, 『森三樹三郎博士頌壽紀念東洋學論
　　集』, 1979, 733～736쪽이 참고된다.

132) 『大全』 卷66, 答朴和叔(甲寅 12월 24일), 37ㄱ.

133) 『朱子語類小分』이 그것이다. 『朱子語類』 記事의 錯雜煩複한 단점을 해결하기 위해서
　　"隨類移分"했다고 한다(『大全』 附錄 卷7, 年譜, 崇禎 52년 己未 12월 戊子, 54ㄴ). 이
　　분류작업은 李縡의 『朱子語類抄節』과 魚有鳳의 『朱子語類節略』으로 이어졌다[『梅山
　　集』 卷5, 與鰲村宋丈(稺圭)書(己卯)]. 또 李宜哲의 『朱子語類要解』도 또한 이 계통에서

당시의 주석 과정에서 先儒說을 辨釋取捨하게 된 내력을 後進들에게 밝혀주고자 『論孟或問精義通攷』를 편성한 일134) 등이 그것이었다. 후자의 작업은 『四書集註』에 대한 학자들의 의문제기 그 자체가 불필요한 일임을 입증하려는 의도였다고 보아진다.135)

또 退溪文集에 대한 '記疑' 또는 '問目' 작성에도 착수하고 있었다. 京外諸生들이 퇴계문집을 많이 공부하면서 자기에게 "來問其疑義"하는 경우가 많으므로 이들에게 보여주기 위한 것이라고 그 편찬동기를 말하고 있다.136) 그가 이미 퇴계의 주자 이해방식에 문제점이 있다고 지적해온 터이고 보면,137) 이는 後進들이 퇴계문집에 의존해서 주자를 공부하게 되면 주자를 잘못 이해하게 되리라는 우려에서였다고 생각된다. 자신이 보는 주자만이 제대로 보는 주자인 것이고, 후진들도 이에 따라 주기를 기대한 것이리라. 주자 言論의 통일과 그 無謬性을 관철하기 위한 궁극적인 작업은 물론 『同異攷』였음을 이미 지적한 바 있다.138)

아무튼 『箚疑』 형태의 저술이 저러한 과정을 거쳐서 송시열과 같은 사유방식의 소유자에게서 나왔음은 결코 우연이 아니었다. 죽음을 눈앞에 둔 순간까지도 '箚疑' 작업을 매듭짓지 못한 것을 개탄하면서 그 완성을 거듭 유언으로 당부하여139) 完璧을 기약하고 있는 것은 그의 주자에 대한 믿음과 道統계승의 의지가 어느 정도인지를 말해준다.

송시열이 생각하는 바 『箚疑』 편찬사업의 의의는 앞서 살폈다. 이제 그 일을 단독작업이 아닌 공동사업으로 달성해갈 것을 강조한 사실, 즉

이루어진 연구작업이라고 해야 할 것이다(前間恭作, 앞의 책, 1944, 796쪽 참조).
134) 『大全』 附錄, 卷11, 年譜, 崇禎 62년 己巳 윤3월 己酉, 15ㄱ.
　　 『大全』 卷89, 與權致道(己巳 4월 2일), 別紙 21ㄱ・ㄴ.
135) 『大全』 卷139, 論孟或問精義通攷序, 44ㄱ・ㄴ 참조.
136) 『大全』 卷67, 答朴和叔(壬戌 12월 5일), 46ㄱ.
137) 이 책 272쪽 참조.
138) 『二程全書』 編次의 錯亂을 바로 잡아서 『程書分類』로 만들고 있는 것도 역시 朱子 연구의 일환이 아닐 수 없다.
139) 주 143 참조.

여러 門人·師友들의 相助와 質正의 결실임을 특기했던 점에 주목할
필요가 있다. 『朱子大全』의 疑難處를 서로 摘示하고 두루 講究 證訂해
봄으로써 『箚疑』는 좀더 완비된 註釋書가 될 수 있었을 것이다. 여기에
서 두 가지 사실이 가정된다. 송시열과 學的 관련이 있는 儒者들, 즉 畿
湖士林·西人 識者들은 이 작업에 다소간의 관심을 갖고 참여하지 않
을 수 없었으리라는 것, 그리고 이 과정을 통해서 그들 내부의 학문·사
상적인 견해의 同異點을 재확인하거나 재조정해갈 수 있었으리라는 것
이다. 이것은 송시열학파의 형성과 결속을 위해서도 필요한 절차였다고
보인다.

송시열은 김수항 3형제와 金昌協(1651~1708 ; 農巖, 金壽恒의 次子)
등 김상헌의 후예들과 김상헌의 문인이었으며 자신의 문하에도 출입했
던 박세채, 그리고 권상하·이희조 등을 주요 협찬자로 꼽고 있었다.[140]
문헌의 정리·淨寫 등 일체의 수발은 손자 疇錫이 맡아보았다.[141] 처음
에는 김수항·閔鼎重(1628~1692 ; 老峯)이 助力해줄 것으로 크게 기대
했었지만 그들은 "世路에 바빠서" 적극적인 역할이 없었던 것 같다.[142]
다만 조정의 관심을 부추기는 데는 김수흥이 주로 나섰던 것 같다.

가장 긴밀한 상담역으로서 편찬사업을 마지막까지 주선한 사람이 권
상하였음은 앞서도 말했다. 송시열은 그에게 永訣하는 편지에서,

---

140) 이 밖에도 손길이 닿기만 하면 먼저 협조를 구했다. 問目의 副本을 만들어 보내 校
    正을 받아 수정하고, 또 이것을 다른 사람에게 돌려 보이는 등의 방법인데, 부탁의 범
    위가 꼭 제한되어 있지는 않았다. 예컨대, 평소 학문적인 교류가 별로 없는 南龍翼과
    도 商量하자고 제의했고[『大全』 卷76, 答南雲露(丙辰), 24ㄴ·25ㄱ], 韓聖佑가 『朱子
    書節要』를 읽고 있다는 말을 듣고는 의문점을 적어 보내주도록 부탁하기도 했다(『大
    全』 卷82, 答韓汝尹, 1ㄱ·ㄴ).
141) 『大全』 卷102, 答金主簿(己未 3월), 40ㄴ.
142) 『大全』 卷67, 答朴和叔(庚申 6월 10일), 25ㄴ.
    그렇지만 송시열은 김수항의 협조가 컸다고 말했다. "文谷大爺 亦於箚疑 致意不
    淺"[『大全』 卷89, 奉訣致道(己巳 5월 14일), 別紙, 27ㄴ]. 어쩌면 그렇게 믿고 싶었는
    지도 모른다.

또 마음에 걸리는 일이 있네. 일생『朱子大全』과『朱子語類』를 읽는 가
운데 의심스럽거나 알기 어려운 곳이 있으면 그것을 抄錄해서 간단한 해
설을 붙여 同志들과 商量하고 이를 後來人들에게 보여주려고 했는데 안
타깝게도 아직 끝맺지 못했네. 돌아보건대 지금 세상에 이 일을 부탁할 만
한 사람은 오직 그대와 仲和(金昌協의 字) 뿐일세. 모름지기 同甫(李喜朝
의 字)·汝九(李箕洪의 字)·美伯(崔邦彦의 字-이상 필자) 그밖에 함께
일할 만한 사람과 더불어 協力整理하는 것이 어떻겠는가.143)

라고 맨 먼저『箚疑』가 아직 '未完成'임을 상기시키고 그 완결에 힘써줄
것을 부탁했다. 그러면서 믿을 만한 협조자를 추천하고 있다. 그 가운데
서도 오직 권상하와 김창협 두 사람뿐임을 말한다. 또 송시열은 자기보
다 두 달 앞서 賜死된 김수항의 墓誌文을 지어 보내면서,144)

　일찍이 文谷(金壽恒의 號)과 더불어『朱子大全箚疑』를 證訂하자고 상
의했었는데 오늘날 이 지경이 되었구나. 이 일은 이미 致道(權尙夏의 字-
이상 필자)에게 부탁했으니 모름지기 함께 상의해서 완성해주기 바란다는
뜻을 仲和에게 전하라. 이것이 참으로 繼志述事하는 道이니라.145)

라고 따로 김창협에게 당부하기도 했다. 김창협은 老少分黨의 즈음에
송시열에게 '世道'를 잡아 保合策을 적극 추진해달라고 권유한 일이 있
었고,146) 송시열은 44살이나 年下인 그를 항상 '高明'으로 존칭하면서
곡진한 태도를 보였다.
　잘 알려진 바와 같이 김상헌은 尊周大義와 崇明排淸論의 주창자였

---

143)『大全』卷89, 奉訣致道(己巳 5월 14일), 26ㄴ.
144)『大全』附錄, 卷11, 年譜, 崇禎 62년 己巳 6월 戊辰, 23ㄱ.
145)『大全』附錄, 卷11, 年譜, 崇禎 62년 己巳 6월 戊辰, 25ㄴ.
146)『農巖集』卷12, 上尤齋先生(辛酉), 1ㄱ~6ㄴ 참조.

다.147) 그 손자인 김수항 형제들은 西人—老論 官僚群의 핵심부를 형성하고 있었다. 김창협은 김수항의 아들이었던 만큼 그 증조부 이래의 명망과 자신의 文名으로 한층 촉망을 받을 수 있었다. 송시열은 스스로도 철저한 尊明反淸論者로서 김상헌 문하에 출입하면서148) 이 安東金氏와의 연대관계를 굳게 다져왔었다. 이제 南人의 반격에 의해서 김수항이 죽고 송시열 또한 죽음에 몰리는 사정 아래서, 김창협에게 '箚疑' 작업이 곧 "繼志述事之道"라고 단정지어준 일이 결코 그로서는 무리가 아니었던 것이다. 김창협은 그 遺囑을 이행했다. 『朱子大全箚疑問目』이 그것이다.149) 이를 다시 金昌翕(1653~1722 ; 三淵)의 玄孫인 金邁淳(1776~1840 ; 臺山)이 『朱子大全箚疑問目標補』로 보강하였다.150)

『朱子大全』의 주석작업은 이렇게 世代相傳하면서 거듭되어갔고,151) 동시에 그를 통한 學脈과 政派的 연대도 강화되어갔다. 이는 18세기 老論一黨專制의 성립, 그리고 이 연장인 19세기 전반기 김상헌의 후예들에 의한 金氏 勢道政權과 송시열 門中에서 배출된 역대 宋氏山林의 실체를 통해서도 그 결합관계는 확인되는 것이다.

이희조는 김창협 다음으로 고려되었던 주요한 인물이었다. 두 사람 사이에는 『中庸』·『孟子』·『心經』 등의 經義問答이 긴밀히 교환되었다.152) 이들은 祖孫을 방불케 하는 師生관계로서 48살 年長의 송시열이

---

147) 박충석 외, 『조선조의 정치사상』, 평화출판사, 1980, 126~131쪽 참조.

148) 『大全』 卷27, 上淸陰金先生, 1ㄱ~2ㄴ.
　　　『大全』 卷27, 上淸陰金先生(丙戌 1월 11일), 3ㄴ~4ㄴ 참조.
　　　『大全』 附錄 卷2, 年譜, 崇禎 18년 乙酉 5월 癸卯, 12ㄱ.

149) 이는 金昌協에게는 "費終身之硏究"였으며 "華陽(淸州 靑川의 송시열 居所—필자)之所附託"으로 착수된 것임을 金邁淳은 강조한다(『臺山集』 卷6, 答姜舜汝書, 10ㄱ 참조).

150) 『臺山集』 卷7, 朱子大全箚疑問目標補序, 6ㄴ~8ㄱ 및 前間恭作, 앞의 책, 1944, 802쪽 참조.
　　　金邁淳은 그 편찬방법을, "初頭發蒙旣以箚問爲主 而傍擇諸家 間參愚見 隨得隨錄 附見於問目之下"(『臺山集』 卷6, 答姜舜汝書, 10ㄴ)라고 설명한다.

151) 이렇게 해서 "箚疑只宜私相修整 而俟後世最眼者取舍 乃穩便底道理"[『大全』 卷88, 答權致道(丙寅 11월 28일), 32ㄱ]라고 하는 송시열의 의도는 실현되어간 것이었다.

20살의 이희조에게 『箚疑』를 質正하자고 간곡히 제의하고 있다.[153]

　　다만 『朱子大全』과 『朱子語類』의 箚目을 마음에 두고 잊지 못하고 있으니 그대와 더불어 상의하고 싶은 생각이 어찌 간절하지 않겠는가.[154]

『箚疑』에 관한 한 권상하 다음으로 많은 상의가 있었다고 보인다. 『朱子語類』의 再分類編成에는 이희조와 가장 긴밀히 논의했다.[155] 또 『二程遺書分類』는 李箕洪(1641~1708 ; 直齋)이[156] 거의 도맡아서 하고 있었지만,[157] 역시 이희조의 相參이 요망되는 일이었다.[158] 時局 문제에서도 송시열이 믿고 의지하는 바가 컸기 때문에, "今日 知我者惟同甫"[159]라고 하지 않았을까. 이희조는 延安李氏로 李廷龜(1564~1635 ; 月沙)의 曾孫이고 李端相(1628~1669 ; 靜觀齋)의 아들이다. 송시열은 이정구의 故事를 들어서, "지금 同甫의 淵源이 이 같으니 산 속에서 냉이를 씹으며 『朱子大全』을 교정함은 너무도 당연하다"[160]고 이희조를 격려한다. 그는 또 이단상과의 관계도 각별한 것이었음을 강조하고 있다.[161] 김창협

---

152) 『大全』(卷94~97) 및 『芝村集』(卷5~6)에는 학문적인 것과 함께 時事에 관한 의견
　　교환이 소상하다.
153) 『大全』 卷94, 答李同甫(甲寅 5월 20일), 別紙, 10ㄴ.
154) 『大全』 卷96, 答李同甫(丁卯 2월 27일), 1ㄱ.
155) 『大全』 卷96, 與李同甫(壬戌 3월 2일), 別紙, 1ㄴ.
　　『大全』 卷96, 答李同甫(壬戌 7월 16일), 2ㄴ 참조.
156) 李箕洪은 理氣心性說이나 爲學之方 등 學問的인 서신교환이 많았으나 그 가운데
　　時事나 『箚疑』·『二程遺書分類』 등에 관한 상의내용은 별로 보이지 않는다.
157) 『大全』 卷67, 答朴和叔(庚申 7월 그믐), 26ㄱ.
158) 『大全』 卷95, 答李同甫(庚申 7월 29일), 別紙, 31ㄱ·ㄴ.
159) 『大全』 卷96, 答李同甫(丁卯 5월 3일), 18ㄱ.
　　다음 내용에서는 그 점이 더욱 분명해진다.
　　『大全』 卷94, 與李同甫(乙卯 8월 19일), 17ㄴ, "大抵朋友中 與同甫以世道自任 則如
　　我者 只合閉離塞兌 以待鼎鑊而已 何苦而如此 陳義說理 以犯時諱而重其罪也."
160) 『大全』 卷139, 寄別李同甫樂甫北征序, 30ㄱ.
　　그는 또 『月沙集』의 序文(『大全』 卷139, 35ㄴ~38ㄱ)과 「靜觀齋記」(『大全』 卷139,
　　34ㄱ~35ㄴ)를 쓰고 있다.
161) "나의 위기가 절박할 때마다 千里를 멀다 하지 않고 달려와 오로지 도와주었는데

은 이단상의 사위이고 김창흡(김창협의 弟)은 그 門人이었다. 安東金氏
와 延安李氏家의 學淵·姻戚관계에 의한 결속이 예상되는 일이었다.

『朱子語類抄節』을 만든 李縡(1680~1746 ; 陶菴)는 김창협에게서 배
운 일이 있는 老論－洛論系의 대표적인 儒者였다. 李宜哲(1703~1778 ;
文菴)은 이재의 문인으로서 『朱子大全箚疑後語』와 『朱子語類要解』를
작성하였다. 무엇보다도 『朱子大全箚疑輯補』를 편집한 이항로는 金昌
翕 → 金信謙 → 金亮行 → 李友信 → 李恒老로 이어지는 이단상 연원임
을 상기할 필요가 있다. 信謙·亮行은 각기 김창협의 子行과 孫行이 된
다.162) 여기에 역시 김창협의 門人으로서 『朱子語類節略』을 만든 魚有
鳳(1672~1744 ; 杞園), 권상하의 門人이자 『同異攷』를 완성한 한원진, 한
원진의 문하에 출입하면서 『朱書分類』를 작성한 姜浩溥(1690~1778 ; 四
養齋), 그리고 김창협의 『朱子大全箚疑問目』과 김매순의 『朱子大全箚疑
問目標補』까지를 포함하고 보면 『朱子大全』·『朱子語類』의 주석·분류
작업은 모두 송시열 문하의 專管사업이었다는 사실을 발견하게 된다.

이렇게 보면 송시열·김수항 형제·이단상의 협력관계는 권상하(송
시열의 學統 계승자)·김창협·이희조로 이어진 제2세대들에 의해 그
기반이 더욱 다져지면서, 이후 學的 政治的인 世代相傳의 협력체제가
유지되어갔다고 하겠다. 箚疑·分類 방식에 의한 學的인 연계관계는 주
자 저작의 지속적인 연구사업을 통해서 사상적인 공통기반을 강화해가
는 동시에, 정치적 문벌적 결속과 우월성을 실행해가기 위한 구심점으
로서 기능했던 것이다. 이러한 사정을 가리켜서 송시열학파의 성립과
그 발전과정이라고 해도 좋을 것이다.163) 또 이것이야말로 老論, 보수

나는 그의 厚誼를 갚을 길이 없다"고 회고한다(『大全』 卷170, 靜觀齋李公神道碑銘
幷序, 20ㄴ).
162) 『萬性大同譜』 卷2, 安東金氏條, 170ㄴ~171ㄴ 참조.
163) 여기에 王室의 外戚이기도 한 驪興閔氏의 閔蓍重 형제들, 光山金氏의 金萬基 형제
들(이들은 金長生의 後裔들이기도 하다)의 문벌세력이 또한 같은 西人－老論系로서
가세하고 있음은 물론이다.

집권세력의 사상적 정치적 존립방식이며 그 특징이기도 한 것이었다.

한편『箚疑』와 관련해서 빼놓을 수 없는 이 시기의 儒者가 박세채였다. 그는 정치적 학문적으로는 결코 송시열과 보조를 함께 하지 않았고, 또 오히려 윤증과 더불어 少論의 핵심세력을 형성했음에도 불구하고 송시열이 끝내 적으로 돌릴 수 없었던 인물이었다. 그에 대한 송시열의 기대와 관심은 그만큼 크고 신중한 것이었다.164) 박세채가 그의 門下에 출입하면서도 항상 '자기주장'을 놓치지 않았던 점을 고려하면 송시열이 당시 어떤 儒者에게 이만한 인내와 호의를 발휘할 수 있었을까. 또 그 이유가 어디에 있었을까.

송시열은『朱子大全』의 問目을 작성하면서 누구보다도 먼저 박세채의 지지와 협조를 얻으려고 했던 것 같다.165) 이때 박세채의 반응은 긍정적인 것이어서 問目의 證訂修整에 관한 의견의 교환이 상당히 이루어지고 있었다. 1680년(숙종 6, 庚申)의 政局 전환 뒤 송시열이,

> 『朱子大全』의 問目에 대해서 이같이 勘訂해주시니 어찌 天下를 公共으로 여기시는 후한 마음이 아니겠는가. 오늘날 이 일은 내게 달린 것이니 나중에 또 質正을 받겠네.166)

라 하고 곧 이어서,

> 『(朱子)大全』의 問目은 그 功役이 매우 크네. 정말 부탁하기 어려운 일

---

164) 권상하에게 일러주는 遺言에서도 "此友眞不易得"이라고 그를 칭찬하고 "오직 太祖 尊號문제에서만 서로 의견이 달랐다"고 말할 정도였다(『大全』附錄, 卷11, 年譜, 崇禎 62년 己巳 6월 癸酉, 27ㄱ).

165) 그는 일차로 완성된 問目의 草本을 '呈納'하면서 "痛加財定 使之易曉 且其當問而遺漏者 亦添其問目" 해주도록 정중히 요청하고 있는 것이다(『大全』卷67, 答朴和叔(戊午 8월 11일), 18ㄴ].

166)『大全』卷67, 答朴和叔(庚申 6월 10일), 25ㄱ.

이기는 하나 이는 진실로 斯文에 관계되는 것인 만큼 執事가 끝까지 완성
시켜 주시기를 거듭 바라네.167)

라고 할 정도로『箚疑』를 통해 박세채와 관계가 진전될 것으로 예상되
었다. 그러나 조만간에 윤증과의 不和, 송시열의 金益勳 두둔에 따른 少
壯層의 반발 등으로 나타난 정국의 分派的인 분위기가 점증해서 分黨
사태로 전개되자, 두 사람의 관계도 멀어져가게 되었다.

박세채는 스스로『朱子大全拾遺』를 편집했고168) 송시열의 ‘箚疑’ 작
업을 국왕에게 소개한 장본인이었으면서도169) 스스로 이 작업에 적극
뛰어들지는 않고 있었다. 이보다 앞서 송시열은 박세채가 栗谷文集의
拾遺와 年譜의 補編에 힘쓴 것을 치하하고,170) 또 자신이 勘訂한「栗谷
年譜」를 ‘更加參商’ 해달라고 부탁한 일도 있었다.171) 그런가 하면『朱
子語類』를 刪潤해서 잘못 기록한 編次를 바로잡자고 제의하기도 했
다.172) 뿐만 아니라『朱子大全』의 箚疑 작업이 아직 진행 중인데도 따
로『退溪集』의 ‘記疑’를 만들기로 작정하고, 여기에도 박세채의 참여를
종용하고 있었다.173) 물론 박세채는 선뜻 응하지 않았다.

朱子書의 註釋·分類 작업과 같은 學究차원에서 相助관계가 진전될
수 없었던 근본적인 이유는 같은 주자학의 범주에 있으면서도 그들 사
이에 학문의 태도와 방법에 기본적인 차이가 존재했기 때문이 아닐까

---

167)『大全』卷67, 答朴和叔(庚申 7월 그믐), 26ㄱ.
168)『南溪先生朴文純公文正集』卷14, 再辭召命因進朱子大全拾遺疏 및 前間恭作, 앞의
　　책, 1944, 803쪽 참조.
169) 이 책 292쪽 및 주 108 참조.
170)『大全』卷66, 答朴和叔(癸丑 4월 24일), 2ㄴ.
171)『大全』卷66, 答朴和叔(癸丑 11월 24일), 19ㄴ.
172)『大全』卷66, 答朴和叔(甲寅 12월 24일), 37ㄱ.
173) 그는 이 일이 “數年前宿計”이므로, 손을 저어 거절하지만 않는다면 “繼此而往請者
　　不止此一書而已也”[『大全』卷67, 答朴和叔(壬戌 12월 5일), 46ㄱ·ㄴ]라고 하면서,
　　자신이 만든 問目에 대해서 “從速垂教 以開昏惑” 해주면 다행이겠노라고 협조를 요
　　청했다[『大全』卷67, 答朴和叔(壬戌 12월 26일), 47ㄱ].

생각된다. 學淵과 黨色에서 볼 때 그들은 오히려 깊이 밀착될 수 있는 가능성이 없지도 않았으나 결국 黨을 나누어 各立하고 말았던 것이다. 박세채는 송시열이 존경해 마지않는 김상헌의 門人이었고, 또 한때는 송시열의 門下에도 출입했었다. 禮論에서는 南人의 三年說에 반대함으로써 사실상 송시열의 朞年說을 인정했다. 그러나 四端七情·理氣說에서는 栗谷說에 회의를 가졌던 점에서 退溪說에의 접근을 보여주었고[174] 이는 송시열의 그것과도 차이를 드러내는 것이었다. 무엇보다도 박세채는 朋黨의 禍를 우려하고 士類의 保合調劑를 주장하는 반면에[175] 송시열은 스스로 '淸議'를 자처하고 黨을 나누어 논란하지 않을 수 없다고 생각하였다.

> (東·西의 分黨 때) 栗谷의 역량으로도 調劑할 수 없었을 뿐만 아니라 오히려 심한 비방을 받았는데 그만한 재주와 역량조차 없는 사람이야 말해 무엇 하겠나. 오늘날 調劑를 논한다는 것은 迂闊한 일이 아닐까.[176]

라 하고 이어서,

> 만약 是非·邪正을 분별하지 않은 채 오직 조절과 화해만을 힘쓴다면 반드시 일을 해결할 수 없다.[177]

고 하여 당시 保合論의 입장을 是非·邪正의 구분 그 자체까지 그만두자는 주장으로 받아들이고 있다. 그가 생각한 黨派解消의 방법은 오로지 君上의 至公無私한 公心에 의해서 君子·小人을 峻別할 수 있어야

---

174) 玄相允, 『朝鮮儒學史』, 民衆書館, 1949, 182쪽 참조.
175) 위의 책, 183쪽.
176) 『大全』 附錄, 卷18, 語錄, 13ㄱ.
177) 『大全』 附錄, 卷18, 語錄, 13ㄴ.

하는 것이었다. 그런데 이 일은 君主가 아니더라도 士林의 重望이 있는
자가 맡을 수도 있었다. 그는 이를 '世道'라는 표현으로 자주 쓰면서 世
道待望論을 간절히 피력하지만 현실적으로 스스로 이를 自任할 입장이
못 된다고 보고 박세채에게 이 역할을 기대하고 있었다. 예컨대,

> 뒷날 世道의 책임은 마땅히 和叔(朴世采의 字—필자)이 맡아야 한다[178]

든지,

> 오늘날 世道의 책임은 오로지 執事(朴世采—필자)에게 있네[179]

라는 표현이 그것이다. 老·少 各立의 분위기가 성숙되고 자신에 대한
반대세력이 거세어질수록 박세채에게 '世道'를 맡으라는 요청도 따라서
빈번해졌다. 그러나 그가 마지막으로 기대를 걸었던, 자신을 포함한 윤
증·박세채 3者의 保合을 위한 會同이 깨어지고 박세채 또한 윤증을 지
지하는 쪽으로 태도를 결정하게 되자 송시열의 우려와 실망은 더욱 커
질 수밖에 없었다.[180] 그가 그토록 기대해 마지않았던 '世道'의 실현은
박세채와 함께 그로부터 멀어져만 갔던 것이다.

---

178) 『大全』附錄, 卷15, 語錄, 29ㄱ.
179) 『大全』卷67, 與朴和叔(辛酉 8월 2일), 35ㄱ.
180) 이 점은, 1687년(丁卯) 11월 14일 이후 박세채에게 보낸 몇 차례의 서신내용에서 소
    상하다. 예컨대, "서로 방도와 힘을 모아서 이를 一分이나 半分이라도 구해낼 사람은
    오직 執事밖에 없다고 여기네"(『大全』卷68, 與朴和叔, 46ㄴ~47ㄱ)라든가, 또는 "이
    는 執事가 朱子를 믿는 마음은 부족하면서 尹(拯)을 믿는 마음은 지나치기 때문이
    네"(『大全』卷68, 與朴和叔, 47ㄱ)라는 호소와 불평이 그것이다. 생애 마지막으로 보
    낸 편지에서도 朱子를 위한 윤휴·윤선거 부자 배격의 정당함을 재확인하면서, "그
    래도 이 세상에서 희망을 잃지 않고 있는 것은 執事가 있기 때문이네"[『大全』卷88,
    與朴和叔(己巳 5월 16일), 54ㄱ·ㄴ]라고 하여 박세채를 끝까지 포기하지 않았다.

5. 맺음말

　지금까지 송시열의 주자 숭배, 주자 저작 연구의 실상을 朱子道統의
확립과 그 계승운동이라는 관점에서 파악해보았다. 道統이란 儒家에서
학문·정치의 要義(＝道)를 先後 '聖賢' 사이에 傳授해간 내력을 가리키
는 것으로, 그것이 觀念的 超歷史的 속성을 띠는 점에서는 일종의 絶對
精神이기도 하였다. 儒學이 正統性을 중시하는 경향이 있음은 실로 儒
家의 역사가 곧 道統·絶對精神을 계승하는 역사이기도 한 때문이었다.
그런데 주자학의 理念化가 진전됨에 따라 이 絶對觀念(＝朱子道統)에
대한 충실성·정당성을 둘러싼 사상·정치적 대립, 곧 道統 계승운동도
치열해지게 되었다. 17세기 중엽 이후 송시열 중심의 보수적인 朱子學
派에서 추진한 '崇正學·闢異端' 운동은 사실상 道統 확보와 그 계승운
동의 일환이었다.

　송시열은 『朱子大全』과 『朱子語類』를 통해서 주자의 인간과 학문에
몰입한 결과 주자를 無謬의 聖人으로 崇信하게 되었다. 주자 자체를 학
문의 목적으로 삼고 주자를 絶對視하게 된 것이다. 그는 이러한 주자에
대한 확신을 정치·사상의 양면에 걸쳐 현실태로서의 보편성을 확립하
려고 시도했다. 먼저 栗谷을 참된 朱子學徒로 宣揚해서 그의 文廟從祀
를 적극 추진한 반면 당시 최고의 주자학자로 꼽히는 退溪의 주자 이해
방식에 의문을 제기함으로써, 朱子→退溪 연원에 대항한 朱子→栗谷
→沙溪로 이어지는 畿湖朱子學派 중심의 道統體系를 수립해가게 되
었다. 그런데 송시열 자신의 師承관계를 이렇게 朱子嫡統으로 정립하려
는 노력은 반대세력의 격렬한 반발과 항쟁을 불러일으켰던 것으로, 嶺
南儒林을 포함한 南人 측과의 대립, 특히 윤휴와의 적대관계, 그리고 그
연장으로서 전개된, 같은 西人이며 同門 士友·門人인 윤선거·윤증 부
자와의 반목은 服制논쟁과 西·南交替, 庚申換局과 老少分黨이라는 그
시기 정치과정의 특징을 대변해주고 있었다. 송시열이 제기하는 반대파

배격의 논리는 朱子說에 대한 '異端'·'邪說'·'斯文亂賊'이라는 표현으로 집약되었다. 자기류의 주자 이해만이 정당하다는 二分法的인 思惟태도는 곧바로 주자를 假托해서 君上을 풍자하고 偏黨을 비호한다는 반격을 불러일으켰음은 물론이었다.

朱子絶對化(=朱子道統 계승)운동은 많은 반대파와 적을 만들게 되었지만 그것은 동시에 동조세력의 결집과 그 사상적 정치적 입장의 통일을 모색해가는 과정이기도 했다. 즉 송시열은 정치적 사상적으로 守勢에 몰리기 시작한 현종 말년부터 주자의 著作·語錄을 經典視하고 그에 대한 逐次的 註釋과 考證·辨正 작업에 착수함으로써 주자 言說의 定論을 제시, 그 완전성을 입증하려고 했는데, 그 결과물로 나온 것이 『朱子大全箚疑』였다. 여기에는 그 門下의 권상하·김창협·이희조 등 젊은 儒者들이 적극 참여했고, 김수항 3형제와 박세채의 지원도 있었다. 그는 이 연구작업을 통해서 畿湖朱子學派-西人-老論의 기존 學派·黨色의 기반 위에 다시 安東金氏 김상헌의 후예와 자신의 恩津宋氏의 門閥的 連帶관계를 다졌고, 이로써 宋時烈學派(=朱子道統派)의 형성을 보게 된 것이었다.

한편 박세채와의 협력관계가 그의 진지한 모색에도 불구하고 마침내 分黨으로 결말지어졌는데, 이는 '世道'의 실현이라는 그의 궁극적 희망이 좌절되었음을 의미하는 것이었다. 즉 儒家의 '道'를 정치로서 표방해 갈 때 이것은 '世道'를 펴는 일이 되고, 이 '世道'를 실현함으로써 道統傳授의 의미는 완성되는 것이었다. 송시열은 박세채의 지원을 받아 世道를 自任할 의향이 있었고, 이것이 여의치 못하면 박세채를 대신 내세워서라도 世道를 맡겨볼 생각이었다. 道統계승의 궁극적인 목표는 이렇게 世道의 실현이므로 그가 주자를 絶對化해서 그 道統 계승을 自任한다고 했던 것이다.

이 글의 내용을 이상과 같이 요약하고 보면 道統論的인 사유방식의 의의와 특징을 다음과 같이 지적할 수 있게 된다.

먼저 두 차례의 전란이 계기로 된 17세기의 사회적 사상적 전환기에 처해서 송시열류의 朱子絶對化에 대한 확신과 그 실천은 광범한 식자층의 의식체계에 강한 호소력을 발휘할 수 있었다. 말하자면 道統論的인 사유방식은 그 시기 사회의 복잡한 현실적 역사적 과제들을 극단으로 추상화해서 이를 관념의 세계에 융해시킴으로써 양반 식자들로 하여금 실제 문제의 압박으로부터 自慰, 또는 도피처로서의 정신세계를 마련해준 것이었다. 17세기 北伐論이 國是化한 사실이나, 18·19세기 老論系의 보수적 집권세력이 더욱 경직화하고 있었음은 이런 형태의 현실 대응태세에 대한 합의가 지배계층 내부에서는 이루어지고 있었기 때문이 아닐까. 예컨대 18세기 중엽 송시열의 文廟從祀와 함께 ‘宋子’로 추숭되고 『兩賢傳心錄』이 만들어지고 있었다는 사실은 주자－송시열이 일치해서 추구했던 정신세계, 곧 道統(＝絶對精神)을 國是로서 승인하는 절차였다고 볼 수 있는 것이다. 또 그것을 추진하는 세력은 말할 것도 없이 老論閥閱이었다.

한편 朱子絶對論의 관점에서는 주자를 충실히 배우고 주자의 방식을 통해서 현실문제의 타개방안을 찾아내야 한다고 믿었다. 주자는 無謬의 聖人일 뿐만 아니라 ‘주자의 南宋’과 ‘송시열의 朝鮮’은 사회적 역사적 기원에서 거의 일치하므로 주자의 匡捄策 또한 송시열 자신의 현실대책으로 수용되어도 아무런 무리가 없다는 것이었다. 즉 초역사적 絶對精神(＝道統意識)에서는 時空을 뛰어넘어서 17세기의 조선사회를 12세기 남송사회와 等質社會로 규정하고, 주자의 눈을 통해서 그 처방을 구하려는 것이었다. 여기에 정치·사회 대응태세에서 朱子道統派의 기본방향은 주자의 정치사회론의 맥락에서 마련될 것임을 예상하게 된다.

또 道統論的인 사유에서는 ‘唯一無二’한 ‘專一者’를 추구함으로써 朱子絶對論에 귀착하였다. 그 결과 똑같이 주자로부터 출발했으면서도 주자를 ‘한 사람의 儒者’로 상대화하는 윤휴의 사유와는 대립적일 수밖에 없었다. 송시열류의 朱子絶對論은 이 시기 새롭게 성장하는 허목·윤휴의 朱子相對論과 함께, 대응하는 두 가지 사회사상, 즉 체제보수사상과 진보적 개혁사상의 흐름을 형성하게 되었다.

결국 주자학과 집권체제 결합의 所産 가운데 하나가 道統論的인 사유방식이었다. 집권체제 자체의 속성으로서, 이념의 統一性과 完結性이 당연히 요구되는 가운데 '唯一者'로서 朱子絶對精神(＝朱子道統)은 강조되었던 것이고 바로 이 점에 17세기 조선 주자학의 체제보수적 특징이 규정된다고 하겠다.

(『孫寶基博士停年紀念 韓國史學論叢』, 지식산업사, 1988)

Ⅲ. 金堉의 安民經濟論과 大同法

1. 머리말

17세기에 새로 마련된 중요 제도라면 아무래도 大同法을 먼저 꼽아
야 할 것이다. 실로 대동법은 16세기 이래 사회변동과 兩亂의 파괴·충
격으로 야기된 종래 지배체제의 위기를 극복하는 일환으로 착수된 개
혁의 일차적 성과였다. 그리하여 대동법은 18세기 중엽에 성립한 均役
法과 함께 조선 후기 賦稅制度 개혁의 두 본보기 가운데 하나가 되었
다. 더구나 농민경제와 국가재정에서 차지하는 비중이나 제도로서의 정
착과정, 그 개혁적 성격을 보면 대동법이 균역법의 그것을 한층 앞서는
것이었다.1)

대동법은 국가와 농민 사이에 相衝하는 이해관계를 조율하면서도 財
政과 民生 양편 모두에게 유리한 것이었던 만큼, 양반지주층 전반의 불
만을 무마하며 吏胥·貢人 등 中間層의 편법과 협잡을 크게 억제하는

---

1) 大同法의 성격과 그 역사적 의의에 관해서는 金鴻植,「大同法의 實施와 그 歷史的
   條件」,『朝鮮時代 封建社會의 基本性格』, 박영사, 1981, 제3장 補論 ; 崔完基,「大同
   法 實施의 影響」,『國史館論叢』12, 1990 ; 糟谷政和,「大同法成立の歷史的意義につ
   いて－1594年貢物作米の史料的檢討」,『私學硏修』 127·128, 東京 : 私學硏修福祉
   會, 1992 참조.

선에서 마련되는 제도였다. 그리하여 토지·농업생산이 거의 유일한 경제수단이었던 당시의 조건에서는 모든 土産 貢納物을 米·布로 통일하여 田結 대상으로 징수한다는, 즉 '大同'法의 착상은 획기적인 것이 아닐 수 없었고 그만큼 실현가능성이 높은 것이기도 하였다. 그리고 집권체제와 농본주의, 양반사회와 地主佃戶制라는 현실적 토대를 고려하고, 불합리한 현물공납제도의 극복과 상품·화폐 경제의 성장을 촉진하기 위해서도 대동법은 최선의 방안이었다. 또 그런가 하면 賦稅 負擔力이 한계선에 이른 농민층의 절박한 처지에 최소한의 양보와 대책을 이끌어내야 할 정부와 지배층에게는 거의 유일한 선택이 될 수 있었다.

새로운 부세제도인 대동법이 이렇게 여러 측면에서 바람직한 것이었고 정부와 지배층의 입장에서는 재정과 민생의 개선을 위한 새로운 조치가 시급한 처지였음에도 불구하고 그것이 전국적으로 시행되기까지는 17세기 벽두부터 꼭 백 년의 세월이 걸렸다. 그토록 긍정적인 제도가 시행되는 데 어째서 그리 긴 시간이 걸려야만 했던 것일까. 그 시기 정치의 주도권은 東人·北人·西人으로 옮겨가기는 했지만 어느 집권세력도 대동법과 같은 부세제도의 개혁을 수행하지 않을 수 없는 상황이었고 실제로 그렇게 추진되었던 사실을 보더라도 의아한 일이다. 또 조선왕조는 행정력이 체계화된 집권국가였다는 점을 고려하면 더욱 궁금한 일이 아닐 수 없다.

사실 대동법의 논의와 시행과정에는 수많은 相衝點이나 장애요인들이 도사리고 있었다. 이를테면 당장 정부의 재정 확보를 앞세우는 주장과 피폐한 농민경제의 회복에 주력하자는 의견이 서로 충돌했는가 하면, 여기에 부세부담의 대상이 각 民戶에서 田結로 바뀌게 되는 데 따른 양반지주층의 반대, 막대한 중간이득을 취하던 防納人·商人과 이와 결탁된 官人·守令 그리고 吏胥層의 반발이 겹치고 있었다. 또 새 징수기준이 될 田結의 파악 문제(量田의 실시), 作米와 그 수송에 따르는 沿海와 山間 郡縣 사이의 이해관계가 얽히기도 하였다. 각 지역 사이의

米價 불균등이나, 시장에서 유통되지 않는 정부소요 물품의 확보 문제도 또한 대동법 반대론의 빌미가 되었다.

이러한 찬반대립과 갈등현상을 크게 구분해보면, 종래 貢案에서 폐단이 큰 부분만 손질하여 防納制의 기본 틀을 유지하자는 의견과 차제에 貢物 수취의 기준과 방법 모두를 새로 전환하려는 시도의 차이가 드러나고 있었다. 전자를 단순히 운영개선에 머무는 貢案改定論이라 한다면 후자는 개혁적인 大同法施行論이라고 할 수 있었다. 그리고 그 연장선에서는 각각 구래 주자학에 집착하는 사유방식과 이를 넘어선 새롭고 자유로운 발상법이 부딪치고 있었다. 그리하여 이 貢案論과 大同論의 대립·갈등은 17세기 양반층의 정치적 사상적 입장을 보수와 진보, 주자학과 반주자학의 경향으로 양분하는 측면도 있었다. 대동법을 둘러싼 경제적 이해관계와 사상·이념상의 차이가 學淵·門地·黨色과 결합함으로써, 이 시기 당파 사이의 政爭 와중에 잠복한 최대 현안이 되기에 이른 것이었다.[2]

그러나 거듭 말하거니와 오랜 기간에 걸친 우여곡절에도 불구하고 대동법은 마침내 함경·평안도를 제외한 전국에 걸쳐 시행되기에 이르렀다. 대동법의 시행을 위한 사회·경제적 조건들이 성숙하고 발전해간 것이었다. 특히 대동법에 관한 사회적 합의가 일정 이루어진 의의는 적지 않은 것이었다. 대동법으로 해서 기득권층이 져야 할 추가부담에도 불구하고 농민들에게 돌아가는 혜택은 월등히 컸으며 정부재정의 안정성도 따라서 높아졌다. 양반 지배층이 사회 기성질서의 한계나 구태의

---

2) 17세기 경제·재정 정책을 둘러싼 사상·이념적 갈등과 그 의의에 관련해서는 다음의 논고들이 참고된다. 金潤坤,「大同法의 施行을 둘러싼 贊反兩論과 그 背景」,『大東文化硏究』8, 1971 ; 金容燮,「朱子의 土地論과 朝鮮後期 儒者」,『延世論叢』21, 1985(『增補版 朝鮮後期農業史硏究』Ⅱ, 일조각, 1990에 재수록) ; 金駿錫,「朝鮮後期 國家再造論의 擡頭와 그 展開」, 1991, 연세대학교 박사학위논문(『朝鮮後期 政治思想史 硏究』, 지식산업사, 2003에 재수록) ; 池斗煥,「仁祖代의 大同法 논의」,『歷史學報』155, 1998.

연한 발상법에서 어느 정도 벗어나 문제해결에 나섬으로써 가능해진 일이었다.

그렇다면 이러한 발상의 전환에 앞장서서 이 합의과정을 추동해간 주역은 누구이며, 그 합의의 논리가 무엇이었는가를 주목하지 않을 수 없는 일이다. 대동법의 실상과 그 역사적 의의를 분명히 하기 위해서도 이는 밝혀져야 할 과제라 하겠다.

우리는 이러한 의문을 풀어가는 하나의 방법으로서, 대동법에 관련한 金堉(1580~1658 ; 潛谷・晦靜堂)의 생각과 활동을 주목해보기로 한다. 대동법과 김육의 깊은 관련에서 볼 때 그 합의의 주역, 실현의 추동자를 일단 김육으로 설정하는 것이 결코 무리가 아니라고 생각한다.3) 물론 대동법이 김육의 독창은 아니며 그가 처음 주장한 것도 아니다. 代貢收米의 방안을 제시하거나 이를 추진했던 사람들로는 그 이전에 벌써 李珥・柳成龍・李元翼・韓百謙 등이 있었고, 그와 같은 시기의 趙翼・李時昉 또한 대동법을 적극적으로 구상하고 지지한 사람들이었다.4) 그런데도 '대동법' 하면 김육을 떠올리는 것이 거의 통념처럼 되어 있다. 사실 대동법은 湖西 大同法의 성공에서 전국적 확대실시의 계기가 마련된 셈이었는데 김육은 이 호서 대동법을 위해 혼신의 힘을 다했을 뿐만 아니라, 곧 이어 兩南의 대동법도 밀고 나갔다. 대동법의 전면실시를 필

---

3) 이는 그에 대한 신뢰가 두터웠던 효종의 표현에서도 잘 드러난다. 즉 "上曰 近日無一人擔當國事者 以致事日非 此則大臣當不免其責也 頃者大同時 金領府事獨自擔當 堅確不撓 以底于成 予每念不忘 願得堅確如金某之人 而何可得也"(『潛谷遺稿』, 「潛谷年譜」, 己亥 3월 11일, 55ㄱ・ㄴ, 戊申字本, 이하 「年譜」로 줄임)라고 했다는 것이다. 국왕의 입장에서는 국가의 현안을 정확히 파악하고 그 해결을 자신의 책무로 추진하는 "堅確不撓"하는 대신・중신이 절실히 요망되었을 것이다[『孝宗實錄』 卷20, 孝宗 9년 9월 己亥, 36冊, 152下ㄴ 참조].

4) 대동법의 논의와 시행과정에 대해서는 鄭亨愚, 「大同法에 對한 一研究」, 『史學研究』 2, 1958 ; 韓榮國, 「湖西에 實施된 大同法－大同法 研究의 一齣」 上・下, 『歷史學報』 13・14, 1960・1961 ; 韓榮國, 「湖南에 實施된 大同法 － 湖西大同法과의 比較 및 添補」 上・二・三・四, 『歷史學報』 15・20・21・24, 1961・1963・1964 ; 金潤坤, 앞의 글 참조.

생의 신념이자 정치과업으로 삼은 결과이기도 했다. 조선시기 관인·정치가로서 이런 類例를 다시 찾기도 쉽지 않을 것이다. 그와 대동법을 떼어서 생각할 수 없는 까닭이 여기에 있다고 할 수 있다.

김육은 그의 생애 후반기, 30년이 넘는 동안 바쁜 관인생활 속에서 작성했던 상당량의 疏·箚·啓 등과 몇 편의 書·序·記 등을 『潛谷遺稿』와 『潛谷續稿』로 남겼다.5) 비교적 짧은 글들이지만, 정책·현안의 과정이나 내용에 대한 그의 생각을 자세하게 알려준다. 이를 분석 종합하면 현실의 구체적인 문제에 대한 그의 발상과 논리를 이끌어내는 것이 가능할 것으로 생각한다. 그리고 그에게는 몇 종류의 編著書도 있으므로 이를 그 문집의 보강자료로 활용할 수도 있다.

이 글의 목표는 일단 이러한 자료들을 통해서 김육의 생각들을 그의 정치경제론으로 재구성해내는 데 두었다. 그러니까 대동법의 실시를 주장하고 여기에 필요한 관인·식자들의 합의와 협조를 이끌어내기 위해 그가 내세우는 논리를 그의 정치사상이자 경제사상으로 파악하는 것이다. 그는 특히 ‘安民’을 바탕으로 하는 ‘固邦本’에 역점을 두었으므로 이 安民說에 관련되는 그의 여러 건의안이나 시책들의 내용·성격을 따져 보기로 한다. 그리하여 안민설이 지니는 특징은 물론이고 이것이 어떻게 대동법의 이념기반 또는 그 추진논리로서 작용하게 되었는지를 구명하도록 한다.

---

5) 潛谷 金堉의 文集·著作에 관해서는 李佑成, 「解題」, 『潛谷全集』, 1975, 성균관대학교 대동문화연구원(『한국고전의 발견』, 한길사, 2000에 재수록) 참조.

2. 현실체험과 愛物濟人論

1) 농경체험과 현실이해

潛谷 金堉은 官人으로서 信念이 누구보다도 굳세고 분명한 사람이었다.[6] 그것도 대부분의 儒者·관인들이 주자학의 義理나 名分 문제에거는 신념과는 달랐다. 그는 오히려 의리·명분 자체에는 별로 관심이 없었던 것 같기조차 하였다. 그가 남긴 문헌이나 생애의 과정을 훑어보는 가운데 받는 인상은 분명히 그러하다. 그의 관심은 國計·民生에 직결되는 경제·부세·재정 문제 등에 집약되었다. 여기에 一家見을 세우고 끝까지 관철해가는 의지와 추진력을 보여준다. 특히 구체적이고 타당한 근거와 방법을 아울러 제시하면서 자신의 주장을 펴나갔다. 이러한 사정은 온갖 곡절이 많았던 대동법의 시행과정을 살피면 금방 확인된다. 아마 이 같은 점 때문에 뒷날 논자들이 그를 대동법의 실질적인 추진자, 實務·實事에 밝은 經世家로 꼽는 것이라 하겠다.

그렇다면 김육의 이러한 면모가 어떤 경로를 거치며 이루어지게 되는 것인지를 따져보아야 할 일이다. 김육의 5대조 金湜이 이른바 '己卯名賢'의 한 사람으로 꼽히기는 했지만 그다지 떨치는 양반이라고 할 수는 없었다. 淸風金氏 가문의 명성은 아무래도 김육 자신의 顯達로 비롯되었고, 아들 佐明·佑明 형제와 손자 錫胄의 代에 이르러 크게 드러났다고 할 수 있다. 그의 손녀는 뒷날의 숙종을 낳은 明成王后였으니 그

---

6) 『孝宗實錄』의 史官은 그의 卒記에서, "평생에 經濟를 스스로의 임무로 삼아 宰相이 되자 여러 가지 제도를 마련하였으니 충청·전라 兩湖의 大同法도 그가 건의한 것이다. 다만 自己를 믿는 마음이 너무 지나쳐서 처음 대동법을 의논할 때 金集과 의견이 맞지 않아 여러 차례 상소하여 김집을 공박하였으니 세상에서는 이 때문에 그의 수명이 짧아졌다고 한다"(주 3의 『孝宗實錄』과 같음)고 적었다. 여기서 '자기를 믿는 마음이 너무 지나쳐서[自信太過]'란, 바로 대동법에 관한 김육의 신념과 추진력을 가리키는 것임에 틀림없다. 대동법의 의의와 성과를 부정할 수 없었던 史官의 처지에서는 부득이한 표현일 것이다. 따라서 김육의 그러한 신념이 당대 제일의 山林 실력자 金集과의 사이에 갈등을 일으키는 빌미였다는 지적은 더구나 공정한 평론이라 할 수 없을 것이다.

가문의 위세를 짐작할 수 있는 일이다.

그러나 김육의 생애 전반기는 당시의 일반 유자들에 견주어보아도 불우한 것이었다. 13세 때에 倭亂으로 시작된 피난길이 安峽·江東·安岳·松禾·海州·延安·仁川 등 兩西지방을 전전하는 동안 10여 년이나 계속되었다. 그 사이에 큰 기근을 만나 淸州의 姨母家에 의지해야 했으며, 부친이 돌아가고 이어서 조모·모친을 잃었다. 전란이 끝난 뒤에도 동생들과 함께 서울의 고모에게 기대어 살아야 했다.[7] 25세가 되어서야 겨우 결혼할 수 있었고 그 이듬해에 司馬試에 합격하였다. 그가 大科에 최종 합격한 것은 陰城縣監으로 나가 있었던 45세 때의 일이었다.[8]

儒者·治人으로서 김육의 활동은 31세 때 일단 시작되었다. '五賢從祀'를 주장하는 成均館 유생들의 疏頭가 된 것이었다. '五賢從祀'란 잘 알려진 대로 金宏弼·鄭汝昌·趙光祖·李彦迪·李滉 등 5명을 儒宗으로 추대하여 그들의 位牌를 文廟, 즉 공자의 사당에 함께 모시는 일이었다. 이는 당연히 士林 내부의 위상이나 형세에 크게 영향을 미치는 중요 문제였으므로 學緣이나 정치적 입장에 따라 찬반양론이 날카롭게 대립하게 되었고, 조정에서도 또한 가부 결정에 신중을 기하게 마련이었다. 그런데 太學生들의 '五賢從祀' 요구는 北人이 추대하는 曹植을 배제하고 그 경쟁관계였던 '兩賢', 즉 이언적과 이황을 포함하는 것이었기 때문에 결국 집권 北人에 대한 西人·南人의 정치·이념 공세라는 성격이 뚜렷했다. 그리하여 成渾을 적극 옹호하고 이언적과 이황의 從祀를 지지할 뿐만 아니라, 北人의 領袖 鄭仁弘의 儒籍을 지워버린 김육 등의 시위는 당파적인 행동으로 비치지 않을 수 없었다. 김육은 西·南의 黨論을 적극 지지한 셈이었고, 따라서 그는 북인의 공격을 피하기

---

7) 「年譜」, 壬辰~甲辰, 2ㄴ~4ㄱ 참조.
8) 「年譜」, 甲子 9월조, 7ㄱ 참조.

어려웠다. 국왕 光海가 그에게 禁錮의 처분을 내리고 유생들은 捲堂으로 맞서자 李德馨·李恒福 등 대신들이 수습에 나서게 되었다.[9]

결국 사태는 진정되고 그의 禁錮도 풀리기는 했지만 그는 이 일을 계기로 현실정치로부터 충격과 좌절감을 크게 느꼈을 것으로 짐작된다. 그가 작성한 상소문의 논지는 儒宗을 높이라는 '尊賢'論으로 요약되는 것이었는데, 같은 취지의 소를 최소 4차례 이상 올린 것 같다. 이때의 주장에서는 주자학으로 무장한 사림 일반이 관념적인 논리를 당위론으로 내세우는 것과 매우 비슷한 점이 보인다.[10] 그로부터 10여 년이 흐른 뒤 관직에 나와서 올리는 疏·箚·啓의 논조와 분위기가 각 사물의 실상이나 施政策의 내용을 구체적으로 進達하려는 것과는 확연히 구분되는 점에서 더욱 주목된다.

하여튼 김육은 이 사건을 계기로 서울을 떠나게 되었다. 34세 되던 1613년(광해 5)의 일이었는데, 加平의 潛谷 淸德洞에 들어가 10년 동안이나 농사를 지어 생계를 꾸렸다고 한다.[11] 아마 광해군과 北人 주도의 조정에서 소외된 西·南人들 가운데 낙향한 사람이 적지 않았을 터이지만, 김육처럼 작심하고 田野로 들어간 경우는 드물었을 것이다. 그러나 1623년(인조 1)인 44세 되는 해에 '仁祖反正'이 일어나자 그는 遺逸로 맨 먼저 천거되어 義禁府都事에 不次擢用되었다.[12] 여기에는 '五賢從祀' 운동에서 보여준 그의 당파적 성향도 적지 않게 작용했을 것이다. 이렇게 宦路가 한번 열리자 그의 생애 마지막까지 순탄하게 이어졌다. 인조·효종의 재위 30여 년 동안에 顯官要職을 두루 거쳐 마침내 영의

---

 9) 「年譜」, 庚戌·辛亥, 4ㄴ~5ㄱ 참조.
10) 『潛谷遺稿』 卷4, 請從祀五賢疏(己酉 太學生時) 및 第四疏, 1ㄱ~4ㄴ 참조(韓構字本, 이하 『遺稿』로 줄임).
11) 潛谷 淸德洞은 그가 17세 때 고모부 任慶弘을 따라가 보아둔 곳이라는데(「年譜」, 丙申, 3ㄱ·ㄴ 참조), 아마 오래 전부터 연고가 있었던 모양이다. "躬耕自給"했다 하고, 晦靜堂이라는 그의 號는 이 곳에 農舍의 일부로 그가 손수 지은 건물의 명칭에서 유래한 것으로 보인다(「年譜」, 甲寅·乙卯, 5ㄱ·ㄴ 참조).
12) 「年譜」, 癸丑, 5ㄱ 및 癸亥, 6ㄴ.

정에 이르렀다. 무엇보다도 그는 79세(1658년, 효종 9)로 죽음을 맞는 순간까지도 湖南 大同法의 실시를 한결같이 주장할 수 있었다.13)

　이렇게 보면 인조반정을 분수령으로 김육의 생애는 전·후반부로 나누어지고 그 실상도 사뭇 대조를 이루게 된다. 그의 의식과 행동은 전·후반부 사이에 많은 차이가 있고, 그 계기는 田野 생활이었을 것으로 생각된다. 여기에서 겪은 시련과 현실체험은 후년의 주요 공직에서 그의 생각과 행동에 많은 영향을 주었을 것임에 틀림없는 일이다. 실제로 그의 전야 생활은 草木과 泉石을 벗 삼아 悠悠自適하는 한가로운 것이 아니었다. 처자를 이끌고 손수 농사지어 생계를 꾸려야 했다. 때로는 산에서 나무를 해오고 숯을 구워 서울까지 져서 나르기도 하였다. 몸소 노동에 힘쓰고 자력으로 땅을 갈아먹는 이러한 처지야말로 일반 농민들과 다를 바 없는 생활이었다. 본래 서울 태생으로 벼슬에 나서는 일 말고는 달리 생계의 방편이 없었으므로 이는 부득이한 선택이었다. "少貧困 爲農於加平"이라거나, "夫人分娩生男 貧無飯米"했다는 기록이 이를 말해준다.14)

　그렇다고 그가 이러한 생활에 낙담 불만하거나 구차한 태도를 보인 것은 결코 아니었다. 한번은 駙馬 신분의 知人이 지나는 길에 일부러 김육을 찾아왔는데 그는 마침 밭을 갈러 나간 참이었다. 부인이 이 전갈과 함께 급히 衣冠을 보내자 그는 웃으면서, "내가 밭갈이하는 사람인 줄을 그가 이미 알고 있는데 의관을 갖춰 뭘 하겠느냐"면서 손수 쟁기를 등에 지고 소를 몰고 돌아와서야 손님을 맞았다고 한다.15) 이러한 장면은 조선 후기 晝耕夜讀하는 양반들 사이에서는 흔히 벌어지는 일이었다. 貴人의 방문을 받은 자리에서 김육이 보여준 태도에는 오히려

---

13)「年譜」, 戊戌 7월·8월·9월조, 46ㄴ～49ㄴ 참조.
14)『大東稗林』10,「病後漫錄」. 金錫亨의『양반론』(평양 : 과학출판사, 1959)에서 재인용. 崔奎瑞의『艮齋集』에 실린「病後漫錄」(卷13·14·15)에는 이 기사가 보이지 않는다.
15) 위와 같은 글.

정치적 불운이나 失意를 훌훌 털어버린 의연한 氣槪와 여유조차 느껴진다. 그는 뒷날 顯達하자 젊은 시절 밭갈이하면서 입었던 옷을 警戒삼아 자손들에게 보여주었다고 한다. 그는 이때의 생활을, 민간의 온갖 실상을 소상하게 알아차리는, 절실한 현실체험의 기회로 삼았음에 틀림없다. 관직에 나서자 한결같이 민생의 안정, 즉 '安民'을 내세우며 농민의 처지를 돕는 시책을 먼저 마련했던 사실로 보아도 그렇다.

'爲農', 즉 농사지으며 사는 田野人의 처지라 해서 오직 농사에만 매달리지는 않았던 것 같다. 역시 양반·식자의 고상한 思考와 행동양식이 있었다. 인근 농민들의 생활상이나 영농방식을 관찰하며 그들 村老·農夫와 문답을 나누는 일이 드물지 않았을 것은 짐작하고 남음이 있다. 그의 소탈한 성격에서는 결코 어려운 일이 아니었고, 사물에 관한 지식이나 관찰에 열성스러웠기 때문이다. 때로는 인근의 雲岳山에 있는 文殊寺를 방문하여 그곳의 스님들과 담론하기도 했다.16) 그는 儒者이면서도 당시에는 異端視되고 소외당하던 불교나 佛僧에 대해서도 그다지 隔意를 두지 않았다. 그들에게 양반의 기세를 드러낼 수 있기 때문은 결코 아니고, 불교의 교리나 佛僧들의 사람됨에 일정한 관심이나 신뢰를 느꼈기 때문으로 보인다. 江原都事로 부임하는 벗을 전송하는 詩에서도, "一萬 하고 二千 봉우리 안에서는 / 유교 도교 불교가 함께 가즈런하네"17)라고 금강산의 절경을 빗대어 儒·佛·道를 함께 언급하였다. 아마 특정 종교나 사상에 대해서도 편견 없이 열린 마음으로 대하려 한 태도로 보인다. 다시 말하면, 스스로 고뇌하고 체험한 바를 내면화 의식화하는 과정을 밟은 것이라 하겠다.

반드시 농경생활만 그런 것은 아니지만 이러한 현실체험은 실제적이며 열려진 思考와 행동양식에 연결될 수 있을 것이다. 사물관계를 정확

---

16) 『遺稿』卷9, 贈懸燈山一老師序, 5ㄱ.
17) 『遺稿』卷2, 送江原都事曹漢英(戊寅), 7ㄱ.

하게 파악하여 비판하거나 대안을 제시하는 능력이란 아무래도 현실적
개방적이며 유연한 사고방식과 관련이 깊을 것이기 때문이다. 또 사람
들이 문제 삼지 않고 대범하게 보아 넘기는 관행이나 例規 같은 것이라
도 事理에 맞지 않을 경우에 이를 바로 잡으려는 태도 또한 이러한 사
고와 직결되었던 것으로 생각된다. 예컨대 김육이 당시 과거급제자를
포함한 관인사회의 오랜 풍습이었던 免新禮(또는 新參禮)의 관행을 거
부했던 사실이 그것이다.

　앞에서 보았듯이 그는 義禁府都事로 처음 벼슬길에 나섰을 때도 관
례에 따라 술과 음식을 준비하여 신참으로서 선임 고참들에게 免新禮
를 치러야 했다. 김육은 이에 즉시 동료·선임자에게 정중한 편지를 내
어 그 부당성을 들어 항의하고 결국 이를 중지시킨 일이 있었다.18) 이
유인즉 자신은 서울에 살지 않은 지가 10년이나 되고 지금은 부족한 路
資로 여관에서 기식하는 처지라는 것, 시골집 또한 궁벽해서 하인들이
찾아오는 데도 길을 잘못 들어 헤매는 실정이라는 것이었다. 무엇보다
도, “아랫사람을 檢束하고 職分을 다하는 것이 어찌 술과 안주의 많고
적음에 달린 일이겠느냐”는 말과 함께, 지금은 反正 뒤의 ‘新化之大機
會’이니 前朝의 잘못된 폐습은 모두 고치고 바로잡아야 한다는 논지를
폈다.19) 먼저, 동료 사이의 和氣를 돕는 취지는 좋으나 그런 잔치 자리
를 마련할 형편이 못된다는 변명이었다. 다음은, 할 수 있다 하더라도
그것이 관인 동료 사이에 직무와 법도를 벗어난 부적절한 관행이며 낭
비와 허식의 폐단이 따르는 일이라는 이유로 결코 할 생각이 없다는 주
장이었다.

　신참에게 술과 음식을 내게 하고 이를 통하여 신참자로 하여금 동료
들 사이의 위계질서에 순응하고 직무관행에 시비하지 말라는, 일종의

---

18) 『遺稿』 卷9, 與許經歷沃余書(癸亥 3월), 1ㄱ~2ㄴ.
19) 위와 같은 글, 2ㄱ·ㄴ.

잘못된 집단의식의 강요와 주입 절차라는 점에 免新禮의 폐단이 있었다.[20] 김육은 바로 여기에 반발한 것이었다. 이렇게 잘못된 타성에서 벗어나려는 진취적이고 비판적인 태도를 그가 관직에 나서는 장년기에는 물론이고 최고위직에 이르는 노년기에도 한결같이 견지했던 것으로 보인다. 그리고 이러한 태도의 연장선에서 남다르게 구체적인 安民論을 제기하며, 이를 실천하는 방법으로 대동법의 시행을 관철시킨 것으로 생각된다.

躬耕稼穡과 讀書仕宦을 양립 조화시키려는 생활태도는 조선 후기 많은 양반사대부들이 筆舌로 예찬하고 실천으로 보여주는 경우가 적지 않다.[21] 그러므로 김육의 경우라고 해서 특별한 의미를 부여할 이유는 없다. 다만 그가 '安民'이라는 이름으로, 불안정한 생계와 생산활동, 과중한 부세부담, 끊임없는 기근과 전염병 등 국가가 해결해야 할 농민적 과제들에 적극 대처하는 식자·관인으로서 자세가 남달랐던 점은 이와 무관하지 않을 것이다. 특히 그것은 자유롭게 체험 관찰하고 형식에 구애 없이 만난 사람들과의 관계를 통해서 체득한 것이었다. 말하자면 대동법의 전국적 시행을 자기 필생의 과업으로 확신하고 여기에 온 정력을 다할 수 있었던 것은 이러한 체험과 견문, 열려진 사고에 힘입은 바가 적지 않았다는 것이다. 또한 이것은 주자학의 가르침에만 충실했던 일반 유자들의 현실이해나 실천방식과 매우 대비되는 김육 특유의 모습이라고 해도 무리가 아니다.

---

20) 18세기에 이르면 '新來侵虐'이나 '新來免新時 先進困辱之弊'를 금지하는 조치가 법제적 차원에서 마련되기에 이르렀다(『典錄通考』, 「禮典」, 雜令-受教輯錄 ; 『續大典』, 「禮典」, 雜令 참조).

21) 그의 '集杜詩' 「歸田」에서도 이를 어느 정도 보여준다. 즉 "못난 재주라 隱者에겐 부끄럽지만 / 江湖에 사는 홍취 따르기는 제법이네 / 골짜기 안 밭으로 돌아가는 나그네 / 낯선 탓이라 알아보는 사람도 적네. …… 졸렬함으로 나의 道를 지키려하니 / 고기 잡고 나무함에 이 생명이 달렸구나 / 옳고 그름 어느 곳에 정해지려나 / 그윽이 숨어 삶에 이름 쓸 일 없네"(『遺稿』 卷3, 歸田, 29ㄱ・ㄴ)라고 함이 그것인데 몸은 田野에 돌아와 편안한 듯하지만 때가 되면 政界에 나서려는 의욕과 태세가 엿보인다.

다음의 詩句는 그의 이러한 태도를 잘 드러내 보여준다. 즉 "시험 삼아 오늘날 세상을 보면/그 형세가 어디로 치달아 가는 건지/…… 선과 악은 처음부터 길이 다른 법/내 스스로 아는 것이 마땅하니/書冊의 말 다 믿을 수 없는 것이지"22)가 그것이다. 불안한 사회현실과 전망이 없는 일상에 대해 비관과 자책이 엄중하다. 중요한 것은 특히 뒤의 두 구절이다. 현실에 대한 올바른 인식은 書冊의 지식에 의존하는 것만으로는 부족하다는 지적이다. 수용과 비판의 태도나 논리가 분명해야 하고, 그러자면 실상에 대한 치밀한 관찰과 직접 체험을 거듭하며 열린 사고방식을 키워야 한다는 자각된 자세를 보여준다고 하겠다.

2) 中國見聞과 外交活動

김육은 세 차례에 걸쳐 使臣으로 중국에 다녀왔다. 처음은 1636년(인조 14) 병자호란이 일어나던 해 冬至聖節千秋進賀使로서 明나라의 수도 北京에 갔었다. 이때의 使行은 육로에서 淸軍의 점령지를 우회하거나 해로에서는 明軍의 협조와 향도를 받느라고 거의 1년을 소요하였다. 그러니 그 우여곡절은 말로 다할 수 없었을 것이다. 북경에서 三田渡의 소식을 들은 것도 3개월이 더 지난 이듬해 4월 하순이었다.23) 두 번째는 1646년(인조 24), 그러니까 명나라가 패망한 지 2년 뒤의 일이었다. 이번에는 淸나라에 가는 謝恩副使로서 正使 李景奭과 함께 역시 북경에 다녀왔다.24) 두 사람의 노성한 대신이 나섰으니 이 사행의 비중을 짐작할 수 있는 일이다. 김육에게는 꼭 10년을 사이에 두고 다시 밟는 북경 길이었지만 明에서 淸으로 왕조가 바뀐 상황이었으니 그의 감회가 적지 않았을 것이다.25) 그리고 세 번째는 1650년(효종 1) 進香使로서 71세의

---

22)『遺稿』卷1, 又(敬次晦菴先生感興詩韻, 戊戌), 19ㄴ.
23)「年譜」, 丙子 및 丁丑, 12ㄱ~15ㄱ 참조. 그의『朝京日錄』은 이때의 前後 行程과 사실·견문 내용을 서술한 것인데, 민족문화추진회에서 편찬한『(국역)연행록선집』제2책에도 실려 있다.
24)「年譜」, 丙戌, 20ㄱ 참조.

고령에 병든 몸을 이끌고 4개월 만에 중국을 다녀왔다.[26] 이 무렵 김육은 우의정을 거쳐 領中樞府事로 물러나 있는 처지였으므로 그 힘든 使行을 사퇴할 수도 있었을 것이나, "나라의 형편이 이와 같으니 신하 된 자 마땅히 急病讓夷하는 의리를 다해야 할 뿐 어찌 使行을 꺼릴 것이냐"면서 떨치고 나선 것이었다.

潘陽에 왕래한 것까지 합하면 중국 땅을 밟은 것이 네 차례가 된다. 그렇게 많은 횟수라고 할 수는 없지만 이것이 김육에게는 남다른 의미를 띠게 되었을 것임에 틀림없다. 2백여 년이나 계속되던 使行路가 크게 변경되었고 이에 따라 예상치 못한 상황에 부딪치거나 위험한 지경에 처하기도 하였다. 그러나 이것이 오히려 많은 자극과 경험이 되고 그의 지략과 추진력을 발휘하는 기회가 되었다. 使行 도중이나 북경에서 견문 관찰할 수 있는 것이란 오늘날의 관점에서는 결코 대단한 것이 아니라고 할 수 있다. 지리상의 범위에서도 그렇고 문화적 특성에서도 그러하다. 그러나 17세기 당시 작은 한반도 안에 제한될 수밖에 없었던 안목과 경험 조건에서는 그것이 당연히 새롭고, 풍부하고, 수준 높은 외국의 볼거리이자 호기심의 대상이 아닐 수 없었다. 더구나 김육이 살필 수 있었던 지역은 遼東과 북경뿐만 아니라 황해·발해의 연안과 인근의 島嶼들, 山東의 일부에 걸치는 것이었다.

그는 이때 경험 관찰한 여러 가지 실상, 이를테면 중국의 지세와 경관, 도로와 운송, 농촌과 도시, 가옥과 성곽, 상공업과 물산, 그리고 주민의 생활과 문물 등에 관해 『朝京日錄』을 비롯한 많은 詩作으로 남겼

---

25) 김육은 1644(인조 22)년 3월, 그러니까 북경이 함락되기 두 달 전에 「哀江南賦」를 지어 明왕조의 역사를 회고하면서, 말기의 부패와 무능으로 나라를 망치게 된 것을 애석해 하고 "國猶活而民蘇 恩欲報而罔極"(『遺稿』 卷1, 哀江南賦, 甲申 3월, 3ㄴ)이라 하여 倭亂 때의 조선 출병을 감격해 하였다. 淸의 入關을 예상하며 명에 대한 흠모의 감정을 표현한 것인데 그의 이러한 정서는 그래도 조선의 식자층 일반의 그것에 견주면 매우 절제된 것이라고 해야 할지 모른다.

26) 「年譜」, 庚寅, 24ㄴ～25ㄱ.

다.27) 이를 보면 중국의 현실에 충격과 부러움을 함께 느끼며, 그들의 앞선 장점을 배워야 한다는 자각과 안목이 크게 열린 것이 분명하다. 젊은 시절 田野생활에서 닦여진 현실감각과 문제의식이 여기에 크게 발휘되었을 것은 두말할 나위도 없는 일일 것이다. 또 그의 이러한 중국인식이야말로 뒷날 北學論이 일어나는 토대가 되었을지도 모른다.

하여튼 김육은 몇 차례 중국여행을 통하여 당시 식자·관인 가운데 어느 누구보다도 폭넓은 시야와 국제적 감각, 유연한 사고방식을 지닐 수 있었다. 그리하여 주자학자 일반의 완고하고 편협한 인식태도와는 사뭇 다른 자세로 자신의 삶과 관인의 입장에 확신을 갖게 되었다. 實事·實務·實用·功利를 중시하는 인식과 실천의 태도였다. 이러한 實務指向型 고위관인의 모습은 그가 생애를 마치는 순간까지도 현실의 문제점을 구체적으로 집어내고, 실현 가능한 대안을 제시하는 데 거의 멈춤이 없었던 사실에서도 분명히 드러난다. 수레·水車의 사용과 店鋪의 개설을 건의한 일, 舊曆보다 한층 새롭고 정확해진 時憲曆의 채택을 적극 주장한 일, 貨幣의 주조와 유통을 위해 여러 현실성 있는 방안을 내놓은 일,28) 대동법의 전국적 실시를 위해 노력한 일, 인재를 발굴하고 그 능력을 발휘할 기회를 만들어준 일 등등이 그것이다.

한편 유능한 외교·군사 교섭가로서의 활동상을 그가 작성한 呈文과 『朝京日錄』을 통해서 살필 수 있다. 병자호란이 나기 직전, 그러니까 1636년(인조 14) 6월에 출발한 그의 첫 번째 중국행, 使行 길 내내 病中이었으면서도 요소에 이를 때마다 상세한 정황보고를 조정에 올렸다. 책무감이 충만한 實務官人의 기민함과 융통성이 두드러진 면모였다. 7월

---

27) 특히 「玉河館紀行 書懷 示書狀」(『遺稿』 卷1, 25ㄴ~27ㄴ)에서는, 다행히 너른 세상 중국에 가보게 된 것을 우물 안 개구리의 처지를 면할 기회로 생각하였다. 使行路가 거치는 인근의 名山·都市·城郭·史蹟·商街·船舶·수레·殿閣 그리고 황제의 위엄, 使行團에 대한 중국 관계당국의 홀대 등을 읊었다.

28) 화폐유통에 관한 김육의 전향적인 사고와 실천에 대해서는 元裕漢, 「潛谷 金堉의 貨幣經濟思想」, 『弘大論叢』 11, 1980 참조.

하순 椵島에 도착하여 都督 沈世魁와 문답하며 그들의 형세를 파악한 일,29) 明의 寧遠衛에 정박해 있으면서 敵情을 정탐한 일, 8월 보름 북경 근처에 당도하기까지 수백 리 사이에서 淸軍의 심한 노략질을 목격한 일 등등이 그것이었다.30) 무엇보다도 그의 예측에는 청군이 遼西지방에서 어느 정도 성과를 올렸으므로 조만간 동쪽 조선에 대한 침략에 나설 것인 바, "臣이 밤낮없이 걱정하고 우려하는 바가 바로 이것"이라고 강조하였다.31) 이 불길한 예측은 그가 使行임무로 아직 북경에 머물러 있는 동안 현실로 나타났다.

明·淸의 충돌과 그 교체과정에서 김육이 보여주는 관점은 명에 대한 신뢰와 우호의 감정이 다소 지나치게 느껴지지만,32) 전체적으로는 매우 폭넓고 정확했던 것으로 생각된다. 그는 적, 즉 청나라가 '우리를 輕視한다'는 점을 강조하였다.33) 조선에서는 오랑캐로 멸시하는 청나라인데 그들이 오히려 조선을 깔본다는 사실을 그 또한 참기 어려웠던 것 같다. 당시 조선과 청은 어느 정도 서로 교류와 대화가 없었던 것이 아니지만, 서로 상대를 야만족과 文弱國으로 여겨 불신 敬遠하는 정서가 워낙 강했던 것이다. 이는 아마도 두 나라가 명에 대한 인식에서 보여주는 편차보다도 더 컸을 것이다. 사실 조선과 청의 군사적 대결과 조선의 패배 그리고 명·청 왕조교체는 近代移行期 이전 시기 동아시아의 정치·경제·문화 측면에서 가장 큰 사건이었고, 그 뒤 한국사회가 받은 영향도 그만큼 클 수밖에 없었다.34)

---

29) 『遺稿』卷8, 到椵島問答狀(丙子 7월), 25ㄴ~26ㄴ.
30) 『遺稿』卷8, 到泊寧遠 偵報賊情啓, 26ㄴ~29ㄱ.
31) 『遺稿』卷8, 到泊寧遠 偵報賊情啓, 28ㄴ.
32) 「哀江南賦」(甲申 3월, 『遺稿』卷1, 2ㄴ~5ㄱ)를 비롯해서 使行 도중에 읊은 「海中望遼陽有感」(丙子 7월, 『遺稿』卷1, 10ㄴ~11ㄱ), 「東還後有感」(作建除體, 丁丑, 『遺稿』卷1, 12ㄱ·ㄴ) 등, 그리고 「敬次可笑吟」(『遺稿』卷1, 12ㄴ~13ㄴ)과 같은 詩句에서는 明朝의 쇠퇴와 '皇恩'에 대한 義理感, 淸의 흥기와 胡亂으로 말미암은 좌절감과 적개심이 잘 드러난다. 김육의 이러한 정서는 조선 유자·관인들의 그것을 반영한다고 보아도 좋을 것이다.
33) 『遺稿』卷8, 到泊寧遠 偵報賊情啓, 29ㄱ.

  김육은 만약 明이 패퇴하더라도 조선의 對淸抗戰이 성공할 것을 기대하였다. 즉 萬里長城 하나만을 믿는 중국과 달리 조선은 "山河가 表裏를 이루고 있어 형세가 아주 좋은 바"[35]라고 하여 지세를 활용한 對敵에 승산이 있다고 본 것이다. 그가 볼 때, 문제는 武將 가운데 지혜로운 자가 적고 그나마 文官이 兼帶하는 현실이었다. 게다가 조정의 엇나간 논의과정이 猶豫未決하며 시기를 놓치고 대비책을 그르칠 수도 있었다. 지나친 文治主義와 黨爭이 胡亂을 크게 불러들일 것이라는 비관적인 예감이 앞섰던 것이다. 물론 그의 이러한 걱정들은 머지않아 현실의 참담한 결과로 드러났다. 그럼에도 불구하고 그는 兩西(平安·黃海)의 關防과 각처의 山城을 수비하고 淸野와 奇兵의 전술로 대응할 것을 구상하였다. 그러면서 明의 유리한 점, 이를테면 월등한 火力, 엄격한 군대의 紀律, 여유 있고 단합된 民心을 부러워하였다. 사실 이런 점들이야말로 당시 조선의 현실에서는 너무나 아쉽지 않을 수 없었다.

  나라를 대표하는 외교가로서 당당하고 일관된 그의 자세는 돋보이는 것이었다. 먼저 외교사절로서 그가 해결해야 할 과제는 적지 않았다. 그는 조선이 淸과 내통할 것이라는 明 조정의 의혹을 떨쳐버리기 위해서, "천하의 만국 가운데 小邦과 같이 (明朝에) 忠順한 나라가 과연 또 있는가"[36]라 하여 조선의 명에 대한 事大의 자세와 倭亂 때의 '再造之恩'을 결코 잊지 않을 것임을 다짐하였다. 또 淸軍을 방어하는 데 필요한 火藥 원료로 쓰이는 焰硝·硝黃 등의 禁輸措置를 해제하라고 요구하였다. "天朝와 小邦은 한 집안의 父子와 마찬가지로 …… 천조의 藥을 빌려다가 천조의 害蟲을 제거하는 것이니"[37]라는 논리가 그것이었다.

---

34) 17, 18세기 한중관계에 대하여는 최소자, 「胡亂과 朝鮮의 對明·淸 관계의 變遷」, 『梨大史苑』 12, 1975 참조.
35) 『遺稿』 卷8, 到泊寧遠 偵報賊情啓, 29ㄱ.
36) 『遺稿』 卷8, 貢路硝黃事呈禮部(丙子 12월 초7일), 32ㄱ.
37) 『遺稿』 卷8, 貢路硝黃事呈禮部(丙子 12월 초7일), 33ㄱ.

특히 조선과 明의 관계를 주자학의 天理, 血緣原理인 '父子關係'[38]라고 환기시키는 점이 주목된다. 자신의 진의가 무엇이었든 國益을 위해 일단 그 시기 韓·中 文化의 보편원리에 호소했던 것이다. 이러한 호소와 노력에도 불구하고 명 조정의 반응이 소극적이자, "외국에서 와서 요청할 경우에는 너그러이 대해주고 흔쾌히 허락하여 크고도 넓은 중국의 뜻을 보여야 할 것인데 …… 어찌하여 마땅치 않은 前例를 끌어대어"[39] 거절하느냐고 힐난하기를 주저하지 않았다. 그런가 하면 그 무렵 명나라에서 圖書禁輸를 엄격히 하는 데 대한 해명과 해제조치를 요구하면서, "사람은 반드시 古今을 통달한 다음에야 衣冠을 갖춘 소나 말이 되는 지경을 면할 수 있는 것"[40]이라고 은근히 중국의 자존심을 자극함으로써 요구조건의 관철을 시도하기도 하였다.

그 밖에도 使行路(明에 대해서는 '貢路'라고 표현했다)를 수개월의 시간과 위험이 따르는 海路보다 안전한 육로로 환원하는 일, 거만하고 뇌물이나 요구하는 明朝 관인들에게 體貌를 지키며 협조를 얻어내는 일, 使臣團에 필요한 船舶과 兵器의 지원을 얻어내는 일 등등 크고 작은 문제를 원만히 해결하였다. 특히 '삼전도의 비보'를 접하고 "茫然自失 東向痛哭"하는 경황에서도, 조선의 항복을 의심스러워하는 명 조정에 대해 呈文을 올려 오히려 조선의 억울한 사정을 辨駁하였다.

외교가로서 김육이 취한 방략은 대체로 중국의 입장을 이해하고 자존심을 세워주면서도 명료한 논리로 솔직 대담하게 의견을 피력함으로써 나라의 체모를 지키고 실질적인 이익을 확보하는 데 있었다고 하겠다. 이것이야말로 유교의 논리와 방법에서 추구할 수 있는 바람직한 태도였다고 생각된다. 또 이런 의미에서 고위 실무관인으로서 김육이 보여주는 物情의 깊은 이해, 즉 實狀의 치밀한 관찰과 분석을 토대로 한

---

38) "天朝小邦 父子一家"[『遺稿』 卷8, 貢路硝黃事呈禮部(丙子 12월 초7일), 33ㄱ].
39) 『遺稿』 卷8, 答提督主事何三省諭帖(丙子 12월 14일), 34ㄴ.
40) 『遺稿』 卷8, 答提督主事何三省諭帖(丙子 12월 14일), 34ㄱ.

문제점의 파악과 대안의 제시는 같은 시기 다른 관인들에게서는 쉽게 찾아보기 어려운 그만의 특징이며 탁월성이었다고 할 수 있을 것이다.

3) 治者意識과 '愛物濟人'論

지식을 가진 자, 남을 다스리는 자는 자신에게 주어진 과업을 제대로 알아차리고 이를 수행할 능력자가 되어야 한다는 생각이 김육의 삶에서 중요한 부분을 차지하였다. 그리고 그는 이를 실천하는 데 많은 시간과 노력을 기울였다. 그것은 다른 사람을 위해 자신의 것을 베풀고 몸소 수고하는 일이었으며, 결국 나라의 위엄을 세우고 백성들의 어려운 사정을 풀어주는 일로 확대 발전하였다. 그는 이러한 자신의 길을 모색하고자 실제 여러 인물에 대해 연구하거나 인간 본연의 문제에 대해서 그 나름의 사색과 고민을 거듭했던 것으로 보인다. 그가 남긴 여러 종류의 編著物 가운데는 실재했던 인물에 관한 것이 많다는 사실이 이를 잘 말해준다.41)

김육의 인물연구는 후세에 이름이 전해진 사람들의 생각과 업적에 관한 자료를 모으고 자기의 의견을 곁들여 엮는 방식이었다. 아마도 자신이 생각하는 삶의 과제를 해결하는 자료, 모범적인 선례를 확인하기 위한 방편으로는 이것이 효과적이었을 것이다. 여기에는 물론 이를 널리 알려 세상 사람들의 공감을 얻으려는 의도도 없지 않았을 것이다. 이를테면 『己卯錄－己卯諸賢傳』, 『黨籍內外世譜』, 『八賢傳』은 이른바 '己卯士禍'에 연루된 주요 인물의 가계와 행적을 정리한 것인데, 이를 통해서는 특히 그 희생자 가운데 한 사람으로 알려진 자신의 5대조 金湜 (1482~1520 ; 沙西·東泉·淨友堂)의 존재를 부각하고 싶었을 것이다. 그리고 『國朝名臣錄－海東名臣錄』은 신라로부터 조선의 仁祖代에 이

---

41) 김육의 편찬물에 관해서는 千惠鳳, 「潛谷 金堉의 編·著書와 活字印刷」, 『民族文化』 24, 2001 참조.

르기까지 道德·學行·經世·學藝·節義 등으로 뛰어난 醇儒·高士·
名官·충신들의 事蹟·言行을 요령 있고 공평하게 정리한 것이라는 평
판을 얻고 있다. 그리고 『種德新編』은 明代 이전 시기 중국 사람들의
사례를 채록한 것으로, '만물을 사랑하고 남을 도우려는' 정신에서 일을
현명하게 처리하거나 財物을 快擲하는 등 남다른 德業을 쌓은 名官·
義人·逸士의 事蹟 가운데서 후인의 敎訓·鑑戒가 될 만한 내용을 간
략히 소개하였다.[42]

 이러한 편찬물로 김육이 드러내려는 것은 결코 인간 존재에 관한 철
학적 사변적 의미나 가치가 아니었다. 그보다는 오히려 그들 각 개인이
처한 상황이나 조건 속에서 어떻게 생각하고 실행하였는가, 더 적극적
으로는 어떻게 현명하고 덕스럽게 대처했는가에 주목하는 일이었다. 그
들이 살아가는 방법과 태도에서 무엇을 느끼고 찾아내야 할지를 구체
적 실천적인 면에서 모색해야 했다. 특히 이들 인물연구와 편찬작업은
그의 생애 후반의 바쁜 관인생활의 틈을 내어 이루어진 것이라는 사실
에 유의할 필요가 있다. 方伯 또는 중앙의 주요 직위를 이용한 편찬·
印刊의 편의 때문만은 아니었을 것이다. 당장의 필요성도 크게 작용했
을 것으로 생각된다.

 크고 작은 정책을 건의하고 이를 실행에 옮기는 일이란 대개 다른 관
인들을 설득하고 지지를 얻어내는 힘든 과정을 거치게 마련이다. 대립
과 갈등을 해소하기 위한 타협·조정의 부단한 노력이 요구된다. 바로
수많은 경우의 사람을 넓고 깊게 이해하며 포용하고 인내하는 일이다.
김육은 자신이 소신껏 추진하는 정책, 예컨대 대동법의 실시를 위해서
도 이러한 연구와 노력을 계속해야만 했을 것이다. 그리고 이는 仕宦
이전부터 시작된 그의 적극적인 세상체험과 열려진 사고방식에 비추어
보아도 자연스럽게 부합하는 일이었다.

---

42) 『種德新編』에 대해서는 李佑成, 앞의 글, 1975에도 간략한 해설이 있어 참고된다.

특히『種德新編』의 편찬동기와 취지에는 이러한 김육의 인생관과 처세관이 잘 나타나 있다. 그는 십여 살의 나이에 "아버지께『小學』을 받아 읽다가, '一命을 받은 官人은 진실로 만물(또는 生命－필자)을 사랑하는 마음을 보존하여 반드시 다른 사람을 구제할 수 있어야 한다'는 부분에 이르러 惕然히 마음에 감동을 느꼈다"고 하였다.43) '一命을 받은 관인', 즉 一命之士란 '처음으로 官等을 받고 職責에 나서는 관인'이라는 뜻이다. 그러므로 이 글은 먼저 관인이라면 누구나 '만물(생명)을 사랑하고 남을 구제하는 일'[愛物濟人]을 자신의 임무로 삼아야 한다는 의미를 담고 있다. 그리고 이를 다시 음미하면 '愛物濟人'하는 마음을 가지고 이를 실천하려면 적어도 '一命之士' 이상의 관인이 되어야 한다는 의미이기도 하다. 자발적인 동기를 생각한다면 아무래도 후자의 의미에 비중을 더 두어야 할 것 같다. 사실 김육의 생각이 그러하였다. 즉 "반드시 一命의 관인만 그러한 것이 아니라 사람이면 마땅히 모두 이와 같아야 한다. 다만 愛物하는 마음이 있다 하더라도 濟人하려면 반드시 一命 이상의 관직에 있는 자라야 할 것이다"라고 하였다.44) 그는 '愛物濟人'을 관인뿐만 아니라 사람 된 자의 당연한 도리로 여기고 있는 것이며, 또 그렇게 하기 위해서는 반드시 '一命之士' 이상이 아니더라도 그에 상응하는 능력이나 재주·재물이 있어야 한다고 생각했던 것이다.

'愛物濟人'을 다른 말로 하면 '德을 널리 행하는 일'[種德]이다. 그래서『種德新編』에는 그 이름에 걸맞게 種德, 즉 愛物濟人한 사람들의 이야기가 많이 실려 있다. 대체로 관인들이지만 胥吏·衙前·書生·훈장·상인·농부 등의 경우도 있다. 처음부터 관인이었던 사람이라면 나중에 벼슬이 높아지고 無病長壽하게 되며, 그 밖의 사람들은 조만간 벼슬길이 열리거나 그 자손이 富貴榮達하게 된다. "有陰德者 天報以福"(『種德

---

43) "一命之士 苟存心於愛物 於人必有所濟"(『遺稿』卷9, 種德新編序, 9ㄴ ;『小學』嘉言, 廣明倫, 第17).
44)『遺稿』卷9, 種德新編序, 9ㄴ.

新編』上, 1ㄱ. 이하 卷數·張次만 표기)이거나, "積德之家 必有餘慶", 또는 '因果應報'라는 말의 의미를 실감할 수 있도록 분명히 보여준다.

唐宋八家의 한 사람으로 이름난 歐陽脩는 학문과 문장으로만 뛰어났던 것이 아니라 吏事, 즉 行政에도 밝았다면서, 김육은 이를 "文章止於潤身 政事可以及物"이라고 하였다(中, 11ㄱ). 善政을 베풀어 백성을 이롭게 하는 것이 한 몸을 영예롭게 하는 名文章보다 값지다는 지적이 아닐 수 없다. 또는 뛰어난 문장도 吏事를 깊이 익혀 세상일, 사람 사는 실상에·투철했기 때문이라는 말도 된다. 송나라 때 開封府의 功曹로 있던 陳泊는 당시의 섭정 황태후의 부탁에도 굴하지 않고 피살자의 억울한 죽음[冤死]을 밝혀낸, 줏대가 있고 유능한 刑吏였다(中, 12ㄴ). 그런가 하면 歲暮에 받은 1년 치 봉급을 털어 官債未納으로 죽게 된 농민을 도와준 家貧教學하는 선비(中, 14ㄱ)가 있고, 첩을 사려했으나[買妾] 賠償金에 걸린 良家女를 보고는 그 돈을 모두 털어 그 빚을 갚아준 경우(下, 6ㄱ)와 婚約한 뒤에 불구·장님이 된 여자를 약속대로 娶妻한 경우(下, 8ㄴ~9ㄱ)도 있다.

이런 여러 사례는 "有陰德 上動於天"(上, 8ㄴ), "平生安分 不貪他人之財"(中, 7ㄴ), "樂善好施"(中, 13ㄱ), "濟人危急 爲德甚大"(中, 15ㄱ), "存心仁厚 守法公平"(中, 21ㄴ), "經財好施 篤於恩義"(下, 4ㄱ), "若掩他人物以爲己有 必有禍灾 身且不保"(下, 14ㄱ)라는 표현으로 설명되었다. 또는 "冤民이 없어야 한다"(中, 22ㄱ)든가, "見利忘義하지 말라",45) "不喜殺生"(下, 5ㄴ)이라는 등 警戒하는 말을 붙이기도 하였다. 책 뒤에 따로 실은 「釋疑錄」은, "옛 사람이 의혹을 풀고 간악함을 밝힌 사실을 아울러 기록한 것"46)이라고 하듯이 중대한 범죄사건이나 복잡하게 얽힌 민간 訟事를 명쾌하게 해결한 지혜로운 수령, 名推官·善捕盜者들의

---

45) 『種德新編』中, 22ㄱ. 이는 『論語』의 "見利思義"(卷14, 憲問, 제13장)에서 온 것이 분명하다.
46) 『遺稿』卷9, 種德新編序, 10ㄱ.

사례를 제시하여 冤抑·疑惑을 해소해야 함을 말하고 있다.

政事를 공정히 하여 饑民을 구제하고 鰥寡孤獨을 돌보아주며 가난하여 婚期를 넘긴 男女의 嫁娶를 주선하며 백성들의 冤抑을 풀어준 지방관의 善政, 재물을 풀어 굶주리고 헐벗은 자를 돕는 捨財, 홍수에 떠내려가는 棺을 건져 안장해준 것과 같은 獻身 등의 義行이 주제로 설정되어 있다. 愛物濟人의 정신에서 식자·관인의 책무가 얼마나 막중한 것인지, 남을 위한 施惠야말로 얼마나 값지고 보람 있는 일인지, 왜 재물이 넉넉해야 하되 탐내지 말며, 재물을 어떻게 써야 가치가 있는지, 재주와 능력을 어떻게 발휘하는 것이 바람직한지 등등을 설명하는 것이다.

보기에 따라서는 이를 善行美談類의 평범한 교훈·격언을 모아놓은 것으로 생각하기 쉽다. 그러나 김육은 여기에 본디 유교의 이념과 실천방식이 있다고 믿었다. 그는 "옛 책을 볼 때마다 '만물(생명)을 사랑하고 다른 사람을 구제하는 일'[愛物濟人]에 대해 말한 것이 있으면 반드시 마음속으로 기뻐하면서" 이들 사례를 採錄했다고 한다.47) 또 "생명을 사랑하는 것[愛物]은 仁에 근본하고 다른 사람을 구제하는 것[濟人]은 義에 근본하며 의혹을 푸는 것[釋疑]은 智에 근본하는데, 이 모두는 사람의 성품에 본디 갖춰져 있는 것이어서 藹然히 펼치고 피어나게 되어 있다"48)고 하였다. 그의 주장에 따르면, 愛物·濟人·釋疑는 각각 仁·義·智에 대응하는 것이며 인간 本性에 구비되어 있는 것이기도 하다. 바로 유교의 仁義禮智를 말하고 있는 것이다. 이 언급에서는 禮가 빠져있지만 논리상으로 제외된 것은 아니다. 그의 주장은 유교의 性善說과 이에 기본을 둔 四德의 도덕적 의의를 강조하는 데 있기 때문이다. 그가 "사람들이 스스로 이 四德을 열어서 밝히고 확충함으로써 본디의 성

---

47) 『遺稿』 卷9, 種德新編序, 10ㄱ.
48) 위와 같음.

품을 실현해야 한다"고 다짐하는 까닭도 이것이었다.

　그런데 중요한 것은 김육이 강조하는 유교의 도덕과 교양은 仁義禮智의 四德이지 五常·五倫이 아니라는 사실이다. 물론 四德과 五倫의 관계는 밀접하다. 다만 전자가 人性 本然의 도덕·품성을 가리키는 것이라면 후자는 그러한 본성에 기초한 實踐道德의 구체적인 德目이라는 점에서 서로 다르다. 말하자면 김육은 四德을 이끌어다 種德의 사례와 의미를 설명하였는데, 만약 이를 五倫에 맞추려면 그 事例의 선택과 내용 구성이 사뭇 달라지지 않으면 안 될 것이다. 아예 『種德新編』 같은 책을 따로 편집할 필요가 없었을 것이다. 三綱·五倫에 관한 것이라면 주자의 『小學』을 능가하기 어려울 것이기 때문이다. 그런데 『種德新編』의 편집형태와 교훈·도덕 지향성은 『小學』의 善行篇과 많은 점에서 흡사하다. 다만 善行篇이 五倫, 특히 三綱의 저명한 사례에 비중을 둔 데 견주어 『種德新編』은 예의 四德을 강조하는 점에서 크게 구별된다.[49]

　사실 五倫秩序의 근간은 가족이라는 혈연적 범주에 있다. 따라서 사회적 범주, 즉 愛物이나 濟人을 포괄하는 범위는 가족(＝혈연)이라는 제한을 넘어서 한층 확대된 것이어야만 한다. 또 가족은 私的 情意的 성격이 강한 것임에 견주어 物·人으로 표현되는 사회는 그보다 公的 法制的 요소가 더 요구된다. 그렇다면 四德 중심의 도덕의식을 강조하는 김육의 생각은 대개의 양반·관인들처럼 五倫 중심의 가족·혈연에서 출발하는 현실문제 인식과 해결이 아니라, 처음부터 사회적 국가적 차원에서 제기되는 문제에 먼저 주목하는 것이었다고 해도 좋을 것이다. 민생에 기초한 賦稅·財政 문제의 해결을 자신의 책무로 삼은 것이 결코 우연이 아니었던 셈이다.

　김육의 이러한 사고방식은 처음 五倫의 실천도덕 규범을 익히기 위

---

49) 朱子 『小學』의 五倫에 관한 분석은 金駿錫, 「朝鮮前期의 社會思想―『小學』의 사회적 기능 분석」, 『東方學志』 29, 1981(이 책 제1편에 재수록) 참조.

해『小學』을 배우는 과정에서 비롯한 것이었다. 그렇다면 그의 유교 인식은 오륜 중심으로부터 본디 四德을 근간으로 하는 방향으로 이행한 것이 된다. 그리고 그것은 주자학으로 整齊된 것이기보다는『論語』의 教說에서 직접 수용하는 방식이었다고 할 수 있다. 사실『種德新編』의 非朱子學的 성격은 그가 "만약 무슨 의도가 있어서 한 일이라고 하고 釋氏의 因果說에 연결하여 나를 비난한다면 나를 잘 모르는 자이다"[50] 라고 스스로 말한 데서도 짐작할 수 있다. 식자·관인들로부터 주자학에서 벗어난 外道라는 혐의를 받을까 변명하는 것이기도 하다.

실제로 김육은 '愛物濟人'의 논리를 자기의 信條로 삼는 과정에서 오랜 시간에 걸친 경험과 독서, 사색을 거듭하였다. 특히 이를 經典에 근거해서 인식할 필요성을 느꼈다. 그가 처음 읽고 감동하여 마음에 새겼다고 하는『小學』의 '愛物濟人'說은 程子(程顥)의 語錄에서 주자가 인용한 것이었다. 程子는 아마도 이를『論語』의 "道千乘之國 敬事而信 節用而愛人 使民以時"[51]에서 이끌어온 것으로 보인다. 김육은 이를 평소 친교가 깊었던 李植(1584~1647 ; 澤堂)이 "일을 공경히 하여 미더움이 있고, 쓰임새를 조절하여 백성을 사랑하라는 말은 종신토록 마음에 새겨야 한다"고 하는 말을 듣고 더욱 절실히 생각했다 한다.[52] 그는 또 다른 벗 李有養으로부터, "성현의 말씀 가운데 마음속으로 기뻐하는 말"이 또한『논어』의 "見賢思濟焉 見不賢而內自省也"[53]라는 것을 듣고는, "사람들이 저마다 성현의 말씀에 좋아하는 바가 따로 있다는 것을 알았다"고 하였다. 말의 표현이 서로 다르더라도 그것이 지향하는 의미와 목표는 같을 수 있다는 것이다. '愛物濟人'의 논리가 자기 한 사람의 독

---

50)『遺稿』卷9, 種德新編序, 10ㄱ.
51)『論語』卷1, 學而, 제5장.
52)『遺稿』卷9, 種德新編序, 9ㄴ~10ㄱ, "李文靖之言曰 敬事而信 節用而愛人 終身誦之 可也."
53)『論語』卷4, 里仁, 제17장.

단이 아니라 經典을 근거로 하는 믿을 만한 것이며, 또 많은 사람들이 공감하는 것임을 강조하는 것이라 하겠다.

이렇게 보면 '愛物濟人'論은 유교의 도덕적 교양을 토대로 하는 社會原理·道德經濟를 지향하는 진지한 모색의 일환이라는 것을 알 수 있다. 그것은 크게 보아 유교적 교양·윤리의 범주이면서도 주자학적인 삼강오륜의 실천윤리설보다는 근본 유교의 仁義禮智로 설명되는 윤리·도덕설에 근거를 두는 것이었다. 주자학의 현실인식과 대응자세와는 일정한 거리가 생기고 있는 것이다. 그리하여 積德·善行·陰德의 실천방식을 사회·경제적인 차원, 즉 국가의 정책과 法制로 만들어가려는 시도가 성립하게 되었다. 이것이 궁극적으로는 대동법의 시행에 대한 그의 신념으로 나타나게 되었다고 할 수 있을 것이다.

3. 民生安定 방략과 인재활용론

1) 농민적 입장과 民力休養論

大同法이 均役法과 함께 "農民의 저항에 의하여 얻어낸 성과"[54]라는 이해는 일찍부터 제기되어 왔다. 궁극적으로는 공감하지 않을 수 없는 말이다. 하지만 그 저항의 실상과 성격이 충분히 밝혀져 있지 않을 뿐더러 또 쉬운 일도 아니다. 대동법과 관련된 경우가 아니라 하더라도, 농민 저항이란 대개 그들의 생존여부가 걸린 투쟁임에도 불구하고 그 목적을 관철할 수 있을 만큼 강력한 힘으로 결집되고 조직된 형태를 갖추기가 어려웠다. 그리고 지배층의 양보나 정부정책의 전환을 이끌어내기는 더구나 쉽지 않았다. 농민들의 요구가 조금 수용될 것 같은 분위기가

---

54) 李佑成, 「18世紀 서울의 都市的 樣相」, 『鄉土서울』 17, 1963(『韓國의 歷史像—李佑成歷史論集』, 창작과비평사, 1982, 43쪽).

조성되는 듯해도 어느 틈엔가 왜곡 실종돼버리는 것이 보통이었다. 하지만 이러한 현상을 결코 농민층의 무능·무기력 탓으로 돌려버릴 수는 없는 일이다. 그보다는 당시 농민층의 효과적인 결집과 저항을 제약하는 사회·역사 발전의 여러 조건과 수준을 먼저 문제 삼아야 할 것이다.

우리는 여기에 그러한 農民的 입장을 대변하는 識者·治者의 존재에 주목하게 된다. 이들을 통해서 농민층의 저항이 간접적으로 표현되고 그 호소력을 발휘하게 되는 것이다. 유교이념과 집권체제가 잘 발달했던 조선시기에는 특히 그러하였다. 물론 그들 識者·官人은 계급적 신분적으로 농민과 이해관계가 일치하는 사람들이 결코 아니었다. 다만 이들의 생각과 행동이 농민들의 처지를 이해하고 그들을 위한 지향으로 표출되는 경우가 많았을 뿐이다. 사실 '농민적 입장'이란 농민의 요구와 이익을 그대로 대변하는 것이라기보다는 자신의 이해관계, 또는 사회질서와 국가공익을 우선하는 가운데서 '농민의 이해'를 반영하는 이념이며 세력이었다. 이른바 '安民'·'爲民'·'民本' 등을 표방하면서 농민층의 사회·경제적 안정, 국가기반의 확립을 지향하는 일이었다.

조선 후기의 '농민적 입장'은 근현대의 그것과 일정한 거리가 있었다. 무엇보다도 농민·국가를 앞세우는 논리와 행동양식, 농민적 입장이란 어디까지나 양반 자신의 것이며, 양반층 가운데 소수의 움직임이라는 점에서 그 한계가 명백하였다. 하지만 그것은 사회발전의 큰 흐름에서 보면 양반층과 농민층의 이해를 조절하며 농민적 지향에 힘을 실어주는 지렛대의 역할이 아닐 수 없었다. 또 그것은 진보적 개혁적 성향을 대변하게 마련이었다. 김육은 17세기 대동법과 관련해서 이러한 '농민적 입장'을 견지했던 대표적인 식자·관인이었다.

김육의 '농민적 입장'은 앞에서 보았듯이 일단 그의 열려진 思考태도와 철저한 현실체험에서 비롯한 것이었다. 그리고 그것은 修學과정에서 익힌 유교의 교양과 현직 관인의 책무의식을 통해서 다져졌다. 또 그의 '愛物濟人'論은 이러한 '농민적 입장'을 아우르는 이론이 될 수 있었다.

김육의 농민·민생에 대한 관심은 濟民·安民과 經國·固邦本의 문제로 파악되는 것이었다. 즉 백성들의 삶을 안정시켜 외적의 위협을 물리치고 나라의 존엄을 세우는 일이었다. 이는 "평생토록 간직한 한 가지 마음은 나라를 위하고 백성을 위한 것"55)이라는 그의 다짐에서도 분명하다. 백성과 나라, 爲民·爲國을 그는 늘 함께 거론하며 거의 같은 의미와 비중으로 썼다.56) 표현은 다르지만 安民·固國도 마찬가지였다.

그러나 그는 나라보다 백성의 처지를 먼저 걱정했다. 安民優先論이었다. 열악한 생업조건과 무거운 부세부담에 시달리는 농민들을 동정하는 마음이 더 강렬했던 것이다. 이는 丁卯胡亂(1627년, 인조 5) 뒤에 농민들의 참상을 직접 목격하게 된 데서, 또 농민의 고달픈 처지는 역사적으로도 오랜 숙제였다는 인식에서 비롯한 것이기도 했다. 예컨대, "三代부터 지금에 이르도록 / 한 차례도 다스려진 적 없었으니 / 生民들은 그역시 무슨 죄인가"57)라는 탄식이 그것이다. 결국 安民과 固國을 동시에 충족시켜야 하는 현실상황에서 그는 '민생을 위해 나라와 식자가 할 일이 무엇이냐'는 명제에 먼저 비중을 두게 되었다.

하지만 安民優先論, '愛養民力 收拾人心'의 논리는 당시 소수의 의견이었고, 따라서 쉽게 받아들여지기 어려웠다. 논리적으로는 당연히 安民을 먼저 하고 이를 토대로 固國·富國을 추구하는 것이 순리였지만, 당장 늘어나는 재정수요를 감당하고 賦稅·軍役 자원을 확보하기 위해서는 殖産·民力의 성장을 기다릴 여유가 도무지 없었다. 실제로 後金의 再侵에 대비해야 하는 등, '발등의 급한 불'이 한두 가지가 아니었다.

---

55) "平生一心 爲國爲民"[『遺稿』卷5, 以正言李萬雄論大同用錢事待罪箚(壬辰 4월 초2일), 15ㄱ]이라든가, "平生一寸心 爲民乃爲國"(『遺稿』卷1, 又敬次晦菴先生感興詩韻, 戊戌, 18ㄱ)이라고도 표현했다.

56) "安民務農桑 制敵消甲兵"(『遺稿』卷1, 次裵中令韻, 16ㄴ)은 표현은 다르지만 역시 爲民·爲國의 의미가 분명하다. 특히 생업경제와 군사방위력은 爲民·爲國의 핵심 문제였다.

57) 『遺稿』卷1, 觀史有感, 9ㄴ.

그 시기 식자들 일반의 인식이나 조정의 정책기조에서는 김육의 安民優先論은 안이하고 비현실적인 대책, '迂闊한 생각'으로 비칠 뿐이었다. 이에 김육은 1, 2년 사이 가까운 장래에는 적의 침입이 결코 없으리라는 것(丙子胡亂은 그로부터 9년 뒤에 일어났다), 後金의 목표는 중국을 도모하는 데 있고, 또 그들이 군사력을 양쪽으로 나누기 어렵다는 것 등 정황을 들어 後金對策 優先論을 반박하였다. 그리고 정말 걱정해야 할 일은 밖의 적이 아니라 흉년이 들어 백성들이 굶주리고 民心이 흩어지는 현상이라면서, "오늘의 急先務는 人心을 수습하는 것보다 더 시급한 일이 없다"고 주장하였다.58) 그는 오히려 '민심수습의 중요성을 말하는 논자가 하나도 없는' 조정의 분위기를 비판하고 나섰다.

아무튼 김육은 '백성을 쉬게 하는 일'이 우활한 것 같지만 실은 절실한 일이며, "주요 城池를 수축하는 계획이 절실한 것 같지만 실은 우활한 일"이라고 단언하였다.59) 그렇지 않아도 굶주리고 헐벗은 백성들이 兵亂(丁卯胡亂)의 와중에서 수없이 죽고 붙잡혀 갔으니, 이는 일단 國運의 불행이지만 임금과 관인들은 '백성의 부모가 되어 이들을 구제하지 못한 것'을 자신의 罪過로 받아들여야 한다고 생각하였다. 그리고 이런 마음에서 우러나온 말로 백성들의 困苦를 위로해야 할 일이라고 하였다.60) 그리하여 당시의 시급한 과제는 '人心收拾'이었고, 이는 '중병에 걸렸던 사람이 몸조리하듯이', '백성을 쉬게 하는 일'이 아닐 수 없었다.61)

---

58) 『遺稿』 卷4, 論兩西事宜疏(丁卯 6월), 18ㄴ~19ㄱ.

59) 『遺稿』 卷4, 論兩西事宜疏(丁卯 6월), 19ㄱ. 이렇게 '백성을 쉬게 해야 한다'는 주장은 "임진년의 왜란을 어찌 무기가 없어 막지 못했겠는가. 백성을 수고롭게 하고 財力을 써야하는 일은 백성들이 소생하기를 기다려서 해도 늦지 않다"[『遺稿』 卷4, 第二疏(辭右議政疏, 庚申 정월 초10일), 37ㄱ]는 말에서도 보듯이 그의 安民優先論의 핵심이었다.

60) 그는 임금이 이런 실상을 애통해 하는 敎書를 내려 불쌍하고 측은하게 여기는 뜻을 보이면 백성들이 반드시 감격할 것이라고 건의하였다[『遺稿』 卷4, 論兩西事宜疏(丁卯 6월), 18ㄱ·ㄴ].

61) 『遺稿』 卷4, 論兩西事宜疏(丁卯 6월), 19ㄱ.

이러한 인식에서 그는 적극적인 농민통제에 반대하였다. 流民, 民의 逃散은 결코 강제로 막을 수 있는 일이 아니라는 것이었다. 예컨대 女眞지역으로 渡江하는 採蔘 농민들을 막는 것은 먹고 입을 것 없는 백성들을 모아놓고 죽이는 거나 마찬가지라면서,[62] 통제와 처벌보다는 그들의 생계안정 방안을 먼저 마련해야 할 것이라고 주장했다. 이처럼 일방적 강제를 풀고 '백성들이 쉬게 하자'는 김육의 논리는 그 무렵 號牌法의 시행을 중지시키는 성과로 이어졌다.[63] 그러나 김육은 당시 五家作統法이나 鄕約의 실시, 社倉의 장려와 같은 流民 방지책들을 적극 거론하는 대부분의 儒者·관인들과 충돌과 대립을 일으키지 않을 수 없었다. 安民優先論은 그에게 고민 갈등할 과제이며, 힘든 宦路를 걸어야 할 불가피한 선택이었던 셈이다.

사실 爲民·愛民, 또는 民本·保民 등으로 표현되는 安民이란 조선왕조와 양반 지배층이 인민을 대상으로 한 정치목적의 구현이라는 의미를 띠고 있었다. 治者의 입장에서 시행하는 통치수단이나 방법이 '安民'이라는 이름으로 제기되었던 것이다. 봉건적 중세정치의 보편적 경향이 그러했을 뿐만 아니라 유교·주자학의 정치이념이 지닌 특성이 그렇기도 하였다. 때문에 식자·관인이라면 누구나 '安民'을 거론하게 마련이었다. 김육도 이러한 차원에서는 예외가 아니었다. 그러나 그러한 가운데서도 농민의 휴식과 보호를 적극 강조하고 정부의 여러 시책에서 이를 관철함으로써 安民의 실질적인 성과를 거두려고 노력하였다.[64] 이렇

---

62) 『遺稿』 卷4, 論兩西事宜疏(丁卯 6월), 17ㄱ·ㄴ.
63) 『遺稿』 卷7, 避嫌啓(丙寅 閏6월 24일), 3ㄴ~5ㄱ.
　　「年譜」, 丁卯, 8ㄱ 참조.
64) 그는 右議政이라는 중책을 맡게 되자 安民의 문제에 더욱 열정을 보이면서 여러 經典에서 安民에 관련되는 표현들을 낱낱이 찾아 이를 국왕 효종에게 상기시키기도 하였다. 즉 "백성을 감싸고 보호하라"(『書經』), "이 근심하고 외로운 자들이 애처롭구나"(『詩經』), "용도를 절약하여 백성을 사랑하라"(『論語』), "사람들이 서로 화합함만 못하다"(『孟子』), "뭇 백성을 자식처럼 사랑하라"(『中庸』), "대중의 마음을 사면 나라를 얻는다"(『大學』)는 등이었다[『遺稿』 卷4, 第二疏(辭右議政疏, 庚申 정월 초10일), 37ㄱ]. 그는 이를 "萬世토록 마땅히 실행해야 할 道理"라고 하면서 그 방법이란 "부

게 농민본위의 安民論으로 일관했던 점에서 김육은 당시의 다른 논자들과 확연히 구별되었다. 앞에서도 보았듯이 대개의 식자·관인들은 安民을 생각하면서도 실제의 정책과정에서는 정부차원의 요구나 양반층·서리층의 이해관계에 떠밀려 安民策을 보류하거나 猶豫未決하는 형편에 떨어지는 것이 보통이었다.[65] 결국 大同法의 실시과정에서 보듯이 김육이야말로 진정 농민적인 입장에 섰던 관인이었다고 할 수 있다.

'休養民力'을 표방하는 김육의 安民策은 그 논리적 일관성과 함께 몇 차례의 고비와 단계를 거치며 확대 발전해간 것으로 파악된다. 그 처음은 그가 陰城縣監으로서 편 시책이었고, 다음은 정묘호란의 수습방안으로 건의한 것이며, 세 번째는 효종의 군비정책에 반대한 것, 네 번째는 湖西 大同法의 추진과정, 그리고 마지막 다섯 번째는 銅錢流通策과 湖南 大同法의 착수라고 할 수 있겠다. 물론 이들 시책은 시기적으로 뚜렷이 구분되기보다는 지속 중복되는 면이 많다. 다만 그 내용이나 성격으로 보아서 대체적인 단계를 설정하는 데는 무리가 없을 것 같다. 그리고 대동법 시행과 銅錢의 유통에 대해서는 이미 적지 않은 선행연구 성과가 나와 있는 터이므로, 여기에서는 김육 安民論의 사상적 특징을 부각하는 정도의 논의에 그치려고 한다.

安民이 되려면 농민의 경제적 救濟가 선행되어야 했다. 여기에는 '濟民'이라는 말이 더 적절할지도 모른다. 김육이 충청도 陰城의 현감이 되자 먼저 착수한 일이 다름 아닌 濟民策이었다. 그것은 농민들이 감당할 수 없을 정도로 과중한 각종 賦稅를 蠲減하는 일이었다. 그가 부임할

역을 고르게 하여 백성을 안정시키고 나라의 근본을 튼튼히 하는 것"일 뿐이라고 재확인하였다.

[65] 이 무렵의 사회·경제 정책을 富國論·安民論 등으로 계통화하고 그 성격의 차이를 밝히려는 시도가 있어 참고된다(배우성, 「17세기 정책논의구조와 김육의 사회경제정책관」, 『民族文化』 24, 2001 참조). 다만 富國論과 安民論 그리고 官僚的 安民論과 山林的 安民論의 각 범주가 서로 대응하는 내용과 성격으로 성립할 수 있는지는 의문이다. 富國·安民이란 논자에 따라 방법적으로 하나의 문제이자 범주로 될 수 있기 때문이다.

당시 음성현은 불과 2개 面에, 몇 년 사이 民戶 10戶 가운데 7, 8戶가 流亡하고, 上番軍 11명 가운데 7명이 이미 죽었거나 逃散한 상태였으며, 田稅米 190石의 대부분을 陳田 40結에서 징수해야 하는 형편이었다. 그러니까 "수목이 숲을 이룬 전답에 세금이 매겨져 있고 쑥대만 가득한 집터가 戶口로 잡혀 있는"66)지경이었다. 다소 과장이 있더라도 殘弊의 정도가 심한 경우였다.

김육은 무엇보다도 民戶와 田結을 일정 수 이상으로 늘려야 한다고 보고 그 방법을 두 가지로 생각했다. 먼저 조정에 陳田의 結負와 闕軍의 額數를 각각 原簿에서 삭제해줄 것을 요청했다. 이렇게 되면 逃散했던 民戶가 되돌아오고 이들이 陳田을 개간할 것이므로 점차 형세를 보아 收稅 賦課할 수 있다는 것이었다. 또 하나는, 이웃 충주는 40개 面이나 되는 데다 음성과 인접한 지역은 治所에서 120리나 멀리 떨어져 있으므로 이 지역을 떼어 음성에 붙여달라는 제안이었다. 그러면 충주는 크게 손해 될 것이 없으면서 음성은 郡縣의 형세를 이룰 수 있을 뿐만 아니라, 편입지역의 토호를 제압하여 농민을 안정시키고 閒丁과 漏戶를 색출해내는 큰 성과를 올릴 수 있다는 것이었다.67) 그는 "나라를 공고히 하는 길은 백성을 안정시키는 것이 기본"이며, 稅收 때문에 "一族이나 隣戶을 침해하는 일이 없도록 하면 流亡者가 돌아와 모여들 것"이라고 단언하였다.68) 또 자신이 이렇게 "한 고을의 백성을 안정시키려고 하는 것이야말로 온 나라의 백성을 안정시키려는 일"이라는 점을 거듭 강조했다.

광해군 시절에는 儒生으로서 '五賢從祀疏'를 단독으로 올리는 등 政治色 짙은 鬪士·論客의 모습을 보이던 김육이었다. 그러한 그가 이제 지방 수령이 되자 현실감각과 순발력 뛰어난 經世家의 면모로 바뀌고

---

66) 『遺稿』 卷4, 陰城縣陳弊疏(甲子 4월), 7ㄱ.
67) 『遺稿』 卷4, 陰城縣陳弊疏(甲子 4월), 8ㄴ~9ㄱ.
68) 『遺稿』 卷4, 陰城縣陳弊疏(甲子 4월), 9ㄴ.

있는 것이다. 安民을 위해 실천하는 관인으로서 비록 작은 한 고을이지만 그 실상을 정밀하게 관찰하여 문제점을 찾아내고 해결방안까지도 마무리한 것이었다.

　음성현감 시절부터 3, 4년이 흐르는 동안 安民과 固國을 지향하는 그의 정책론은 전국적인 차원에서 더욱 적극성을 띠었다. 그것은 丁卯胡亂 직후에 戰後 수습과 民心 소생의 방안으로 제기되었다.[69] 그 논점들은 胡亂뿐만 아니라 倭亂 이후의 지지부진한 체제정비 정책이나 점차 그 취지가 퇴색해가는 '仁祖反正'에 대한 비판과 반성의 의미까지도 포함하고 있었다.

　특히 이번 전란에서 城堡의 失陷과 군사력의 潰散에 대한 책임을 따지면서 억울하게 죄를 받는 일은 없어야 한다는 점을 먼저 누누이 강조했다.[70] 그 책임소재를 가리기가 어려울 뿐만 아니라 공연히 민심만 잃는다는 우려였으며, 나아가서는 패전의 책임이 일선의 지휘관이나 군졸에게 있기보다는 나라를 이끄는 양반·관인층 자신의 태만과 무능에 있다는 암묵적 지적이었다. 또 적의 침입로이고 使行이 번다한 평안도·황해도에서는 馬供이 농민들의 무거운 부담인 만큼 民力이 회복되기를 기다려 점차로 추진해야 한다는 것, 城池의 修築과 방어 또한 민심의 동향을 먼저 고려해야 한다는 점을 강조하였다. 민심이 떠나버리면 金城石廓이라도 지켜낼 방도가 없으며, 성곽은 백성을 보호하기 위한 것인데 강제로 성을 수축하느라 민심을 잃는다면 무슨 소용이 있느냐는 것이었다.[71]

　김육은 자신이 생각한 戰力强化 방안을 따로 내놓았다. 먼저 兩西 지

---

69)「論兩西事宜疏」(『遺稿』卷4, 丁卯 6월, 10ㄱ∼20ㄱ)가 그것이다(「年譜」, 丁卯, 8ㄴ·9ㄱ 참조). 이 상소문은 대개 8개 항에 걸쳐 현안을 짚어내고 그 해결책을 피력한 것인데「陳時事疏」(『潛谷續稿』, 疏 수록)와 함께 관인 김육의 심경과 태도를 가장 잘 집약하고 있는 것으로 생각된다.

70)『遺稿』卷4, 論兩西事宜疏(丁卯 6월), 10ㄴ∼11ㄱ.

71)『遺稿』卷4, 論兩西事宜疏(丁卯 6월), 11ㄴ.

방만이라도 兵·農을 분리하여, 농민 가운데 武藝 있는 자를 선발하고
軍官 경력자로서 능력 있는 자를 특히 우대하자는 것이었다.[72] 이는 훈
련부족의 烏合之卒인 民兵으로는 적의 騎兵에 대적할 수 없었던 절실
한 경험에서 나온 제안이었다. 軍馬의 증식과 馬兵의 증원을 통한 騎兵
의 적극적 활용방안도 아울러 생각하였다. 여기에 소요되는 財源은 屯
田의 개간과 확대에서 마련할 뿐만 아니라, 화폐를 유통시키고 민간의
銀鑛개발을 허용하면 財用자원이 크게 확대될 것으로 기대하였다.[73]

  '均役安民 以固邦本' 논리는 효종이 그렇게도 갈망하는 군비강화 정
책을 반대하는 근거가 되었다. 예컨대, 軍紀 해이 현상의 초래, 束伍軍
의 保人 지급, 安興의 軍鎭 설치, 湖西 군현의 焰硝 굽는 일, 兵農未分
상태에서의 營將制 추진, 流民의 推刷, 哨軍을 위한 復戶, 嶺南에서의
閑丁收括, 湖西의 赴役 징발, 湖南의 廢沒戰船 복구를 위한 結布 징수,
그리고 여기에 王大妃를 위한 壽靜堂 수리작업 등을 중지해야 할 대상
에 포함시켰다.[74] 이유는 이 모두가 농민들을 괴롭히는 것으로 田賦의

---

72) 『遺稿』 卷4, 論兩西事宜疏(丁卯 6월), 14ㄴ~15ㄴ. 이러한 兵·農分離論은 17, 18세
   기 軍役制·兵制 개혁을 구상한 논자들이 대부분 兵·農一致를 주장했던 것과는 대
   비가 된다(姜萬吉, 「軍役改革論을 통해서 본 實學의 성격」, 『東方學志』 22, 1979 참
   조). 병·농일치론이 농민들의 恒産基盤을 보장하는 조건 위에서 실행하려는 것이었
   던 반면, 김육의 분리론은 그러한 전제가 없이 訓練都監의 경우와 같은 일종의 직업
   군인제를 확립함으로써 군력을 강화하고 농민의 군역부담을 경감하는 두 가지 효과
   를 동시에 기대한 것으로 이해된다.

73) 『遺稿』 卷4, 論兩西事宜疏(丁卯 6월), 16ㄱ·ㄴ. 김육은 「論延安屯田箚」(『遺稿』 卷5,
   甲午 11월 20일, 30ㄴ~32ㄱ)를 비롯해서 기회가 있을 때마다 屯田 개간의 유리함을
   건의하고 직접 실행에 옮기기도 하였다.

74) 『遺稿』 卷5, 論營將煮硝之弊 仍乞致仕箚(甲午 11월 초8일), 28ㄱ·ㄴ.
   『遺稿』 卷6, 請寬湖西守令定配箚(甲午 5월), 1ㄴ.
   『遺稿』 卷6, 論推刷都監箚(乙未 2월 초9일), 2ㄱ~3ㄱ.
   『遺稿』 卷6, 因西南災變 請修省變通箚(乙未 9월 15일), 11ㄴ~12ㄴ.
   『遺稿』 卷6, 請罷嶺南湖西之事箚(丙申 9월), 14ㄱ·ㄴ.
   『遺稿』 卷6, 應旨進言箚(丁酉 5월 초4일), 18ㄱ~19ㄱ 참조.
   김육은 부역에 동원되는 海美縣의 백성들이 너무 큰 부담을 지게 될 것을 우려하여,
   湖西의 병영을 移設하지 말 것을 건의하기도 하였다[『遺稿』 卷6, 請勿移湖西兵營箚
   (丁酉 10월 초7일), 22ㄱ~23ㄱ]. 이는 전국적인 범위의 安民만이 아니라 특정 지역의
   소수 농민일지라도 그들만의 偏苦를 방치하는 것은 전체 안민에 지장을 준다는 발상

징수가 군사의 操鍊과 일마다 서로 모순된다거나,[75] "국가가 유지될 수 있는 것은 人心 때문"인데 人心이 이미 떠나버린다면 무슨 일을 할 수 있겠느냐[76]는 것이었다. 민심을 진정시키기 위해서는 민을 동원하거나 賦役을 증가하는 일체의 사업을 중지하고, 그 대신 이미 있어왔던 여러 부담을 蠲減조치해야 한다고 주장하였다.[77] 그리고 오히려 이런 때일수록 武備를 중지하고 文治를 일으켜야 민심이 흡족할 것이라는 점도 강조하였다.[78] 김육은 여기에서 한발 더 나아가 大同法의 재추진을 포함하여 用錢의 활성화, 屯田 개간의 확대 등 그의 평소 지론이었던 시정 방략들을 다시 거듭 상기시켰다.[79] 이는 모두 농민들에게 생업의 안정을 위한 기회와 혜택이 돌아갈 수 있는 사업들이었다.

이 시기의 군사력 정비정책은 당시 사람들의 정서에 내면화되어 있는 丁卯·丙子胡亂에 대한 적개심과 복수심, 즉 '崇明反淸' 감정에 부합하는 것이었을 뿐만 아니라 호란의 고초를 몸소 겪은 국왕 자신이 힘써 추진하는 일이었기 때문에 여기에 이의를 제기하기는 쉽지 않았다.[80] 하지만 정부의 재정이나 농민경제의 열악한 형편, 무엇보다도 정치·사

일 것이다.

75) 『遺稿』 卷5, 論營將煮硝之弊 仍乞致仕箚(甲午 11월 초8일), 28ㄱ.

76) 『遺稿』 卷5, 論延安屯田箚(甲午 11월 20일), 31ㄴ.

77) "긴요하지 않은 貢物은 일정 기간 동안 蠲減하자"고 제안하였다. 농사가 부실하면 농민들은 당장 양식조차도 없는 처지에 놓이기 때문이다. 예컨대 소가 없어 起耕을 못했거나, 물이 없어 파종·모내기를 못했거나, 늦게 심어서 이삭이 펴지 못하고 서리가 일찍 내려 結實하지 못한 경우였다. 또 홍수·태풍·우박으로 말미암아 피해를 당한 경우도 蠲減 대상에 넣어야 할 것으로 생각했다[『遺稿』 卷8 不緊貢物限年蠲減狀(戊寅), 13ㄴ~14ㄱ].

78) 『遺稿』 卷5, 論營將煮硝之弊 仍乞致仕箚(甲午 11월 초8일), 29ㄱ.

79) 효종의 적극적인 이해와 지지가 없었다면 湖西 大同法의 실현과 湖南 大同法의 추진은 어려웠을 것이다(韓榮國, 「湖西에 實施된 大同法—大同法 研究의 一齣」 上·下, 『歷史學報』 13·14, 1960·1961 ; 韓榮國, 「湖南에 實施된 大同法—湖西大同法과의 比較 및 添補」 上, 『歷史學報』 15, 1961 참조). 여기에는 효종의 김육에 대한 신뢰가 크게 자리한 셈인데, 아마 그 논리의 현실적 타당성과 구체성·일관성에 공감했기 때문으로 보인다. 효종의 편에서 보면 김육이야말로 北伐을 위한 자신의 군비증강책을 앞장서서 우려하고 반대한 신하였음에도 그러하였다.

80) 李京燦, 「조선 효종조의 북벌운동」, 『淸溪史學』 5, 1988.

회 전반의 구조적 조건에서는 그 실현이 거의 불가능한 것도 사실이었다. 그럼에도 불구하고 김육은 安民의 논리를 통해서 17세기 중엽의 현실에서 朝廷과 양반층이 진정 주력해야 할 과제가 무엇인가를 확신하면서 국왕의 신념조차도 돌리려고 시도했던 것이다.[81] 당시 집권 西人의 山林·儒臣들은 '復讐雪恥'라는 北伐의 관념적 당위론에만 집착한 나머지 오히려 효종의 군비책과 민생안정책의 모순에 대해 명쾌하게 문제점을 지적하지 못하고 있는 형편이었다.[82]

거듭 말하거니와 국가의 기본적인 임무와 기능이 安民에 있으며 여기에 치자·식자의 道理와 分이 있다는 것이 김육의 한결같은 생각이었다. 그리고 그렇게 安民이 이루어지면 그들의 負擔力을 기반으로 해서 밖으로 나라의 위엄을 세우는 일에 나선다는 것, 예컨대 北伐도 실행할 수 있을 것으로 확신하였다. 이는 주자의 저 유명한 '修政事以攘夷狄', '內修外攘'의 논리와 완전히 일치하는 것처럼 보였다. 그러나 그는 이러한 표현 자체는 거의 쓰지 않았다. 이런 점에서 그 무렵 정통 주자학자 宋時烈이 '內修外攘'說을 정치활동의 전면에 내세우고 나서면서도

---

81) 김육은 병자호란 뒤 인조대의 시국에 대해서, "陰盛而陽微 上淩而上替 善消而惡長 武競文衰"하는 상황이라면서 임금의 '恐懼修省'을 거듭 권유하였다[『遺稿』 卷4, 玉堂論事箚(癸未 3월 副提學時), 21ㄴ]. 유교 본래의 修省論과 별로 다를 것이 없었다. 김육은 安民의 중요성을 더 구체화하려면 국왕 효종 또한 이러한 태세로 나서야 한다고 생각한 것이었다. 즉 임금이 두려워해야 할 것이 3가지로, 하늘을 두려워하고 적을 두려워하고 백성을 두려워해야 하는데, 그 가운데서도 백성이 가장 두려운 존재라고 하였다[『遺稿』 卷5, 論營將煮硝之弊 仍乞致仕箚(甲午 11월 초8일), 27ㄴ]. 또 그는 "가뭄이 드는 것은 백성들이 원망하기 때문"[『遺稿』 卷6, 應旨進言箚(丁酉 5월 초4일), 18ㄱ]이라면서 災異說·天人感應說을 끌어오기도 하였다. 마찬가지로, "백성들이 소망하는 것은 하늘이 반드시 따라주는 법입니다. 그러니 하늘의 뜻을 본받는 임금의 도리로서 어떻게 백성의 뜻에 따르는 일을 먼저 하지 않을 수 있겠습니까?"[『遺稿』 卷6, 請通行兩湖大同箚(丁酉 7월11일), 19ㄴ~20ㄱ]라고 거듭 다짐하였다. 몇 가지 便民策만으로도 "백성들의 마음을 흡족히 하고 하늘의 뜻도 저절로 돌릴 수 있습니다"[『遺稿』 卷6, 請通行兩湖大同箚(丁酉 7월11일), 19ㄱ]라고 효종을 설득하는 것이었다.

82) 이 시기 북벌론의 허구성과 그 보수성에 대해서는 李離和, 「北伐論의 思想史的 檢討」, 『創作과 批評』 10-4, 창작과비평사, 1975 ; 禹仁秀, 「朝鮮 孝宗代 北伐政策과 山林」, 『歷史敎育論集』 15, 1990 참조.

'內修'를 위한 구체적이고 현실적인 施政論이 빈약했던 것과는 크게 대비를 이루는 것이었다.83)

大同法이나 行錢의 실현과 같은 賦稅·財政 정책, 그리고 유통경제의 새로운 전환이야말로 安民과 富國의 커다란 계기가 될 수 있었다. 김육은 이렇게 기본적이고 장기적인 시행과정을 요하는 정책과 함께 民生·救民을 위해 당장 필요한 卽應방안을 연구하고 실행에 앞장섰다. 이를테면 賑荒策의 강화나 贓汚法·賞罰權의 정비 같은 것이었다.

賑荒策은 絶糧과 疾疫의 위협으로부터 농민을 보호하는 安民의 중요한 軸이었다. 조선시기 전체를 통해서도 자연재해와 饑饉, 이에 따른 疫病이 곧잘 만연하였는데, 17세기에는 이러한 상황이 한층 빈번하였다.84) 救荒策의 핵심은 역시 나라의 창고를 열어 備蓄穀을 방출할 뿐만 아니라 이를 있는 곳에서 없는 곳으로 옮겨 饑民들에게 나누어주는 일이었다.85) 이렇게 되면 김육의 말대로 어지간한 기근이나 絶糧期를 무사히 넘길 수 있는 일이었지만 실제 사정은 늘 심각했다. 그는 絶糧·饑饉과 疾疫의 만연이라는 악순환을 매번 눈앞에 당하는 方伯의 입장에서 이에 대비하는 조치를 나름대로 마련하였다.

『救荒辟瘟方』도 그래서 만든 것이었다. "대개 얼고 굶주린 백성들이 갑자기 疫疾에 걸리면 형세가 살아나기 어렵습니다. 추위와 따뜻함이 교차할 때는 이 병이 반드시 더 심합니다"86)라고 했듯이 특히 겨울에서 봄으로 바뀌는 絶糧期·환절기에 백성들이 당하는 굶주림과 病苦를 구

---

83) 北伐·內修外攘의 논리와 관련한 송시열의 정치사상에 관해서는 金駿錫, 「17세기 正統朱子學派의 政治社會論－宋時烈의 世道政治論과 賦稅制度釐整策」, 『東方學志』 67, 1990 참조.

84) 李泰榮, 「李朝時代の救荒史研究－救荒法制度を中心として」, 『韓』 6-11, 일본 한국 연구원, 1977 ; 吉野誠, 「李朝後期の朝鮮における救荒政策」, 『紀要 文學部』 39, 일본 東海大, 1984 ; 김호, 「16세기 말 17세기 초 '疫病' 발생의 추이와 대책」, 『韓國學報』 71, 1993.

85) 『遺稿』 卷8, 道內各邑元穀 推移糶糴狀(戊寅), 12ㄱ.

86) 『遺稿』 卷8, 救荒辟瘟方刊布諸道疏, 18ㄱ.

제하는 방법을 담고 있다. 『救荒辟瘟方』은 그가 충청감사로 있을 때 15세기에 나온 『救荒撮要』를 대략 諺解하고 여기에 『辟瘟方』을 보태어 한 책으로 만든 것이었다.87) 그런데 이제 이 책을 정부 이름으로 전국의 군현에 반포하여 구황대책에 적극 활용하자고 제안한 것이다. 충청도 한 곳에서 활용해본 경험에 비추어보더라도 그 효과를 기대할 만하다는 것이었다. 그는 이를 자신의 기발한 착상이나 공로로 내세우기보다는 오히려, '祖宗朝의 遺傳'이라는 점을 강조하였다. 이렇게 보면 김육은 말만 앞세우거나 한두 차례 동정심을 표현해서 사태를 모면하려는 것이 아니라, 진정 구체적이고 효과적인 방안을 찾으려는 노력을 거듭했음을 알 수 있다. 安民策이 제대로 되려면 그래야 할 일이었다.

安民이란 국가에 대한 백성들의 신뢰를 회복하고 이를 유지하는 일이기도 하였다. 여기에서는 법령 또는 禁令에 관련되는 몫이 컸다. "국가의 禁令은 民心을 거스르지 않는 다음에야 행해질 수 있는 것"88)이라는 김육의 지적은 이를 말하는 것이었다. 백성들의 생업활동에 크게 지장을 주지 않는, 민생의 기본을 다치지 않는 수준에서 법이 마련되어야 한다고 하였다. 엄한 강제력에도 불구하고 백성들의 저항을 불러일으키는 법이라면 조만간 죽은 법이 되어버릴 것이고 국가의 신뢰는 손상을 입게 된다는, 즉 민심의 불안정만 초래하게 된다는 것이다. 이러한 논리는 김육이 국가의 禁令에 대하여, "이를 비유하면 防川을 쌓는 데 있어 水勢를 따라서 물길을 열어놓아야"하는 것과 같다고 한 말에서 분명해진다.89) 실로 禁令의 남발은 민생을 휴식하는 데 결정적인 장애가 될 수 있었다. 국가의 입장에서 발동하는 공권력·法令이 아니라 민심의

---

87) 『遺稿』 卷8, 救荒辟瘟方刊布諸道疏, 18ㄱ.
88) 『遺稿』 卷7, 請出米貿布 兼行賑救啓(辛卯), 26ㄱ.
89) 이는 실물화폐인 麤短綿布의 통용을 금지하면 민생에 주는 타격이 크다는 점을 우려하면서, 賑恤策을 겸해서 常平倉米를 일정량 풀어 麤短綿布를 회수하는 조치를 선행하자는 방안의 제시로 이어졌다[『遺稿』 卷7, 請出米貿布 兼行賑救啓(辛卯), 26ㄱ·ㄴ].

동향을 먼저 고려하려는, 농민적 입장의 法制認識이라고 할 수 있을 것이다.

　국가가 만들고 집행하는 법의 기능, 특히 그 공정성·신뢰성은 賞罰權의 정당한 실행과 직결되어 있는 것이었다. 국가의 기강확립, 利權在上 원칙의 근간이 바로 賞罰權이었다. 김육 또한 여기에 관심이 없을 수 없었다. 그는 근래 軍糧의 확보, 兵器의 제조 등을 이유로 加資·陞敍 등의 賞典을 내리는 기준이 애매해졌다는 지적을 통해서 이 문제를 제기하였다. "은혜를 함부로 내려서 도리어 불만스러운 마음이 생겨날 것"이라고 우려하였다.90) 대개 賞給을 받은 자들은 그 직분을 다하기 위해 백성들의 膏血을 짜내었을 뿐이라는 것이다. "백성들은 살이 발리고 골수가 뽑혔으며 工匠들은 筋骨이 시달리고 지쳤는데 감독하는 자들은 직분이라면서 고작 그들에게 매질하고 호령해대는 것만으로 그 공로를 가만히 앉아서 챙기고 있습니다"라는 지적이 그것이다.91) 이런 이유로 상을 주게 되면 이는 "刑罰을 함부로 쓰는 것과 그 폐단이 같은 것"으로서 민심의 원망과 離反을 일으키는 화근이 아닐 수 없었다.

　이러한 김육의 우려와 지적은 정당하다고 해야 할 것이다. 그가 꼭 짚어서 말하지는 않았지만 賞罰權의 남발은 상하 관인들의 공명심과 경쟁심을 부추기는 대신 위화감을 조장할 것이며, 결과적으로는 기강과 官爵의 권위가 약화되고 국법·국왕권에 대한 불신감을 초래하는 데 이를 일이었다. 무엇보다도 그 폐해가 아래로 농민들에게 내려가서 그들의 국가와 군주에 대한 불만과 저항으로 이어질 것이었다. 그리고 진정 공로가 큰 사람을 권장할 방도가 없어지고 말 것이었다. 그가, "賞典을 지나치게 베풀면 그 말류의 폐단을 막기 어렵습니다"92)라고 거듭 강조하는 것은 이런 의미였음에 틀림없다.

---

90)『遺稿』卷7, 請勿賞別備軍器人員啓(癸未), 16ㄴ.
91) 위와 같음.
92)『遺稿』卷7, 請勿賞別備軍器人員啓(癸未), 17ㄱ.

그러나 김육은 당시 조정에서 왜 賞典을 남발하지 않을 수 없게 되었
는지에 대해서는 언급이 없다. 아마 설명하기 어려웠을지도 모른다. 그
것은 양반 지배층의 일원이며 현직 고위관인이라는 그의 신분적 조건
에서 비롯된 것일 수도 있다. 사실 그 시기 조선왕조는 국가・왕권이라
는 公共의 입장에서조차 각종 부세와 필요자원을 인민으로부터 원활히
수취하기에는 이미 그 구조적인 한계와 모순에 직면해 있었다. 먼저 擔
稅者・賦役者인 농민들의 부담능력이 그들 생산력의 한계를 훨씬 초과
하고 있는 형편이었다. 거기에다 지방 수령과 吏屬 등 징세관리들의 부
패와 중간수탈 또한 그 한도를 넘어서 있었다. 조정에서는 당장의 재정
수요를 충당하기 위해서 징세 청부업자로 전락한 것이나 다름없는 수
령・향리 등 收稅 실무자들을 독려하지 않을 수 없었고, 그것은 일종의
강요된 충성이었던 만큼 여기에 각종 賞典이나 官爵이 반대급부로 주
어져야 했다. 김육이 말하는 賞典濫發의 실태와 문제점은 여기에 있었
다. 말하자면 농민들로부터 강탈수취를 감행하지 않을 수 없는 조정의
처지에서는 마지못해서라도 그 악역을 담당한 실무관리들에게 상전의
위로를 베푸는 것밖에 달리 도리가 없었던 것이다. 사실 김육이 그토록
자신했던 대동법은 이러한 수취구조의 모순과 악순환을 일정하게 완화
할 수 있었던 점에서도 그 의의가 적은 것이 아니었다.

그러나 이상에서 살핀 바와 같은 몇 가지 시정책만으로는 安民, 즉
김육이 기대하는 수준의 민생회복이 실현되기 어려웠다. 그것들은 결국
사안에 따른 卽應療法에 그치거나 고작 관행과 운영상에 나타나는 문
제점을 일부 개선하는 데 머물 수밖에 없었다. 그때그때 고비만 넘기면
다시 종래의 타성으로 돌아갈 것이 뻔한 일이었다. 때문에 궁극적으로
는 법제의 개혁이 이루어져야 했다. 김육도 이러한 사실을 잘 알았을 것
으로 생각된다.

그는 식자・관인 일반의 실제・실용과 괴리된 思辨的 태도와 무능력
을 풍자하면서, 여기에 자신의 한계를 자책하는 데도 인색하지 않았다.

즉, "애닯구나 戍자리 사는 저 젊은이／몇 년이나 산과 바다 떠돌았었나
／…… 書生이 안 되는 일 억지로 하며／백성 편히 보호한단 말만 하누
나"93)라고 읊조림이 그것이다. 또 "하늘과 사람 본시 서로 달라도／이
이치야 무슨 다름 있으랴／어찌하면 못된 기운 한번 씻어내／백성들 속
마음을 시원케 하리"94)라고 한 데서는 폐습을 바로 잡아 민심을 북돋아
야 한다는 열망이 한결 고양되고 있음을 드러낸다. 농민의 현실, 세상의
부조리를 해결하는 변통과 개혁이 불가피하다는 인식이 베어있다. 같은
맥락에서, "백성들 궁지에 빠진 건 그 모두 내 죄이니／입 다문 채 돈 얘
기 그만둠이 마땅하네"95)라고 했듯이, 그의 用錢論이 반대론에 부딪쳐
중단되었을 때 먼저 자신의 대응방식이 철저하지 못했음을 되짚어보는
데 인색하지 않았다. 김육이 대동법을 필생의 과업으로 삼아 그 실현에
힘을 기울이게 되는 내면에는 이러한 고뇌와 체험의 축적이 있었던 것
이다.

2) 열린 人間觀과 인재등용론

安民·救民의 실현과 지속은 결국 유능하고 책무에 충실한 관리를 발
탁하여 쓰는 일에 달려 있었다. 한마디로 인재육성의 문제였다. 김육은
이에 관련해서 그 나름의 견해와 몇 가지 시책을 마련하였다. 먼저 식
자·치자의 책무의식을 고취하는 일, 악덕·무능 관리를 도태하는 일,
주민여론에 따른 인재발굴과 능력본위의 등용, 官學의 내실화를 통한
인재양성 등이 그것이었다. 그런데 이러한 그의 지향은 무엇보다도 고
정관념이나 편견을 배제한 열린 인간이해 태도에 바탕을 두고 있었다.
먼저 김육은 閫帥·守令이나 馬官·邊將 가운데는 탐욕 무식하고 염
치없는 자들이 많고 이 때문에 백성들이 억울한 수탈을 피하기 어렵다

---

93) 『遺稿』 卷1, 又(敬次晦菴先生感興詩韻 戊戌), 19ㄱ·ㄴ.
94) 『遺稿』 卷1, 又(次陳子昻感遇詩韻), 22ㄱ.
95) 『遺稿』 卷2, 罷錢, 41ㄴ.

고 생각하였다. 그는, '하늘과 사람의 관계는 아비와 자식의 관계와 같은 것'인데 '天變이란 백성들의 원망이 부르는 것'이라는 '옛 사람'의 말을 인용하여 그 심각성을 부각시켰다. 요컨대 무능·부패하고 악덕한 수령·관리들은 도태되어야 했고, 여기에 그가 贓汚法을 활용하자고 건의하는 이유가 있었다.96) 또 "오늘날의 政事는 은혜를 베풀고 용서해주는 일이 많아서 사람들이 법을 두려워하지 않고 있습니다"97)라고 했듯이, 김육이 보기에 관리들 가운데는 비리·과오 있는 자가 요행히 처벌을 모면하고 악덕을 저지른 자가 오히려 더 방자하게 구는 일이 적지 않았다. 때문에 贓汚法을 엄중 적용함으로써 민심을 크게 慰撫할 뿐만 아니라 조정의 위엄을 세워야 한다는 것이었다.

사실 조선왕조와 같은 중세의 집권국가에서는 군현의 수령을 비롯한 그들 중간관인층의 농민들에 대한 강압과 수탈을 억제하는 일이 국가경영의 핵심과제였다. 이는 신분적 특권을 내세우는 재지양반층의 농민지배가 강화되는 것과 상승작용하면서 더욱 심각한 정치·사회 현안으로 떠오르고 있었다. 백성들을 직접 다스리는 중간관인층의 역할이 클 수밖에 없는 조건에서 그들의 作弊를 억제하기 위한 법제적 장치를 마련하는 일은 安民의 선결과제였던 셈이다. 이렇게 보면 贓汚法을 申明하자는 김육의 요구는 정당하고도 적절한 것이었다고 할 수 있다.

鄕薦法은 인재의 육성을 위한 구체적이고 실현 가능한 방안으로서 제기되었다. 김육은 이를 勸課學業과 연계시켜야 할 것으로 보았다.98) 그것은, "궁벽한 시골에서 재주를 가지고 있으면서도 헛되이 늙어가는"

---

96) 『遺稿』卷4, 玉堂論事箚(癸未 3월 副提學時), 21ㄱ~22ㄱ. 그는 옛 중국의 鄭子産이나 諸葛亮이 法을 엄중히 세워 나라의 정치를 크게 일으켰던 전례를 들었다. 법의 엄정성에 주목한 것이었다.

97) 『遺稿』卷4, 玉堂論事箚(癸未 3월 副提學時), 22ㄱ.

98) 이는 평범한 것 같지만, "나라를 다스리는 도리는 백성의 삶을 안정시키는 데 있고 백성을 안정시키는 근본은 인재를 얻는 데 달려있다"[『遺稿』卷7, 申明鄕薦 勸課學業啓(己丑 議政府時), 25ㄱ]는 그의 지론에서 나온 것이었다.

아까운 인재를 천거하는 제도를 시행하자는 말로도 표현되었다. 그가 생각하는 절차와 방법에서는, 먼저 각 고을에서 관내의 모든 사람들이 異口同聲으로 칭송하는 자 가운데 뛰어난 행실이 있거나 재주가 있는 자이면 나이에 구애되지 말고, 朝官·生員·進士·幼學을 막론하고, 年初에 뽑아서 監司에게 上申하도록 한다는 것이었다. 이때 해당자가 없으면 꼭 뽑아 올리지 않아도 되었다. 무조건 추천하라고 하면 수준미달자가 뽑히는 등 문제가 생길 일이었다. 다음에 이렇게 뽑힌 자들을 서울로 올려 보내면, 吏曹에서는 身·言·書·判의 법으로 시험하여 政府에 올리고, 정부에서는 이 가운데서 우수한 자를 가려 다시 吏曹에 내려보내고, 吏曹에서는 이에 따라서 여러 部署에 결원이 생기는 대로 직책을 부여한다는 것이었다. 이 과정에서 행실이 돋보이고 재주가 특출한 자는 곧장 參上職(정6품 이상)을 제수하며, 부적격자를 천거한 경우에는 해당 수령을 問罪한다는 규정도 두었다. 또 武士의 천거를 위한 절차를 따로 마련할 것도 생각하였다.99)

　여기에서 주목되는 점은 인재판단의 조건으로 사람들의 칭송, 행실, 재주 등을 꼽고 있다는 점이다. 물론 심사평가자의 주관과 恣意性이 작용할 가능성이 없지는 않다. 하지만 개인의 능력과 객관적 평판을 중시하는 대목은 그 시기 科擧시험보다 합리적이고 진취적이라고 할 수 있다. 과거란 시험과목이 모두 儒經에 관한 것으로 한정되었고, 薦擧制 또한 유교의 교양이나 士林의 파당적인 평판과 이해관계에 이끌렸던 사정을 고려하면 김육의 이런 구상은 오히려 참신한 것이었다. 그가 자리 지키기에만 급급하기 쉬운 현직 재상의 지위에 있었기 때문에 더욱 그러했다.

　김육이 鄕薦法을 내놓을 무렵, 17세기 중엽에는 이미 과거제도의 모순과 한계, ‘나눠먹기’식의 천거제도에 대한 비판과 함께 그 대안이 제

---

99) 『遺稿』 卷7, 申明鄕薦 勸課學業啓(己丑 議政府時), 25ㄴ.

시되어 있었다. 먼저 柳馨遠(1622~1673 ; 磻溪)이 제기한 '貢擧論'을 들 수 있다.100) 이 貢擧論도 고을 사람들의 폭넓은 여론과 본인의 능력을 중시한다는 점에 특징이 있었으므로 김육이 '평판'을 강조하는 것과 일치한 셈이다. 민심을 중시하여 민심이 원하는 바를 옳게 파악하고 이에 따르려는 관인에게 권한과 책임을 맡기는 것이야말로 安民을 우선하는 인재등용법에 부합하는 것이라 하겠다.

한편 學校는 인재의 양성에 필수적이었다. 김육이 선비들이 공부할 수 있는 여건을 조성하기 위해 각 고을마다 鄕校의 운영을 강화해야 한다고 주장한 까닭도 여기에 있었다.101) 이는 그가, "요즘 선비들이 鄕校는 아주 가볍게 보면서 書院은 중하게 여기고 있는데 …… 이 어찌 한탄스러운 일이 아닌가"102)라고 반문하는 데서도 잘 드러난다. 이 무렵부터 증가일로에 있던 지방 書院의 문제점을 심각하게 생각하고 있었던 것이다.103) 그런가 하면 선비들의 학업이 부진한 이유를, "여러 차례 兵亂을 겪으면서 백성들의 物力이 쓸쓸해진 데다가 …… 백성들이 삶을 즐기는 마음이 없으며, 선비들은 학문을 숭상하지 않는 풍조"104)라고 하여 당시의 사회현상에서 찾기도 하였다. 학교·學業熱이 일어나려면 사회분위기가 이를 받쳐주어야 하는데, 그것은 먼저 경제력이 일정하게 성장해야 하고, 또 사람들의 일상생활에서 물질적 정신적 여유를 가질 수 있어야 한다는 것이었다. 현상을 매우 예리하고 합리적으로 파악하는 태도라 하겠다.

그리하여 그의 대안은 향교운영의 활성화, 특히 유능한 교수진의 확

---

100) 貢擧論은 인재 등용방식의 개혁성에서나 짜임새 있는 구성내용으로 뒷날 실학자들의 논의에 많은 영향을 끼쳤다(鄭求福,「磻溪 柳馨遠의 社會改革思想」,『歷史學報』45, 1970 ; 金駿錫,「柳馨遠의 政治·國防體制 改革論」,『東方學志』77·78·79, 1993).
101)『遺稿』卷7, 申明鄕薦 勸課學業啓(己丑 議政府時), 25ㄴ.
102)『遺稿』卷8, 各道書院因革議, 10ㄱ·ㄴ.
103) 이 시기 서원의 실상에 대해서는 鄭萬祚,『朝鮮時代 書院研究』, 집문당, 1997 참조.
104)『遺稿』卷8, 加設訓導 計任陞遷 勸課蒙學狀(戊子 開成留守時), 29ㄴ~30ㄱ.

보에 있었다. 訓導를 증원하고 이들의 陞遷기준을 明文으로 밝히는 일
이었다. 서울 四部의 훈도는 문관·생원·진사 가운데서 뽑아 임명하
고, 생원·진사가 훈도로서 30朔(2년 반)을 채우면 實職의 初入仕에 除
授할 것과 蒙學을 장려하는 방안을 마련할 것도 함께 건의하였다. 그가
향교의 주요 敎本으로『童蒙先習』·『論語大文』등을 일부러 간행하거
나,『孝忠全經』[105]의 경우처럼 직접 새로 편찬하기도 한 것은 이를 위
해서였다. 주자학의 잘 알려진 교본『小學』에 주목하지 않은 점이 오히
려 눈에 띈다.

유교·주자학의 가르침에 비추어 보면 인재를 발굴하여 適材適所에
배치하고 그 능력을 제대로 발휘하게 하는 일이야말로 양반사대부들이
그들의 道를 실행하는 덕목 가운데 큰 것이었다. 물론 현실적으로는 그
것이 말처럼 간단하지는 않았다. 잘 알려졌듯이 인재의 발굴·기용은
곧 관직을 부여하는 것인데, 관직, 즉 벼슬이란 양반사대부가 그들의 사
회적 지체를 높이고 양반으로서 존재를 실현할 수 있는 첫째 수단·방
편이 되어 있었다. 관직 선호의식과 관직을 둘러싼 경쟁, 관직에 얽혀
격화되는 정치지향성은 조선시기 사회·문화적 특징의 큰 부분이었던
것이다. 사정이 이렇다고 보면 관인·식자들이 펼치는 政論 가운데 거
의 빠지지 않는 항목이 다름 아닌 인재등용론이었다는 사실은 일견 논
리적 모순이며 자가당착이었다.

그러나 그렇기 때문에 오히려 인재등용의 논의와 요구가 거듭 제기
되어야만 했다. 권세 있는 명문거족 자제들의 관직진출을 제한할 수는

---

105)『遺稿』卷9, 新刊孝忠全經跋, 29ㄴ~30ㄴ 참조.
　　김육이 기왕의『孝經』에다가 뒤에 알려진『忠經』을 합하여 이 책을 만든 것은, "아
　직 어린아이들이 父子의 관계만 있는 줄 알고 君臣의 관계가 있다는 것을 모르며, 즐
　거운 가운데 사랑하여 길러주는 것만 능히 알고 나라를 위하여 충직하게 간쟁하는
　것에 대해서는 혹 모를 수 있다"(『遺稿』卷9, 新刊孝忠全經跋, 30ㄱ)는 지적과 같이,
　私的 血緣的 父子倫理에 치중하기 쉬운 데 대해 반성 비판하고 이를 보완하기 위한
　것으로 풀이된다.『忠經』은 그 이름에서도 알 수 있듯이 일단 公的 非血緣的 사회윤
　리의 근간을 세우려는 의도를 반영하는 것이라 하겠다.

없었던 만큼, 그 대신 한미한 가문 출신이라도 능력이 있는 자라면 발탁해서 써야할 필요가 있었다. 그래야만 국가·사회를 제대로 이끌어갈 최소한의 인재를 확보할 수 있을 뿐만 아니라 양반사회의 自淨自强과 균형을 기할 수 있었기 때문이다. 실제로 조선왕조의 관인등용 체계는 薦擧制度에서 보듯이 어느 정도 그렇게 운영되고 있었다.106)

김육의 제안 또한 일단 이러한 문제의식의 범주에서 예외는 아니었다. 다만 安民의 문제를 政論의 전면에 내세우는 입장이었으므로, 이를 위해서는 스스로의 책무에 힘쓰는 한편 인재의 육성과 발굴·활용에 남다른 관심을 기울여야 했다. 그리하여 그의 인재판단 기준은 신분이나 학식 우선이 아니라 物情의 이해, 즉 세상경험과 직무에 밝은 정도, 능력과 성실성에 두었다. 이는 이 시기 유자들의 관념적이고 도덕 일변도의 인간관이나 인재등용 기준과는 크게 대비되는 김육 특유의 실천적이고 열린 인재론이라고 할 수 있다. 앞에서 보았듯이『種德新編』의 ‘愛物濟人’論의 인물평가와 인간이해는 바로 이러한 인재론과 표리를 이루는 것이었다.

사람을 판단하는 김육의 관점과 태도는 개방적이었으며 선입견이나 고정관념에 얽매이지 않았다. 그리고 인재가 초야에 묻힌 채 제대로 쓰이지 못하는 것을 무척 안타까워했다. 과거의 역사뿐만 아니라 현실에서도 그렇다고 보았다. 예컨대 孔子·孟子 같은 聖人은 물론이고 程·朱 같은 현인·군자는 세상을 위해서 쓰이려고 천지의 精氣를 모아 태어났을 텐데 오히려 困厄과 배척을 당하거나 묻혀버린 것은 무슨 까닭이며, “그 사이에 기특한 재주와 능력을 지녔으면서도 泯滅되어버린 경우를 어찌 이루 다 헤아릴 수 있겠느냐”107)고 한탄하였다. 그는 “儒家만 그런 것이 아니라 釋氏에서도 역시 그렇다”108)면서 釋迦如來는 서방의

---

106) 鄭求先,『朝鮮時代 薦擧制度研究』, 초록배, 1995 참조.
107)『遺稿』卷9, 贈懸燈山一老師序, 4ㄴ.
108) 위와 같음.

異人이며 阿難·迦葉·達摩·觀音 또한 모두 한 세상의 호걸스러운 사람들이라고 평가하였다. 그러니까 김육은 이들이 佛家뿐만 아니라 儒家의 인간·도덕 기준으로도 훌륭한 인재라고 본 것이었다. 하지만 그는 儒敎人답게 불교를 "滅人倫毀天常 徒爲萬古惑世誣民之資"[109]라고 규정하고, 만약 그들이 그토록 성스러운 지혜로써 유교의 仁義禮樂을 배우고 따랐더라면 서방 오랑캐의 풍속이 바뀌어 문명사회가 되었을 것이라고 아쉬워했다.

이러한 김육의 생각에서는, 사람이 이미 태어날 때 저마다 유용한 능력이나 목적을 가지고 나왔다는 것, 따라서 사람은 세상에서 여기에 맞는 역할이나 책무를 다해야 한다는, 바꿔 말하면 모든 생명을 가진 존재는 스스로 생명을 실현할 가치와 권리를 가진다는 인식이 읽혀진다. 그가 주장하는 愛物濟人의 논리에도 이 의미가 내포되어 있다. 어떻든 다양한 인간 저마다의 개성을 인정하며 이를 열린 생각으로 수용하려는 그의 인식태세에 주목해야 할 것 같다. 이는 또, 뛰어난 인재가 태어나도 능력을 펴볼 기회를 얻지 못하며, 孔孟의 王道가 세상에 떨치지 못하는 데도 따로 '釋迦의 異敎가 창제된 것'은 '천지의 마음'이 본디 그런 것으로 유감스러운 일이라고 한 그의 말을 통해서도 확인할 수 있다. 불교를 異端視하려는 것이 아니라 儒家와 마찬가지로 佛家에도 인재가 있고, 따라서 인재란 세상에 두루 遍在한다는 사실을 강조하려는 말이기 때문이다. 이러한 전제가 깔려있다는 점에서 그의 인재론의 중요한 특징과 진전성이 있는 것이라 하겠다. 아직 멀기는 하지만 이것이 근대를 지향하는 인간관에 접근하는 것이라고 해야 하지 않을까.

김육의 열려진 인간이해, 그 인재론은 그가 加平 淸德洞에 은거하고 있을 때 만나보았던 懸燈山(혹은 雲岳山) 文殊寺의 老僧 得一에 대한 예찬을 통해서 더욱 분명해진다. 그가 보기에, 득일은 빼어나고 기이한

---

109) 『遺稿』 卷9, 贈懸燈山一老師序, 4ㄴ~5ㄱ.

용모, 맑고 간결한 언어, 두루 통하고 두터운 학문, 탁 트이고 막힘이 없
는 마음을 지닌 佛僧이며, 뛰어난 詩才가 낭랑하게 울려나오는 '方外의
韻士'라는 것이고, 더욱이 이렇게 재주가 있는 사람이 釋氏의 학문에 빠
져서 쓰이지 못하니 애석한 일이라고 하였다. 그래서 그가 득일을 '老
師'라고 존칭했는지도 모른다.110) 그는 이어서 옛날 韓愈가 불교를 배척
하다가 潮州로 유배되자 승려 太顚을 만나 깊게 사귀었던 사실을 소개
하였다. 그리고 豪傑의 선비인 한유가 태전을 친구로 사귄 것은 부처에
게 빌어 복을 구하려 한 것이 아니라 그의 재주를 아까워했기 때문이라
는 설명도 덧붙였다.

득일에 대해 말하면서 한유의 故事를 소개한 것은 그의 말처럼 불교
와 불승을 두둔한다는 항간의 혐의를 피하기 위한 것일 수도 있었다. 그
러나 김육이 진정 하고 싶은 말은 따로 있었을 것이다. 거듭 말하거니와
뛰어난 인재란 득일의 경우와 같이 유교 아닌 불교에도 있다는 것, 그리
고 한유가 그랬던 것처럼 자신도 또한 인재를 알아보는 안목이 있으며
그 재주를 발휘할 수 있도록 힘쓰겠다는 다짐이었다.

이렇게 보면, 서울과 시골, 양반과 서민, 즉 지역·신분·문벌·직
업·종교의 구분 없이 인재는 묻혀있기 마련이라는 것, 남다른 재주가
있는 사람은 그것을 세상을 위해 부리고 써야 하며 이렇게 하는 것이 인
생을 실현하는 길이라는 것, 또 그러자면 인재를 찾아내어 그 재주를 발
휘할 수 있도록 힘써 거들고 북돋아주어야 한다는 것이 김육의 주장이
었다. 이는, "발길이 드넓은 四海에 두루 미치지 못하여 내가 본 것이란
우리 동방의 한 귀퉁이에 지니지 않는다. 그러니 千山萬水의 사이에서
이 老師(=得一)처럼 헛되이 살다 죽어간 사람이 또 몇 명이나 될지 알
수 없으니 몹시 애석한 일이다"111)라는 그의 탄식에서도 다시 확인된다.

---

110)『遺稿』卷9, 贈懸燈山一老師序, 5ㄴ.
111) 위와 같음.

　　김육은 편견이 없이 균형 잡히고 유연하게 열린 사고의 소유자였다. 그러한 마음과 눈으로 사람의 사회적 조건을 배제한 본연의 태도와 능력을 판단하려고 하였다. 때문에 그것은 주자학의 理氣論에 기초한 윤리적 차별적 인간관에 의해 정형화되고 획일화된 인간이해 방식이 아니었다. 그는 또 진정 인재를 널리 구하여 適所에 쓰는 남다른 적극성과 책임의식을 발휘한 조정의 유력한 관인이었다. 당시의 지역·신분·문벌·직업 등은 사실상 봉건질서를 위한 차별장치이기도 했으므로, 만약 이런 제약을 넘어서 인재를 판단하고 발탁해 쓸 수 있다면 이것이 마침내는 봉건적인 인간관이나 차별질서를 부정하는 단계까지 이르게 될 것이었다. 아마 김육은 그러한 역할을 스스로 담당하려 했는지도 모른다.

　　한편 가족·宗族·門中 등은 조선시기 사회질서와 지배체제를 지탱하는 혈연적 기반이었다. 김육 특유의 인간이해 태도는 여기에서도 일정하게 관철된다. “아들의 아들은 손자로서 同姓이고 딸의 아들은 역시 손자로서 異姓이다. 사람이 딸의 아들을 사랑하는 것과 아들의 아들을 사랑하는 것에 무슨 다름이 있겠는가. 비록 內外의 나누임이 있지만 天屬의 은혜는 참으로 그 사이에 같고 다름이 없는 것이다. 先祖로부터 보면 지금의 異姓 親族은 모두 선조가 함께 사랑하던 사람들이다”112)라는 주장이 그러하다. 세대가 이어지면서 親疎와 遠近의 차이가 생기는 것은 불가피한 일이지만, 같은 선조의 자손이며 그 선조의 사랑을 받았던 점에서 보면 서로 가깝게 알고 사랑하지 않을 수 없다는 것이다. 또 이러한 이유에서 異姓 친족도 同姓 친족처럼 사랑해야 한다는 것, 족보에 올리는 기준으로 同姓인가 異姓인가를 따져서도 안 된다는 것이었다.

　　이는 族譜가 만들어지는 연유를 一族이 親親하는 의리와 敦睦하는 마음을 기르기 위한 것으로 이해하는 가운데서 나온 설명이었다. 때문에 일견 그가 혈족이나 인척의 내부적 결속을 굳게 다지기 위해서 이

---

112) 『遺稿』 卷9, 淸風金氏族譜序, 6ㄴ.

같은 논리를 펴는 것으로 보일 수 있다. 물론 그러한 의도를 부정할 수 없다. 아마 그렇다고 보아야 할 것이다. 그러나 그가 제시하는 원칙과 방식에 주목할 필요가 있다. 그 시기에는 內外·一家·親戚·男女를 구분하고 이를 親疎·上下·尊卑의 기준으로 삼아 祭祀와 같은 의례나 族譜의 작성에 적용하는 것이 통례였다. 말하자면 차등·차별의 규정을 엄격히 명시함으로써 家族·親姻戚 안에서 질서유지와 결속을 실현하려는 것이었다. 물론 이는 주자학의 人性說·人倫說을 근거로 한 것이었다. 그렇다면 김육이 內·外, 親·姻戚, 아들·딸의 구분이나 차별을 반대한 것은 바로 人倫的 차별질서를 부정한 것이라고 할 수 있다. 그가 의도적이고 명시적으로 그런 것은 아니라 할지라도 그 발상의 저변에는 이 같이 개방적 평등적 인간관이 깔려있었던 셈이다. 이는 그의 인재론과 인간이해의 폭넓은 관점과도 적절히 부합하고 있어 더욱 주목된다고 하겠다.113)

인재를 아끼고 그들이 적재적소에 쓰일 것을 기대하는 김육의 열망은 남다른 것이었다. "휘하에는 재주 있는 인재도 많은데／안타깝구나 알아볼 이 그 누구인가／…… 조정에선 이런 사정 알지도 못하고／邊城에서 부질없이 늙어만 가네"114)라고 읊은 시가 그것이었다. 이 내용은 아마도 평안도지방을 巡歷하다가 목격한 상황인 듯하다. 그리하여 天險의 龍骨山城이 함락된 소식을 접하고 지은 시, 明·淸의 군사적 긴장과 胡亂 前夜 조선의 나약한 실상을 읊은 시들과115) 긴밀히 연관되기도 한다. 즉 외적의 위협이나 침입은 그칠 줄 모르는데 유능한 장수·무사들

---

113) 아마 김육의 淸風金氏家는 이때 비로소 제대로 된 족보를 만들게 된 것으로 보인다. 아들과 딸을 출생순서로 기재하고, 異姓의 자손도 同姓 자손과 함께 등재하는 일은 17세기 무렵의 다른 족보에서도 확인되는 일이었지만 그 등재범위의 제한과 차별이 발생하는 것 또한 이 무렵부터인 것으로 알려져 있다(「특집 : 족보가 말하는 한국사」, 『한국사 시민강좌』 24, 일조각, 1999 참조). 그런데 김육은 그 제한·차별을 제거하는 쪽을 지향한 것이었다.

114) 『遺稿』 卷2, 見監營將士有感, 3ㄱ·ㄴ.

115) 『遺稿』 卷2, 聞龍骨山城自潰, 3ㄴ 및 『遺稿』 卷2, 西京雜詠 次杜韻, 4ㄱ~5ㄱ 참조.

이 조정의 무사안일과 治者들의 무능 때문에 쓰일 기회를 못 만난 채 아깝게 늙어가는 현실에 발을 동동 구르는 그의 모습이 역력하다.

　이렇게 한편에서는 유능한 인재의 적체가 심화되는가 하면 다른 한편에서는 부적격자들이 정치·사회 운영을 어그러뜨리는 현상, 즉 인재 수급의 불균형현상은 어쩌면 17세기 조선사회 내부모순을 그대로 반영하는 것이었다고 해야 할 것이다. 이런 가운데서도 김육은 적절한 인재의 발굴과 활용에 힘썼다. 비록 黨色이 다르고 개인적인 친분이 없더라도 이에 구애받지 않고 그 사람의 경험·능력의 當否를 먼저 따져 일을 맡기거나 그 의견을 수용하려는 태도를 보였다. 아마 이러한 태도는 상호 반목이나 黨爭을 극복하고 화해와 신뢰를 회복하는 실천적 대안이 될 수도 있었을 것이다.

　이를테면 湖西의 兵營을 移設하는 과정에서 현지 근무경험이 있는 官人의 의견이나 고을 선비들의 上疏를 참작하자면서 徐必遠과 柳赫然을 추천한 것은 그런 경우의 하나였다.116) 죽음을 앞두고 올린 상소에서는 湖南 大同法과 안면도 漕倉을 추진할 적임자로 역시 徐必遠을 지목하였고, 이와 함께 東宮 輔導의 적임자로는 兩宋밖에 없다고 하였다.117) 兩宋이란 宋時烈·宋浚吉 두 사람의 山林으로서 이들은 湖西 大同法의 시행을 놓고 조정에서 찬반양론이 대립했을 때 자기들의 스승 金集의 반대론을 적극 두둔하고 나선 일이 있었다. 이러한 그들을 대동법의 추진자 김육이 유언으로 추천하는 것을 보면 일단 나라를 위한 公心에서 인재를 판단하고 발탁하려는 자세였다고 하겠다.

　김육은 譯官·胥吏나 常漢 가운데서도 능력을 보고 발탁하여 사업의 성과를 크게 올리기도 하였다. 鄭文豪와 李承訓에게 황해도의 行錢업무를 분담시키고 朴增에게는 延安 屯田의 관리임무를 맡긴 일이 그것

---

116)『遺稿』卷6, 請勿移湖西兵營箚(丁酉 10월 초7일), 23ㄱ.
117)『遺稿』卷6, 病欲進言以終遺意箚(戊戌 8월 26일), 32ㄱ.

이었다. 그런데 현지 고을수령과 황해감사가 이들을 의심하여 그 행적을 조정에 보고하게 되고, 비변사에서는 그들에게 비리가 있다고 판단하여 治罪하기로 결정하게 되었다. 사실 이들에게는 구체적인 잘못이 없는데도 편견과 업무상의 오해로 탄핵사태에 이른 것이었다. 이에 김육은 자신이 추진하는 行錢策과 常平倉·宣惠廳의 업무가 모두 이들의 노력으로 이루어지고 있는 사실을 소상히 밝히면서, 그들이 비록 신분은 常流이지만 사리에 밝고 업무실적이 두드러진 점을 구체적인 수치로 열거하며 그 억울함을 힘써 변호하였다. 그리고 오히려 그들에게 근무성과에 대한 상급을 내려주자고 제안하였다.118)

여기에는 자신이 발탁해서 일을 맡겼으므로 그 일의 가부 결과에 대해서는 자신도 책임이 있다는 것, 그러나 분명코 그들에게 잘못이 없음을 입증해보이려는 것이 김육의 태도였다. 아마 실무에 대한 자신감과 부하에 대한 신뢰감이 확고하지 않다면 이러한 대응자세가 결코 쉽지 않았을 것이다. 하여튼 그는 이 기회에 行錢과 같은 경영업무는 사대부 관인들과는 더불어 의논하기 어렵다면서, "분주히 움직여서 財貨를 增殖하려면 모름지기 저잣거리의 사람을 써야 합니다"라는 말을 덧붙였다.119) 이는 분명 유교 교양인이란 錢貨나 實物經濟에 어두울 수밖에 없으면서 財政·賦稅 등 국가경제에 무책임한 간섭만 일삼는다는 일종의 불만과 비판을 표현한 것이기도 하였다.

김육은, "온 세상에 내 맘 아는 사람 없으니 / 어느 누가 나와 함께 뜻 같이하리 / 안타깝구나 廊廟에 있을 인재가 / 헛되이 산속에서 늙어 가누나"120)라고 읊으며 자신을 伊尹의 처지에 비유하기도 하였다. 이는 아마도 加平의 田野에 묻혀 살 때의 일이었던 것 같다. 그러나 이러한 심경이 그가 뒷날 벼슬길에 나서서 安民 固邦本해야 할 처지에 섰을 때는

---

118) 『潛谷續稿』, 論鄭文豪李承訓囚治寃痛事(丙申 4월 11일).
119) "此等事(行錢 — 필자) 難與士夫論經營 奔走而殖其貨 須用闒闠人"(위와 같은 글).
120) 『遺稿』 卷1, 又(敬次晦菴先生感興詩韻, 戊戌), 20ㄱ.

능력과 책임의식을 갖춘 인재를 찾으려는 기대감, 국가의 公人으로서
자기와 생각이나 행동을 같이 할 동지·지지자의 등장을 고대하는 마음
으로 바뀌었을 것이다. 일을 잘할 사람을 찾고 그를 아끼는 사람이라면,
아마도 그 자신이 이미 그러한 인재가 되고 남의 동지가 되어줄 태세를
갖추었다고 할 수도 있을 것이다. 능력 있는 자를 질시 배격하는 태도와
는 사뭇 대비가 되는 것이다. 김육의 표현이 이를 말해준다.

그는 또, "일을 직접 맡은 당사자는 어두운 법이고 곁에서 보는 자는
지혜로운 법입니다"[121]라고 하여 일을 책임 맡은 자의 고충을 토로하였
다. 일의 내용이나 앞뒤 사정은 알지도 못하면서 편견이나 의도를 가지
고 일 맡은 사람을 무책임하게 헐뜯고 비방하는 데 대한 항변이 아닐
수 없다. 또한 政務나 관인에 대한 褒貶이 그 일의 성과나 개인의 능
력·실적에 따라 이뤄지기보다는 자기 이익이나 黨論에 따라 좌우되는
조정의 편협하고 뒤틀린 풍조를 비판한 것이기도 하였다.[122] 그렇다면
이는 모두 인재의 발굴, 소신 있는 임무의 수행, 그리고 安民의 성과를
거두려는 施政과정에서 부딪치는 문제이자 장애가 아닐 수 없었다. 그
런 의미에서 결코 김육의 경우에만 그치는 것이 아니었다. 자신의 소임
을 다하고자 고뇌하는 자라면 언제 어디서나 겪게 되는 일들이었다.

4. 맺음말

17세기의 저명한 經世家를 꼽으라면 단연 김육일 것이다. 경세가란
國計民生·經國濟民을 책임지려는 정치가를 두고 하는 말이다. 김육은
세상물정에 밝았다. 그리고 나라의 戶口·軍丁·田結·錢穀 등 實用計

---

121) 『遺稿』 卷5, 辭職兼論朴長遠等被罪事箚(壬辰 9월 초7일), 22ㄱ.
122) 위와 같음.

數도 환히 머리에 꿰었다. 아마 조정의 회의석상에서 그는 곧잘 이런 計數를 들어 施政策을 논했을 것이고, 그때마다 儒臣·관료들은 이를 수긍하면서도 다른 한편으로는 경멸의 시선을 보냈을지도 모른다. 儒者는 義理·法度를 논하되 財利·打算에 마음을 써서는 안 되는 것이 당시의 통념이었기 때문이다. 그러나 국방·외교·재정·賑恤·賦稅야말로 나라의 自尊과 인민의 생활이 걸린 일인데, 그것이 財貨·計數의 문제가 아니고 무엇이었겠는가.

김육은 大同法의 실시를 자기의 책무로 생각하고 삶을 마감할 때까지 오직 여기에 전력을 기울여 그 실현의 기반을 닦았다. 그 밖의 많은 시정책은 그만 두더라도 그가 당대 제일의 경세가로 꼽히는 까닭이 또한 여기에 있을 것이다. 이제 본문에서 다루어진 내용을 요약하여 그의 생각과 실천이 담고 있는 특징을 살피고 그 의의를 짚어보기로 한다.

첫째, 成均館 儒生 시절에는 김육 또한 熱血 黨人의 한 사람으로 이름을 날릴 뻔했었다. 그는 십여 년에 걸친 自耕自給의 田野생활을 통해 종래의 사고와 행동양식에서 많은 변화를 이룩했다. 농업생산의 불안정성, 과도한 賦稅·力役과 지배층의 중간수탈, 이로 말미암은 농민들의 艱苦를 직시할 수 있었으며 그들을 동정하고 그들의 처지를 타개할 필요성을 절감하였다. 그는 또 이 과정에서 평범한 儒者들과는 달리 세상물정을 깊이 체험하며 열린 思考를 기르고 實際·實事의 중요성을 자각하였다. 이것이 뒷날 그가 민생의 안정을 위해 識者·治者로서 능력을 발휘할 수 있는 기반이 되었다.

둘째, 그는 몇 차례의 중국여행과 이때의 견문을 통해서 조선사회의 낙후성과 孱弱한 농촌현실을 더 구체적이고 객관적으로 인식하게 되었다. 비록 國使의 임무를 띤 가운데 한정된 지역의 외국경험이었지만, 평탄한 도로와 수레, 벽돌가옥과 번다한 상가, 드넓고 기름진 경작지와 활기찬 사람들의 모습은 민생과 나라를 부강시키는 방법을 實物·實用·實事의 차원에서 구상하고 그 결심을 다지기에는 충분한 자극제가 되었다.

셋째, 김육은 어린 시절부터 익힌 교양과 지식을 바탕으로 識者·治者의 사회적 역할이나 목표에 대해 여러 가지로 생각하고 고민하였고, 이 고민은 결국 '愛物濟人'의 논리에 귀결하였다. 愛物濟人說은 본디 『論語』의 '節用愛人'이나 '博施濟衆', 『孟子』의 '仁民愛物'에서 유래한 것으로, 仁義禮智의 道德·心性을 사물과 사람에게 베푸는 일이었다. 그리하여 그것은 김육이 오직 安民·濟民·固邦本에 뜻을 두고, 농민·농촌 현실의 모순과 부조리를 제대로 밝혀내어 그 타개책을 적극 실행에 옮기는 데 논리와 실천 근거가 될 수 있었다.

넷째, 김육은 官人으로서 지방의 수령·방백을 거쳐 조정의 시종관·대신을 역임하는 동안 농민들을 괴롭히는 弊瘼을 속속들이 파악했을 뿐만 아니라, 그 해결책의 선후·경중이나 장단점, 실행에 따르는 여러 문제점까지도 고려하게 되었다. 그는 '安民'이라는 과제를 모든 朝廷 시책의 전제조건으로 삼았다. '民力休養'論을 앞세워 모든 농민징발·부세증액이나 北伐을 겨냥한 군비확장에 반대한 것도 이 때문이었다. 그 대신 적극적인 賑恤策과 함께 지배층의 특권을 견제하기 위한 法制·紀綱의 강화, 賞罰權의 억제를 건의하였다.

다섯째, 능력과 책무의식을 갖춘 관인의 확보는 '安民'에 직결하는 중요 과제였다. 김육은 먼저 贓汚法을 발동하여 수령·邊將을 비롯한 관원들의 무능과 부패·협잡을 척결하자고 주장하였다. 그리고 인재의 육성·발굴을 위해, 새로 鄕薦法을 실시하고 학교의 기능을 활성화하는 방안을 내놓았다. 특히 유교는 물론이고 불교와 佛僧 가운데에도 유능한 인재가 있음을 예로 들면서 혈연·학연이나 黨色, 심지어는 身分에 얽매임이 없이 인재를 찾아야 한다고 생각하였다. 그는 스스로 譯官·常漢을 발탁하여 行錢·屯田 경영의 성과를 거두기도 하였다.

여섯째, 이러한 安民策이 성과를 내고 國用이 충실해지려면 賦稅·徭役 등 對民收取 방식을 새롭게 고치고 물자교역이 뚜렷이 활성화되어야 한다고 생각했다. 대동법을 실시하고 銅錢의 유통규모를 확대하자는 줄기찬 주장이 그것이었다. 김육이 구상하는 安民, 즉 '經國濟民'의 방안은 결국 낡은 제도의 개혁과 유통경제의 육성에 있었다. 이와 관련해서 그는 사실상 새로운 사회세력의 성장을 기다렸던 것으로 보인다. 이에 대해 직접 말하지는 않았지만, 行錢·貿販의 경영은 "士大夫와 의논할 일이 아니라 저잣거리의 사람을 써야 한다"고 한 말에서도 짐작되는 일이다. 특히 그의 넓은 인재평가 기준에서는 유교의 인륜도덕이나 주자학의 가르침에 세련된 식자의 모습보다는 의식과 행동에서 자유롭고 개성 있는 인간상을 그려보게 된다. 새로운 유형의 식자·관인의 등장인 것이다.

이상과 같이 김육이 제기한 몇 가지의 논의와 시책들은 한결같이 '安民'이라는 하나의 명제에 모아지는 셈이다. 그리고 그 가운데는 직접적인 경제문제가 아닌 것들도 있지만 경제활동과 그 주체 사이의 문제를 파악하고 해결하려면 빼놓을 수 없는 것들이었다. 그러므로 이를 김육의 經世論으로 말한다면 다름 아닌 '安民經濟論'이라고 할 수 있을 것이다. '經國濟民'은 물론이고 대동법의 경제논리 또한 일단 '안민경제론'이 되는 것이라 하겠다. 또 이러한 安民經濟와 富國財政의 실현, 즉 김육의 '경국제민'이란 바로 그가 선택하는 '농민적 입장'이었다고 할 수 있을 것이다.

다만 김육의 안민경제론이 농민적 입장에 충실한 것이었다 할지라도 그것은 당연하게도, 양반 지배층이 농민을 통치하는 하나의 방식이라는 한계를 벗어날 수는 없었다. 이는 그가 양반 식자·관인의 입장에서 조선왕조의 지배체제를 공고화하려는 열망으로 내놓은 방략이며 목표였기 때문이다. 그럼에도 불구하고 서로 입장과 지향을 달리 하는 조선 후기 정치·사회 이념의 계보에서 보면, 주자학의 인륜·기강을 철저화하여 농민층의 토지긴박과 지배체제의 안정을 달성하려는 보수세력의 현상유지 논리와 그의 생각과 실천은 분명히 그 출발점을 달리하는 것이었다. 오히려 그것은 토지·부세 제도의 적극적 개혁을 통하여 농민층의 사회·경제적 안정과 부국강병을 실현하려는 實學의 진보적 개혁사상에 훨씬 더 가까운 것이었다.[123] 김육을 가리켜 '經國濟民의 경세가', 또는 '開明的 관료학자'라 일컫는 까닭이 아마 여기에 있을 것이다.

(『民族文化』 24, 2001)

---

123) 조선 후기 정통 주자학과 실학의 서로 다른 정치·사회 이념과 그 의의에 대해서는 주 2의 金容燮, 앞의 글, 1985 및 金駿錫, 앞의 글, 1991 참조.

Ⅳ. 畏齋 李端夏의 時局觀과 社倉論

1. 머리말

17세기는 조선왕조 集權體制의 재편성기였다.

조선사회는 이미 16세기 말부터 동요의 조짐이 보이는 가운데[1] 日本·淸과 벌인 두 차례에 걸친 대전란의 결과 이 현상은 더욱 촉진되었다. 밖으로는 明淸交替로 말미암은 華夷論的인 世界秩序觀의 타격과 이에 대응한 폐쇄정책의 강화, 안으로는 전쟁과정에서 드러난 정부·지배층의 무능력과 권위의 실추, 전후복구와 군비확장에 따르는 財政의 압박, 地主制의 발달, 이에 수반된 無田農民의 증가와 농촌사회 분해, 그리고 지방 吏屬層의 중간수탈과 수취체계의 문란 등 집권체제의 기본 요소들이 변질 와해되어가는 것이었다. 지배층의 儒者·官人들은 이러한 상황을 심각하게 받아들이면서도 舊章(＝祖宗之聖法)尊守라는 名分論과 時宜變通이라는 현실론 사이에서 유예미결하고 있었다. 그러나 현실 자체의 절박한 상황에 밀려서 점차 變通論을 받아들이지 않을 수

---

1) 姜萬吉, 「16世紀史의 변화」, 『分斷時代의 歷史認識』, 창작과비평사, 1978, 216~231쪽.

없었고, 그 과정에서 부분적이나마 改良·改善이 이루어져가게 되었다. 北伐論과 尊華思想의 고취, 貢納制 개편을 위한 大同法의 점진 시행, 軍役制 개편과 관련한 戶布制 논쟁의 전개, 국내 치안유지에 주력한 것이기는 하지만 국방체제와 軍制의 개편 등이 그러한 유였다. 집권층은 '變通'이라는 이름으로 추진된 이 일련의 정책들을 통해서 체제의 결정적인 파탄을 미봉해갈 수가 있었던 셈이다.

그러나 이 정책과정에서 나타난 思惟體系의 경직성, 즉 관념적이고 배타적인 朱子學의 엄밀성은 오히려 지배층의 合意와 結束力을 약화시키고, 대신 미세한 문제를 둘러싼 政爭의 확대를 가져오면서 급기야는 집권층의 자기분열을 촉진하는 요인이 되어갔다. 예컨대 服制문제에 관련한 西人·南人의 날카로운 대결이나 對南人黨 대항태세를 놓고 드러난 老·少의 대립은 그 두드러진 예라고 하겠다. 이러한 17세기의 정치국면은 현실인식의 시야를 축소시키고 문제해결을 지연시켰을 뿐만 아니라, 양반 儒者와 官人 개개인의 자유로운 所信의 피력이나 정치상의 처신을 어렵게 만들어가고 있었다.

畏齋 李端夏[2](1625~1689)는 바로 이 시기에 활동했던 官人이었다. 그는 당시 학계와 정계에 영향력이 컸던 宋時烈(1607~1689 ; 尤庵)과 밀접한 관계를 유지하면서 西人黨 핵심세력에 접근해 있었다. 격렬한 정치상황을 고려한다면 宦路도 순탄한 편이었다. 30여 년의 정치생활에서 정책과정에 참여하는 기회도 많았으므로 여러 가지 政見·政策論도 피력할 수가 있었다. 예컨대 政爭의 격화를 막기 위한 保合論을 폈고, 국가재정·民生의 타개를 위해서는 軍政變通, 즉 減兵 문제와 賑恤救荒策인 積儲·裁省 대책 그리고 社倉設行 문제 등을 거론하였다. 그 가운데 특히 社倉制度는 그 시기 還穀制의 문제점을 해결할 수 있는 최선

---

2) 『畏齋集』 卷5, 德水李氏世稿序, 41~42장 및 卷9, 先府君行狀, 1~2장. 栗谷 李珥는 그의 祖行이다.

책으로 보고 평생을 두고 그 실행에 노력하였다. 이단하는 이러한 정치소신을 세우고 실천하면서 그 依支處로『周易』을 특히 중시하고, 평생의 과업을 易學으로부터 도출하였다. 주자학을 신봉하는 學人·官人들이 특정 경전을 尊信하는 경우는 흔히 있는 일이었고, 같은 儒者이면서도 專心하는 경전의 성격에 따라 그 思惟와 實踐 방식에 차이가 나타날 수 있는 일이었다. 말하자면 이단하는 한 사람의 유자이면서 한편으로는 易學的 思惟의 결과를 실천에 연결하려고 한 개성 있는 官人像을 보여주는 인물이기도 한 것이다. 또 그는 執權勢力 안의 유자·관인이므로 그의 사유와 실천은 체제보수를 위한 改良·改善論의 범주에 속하게 될 것이었다.

이런 점들을 고려할 때 이단하를 통해서 이 시기 집권관인층의 현실인식 視角과 문제해결 방법을 이해할 수 있으리라 생각된다. 이렇게 하면 같은 시기의 집권세력에서 소외된 識者層의 개혁적 방법론이나 그 앞 시기인 16세기에 도달했던 인식수준과는 어떤 차이가 나는지도 알 수 있을 것이다. 한편 17세기의 사회상황 속에서 관인으로서 경험하는 고뇌와 갈등을 하나의 人間像으로 설명할 수도 있을 것이다. 이단하의 사유와 실천을 그 시대와 관련 속에서 살펴보게 되는 이유가 여기에 있다.

2. 정치적 입장과 易學的 時局觀

이단하는 德水李氏로 서울에서 태어난 양반이었다. 스스로도 '名族'의 후예임을 자부하였듯이 그의 5代祖 荇(1478~1534 ; 容齋)과 父 植(1584~1647 ; 澤堂)3)은 각각 좌의정과 이조판서를 거치면서 文學으로

---

3) 澤堂 李植에 대해서는, 그를 17세기의 시대상황에 대응해서 새로운 교육방법론을

도 세상에 이름이 났고, 이단하 자신도 大提學에 부름을 받았던 文翰家
였다.4) 그는 31세에 蔭補로 처음 벼슬에 나갔다. 38세(1662년, 顯宗 3)로
增廣文科 乙科에 급제했을 때는 橫城縣監과 工曹・兵曹의 郎官을 거쳐
刑曹正郎의 자리에 있을 때였다.5) 이처럼 조금 늦게 시작한 정치생활
에서 제1차 南人執權期(1675~1680)에 현직을 물러났던 때 이외에는 거
의 벼슬을 지키면서 左議政까지 오를 수 있었다. 특히 그의 정치활동시
기가 西・南人黨의 대립, 老・少 分黨이라는 정치적 격동기였음을 생각
하면 그의 官途는 순탄한 편이었다. 이는 아마도 그가 어릴 때부터 병
약한 체질 때문에 은인자중하는 가운데 부친의 敎示6)를 준행하는 생활
태도와 儒者的인 신중성을 견지했기 때문이기도 할 것이다.

그의 집안은 경제형편도 中・小 地主 이상의 규모는 되었던 것 같다.
그가 23세 때(1647년, 仁祖 25) 讀書生活을 위한 卜居處로 서울 근교의
農墅를 부친으로부터 물려받았다. 그것은 倚山臨水의 경관이 있고 菽
粟을 심을 수 있는 空曠地와 그 사이사이에 끼어있는 수십 畝의 稻田,
8~9間의 家舍와 別齋, 4~5戶의 藏獲을 부릴 수 있는 규모였다.7) 이는
조선시기 양반사대부들의 전형적인 退去生活의 면모를 보여주는 것이
라고 하겠다. 그의 관직이 높아짐에 따라 그 경제규모도 다소 향상되었
을 것으로 생각하면 벼슬한 뒤에는 이 정도 규모에만 머물러 있지 않았
을 것임은 물론이다. 그가 말년에 "鄙夫를 끌어 모으고 第宅은 한 동리
를 차지하며 가득 실은 수레가 창고에 잇대어 있다"고 탄핵받은 것을

제시한 교육사상가로 이해한 연구가 있다(渡部學, 『近世朝鮮敎育史硏究』, 東京 : 雄
   山閣, 1969, 제11장~13장, 특히 제13장 '澤堂李植의 家訓書「示兒代筆」' 참조).
 4) 『畏齋集』 卷4, 辭大提學疏 참조.
 5) 『睡谷集』 卷13, 先季父左議政府君行狀, 11장(이하 「行狀」으로 줄임).
 6) 이단하가 19세 때(1643년, 仁祖 21)의 일로 이를 摘記해보면, ① 硏經史以開智識, ②
   安義命以祛利欲, ③ 勵志氣以當患難, ④ 薄衣食以處貧賤, ⑤ 務儲衍以備緩急 등의
   5條目이다(『澤堂集』 別集 卷14, 癸未冬至書貽端兒松府之行, 11~12장).
 7) 『畏齋集』 卷5, 道巢新居記, 42~44장. 그는 이 농장생활의 흡족함을, "其何敢復有慕
   於世路之榮顯耶 是山水之居 素性所樂 而今適得其地 而遂其願矣"라고 적고 있다.

보면8) 그 또한 이 시기 집권층에서 흔히 있는 土地集積의 혐의를 면치 못했던 것 같다.

이단하는 山林의 영수 송시열, 宮禁勢力인 閔鼎重(1628~1692 ; 老峯) 형제, 金尙憲의 손자이며 官僚派의 중심인물이었던 金壽恒 등 당시 西人 執權勢力에 밀접함으로써 자신의 정치영역을 확보하고 펴나갈 수 있었다. 특히 송시열과의 관계는 평생을 두고 지속된 긴밀한 것이었다. 처음부터 師承關係로 시작된 것인지는 분명하지 않으나 이단하 스스로가 먼저 교류를 모색했음은 확실한 것 같다.9) 그러나 그가 學理의 탐구와 토론을 통해서 尤庵과 친밀했는지는 의문이다.

여기에서 잠시 그의 학문경향을 일별해볼 필요가 있겠다. 後年에 子孫들에게 주는 충고 가운데, 退溪(李滉, 1501~1570)를 尊信하고 있음10)과 자기 부친의 학문이 性理學에 바탕을 두고 있음을 강조하고 있다.11) 이렇게 성리학과 퇴계를 내세우고 있으나, 자신이 일생동안 공부하지 않은 것이 아닌데도 지금까지 얻은 것이 없음은 공부의 방법이 잘못되었기 때문이라고 술회하고 있다. 또 자신이 퇴계나 慕齋(金安國, 1478~1543)를 숭상하는 이유에 대해서는, "妄談世事 加激禍端"하지 않도록 하라는 부친의 훈계를 지키기 위해서라고 하였다.12) 이렇게 보면 이단하의 성리학에 대한 관심은 言行과 出處에 지표가 되는 것, 즉 敎訓·

---

8) 『肅宗實錄』卷20, 肅宗 15년 2월 戊申, 39冊, 158上.

9) 「行狀」에 따르면, 34세 때(1658년, 孝宗 9) 모친의 장례문제를 尤庵에게 문의한 것이 첫 접촉이었던 것 같고, 39세 때는 黃山에 있는 尤庵을 자주 만나기 위해서 龍安縣監을 자청해서 나가기도 했다(「行狀」, 13·15장). 그는 여기에서 부친 植의 文集, 즉 『澤堂集』간행의 일을 모두 尤庵과 상의했다고 한다. 『澤堂集』別集 18卷의 편집도 尤庵의 손을 거쳤고 文集의 序文과 澤堂의 謚狀(48쪽의 長文)도 尤庵이 쓴 것이었다(『畏齋集』卷6, 上尤齋(丁巳, 1677), 15장 ; 渡部學, 앞의 책, 1969, 410~411쪽).

10) "退溪 東方之夫子也"(『畏齋集』卷6, 示蕃兒, 4장)라든가, "近來 吾之所望 師退溪而已"(『畏齋集』卷6, 示畲姪)이라고 하였다.

11) 『畏齋集』卷6, 示蕃兒, 5장, "唯我先君 則雖不以道學自名 然其爲學根基自立身心者 則亦出於此而已."

12) 『畏齋集』卷6, 上尤齋(乙卯, 1675), 12장.

準則을 구하는 이상의 것이 아님을 알 수 있다.

그가 우암과 주고받은 書信에서 개인적인 身上문제부터 정치문제에 이르기까지 피력한 내용이 자별한 인상을 주지만 성리학의 學理나 學說을 두고 언급한 내용은 거의 보이지 않는다. 그의 저술·기록도 알려진 한에서는 성리학에 관한 것은 없다.[13] 반면에 性理說 이외의 것에 대해서는 상당히 자유롭고 적극적인 태도를 가졌던 것 같다. 20대 초의 心病 중에는 日用之間에 마음을 쓸 수가 없어서 詩를 지을 수밖에 없었는데, 이는 대개 "法先府君 嬰疾時所爲"[14]한 것이라고 했다. 또 博觀群書해서 外家老佛 등의 說에 이르기까지 究會하지 않은 것이 없다고도 하였다.[15] 그의 文集에는 물론 老佛에 관한 언급이 모두 배제되어 있지만 이와 같은 그의 경향을 성리학으로부터의 外道라고 할 수는 없다. 그 역시 분명한 性理論者였던 것이다. 다만 이 시기 일반 儒者들이 四書 중심의 理學에 치중하고 있음에 대해서 이단하는 易學에 몰두하는 경향이 특징이었을 뿐인 것이다. 後述하겠지만 그는 易學을 통해서 그 一身의 거취와 사회·정치 상황을 인식하려고 한 易理論者였다. 이 점에서 이단하는 程朱 중심의 理學에 몰두해있는 송시열과 學的인 대화가 긴밀했다고 보기 어려운 것이다. 송시열의 門人으로 알려져 있는 이단하이지만[16] 두 사람의 관계는 정치적인 이유에서 더욱 깊어졌던 것이라고 봐야할 것이다.

이단하는 제2차 禮訟이 일어난 미묘한 상황에서 顯宗의 行狀을 짓도록 지명되었다.[17] 그 製進된 행장을 몇 번이나 고쳐 썼지만 誤禮의 책임을 모호하게 해서 송시열을 비호했다는 이유로 국왕 肅宗으로부터

---

13) 그는 文集 이외에 부친 李植의 遺命으로 『北關誌』를 편집했고, 또한 부친의 「宣祖誣史」를 재정리해서 『宣廟寶鑑』을 만들었다.

14) 「行狀」, 5장~6장.

15) 위와 같음.

16) 尹榮善, 『朝鮮儒賢淵源圖』 卷上, 刊寫者·刊寫年 未詳 참조.

17) 『肅宗實錄』 卷1, 肅宗 즉위년 9월 戊寅, 38冊, 209下.

엄한 꾸지람을 받았고 마침내는 罷職에 이어 削職까지 당하는 상황에
이르게 되었다.18) 이때 西人들로서는 송시열을 변호하지 않을 수 없었
고, 또 결국은 西人勢力의 태반이 罷職·流配 처분을 당하게 되었다. 그
러나 行狀문제에서 이단하는 혼자서 난처한 지경을 겪었음에도 송시열
을 끝까지 비호하고 있었다. 연이어 올라온 諫院의 송시열 彈劾疏에는
그도 또한 상소로써 맞서서 송시열을 옹호하였다. 이러한 이단하의 태
도는 국왕 숙종을 노하게 만들었던 것이다. 국왕은, "徒知有師表 不知
有君命"하는 해괴한 일이라고 하여 그의 罷職不敍를 명했던 것이다.19)
이단하로서는 송시열에 대한 門人의 도리를 지키는 의미가 있었다 할
지라도, 유교의 윤리규범에서는 분명히 '師生之分'이라는 私的 관계가
'君臣之義'로 표현되는 臣의 公的인 '忠'의 태도에 선행할 수는 없는 일
이었다. 이러한 정경은 실로 양반집권 국가에서 臣權의 방만함과 王權
의 상대적 미약성을 단적으로 보여주는 예라고 하겠다.20)

　그 뒤 老·少 分黨의 즈음에도 이단하는 김수항·민정중 등과 함께
老論의 편, 즉 송시열을 두둔하였다. 老·少 사이의 분쟁은 西人의 領袖
송시열에게 尹宣擧(1610~1669 ; 美村·魯西)·李惟泰(1607~1684 ; 草
廬) 등 同門受學한 동지들과 멀어지고 尹拯(1629~1714 ; 明齋)·朴世采

---

18)『肅宗實錄』卷1, 肅宗 즉위년 11월 庚申, 38冊, 217下.
　　『肅宗實錄』卷1, 肅宗 즉위년 12월 己丑, 38冊, 223上·下.
　　姜周鎭,『李朝黨爭史硏究』, 서울대학교 출판부, 1971, 308~309쪽.
19)『肅宗實錄』卷1, 肅宗 즉위년 12월 丁未, 38冊, 225下~226上.
　　이때 올린 상소에는, 송시열의 이름과 '誤禮'라는 글자를 王命에 의해서 써넣게 된
　　일은 師生之分을 그르치게 된 것이라고 自劾하는 내용도 들어있었는데, 이는 바꾸어
　　말하면 王命 때문에 師生之分을 못 지켰다는 의미가 되므로, 곧 王에게 혐의를 두는
　　것이 되고 만다. 이래서 숙종이 크게 노했던 것이다(『肅宗實錄』卷3, 肅宗 원년 4월
　　丁酉, 38冊, 262上 참조).
20) 그러나 이 문제에 관련해서 이단하에게 비판적인 논평은, "亡其師生之分 …… 人皆
　　嗤笑"(『肅宗實錄補闕正誤』卷1, 肅宗 즉위년 12월 丁未, 38冊, 230上)이라든가, "當事
　　不能守己 見大失人望"(『肅宗實錄』卷3, 肅宗 원년 4월 丁酉, 38冊, 262上)했다든가,
　　"失其所守"(『肅宗實錄補闕正誤』卷10, 肅宗 6년 11월 甲戌, 38冊, 508上)라는 등으로
　　내려지고 있었다.

(1631~1695 ; 玄石·南溪)·南九萬(1629~1711 ; 藥泉) 같은 少莊氣銳한 지지세력의 상실을 의미하는 것이었다.[21] 이른바 '懷尼是非'로 불리는 사태는 송시열·尹鑴·윤선거·윤증 등이 學淵·師承·婚姻 관계 등 서로 이중 삼중의 긴밀한 처지였음에도 일어난 시비였기 때문에 그만큼 심각성도 컸다. 더구나 내면적 개인적인 알력이 일단 표면화되자 儒林界와 政界 전체가 이 시비에 말려들게 되고, 이에 서로 黨을 나누어 상대를 비난 공격하는 양상으로 전개되었다. 이는 오랫동안 양성되어온 주자학에 대한 學理上의 견해차이, 南人과 대립해온 西人 내부의 정치적 입장의 차이, 사회·경제적 이해관계가 최소한의 균형마저 잃어가고 있다는 의미도 되는 것이었다.

윤선거의 門人들이 그들의 스승을 변호하기 위해 連名上疏를 올렸을 때 이단하는 이를 받아들여서는 안 된다고 주장했다. 그 疏를 청납하는 것은 訟者를 모아들이는 것이 되고 결국은 老·少 사이에 保合이 불가능해진다는 이유에서였다.[22] 그는 송시열과 윤증의 不和關係 자체에서도 일방적으로 송시열의 편에 섰다. 즉 是非黑白을 논하자면 明齋(윤증)가 제자로서 스승인 우암을 비난한 것은 私意에서 나온 것이니 그 잘못을 시인해야 할 것임에도, 世論이 양편을 조정하고자 모두 같고 모두 옳다고 한다면 이는 시비를 가리는 이치가 아니며 해결책도 못 된다는 것이었다.[23] 그는 여기에서도 '師生之分'을 최우선 시비기준으로 주장하는 것이다. 老·少 保合의 필요성을 인정하면서도 老論의 입장에선 保合論이었던 것이다.

이보다 앞서 金錫胄(1634~1684 ; 息庵)와 金益勳(1619~1689 ; 光南) 등 宮禁勢力이 譏察制度를 이용해서 庚申黜陟 이후 재차 다수의 南人

---

21) 老·少 分黨에 대해서는 姜周鎭, 앞의 책, 1971, 제5편 '宗親除去와 戚臣政治의 成立' 및 제6편 '老論 南人 및 少論黨의 成立' ; 李銀順, 「懷尼是非의 論点과 名分論」, 『韓國史研究』 48, 1985 참조.
22) 『肅宗實錄』 卷18, 肅宗 13년 3월 辛卯, 39冊, 94下.
23) 『畏齋集』 卷7, 與某人別紙, 6~9장.

과 宗親을 제거해버린, 이른바 '辛酉·壬戌告變'(1681~1682년, 肅宗 7~ 8)24)이 일어났고, 宮禁派는 사후처리와 인심의 撫摩을 위해서 송시열의 재등장을 적극 추진했었다. 이에 송시열은 김익훈을 先師의 孫이라는 이유로 변호했던 것이고(송시열의 스승 金長生은 곧 김익훈의 祖父였 다), 趙持謙 등 少莊層은 김익훈의 처벌을 요구하면서 송시열의 퇴진을 거론하는 사람들이 수십 인에 이르게 되었다.25) 이단하는 이때 송시열 이 스승의 손자를 옹호한 것은 인정상 잘못이 없으며 譏察制度 존재 자 체에도 문제점이 있는 것이므로 김익훈만 탓할 수는 없다는 논리를 펴 면서 소장층의 주장은 일을 그르치는 '峻激之論'이라고 비난하였다.26) 이 또한 '師生之分'에 바탕을 두고 송시열의 정당성을 설명하고 있는 것 이다. 그는 실로 김석주를 중심으로 한 宮禁派의 가혹한 南人탄압에는 침묵을 지키다가 그 음모의 주모자를 처벌하자는 논의에 대해서는 '調 和時世之道'를 내세워서 관용을 주장한 것이다. 이는 이단하가 제시하 는 老論, 특히 송시열 중심의 保合論의 한계를 잘 보여주는 것이라 하 겠다.

이상에서 살핀 바, 이단하는 정치적으로 송시열과 보조를 함께 하는 과정에서 자연히 김수항·민정중 등과도 서로 밀접한 지원·협력 관계 를 유지해가게 되었다. 뒤에서 살필 바와 같이 이단하가 救荒策과 社倉 論을 제안했을 때 측면지원 해준 이가 그들이었고, 이단하로 하여금 賑 恤문제에만 전념할 수 있도록 주선했던 이도 그들이었다.27) 이처럼 宮 僚派·宮禁派의 두 실력자가 이단하를 구원해주었음은 곧 그들이 송시

---

24) 사건의 개요에 대해서는 姜周鎭, 앞의 책, 1971, 제5편 제5장 '第3次 宗親除去事件 (辛酉·壬戌告變)과 陰謀政治' 참조.

25) 『畏齋集』 卷4, 辭兼職仍陳所懷疏, 11~23장.

26) 위와 같음.

27) 『肅宗實錄』 卷13上, 肅宗 8년 8월 戊寅, 38冊, 595上.
『肅宗實錄』 卷14上, 肅宗 9년 정월 乙巳, 38冊, 618下.
『肅宗實錄』 卷14上, 肅宗 9년 3월 戊戌, 38冊, 630上.
『肅宗實錄』 卷16, 肅宗 11년 7월 己卯, 39冊, 40上.

열을 비롯한 山林勢力을 이용해 지지기반을 강화하는 의미도 있는 것
이었다. 17세기의 山林이야말로 鄕村社會의 광범한 學人·儒者層을 배
후세력으로 하여 중앙정치에 진출했던 敎權的 정치세력이었다. 국왕이
나 文科 출신의 직업관료들은 이러한 山林과 손잡고 이를 외곽방파제
로 활용함으로써 자신들의 정치적 입장을 지탱할 수 있었다. 송시열은
말하자면 이 山林의 거두로서 정계에 영향력을 행사하고 있었던 대표
적인 인물이었다.28) 이단하가 정치권 안에 자기 위치를 보전하면서 정
치견해를 제기할 수 있었던 것은 이러한 분위기에 적절히 대응할 수 있
었기 때문이라고 하겠다.

  이단하는『周易』을 존신하였다. 그는 송시열에게 보낸 편지에서, 易
筮는 옛 聖人이 開物成務한 지극한 가르침인데도 世人들이 術數로 잘
못 알고 있다고 하면서, 자기 부친이 易筮로 立心했음을 알고29) 자신도
젊은 시절 병을 얻어 萬藥千方이 듣지 않았을 때 이 易筮로 '歸宿之地'
를 얻었다고 하였다.30) 이어서『周易』註의 "否而畏則泰 泰而驕則否"
에 따라 '畏'字로써 齋號를 하면 어떻겠느냐고, 송시열에게 誨示를 청하
기도 하였다.31) '泰'의 卦象은 하늘[天]과 땅[地]이 화합하는 형상이므로
이러한 天地相交의 의미는 곧 인간에게도 上下相交에 따른 和合과 泰
平을 상징하는 것이라고 하겠다. 또 '否'는 泰와 상반되는 의미의 卦象
이므로 否를 경계한다는 의도에서 자신의 號를 '畏齋'라고 한 것이다.32)

---

28) 李佑成,「韓國儒敎의 名分主義와 그 政治的 機能에 관한 一考察」,『東洋學學術會
    議論文集』, 성균관대학교 대동문화연구원, 1975 ; 禹仁秀,「17世紀 山林의 進出과 機
    能」,『歷史敎育論集』5, 1983.
29) 李植은 일찍이 大過卦를 얻자 이는 神明이 告해준 것으로 보고 '澤風大過'의 '澤'을
    따서 自號했다고 한다(「行狀」, 2·15장).
30)『畏齋集』卷6, 上尤齋(庚戌, 1670), 10장 ;「行狀」, 16장.
31) 그는 매해 初에 1년의 吉凶을 점치되 마음에 부합 안 된 일이 없으며, 병으로 科擧
    를 포기하려고 했다가 占卦에 따라 생각을 바꾸어 응시하게 되었다고 했다(「行狀」
    16~17장. 여기에서 얻은 것이 '地天泰卦'였다).
32)『易經集註』卷1, 上經, 泰卦 및 否卦의 해설 참조.
   『宋子大全』卷141, 畏齋記, 33~34장.

그는 제2차 禮訟(甲寅禮訟, 1674년, 顯宗 15)으로 정권이 西人으로부터 南人黨으로 넘어가는 즈음에도 송시열과 편지 문답에서 그 상황을 '泰轉爲否'하는 易象으로 해석하고 이러한 기미에 '心常自戒'해야 할 것으로 생각하는 등 易筮의 결과에 따라 거취를 정한다는 태도였다.33)

이단하는 이처럼 易의 泰卦를 자신의 나약한 체질을 지탱해주는 心的 支柱로 삼고 있었지만, 여기에서 한 걸음 더 나아가 정치·사회 현상을 설명하고 이를 타개하는 논리로도 이 泰卦를 원용하고 있는 것이다. 그는 현종에게 올린 時事所懷를 피력한 상소에서, 丙子亂 이후 30여 년이 지난 현재 兵革이 없이 四境粗安하지만 이는 '否中之小泰'이므로 이때를 당해서 모름지기 '治泰四者之道'34)를 써야만 泰平을 유지해서 危亡之禍를 면할 수 있을 것이라고 하였다.35)

그는 이 治泰之道를 써야 할 필요성을 특히 두 가지 측면에서 절실히 느끼고 있었다. 하나는 '時弊'로 표현되는 바, 民生·財政上의 여러 가지 모순을 해소하는 일이고, 다른 하나는 정치계의 파행적 상황, 즉 黨爭을 극복하는 일이었다. "지금 百弊가 함께 일어나고 群生이 困悴해서 나라의 운세가 망하는 지경에 이르렀으니 임금은 易의 反復治道의 원리를 받아들여서 變通에 임해야 한다"고 주장한 것은 전자를 겨냥해서 한 말이었다.36) 또 東·西 分黨 이래 君子와 小人이 서로 뒤얽혀서 판별할 수 없게 된 것은 天地氣數의 變한 이치이므로, 이 또한 '九二之才', 즉 四者之道를 실행할 수 있는 자라야 是非를 가려 바로잡을 수 있음을37) 지적한 것은 후자를 의도함이었다. 그런데 그가 '九二之才'의 능력

---

33) 『畏齋集』 卷6, 上尤齋(乙卯, 1675) 12~13장.
34) '四者之道'란 泰卦의 九二, 즉 第2爻의 爻辭로서, 汚濁을 포용하는 도량[包荒], 大河를 徒涉하는 용기[用馮河], 疏遠을 버리지 않는 박애[不遐遺], 朋黨을 막아버리는 公正[朋亡]의 네 가지를 말하는 것으로서, 이는 泰平과 和合을 위한 임금의 태도로 요구되는 것이다(『易經集註』 卷1, 上經, 泰卦 참조).
35) 『畏齋集』 卷3, 辭副敎理兼陳所懷疏(1667년?), 13장.
36) 『畏齋集』 卷3, 辭副敎理兼陳所懷疏(1667년?), 14장.
37) 『畏齋集』 卷3, 辭副敎理兼陳所懷疏(1667년?), 15장.

도 없이 調和만을 추구하게 되면 사태를 더욱 악화시킬 것이라고 하면서 당쟁문제에 신중론을 펴는 점에 주의해둘 필요가 있다.

앞서도 본 것처럼, 이단하 자신은 시종일관 송시열과 같은 입장을 견지해서 그를 지지했었다. 송시열의 誤禮를 맹렬히 공격했던 尹善道(1587~1671 ; 孤山)의 解配를 반대하고[38] 柳世哲 등 嶺南儒林의 송시열 排斥疏에 반박 箚子를 올려서 南人 공격에 적극성을 보였던 것도 그 일환이었다.[39] 老·少의 대립현상에 대해서는, 趙持謙·吳道一(1645~1703 ; 西坡)·朴泰維(1648~1696 ; 白石) 등 少論의 주장을 사리에 어긋난 年少輩의 激論으로 규정해버리고, 자기 부친 植이 諫長시절에 保合했던 실례를 제시하면서, 그들 年少輩를 물리쳤더라도 곧 조정에 다시 불러 쓰이게 하면 朋黨之名이 自省하여 和平之象이 일어날 것이라고 時世調和의 전망을 낙관하기도 하였다.[40] 이는 마치 慈父가 少子를 깨우치게 하되 심히 책망함이 없이 성취하는 이치와 같은 것으로, 이것이 곧 泰卦 九二爻의 '朋亡之道'라고 보는 것이다. 다시 말해서 그는 老論의 정당성을 전제로 하고, 老論의 관용과 少論의 自省을 통해서 保合할 것을 기대한 것이었다.[41] 그는 결코 少論을 대등한 상대로 인정하고 그 주장을 수용하는 선상에서 保合을 생각할 수는 없었다. 이는 송시열을

---

38) 『顯宗實錄』 卷13, 顯宗 8년 4월 辛卯, 36冊, 552上~下.
   이때는 현종도 尹善道가 늙어서 곧 죽게 된 나이라고 放釋을 호소했었고 西人들도 대부분 尹善道에 동정하는 태도였다고 한다(姜周鎭, 앞의 책, 1971, 212~213쪽).
39) 『顯宗實錄』 卷12, 顯宗 7년 3월 乙巳, 36冊, 512下.
   姜周鎭, 앞의 책, 1971, 209쪽.
40) 『肅宗實錄』 卷14下, 肅宗 9년 8월 癸卯, 38冊, 661上~下.
   『畏齋集』 卷4, 辭兼職仍陳所懷疏(甲子, 1684), 14~21장.
41) 그의 이러한 태도는 당시 老論 측으로부터는 "頗覺意思寬平 …… 立朝三十年 位至三事 而操履如寒士 言行以誠爲主"라든가, 또 송시열로부터도 "季周(이단하의 字)亦心人也"라는 찬사를 듣기도 했지만(『肅宗實錄』 卷20, 肅宗 15년 3월 丁酉, 39冊, 164下), 少論으로부터는 惻夫로서 沈義謙의 일을 빙자해서 士論을 배척하고 名節을 팔아서 時輩에 결붙어 가지고 宋時烈 門下에 自贖했다든가(『肅宗實錄補闕正誤』 卷14下, 肅宗 9년 8월 庚子, 38冊, 673上), "但事宋時烈甚謹 故金壽恒牽連黨私"(『肅宗實錄補闕正誤』 卷10, 肅宗 6년 11월 甲戌, 38冊, 508上)라는 비난을 받았던 것이다.

포함한 老論 일반의 생각이라고 봐야 할 것이고, 여기에 保合論의 허상이 있다고 하겠다.

　朋亡之道, 즉 朋黨을 막는 公正한 길은 조정의 和合만으로 만족될 것이 아니고, 궁극에는 産業과 民生의 안정에까지 관철되어야 할 것으로 생각하였다. 즉 조정의 合意는 자연조건(＝농업조건)이 순조로워지고 따라서 民生·民産이 성취되기 위한 전제조건이라는 것이다.42) 또 이러한 조건 조성의 계기는 무엇보다도 君主의 率先垂範43)과 大振作·大變通의 결정에서 구해지는 것이라고 보았다.44) 정치의 책임을 일단 군주에게 돌리고 그 타개책도 군주의 결단 여하에 달려있다는 논리인 것이다. 이로써 진정한 '治泰四者之道'가 실현될 수 있는 것이었다. 그리고 이와 같은 논리는 儒者·官人層 일반이 내세우게 마련인 天人相關說의 認識論理에서 비롯한 것이었다. 다만 이단하가 이것을 특히 易學的 思惟方式에 연결하고 있음이 주목되는 점이라고 하겠다.

　그의 易에 대한 신뢰가 이토록 철저한 것이었기 때문에 기회가 되는 대로 易論을 들고 나왔고,45) 국왕에게 올리는 進言 가운데서도 易에 관심 갖도록 촉구하기를 잊지 않았다.46) 숙종 연간의 經筵에서 『周易』이

---

42) "조정이 和合해야 四方이 和하고 四方이 和한 뒤에 天地의 氣가 和하고 이에 비와 바람이 순조로워서 풍년이 들고 民生이 성취되는 것이다. 최근 십수 년의 水旱風霜의 재앙과 凶荒饑饉은 실로 조정의 불화에서 말미암은 것이다"[『畏齋集』 卷5, 辭右議政疏(丙寅, 1686), 2장].

43) "限田産則妨於近戚 禁奢侈則害於貴家"[『畏齋集』 卷4, 辭兼職仍陳所懷疏(甲子, 1684), 23장]하는 것이므로 임금이 먼저 이를 경계한 뒤에 신하를 책망할 수 있기 때문이라는 것이다.

44) "최근 십수 년 동안 旱災가 잇따르고 백성이 도탄에 빠지게 된 것은 中外의 積弊로 庶民의 毒痛怨恨이 하늘에 사무쳐서 그런 것인데도 政務는 번거롭고 實効가 없는 상태이니 현명한 임금은 이런 때 大振作·大變通할 것을 마음에 정해야 한다"[『畏齋集』 卷4, 玉堂箚(甲寅, 1674), 7~10장].

45) 그에 대한 당시의 논평도, "恒言必稱泰卦 人或笑之"(『肅宗實錄』 卷10, 肅宗 6년 8월 庚午, 38冊, 472下)라든가, "李端夏狂易 一世所共知"(『肅宗實錄』 卷20, 肅宗 15년 2월 戊申, 39冊, 158上)라거나, 또는 "破朋黨 則每說泰卦"(『肅宗實錄』 卷20, 肅宗 15년 3월 丁酉, 39冊, 164下) 등과 같이 易에 미친 사람으로 돌렸던 것이다.

46) 특히 숙종에게는, 人君의 '體天行道'에는 易의 이치를 따르는 것이 좋다고 권했다

進講되었음도 결코 우연한 일만은 아니었던 것이다.[47] 조선시기의 儒者 學人들이 私的으로는 易筮를 즐기는 것이 항용 있는 일이었으나, 실로 이단하와 같은 경우는 흔하지 않은 일이었다.

　어떻든 이단하는 17세기 조선 후기 사회체제의 동요현상으로 나타나는 黨爭과 收取體系의 문란, 이에 따르는 농민층의 몰락을 易學의 논리로 분석하고 그 해결방안을 保合論과 變通論으로 제시함으로써, 조선왕조 본래의 양반집권 관료제를 회복해가되 그것을 보수세력인 老論黨이 주체가 되어 추진해가야 할 것으로 생각한 것이다.

3. 賑荒對策과 社倉設行論

　17세기에는 동요하는 社會·經濟 態勢에 대응해서 여러 가지 변통론이 제기되고 있었다. 이단하 또한 保合論的인 時局觀과 같은 맥락에서 變通論을 주장했다. 그것은 易의 泰卦에 바탕을 둔 것으로, 社倉設行論으로 귀결되는 것이었다. 송시열에게 보낸 편지에서, 泰道의 실현을 위해서는 孟子가 齊 梁王에게 仁政과 民産으로써 유세했던 자세로 '財成輔相之義'를 밀고 나가야 한다면서 자신은 그런 이유로 社倉의 설치를 추진하는 것이라고 하였다.[48] 일찍이 그는 田里生活에서 몸소 社倉을 세워서 운영해볼 만큼 社倉에 관심이 높았고,[49] 조정에 나가서는 기회가 닿는 대로 社倉制度의 시행을 주장했었다. 그가 이토록 社倉에 주목

（『肅宗實錄』 卷11, 肅宗 7년 5월 甲寅, 38冊, 527上).

47) 숙종은 講易의 次第를 하문하게 되고(『肅宗實錄』 卷16, 肅宗 11년 5월 壬申, 39冊, 33上), 이단하의 건의에 따라 李珥의 『懸吐易傳』을 進講하게 되었다(『肅宗實錄』 卷16, 肅宗 11년 6월 戊戌, 39冊, 35上 및 6월 庚子, 39冊, 35下).

48) 『畏齋集』 卷6, 上尤齋(庚戌, 1670), 10장.

49) 42세 때(1666년, 顯宗 7) 副敎理의 벼슬을 버리고 田里(아마 砥平의 道巢里인 듯)로 돌아가 洞里士民과 함께 "聚穀設倉斂散"하되 朱子의 崇安社倉과 같은 방식으로 운영했다는 것이다(「行狀」, 22장).

했던 이유는 그것이 고갈된 국가재정을 회복하고 거듭된 자연재해로부터 농민의 재생산기반을 보장할 수 있는 가장 적합한 제도라고 보았기 때문이었다. 말하자면 社倉을 設行하면 민간에 節用·儲積이 이루어져서 救荒대책이 원활해질 것이고, 이로써 安民·固國하는 治泰之道가 실현될 것이라는 생각이었다.50)

그러나 그가 처음부터 정책론으로 社倉문제만을 거론했던 것은 아니었다. 당시의 당면과제 가운데 하나는 연이은 자연재해에 따르는 賑恤·救荒 문제였다. 그 또한 여기에 부심하는 가운데 여러 가지 방안을 제시하게 되었고, 社倉制에 대한 확신은 그 과정에서 얻어진 것이었다.

17세기 이후로는 水田의 移秧法이 보급되면서 생산력의 급속한 발전을 이룩하기도 했지만, 한편으로는 旱災로 말미암은 농업상의 타격도 상대적으로 컸다. 또 인구의 자연증가에 따라서 凶荒으로 말미암은 飢饉과 疫病의 만연이 그 앞 시기보다도 훨씬 심각한 양상을 나타내었다. 여기에 정부의 재정형편은 호전될 가망이 없는 상태여서 별다른 대비책이 없는 한 舊來的인 賑恤對策만으로는 農民救荒에 차질이 생길 수밖에 없었다. 특히 顯宗代의 庚戌(1670)·辛亥(1671)年의 旱災와 饑饉으로 인한 인명손실은 미증유의 것이었고,51) 이에 버금할 만한 水·旱災와 기근 현상은 肅宗代까지도 거의 매년 닥쳐오는 연중행사와 같은 형편이 되었다.52) 이단하는 바로 이러한 시기에 즈음해서 여러 가지 賑恤·救荒 方案을 거듭 건의하고 있었다. 예컨대 松葉服食救荒方을 마

---

50) 『肅宗實錄』 卷11, 肅宗 7년 4월 丙戌, 38冊, 524上.
　　『肅宗實錄』 卷11, 肅宗 7년 5월 甲寅, 38冊, 527上.
　　『畏齋集』 卷4, 辭兼職仍陳所懷疏(癸亥, 1683), 24장.
　　『畏齋集』 卷6, 答李景略(甲子, 1684), 33장.
　　「行狀」, 43장.
51) 李浣은 이 기근을 100년 이내에 들어보지 못한 것이라고 했다(『顯宗改修實錄』 卷24, 顯宗 12년 6월 庚寅, 38冊, 67上).
　　송시열은 "民人死者 十而六七"이라고 했다(『宋子大全』 卷142, 淸州靑川社倉記, 21장).
　　朴榮圭, 「朝鮮朝 顯宗庚辛年間의 饑饉에 對하여」, 『鄕土서울』 19, 1963 참조.
52) 「行狀」, 60장.

련해서 직접 飢民구제에 나선다든지,[53] 御供·國用을 포함한 百司公用을 節減하고 祿俸·廩料를 減下함으로써 이를 賑資에 보태도록 한다든지,[54] 또는 軍政의 變通, 즉 軍額 감축을 통해서 國儲를 늘리고 民間에는 殖穀의 방법을 권장해서 기근에 대비할 것을 제안하기도 하였다.[55] 이것들은 물론 그가 국가정책론의 차원에서 거론하고 있는 것이지만, 그 개인으로서는 자신이 부친에게서 받은 '5條訓' 가운데 그 마지막 條인 儲衍之訓, 즉 '濟民恤族'을 이행한다는 의미도 있었다.[56] 그런 만큼 이단하의 賑恤문제에 대한 관심은 컸고, 30여 년 동안의 仕宦을 통해서 그의 주관심사는 실로 여기에 집중되어 있었다.

기근대비책은 먼저 儲積을 늘리는 길뿐이었는데, 그는 정부 입장의 國儲와 민간차원의 私儲를 병행 추진해야 할 것으로 보았고, 國儲의 경우 우선 實效를 거둘 수 있는 것은 軍兵의 감축이라고 생각하였다. 당시 국가의 1년 稅入은 대략 12萬 石[57]이었고 이 가운데 8萬 石이 養兵

---

53) 『顯宗改修實錄』 卷24, 顯宗 12년 6월 丙戌, 38冊, 66下.
　　『顯宗改修實錄』 卷24, 顯宗 12년 6월 壬寅, 38冊, 69下.
　　『肅宗實錄』 卷11, 肅宗 7년 5월 甲寅, 38冊, 527上.
　　『畏齋集』 卷6, 上尤齋(戊午, 1678), 16장.
　　『增補文獻備考』 卷169, 市糴考 7, 24~25장.
　　肅宗 10년(1684) 이후의 松葉服食方에 대해서는 주 118 참조.
54) 『肅宗實錄』 卷12, 肅宗 7년 9월 甲寅, 38冊, 549下.
　　『肅宗實錄』 卷12, 肅宗 7년 9월 庚午, 38冊, 551上.
　　『肅宗實錄』 卷13下, 肅宗 8년 11월 壬戌, 38冊, 611上.
　　『肅宗實錄』 卷13下, 肅宗 8년 12월 丁丑, 38冊, 615上.
　　『肅宗實錄』 卷17, 肅宗 12년 11월 己酉, 39冊, 82下.
　　이의 효율을 위해 「裁省節目」을 마련하기도 했고, 또 그 주장이 어느 정도 실현을 보기도 하였다.
　　『肅宗實錄』 卷12, 肅宗 7년 9월 乙卯, 38冊, 549下.
　　『肅宗實錄』 卷16, 肅宗 11년 2월 乙卯, 39冊, 29下.
55) 『顯宗實錄』 卷19, 顯宗 12년 6월 丙戌, 36冊, 698下.
　　『顯宗改修實錄』 卷24, 顯宗 12년 6월 丙戌, 38冊, 66下.
　　『顯宗改修實錄』 卷24, 顯宗 12년 6월 庚寅, 38冊, 67上.
56) 『畏齋集』 卷6, 上仲氏, 1장.
　　주 6 참조.
57) 辛亥年의 稅入은 11萬 石零, 壬子年(1672, 顯宗 13)은 7萬 石零이었는데, 이는 庚

에 소용되는 실정이었으므로58) 蠲役·賑民의 대책을 위한 財源은 난감
한 것이었다. 이에 軍額을 감축하되 訓鍊都監兵 2천 명과 御營軍 1천
명만 남겨두어 비상시에 대비하게 하고 나머지 軍門은 모두 革罷해서
冗費를 줄이자는 것이 이단하의 주장이었다.59) 이러한 減軍(＝節用)의
논리와 주장은 비단 이단하만의 생각은 아니었다.60) 이 시기는 孝宗代
의 '北伐計劃'과 관련하여 邊方·都城 備禦를 위한 방비시설 강화와 함
께 軍額은 대폭 증가하고 이것이 五軍營體制로 확립되어가는 과정에
있었다. 軍費문제는 당연히 국가재정문제와 결부되지 않을 수 없었고,
또 西·南人 사이의 政爭과 관련해서는 軍營創設의 주도권 장악을 둘
러싸고 심각한 대립을 일으키는 상황이기도 하였다.61) 그러므로 이단하
가 생각하는 '減兵→節用→賑資 확보'라는 소박한 견해가 호응을 얻
기는 어려운 일이었다.

　訓鍊別隊의 창설경위는 그 좋은 예였다. 당시 訓鍊都監의 운영부담
이 과중하다는 논의가 제기되는 가운데 이단하는 이를 철폐하고 대신
御營廳 규모의 新軍을 창설하자고 제안한 적이 있었다. 給料를 지급해
야 하는 職業軍部隊를 폐지하고 番上兵을 주축으로 한 새 軍營을 만듦
으로써 재정지출을 줄이자는 생각이었다. 이를 적극 추진하고 나선 사
람이 송시열이었는데, 顯宗은 新軍創設에는 찬성하지만 都監의 폐지에
는 반대하는 태도였고, 李浣(1602~1674 ; 梅竹軒)도 폐지안에 반대하였

　　戊·辛亥의 旱災로 말미암은 稅入缺縮 현상이고, 평년에는 12萬 石 정도였던 것 같
　　다. 1年의 정부 用度는 최소 14萬 石이었다고 하니 이 시기 稅入의 절대부족 현상을
　　볼 수 있다(『顯宗改修實錄』 卷26, 顯宗 13년 11월 戊子, 38冊, 128下 참조).
58) 『顯宗改修實錄』 卷26, 顯宗 13년 10월 甲辰, 38冊, 124下.
　　減縮 이전의 訓局軍兵 1년 放料額은 60,396石(米·太)이고 그 밖의 各衙門 軍官의
　　放料額은 20,390石으로 합계 80,786石이었다.
59) 『顯宗改修實錄』 卷24, 顯宗 12년 6월 庚寅, 38冊, 67上.
　　「行狀」, 29장.
60) 『顯宗改修實錄』 卷24, 顯宗 12년 6월 戊戌, 38冊, 68上, 正言 尹堦의 上疏 참조.
61) 陸軍本部 편, 『韓國軍制史－近世朝鮮後期篇』, 육군본부, 1977, 제2장 제2절 '西·南
　　人의 對立과 五軍營制 確立' 참조.

다.62) 이때 南人의 許積(1610~1680 ; 默齋)과 柳赫然(1616~1680 ; 野堂)은 병력모집이 쉽다는 점을 들어 현종의 의도에 동조함으로써 新軍을 창설하기에 이르렀던 것이다.63) 이단하와 송시열의 의도와는 반대로 오히려 軍營의 수를 늘리는 결과가 된 것으로, 政爭의 한 단면이 여실히 드러난 것이었다.

그러나 庚戌·辛亥年의 大凶荒을 거치면서 減兵의 필요성은 그만큼 절실해지게 되었다. 이단하는 丙子年(1636, 仁祖 14) 이전 給料兵의 수가 2천 명에 지나지 않던 것이 지금에는 거의 1만 명 선에 이르렀음을 兵營別 給料兵의 수를 들어 지적하면서, 적어도 '有闕勿補'의 방법으로라도 감축할 것을 주장하였다.64) 이 논의가 있기에 앞서 訓監兵의 감축이 약 1천 명 선에서 이미 이뤄졌던 것이고 이에 따라 放料額도 연간 8천여 石 정도 감소하게 되었지만, 그는 이 정도의 감축에 만족하지 않고 다시 精抄軍으로 加設된 숫자만큼 訓監軍額에서 量減할 것을 요구하고 있는 것이다. 이에 대해 유혁연은 현재 훈련도감의 元軍은 3천 명뿐이므로 그 이상의 減軍은 軍의 편제 유지에도 곤란하다는 점을 들어 '有闕勿補'조차 받아들일 수 없다고 반대하였다.65) 극심한 財政難에도 불구하고 減軍이란 쉬운 일이 아니었다. 그리고 이는 이단하의 時務와 情勢 인식이 그만큼 불철저한 것임을 말해주는 것이기도 하였다.

減兵論은 이른바 庚申換局(1680년, 肅宗 6)으로 西人들이 재집권한 뒤에도 당분간 계속되었다. 이단하는 公私儲積과 軍政變通은 國家安危存亡의 문제라든지,66) 宿衛軍兵을 감축하고 대신 지방의 束伍軍을 훈

---

62) 『顯宗實錄』 卷16, 顯宗 10년 2월 戊辰, 36冊, 611下~612上.
   『顯宗改修實錄』 卷20, 顯宗 10년 2월 戊辰, 37冊, 650上.
63) 위와 같음.
64) 『顯宗改修實錄』 卷26, 顯宗 13년 9월 辛卯, 38冊, 124上.
   『顯宗改修實錄』 卷26, 顯宗 13년 10월 丁卯, 38冊, 127上.
65) 위와 같음.
66) 「行狀」, 38장.

런시키면 비상시에 대비할 수 있다든지,67) 變通문제를 전담처리할 權設
機關으로 '革弊廳'을 설치해서 운영하자는68) 등의 견해를 1년 치 租賦
의 태반을 兵食으로 소비해버리는 재정구조의 變通방법으로서 거론하
였다. 이때는 李敏叙(1633~1688 ; 西河)도 減兵에 대해 疏를 올리고 있
었다.69) 조정에서는 늘 軍政문제의 심각성을 인정하여 논의는 활발하게
벌렸지만, 變通이 불가피하다는 것, 그러나 善策이 없는 마당에 猝行變
通은 어렵다는 데에 의견일치를 보기 마련이었다.70) 또 그때마다 朝臣
들의 의견은 이단하의 그것을 부연하거나 반복하는 이상의 것이 되지
못하였다.

실로 이 시기야말로 '대동법'을 시행한 지 반세기가 넘고 있었고 軍役
制의 變通을 위한 戶布論·身布論이 제기되고 있는71) 때였다. 無定量
의 收奪的인 收取體系 아래서 농민층의 擔稅能力이 한계점에 도달하고
있음을 인식하고 그 대책을 세워가야만 하는 사정이었다. 이제 戶布論
에 대한 이단하의 견해를 볼 필요가 있겠다. 그의 軍政變通論의 성격을
규정할 수 있는 하나의 지표가 되기 때문이다.

戶布論者들이 戶布야말로 公卿大夫로부터 賤庶에 이르기까지 '無不
出布'하는 '大均之道'임을 주장하는 데 대해 이단하는 異議를 제기했다.
즉 物의 不齊함은 物의 情인지라 이에는 貴賤·厚薄·大小·輕重의 不
同함이 있는 것이고, 이 때문에 聖王은 반드시 그 情의 不齊함을 因해
서 天下國家를 다스리되 貴한 자는 貴하게 賤한 者는 賤하게 厚한 자는

---

67) 『肅宗實錄』 卷11, 肅宗 7년 5월 戊寅, 38冊, 534上.
68) 『肅宗實錄』 卷11, 肅宗 7년 4월 丙戌, 38冊, 524上.
69) 『肅宗實錄』 卷11, 肅宗 7년 5월 乙亥, 38冊, 537下~538上.
70) 『肅宗實錄』 卷11, 肅宗 7년 6월 甲辰, 38冊, 537下~538上.
　　 『肅宗實錄』 卷12, 肅宗 7년 8월 戊子, 38冊, 546上.
　　 『肅宗實錄』 卷12, 肅宗 7년 10월 壬午, 38冊, 554下.
　　 『肅宗實錄』 卷13, 肅宗 8년 11월 壬戌, 38冊, 611上.
71) 이 시기 戶布論·身布論의 전개과정을 살피는 데는 다음 논문이 참고된다. 鄭萬祚,
　　 「朝鮮後期의 良役變通論議에 對한 檢討－均役法成立의 背景」,『同大論叢』7, 1977 ;
　　 金容燮,「朝鮮後期 軍役制 釐整의 推移와 戶布法」,『省谷論叢』13, 1982.

厚하게 薄한 자는 薄하게 함에 大小·輕重이 없을 수 없이 하여 각기 그 處할 바를 얻어서 분수를 넘지 않게 했다는 것, 그런데 이제 貴賤을 막론하고 戶布를 내게 한다면 朝紳으로서는 국가의 危亡한 형세를 위해 비록 힘써 나오더라도 꺼릴 바가 없을 것이고, 또 士大夫 子弟라면 평생 힘써 讀書한 자와 못 읽는 자가 같이 布를 내게 되어 원망이 없을 수 없다는 것이다.72) 이것을 보면 그가 생각하는 '大均'이란 貴賤大小가 各得其所하는 것73)임을 알 수 있다. 다시 말해서 上下身分의 차등을 전제로 하지 않는 布의 징수는 그 자체가 不公不均이 된다는 것으로, 擔稅能力이 기준이 될 것이 아니라 신분의 차등을 기준 삼아야 한다는 생각이었다. 이는 그 당시 李師命(1647~1689 ; 蒲菴)이, "有田者此有稅 有戶者此有布 民有一定之役 國有常用之財"74)라는 대원칙에서 제안했던 戶布論과는 지극히 거리가 먼 발상이었다. 이러한 이단하의 견해는 김수항·민정중·金萬基(1633~1687 ; 瑞石) 등 西人 집권층에 의해서도 재확인되고 있었다.75) 결국 軍政變通論으로 표현되는 이단하의 財政補塡論은 戶布論에서 특징이 드러나는 보수적 견해와 일치하고 있다. 지배층의 양보와 民産의 안정을 통해서, 均賦均稅를 통해서 국가 賦稅源을 확대한다는 더 근본적인 인식과는 거리가 먼 것이었다.

社倉設行문제는 減兵論에 치중하는 가운데서도 私蓄增大策으로 번번이 거론되었다. 다만 國儲增大의 방안이었던 軍兵減縮이 쉽지 않게 되면서 社倉에 대한 관심이 더 적극적으로 나타나게 된 것이었다.

이단하는 辛亥年(1671)의 旱災 때 忠淸道 일대의 참담한 상황을 목격하고 그 賑災對策, 즉 還穀에 의존하는 賑資의 태부족을 보충하는 방법

---

72) 『肅宗實錄』 卷11, 肅宗 7년 4월 丙戌, 38冊, 523下~524上.
　　「行狀」, 41장.
73) 「行狀」, 43장.
74) 『肅宗實錄』 卷12, 肅宗 7년 12월 甲午, 38冊, 571下~572上.
75) 『肅宗實錄』 卷11, 肅宗 7년 6월 甲辰, 38冊, 537下~538上.

으로 社倉의 유리한 점과 설행방법을 건의하였다.[76] 그것은 朱子가 救荒의 최선책으로 생각하고 여러 지방에 社倉을 설치 운영했던 사례를 연구한 토대 위에서 제시된 견해였다. 주자의 社倉에서 이단하가 주목했던 점은 元穀의 확보와 利殖率의 문제였다. 즉 주자는 처음에 官穀을 里社에 移轉捧留해서 元穀을 삼고 里中의 儒士로 하여금 出納을 句管하게 했으며, 그 收耗方法을 豊凶에 따르되 平年에는 10분의 2, 흉년에는 10분의 1의 率을 적용하며 대흉년에는 全免하도록 했다는 것이다.[77] 여기에서 얻어진 그의 착상을 정리해보면 다음과 같다.

① 社倉은 里 단위로 설치해서 里任이 句管하되 장부 감독은 官이 한다는 것.

② 母穀을 마련하는 방법은 官穀의 移轉이나 民間의 私聚設倉의 두 가지 길이 있으나, 특히 私聚를 늘리는 것이 바람직하다는 것.

③ 細窮民일 경우도 穀物의 개별보관보다 社倉을 이용한 공동보관, 즉 秋斂春散이 낭비를 막고 소비의 계획성을 기할 수 있다는 것.

④ 小民들이 멀리 나가지 않고 里中에서도 受納할 수 있다는 것 등.[78]

이 무렵에는 계속되는 凶荒으로 還穀의 방출요구가 증가하는 만큼 本穀의 결손과 부족현상도 심화될 수밖에 없었다.[79] 17세기는 대체로

---

76) 『畏齋集』 卷3, 傳諭懷德復命後 辭職仍陳沿路所聞疏[庚戌, 1670 — 이 干支는 『顯宗改修實錄』의 기사(卷24, 顯宗 12년 8월 辛卯, 38冊, 75上)와 대비해보면 辛亥年의 誤記인 듯함], 34장.

77) 『畏齋集』 卷3, 傳諭懷德復命後 辭職仍陳沿路所聞疏, 34∼35장.
　　『顯宗改修實錄』 卷24, 顯宗 12년 8월 辛卯, 38冊, 75上.
　　『增補文獻備考』 卷169, 市糴考 7, 25장.

78) 『畏齋集』 卷3, 傳諭懷德復命後 辭職仍陳沿路所聞疏, 35∼36장.

79) 朴世采는 "自官斂散 固爲國家之常例 往往吏不得 人民多無賴"(『南溪先生朴文純公文正集』 卷12, 陳時務萬言疏, 28장 ; 『增補文獻備考』 卷170, 市糴考 8, 2장)라고 환곡의 운영부실을 지적했고, 李惟泰는 "列邑之大小不同 糶糴之多寡不均"(『草廬全集』 卷3, 己亥封事, 17장 ; 『顯宗改修實錄』 卷3, 顯宗 원년 5월 癸亥, 37冊, 169下)하다고

환곡에서 각급 기관의 經用補充, 즉 取耗補用을 위한 會錄法이 강화되는 것과 함께 元穀 자체도 증가하면서 賦稅化의 경향이 전개되는 시기였으나,[80] 18・19세기와 같은 還穀過剩 사태와는[81] 달리 전반적인 환곡 부족현상이 뚜렷했고 이의 부족을 메우기 위한 방법, 최소한의 농민 진휼・구황 대책이 절실했던 것이다. 이단하는 이러한 환곡 부족 실태를 극복하는 방법으로 社倉開設을 제안했던 것이다.

그는 이 제도를 지방 수령들의 의견을 물어 시행해보는 것이 좋겠다고 했고 국왕도 允許하였다.[82] 그러나 그로부터 3년이 지난 뒤에도 8路에 시행하기로 한 社倉은 이렇다 할 성과가 나타나지 않았다. 그는 이를 수령들의 인식부족 탓으로 돌리고 다시 조정에서 申飭遍行할 것을 촉구하였다.[83] 이때는 '藏富之策'의 하나로 民間에 대한 殖穀獎勵 방안도 함께 거론하였다. 즉 致穀多者를 권장함으로써 민간에 儲積의 관심이 커지고, 殖穀之人이 늘어나게 되면 官穀을 못 받은 貧民들은 春夏의 乏絶할 때 그들로부터 耕種을 仮貸할 수 있으니 이야말로 "多盤相濟 除受利益"이 된다는 것이었다.[84] 여기에서 이단하가 殖穀獎勵 방안을 재론하는 이유가 무엇일까. 실로 1671년의 이 社倉施行令은 반응이 좋지 않았던 것 같다.[85] 그 자신도 기근으로 말미암아 "良民之心 半爲盜

還多民少・民多還少의 현상을 지적했다. 이단하는 1684년(肅宗 10, 甲子)의 「社倉節目」 7條 가운데서, 官穀을 稱貸하는 자는 食口數에 따라 均給하되 만약 豪戶로서 偏受하는 자는 그 有司에게 책임을 물어 豪戶와 함께 처벌한다고 규정하고 있다(『肅宗實錄』 卷15上, 肅宗 10년 3월 己卯, 38冊, 683上). 이는 還少民多현상을 말해주는 것이라고 할 수 있다.

80) 宋贊植, 「李朝時代還上取耗補用考」, 『歷史學報』 27, 1965 ; 水田直昌, 『李朝時代の 財政』, 東京 : 友邦協會, 1968, 260~262쪽.
81) 오일주, 「朝鮮後期 國家財政과 還穀의 賦稅的 機能의 强化」, 연세대학교 석사학위 논문, 1984, 28~54쪽.
82) 『顯宗改修實錄』 卷24, 顯宗 12년 8월 辛卯, 38冊, 75上・下.
83) 「行狀」, 32장.
　　『畏齋集』 卷4, 辭大司成副提學備局提調疏(甲寅, 1674), 5장.
84) 위와 같음.
85) 송시열도 "聖上以愛民之心 旣下社倉之命 而無有應之者"(『宋子大全』 卷142, 懷德縣

賊"한 사회분위기임을 지적한 만큼, 社倉이 이러한 때 응급처치 방법이 될 수는 없었던 것이다. 무엇보다도 흉년으로 母穀 자체의 확보가 어려웠을 것이다. 社倉論이 처음 대두되었던 15세기 중반기에는 이 母穀 확보가 별 문제가 될 수 없었으나 17세기에는 社倉을 말하는 사람 모두 이 문제를 지적하고 있는 것이다.

15세기의 社倉은 義倉의 운영부실, 즉 倉穀의 賑貸를 둘러싼 守令·吏胥들의 농간으로 貸穀의 회수불능, 元穀의 缺縮이라는 악순환을 해결하기 위해 거론된 것으로,[86] 이때는 義倉으로부터 分給된 200石을 母穀으로 해서 什二耗의 取息을 하되, 이것이 500石을 넘으면 義倉移轉穀 200石을 還納하도록 되어 있었으므로[87] 母穀은 일단 관곡으로 충당되는 셈이었다. 물론 이때의 社倉은 主務者인 社長의 無力·無責任과 향촌 豪富·豪强들의 방해로 말미암아 운영난에 빠진 점에서 義倉보다 나을 것은 없었다.[88] 그래도 이때는 義倉元穀의 현상유지가 우선 목표였던 데 비해, 17세기에는 사정이 달라져서 그러한 官穀, 즉 還穀의 절대부족 현상, 會錄上의 난점으로 社倉에서 貸賦를 기대할 수 없었던 것이다. 그래서 이단하가 朱子社倉의 元穀과 收息率 문제에 주목했다고 생각한다.

이 시기 송시열 또한 몸소 社倉의 개설을 주도하거나 권유하기도 하면서 여러 편의 社倉記·義倉記를 남길 만큼 관심이 깊었는데, 늘 그 母穀 확보의 어려움을 말하고 있는 것이다.[89] 그의 술회에 따르면, 願入

新洞社倉記, 44〜45장)라고 하였다.

86) 李泰鎭, 「士林派의 留鄉所 復立運動(상)」, 『雲檀學報』 34, 1973, 28〜34쪽 ; 宋贊植, 「李朝時代選上取耗補用考」, 『歷史學報』 27, 1965, 25〜33쪽.

87) 『文宗實錄』 卷10, 文宗 1년 11월 己未, 8冊, 456上·下.

88) 李泰鎭, 앞의 글, 1973, 30쪽 ; 宋贊植, 앞의 글, 1965, 31〜32쪽.

89) 『宋子大全』 卷140, 沃川郡義倉記(1654년)
　　『宋子大全』 卷142, 淸州靑川社倉記(1670년 무렵)
　　『宋子大全』 卷142, 懷德縣新洞社倉記(1672년)
　　『宋子大全』 卷143, 廣州宮村社倉記(1673년?)
　　『宋子大全』 卷143, 沃川郡義倉重修記(1674년)

者들의 '各出若干穀'과 賑恤米의 일부(淸州靑川社倉記), 또는 '遂令各出
五斗租'와 營米·屯田租의 보조(懷德縣新洞社倉記)를 母穀으로 삼고
있는 것이다. 윤휴도 또한 「5家統事目」에서 "各里各統 如能各出其力
合聚財穀於一面之中 本邑亦須隨力而助之"[90]라고 해서 각자 능력에 따
른 聚穀을 원칙으로 하고 官의 약간의 지원을 생각하고 있었다. 이러한
능력별 出穀은 16세기에 栗谷(李珥, 1536~1584)이 그의 「社倉契約束」
에서 官의 보조 없이 契中人의 均一納穀(10斗穀, 下人은 그 半額)을 규
정하고 있는 것과는 다르지만, 구성원의 出穀에 의존한다는 점에서는
마찬가지라고 하겠다.[91] 실정은 額數의 高下間에 不能出穀者가 많을
수밖에 없었고, 그렇게 되면 설치의 실효는 기대하기 어렵게 될 것이었
다. 이에 이유태는 田結을 기준으로 한 出穀, 즉 "今於列邑 則每一結 計
置四石 二石分結 二石留儲里社"[92]할 것을 제의하기도 하였다.

아무튼 이단하가 내놓은 이러한 殖穀장려안은 社倉開設의 부진을
타개하려는 방도로 봐야 할 것이다. 즉 社倉의 부진은 母穀 확보의 곤
란에 있었던 만큼 그 殖穀者들, 곧 富民들의 힘을 응급적인 貧民구제에
동원하고, 나아가서는 이들을 社倉운영에 적극 참여시키려는 구상인
것이다.

그러면 이렇게 社倉設行에 불가피한 존재로 등장한 富民이란 어떤
성격의 사회계층일까. 富民은 富戶라고도 불리면서, 17세기 이후 새로
이 등장한 경제적 상승층이었다. 이 시기 농업기술의 발전에 힘입어서
廣作·廣農[93]으로 성장한 庶民地主이거나 經營型富農,[94] 또는 여기에

---

90) 『肅宗實錄』 卷4, 肅宗 원년 10월 辛亥, 38冊, 304上.
91) 『栗谷先生全書』 卷3, 社倉契約束, 社倉法, 45~46장.
92) 『草廬全集』 卷3, 己亥封事, 17장.
   『顯宗改修實錄』 卷3, 顯宗 원년 5월 癸亥, 37冊, 169下.
93) 宋贊植, 「朝鮮後期農業에 있어서의 廣作運動」, 『李海南博士華甲紀念 史學論叢』,
   일조각, 1970.
94) 金容燮, 「朝鮮後期의 經營型富農과 商業的 農業」, 『增補版 朝鮮後期農業史硏究』
   Ⅱ, 일조각, 1990.

접근하는 부유해지는 농민층이었다. 이 점에서 舊來의 在地地主層·鄕豪와 같은 신분적 특권층과는 달랐다. 富民들은 吏胥層의 끊임없는 간섭과 수탈의 대상이 되기도 하였다.95) 여기에는 두 가지 이유를 상정해 볼 수 있다. 먼저 富民은 경제적으로는 특권층에 접근하나 신분은 아직도 평민·천민이었기 때문에 이 신분의 열세가 桎梏이 될 수 있었다. 다음으로 이들은 대개 什伍之率의 私債를 통해서도 富를 쌓고 있었고 이것이 細窮民이나 吏胥層에게는 다같이 반감, 시새움의 이유가 될 수 있었다. 이처럼 富民은 중세사회의 해체과정에서 성장해가는 새로운 사회계층이고, 또 그것을 주도해갈 것으로도 기대되었다. 그러나 富民 중심의 社倉운영이란 향촌사회 안에서 계층 사이의 갈등과 함께 이념상으로 문제점이 내포된 것이었다. 富民이나 貧民에 대한 私的 殖利行爲, 高利貸를 국가가 社倉이라고 하는 公的 機構를 통해서 권장하고 합법화해주게 될 위험성이 따르기 때문이다.

아무튼 국가적 賑恤制度에 의한 전 농민의 救荒이 사실상 불가능해져가는 단계에서 이단하가 생각한 방법은 향촌사회의 자치능력에 맡겨 富民에 의한 貧民구제의 길을 확대해야 한다는 것이었다. 富民의 존재가 이렇게 중요해지고 勸設社倉이 요청되는 만큼 그들에 대한 권장과 褒賞이 따르지 않을 수 없었다. 納粟하는 富民이나 公家로서 '助役社倉者'는 西班顯職으로 포상 권장하자는 의견은 그래서 나온 것이었다.96) 納粟授職은 兩亂 이후 財政 보충방법으로 수시 시행되어오는 것이었는데, 이단하도 또한 '救時拯民之政'의 방법으로 그 활용을 주장하고 있는 것이다.

이후 富民殖穀과 社倉設行은 하나의 문제로 집약되고 社會政策論으

---

95) 이단하가 "又自年來 州縣勒捧私債 如欲還捧 陷於刑禍 由是不復殖穀", "近世官吏 視富戶如讎敵 侵暴抑奪 以致掃絶"(『肅宗實錄』 卷15上, 肅宗 10년 7월 己丑, 38冊, 698下)이라고 한 말이 그것이다.

96) 「行狀」, 39장.
　　『肅宗實錄』 卷9, 肅宗 6년 7월 庚戌, 38冊, 465下.

로 성립되어갔다.97) 그리고 이 문제는 1682년(肅宗 8) 이후에는 주로 賑恤方을 통해서 논의되고 추진되어갔다. 이를 중점 거론하던 이단하가 賑恤堂上으로서 직접 救荒對策에 관여하고 있었기 때문이다.98) 이 2, 3년 동안에도 國儲와 賑恤, 그 방법으로서 "勸奬富民 廣設社倉"이라는 그의 확신에는 변화가 없었다.99) 그때마다 "三年耕 必有一年之蓄"이라든가, "足食足兵 民信之矣" 또는 "國無三年之蓄 則國非其國"과 같은 유교의 養民·養兵論을 전제로 하면서, "裁省百度 量入爲出"해야만 "國用可繼 民亦可活"할 수 있다고 주장하는 것이었다.

1684년(肅宗 10)은 이단하에게 社倉문제로 가장 분주한 한 해였다. 2월에는 廟議에서, 社倉事는 賑恤廳에서 시행하되 이단하가 주관하도록 재확인되었고,100) 다음 달에는 7條로 된 社倉節目이 마련되었다. 이른바 「甲寅事目」(1674)의 문제점을 보완하는 의견도 상신되었다.101) 節目은 3조밖에 전하지 않으나 대체로 1671년(顯宗 12)에 올린 것과 비슷하리라고 생각된다. 대강을 보면, ① 豪戶의 官穀偏受는 有司까지 問罪하며, ② 社倉有司는 6년 동안의 실무성과로써 郞階로 포상하며, ③ 社倉文書는 鄕任 1人이 句管하되 그 勤慢의 정도에 따라 守令도 문책한다는 것이었다.102)

---

97) 『肅宗實錄』 卷11, 肅宗 7년 4월 丙戌, 38冊, 524上.
　　『肅宗實錄』 卷11, 肅宗 7년 5월 甲寅, 38冊, 527上.

98) 이 무렵은 老少分立期이기도 했기 때문에 이단하는 少論의 공격을 받기는 했지만(『肅宗實錄』 卷13下, 肅宗 8년 12월 庚子, 38冊, 617下), 김수항·민정중 등이 그를 옹호했고(『肅宗實錄』 卷13上, 肅宗 8년 8월 戊寅, 38冊, 595上 ; 『肅宗實錄』 卷14 上, 肅宗 9년 정월 己巳, 38冊, 618下 및 3월 戊戌, 38冊, 630上), 국왕도 賑恤문제는 그에게 맡겨야 한다고 생각하였다(『肅宗實錄』 卷13下, 肅宗 8년 11월 己酉, 38冊, 608下 ; 『肅宗實錄』 卷14 上, 肅宗 9년 3월 戊戌, 38冊, 630上 ; 「行狀」, 52장).

99) 『肅宗實錄』 卷13下, 肅宗 8년 11월 壬戌, 38冊, 611上.
　　『肅宗實錄』 卷15上, 肅宗 10년 2월 丁巳, 38冊, 680下.
　　『畏齋集』 卷7, 與尹叔麟(甲子, 1684?), 1장.

100) 「行狀」, 65·66장.

101) 『肅宗實錄』 卷15上, 肅宗 10년 3월 己卯, 38冊, 683上·下.

102) "其一曰 官穀稱貸者 計其口數 平均分給 而如有豪戶偏受者 罪其有司 並治豪戶 其二曰 社倉有司 如有六年遵行 實有成效者 各邑報知賑廳 賞以郞階 其三曰 各邑以鄕

官穀偏受를 금지하는 조항은 앞서 본 바와 같이 還穀의 일반적인 부족현상을 말해주는 것으로, 이때 社倉이 설치된 주된 이유이기도 하다. 社倉有司에 대한 포상이나 守令의 감독 규정은 社倉의 운영실무를 鄕任層에게 맡기면서도 원칙은 官主導임을 분명히 하려는 의도라고 하겠는데, 이는 15세기의 社倉에서도 확인되는 사실이다.103) 또 「甲寅事目」의 문제점은 무엇보다도 민간의 私穀을 社倉母穀으로 충당하려는 방법이 民情의 불만요인이 된 것으로 보고, 그 代案으로 賑恤廳穀을 社倉에 대여하고 什二耗의 取息을 6년 동안 모아서 元穀을 상환하게 하자는 것이었다. 이 역시 着想은 朱子社倉이나 15세기 社倉의 그것과 동일한 것이었다.104) 그리고 이 사실에서 또 하나의 새로운 事目, 즉 「甲子事目」(1684년)이 마련될 수밖에 없는 이유를 보게 된다. 무엇보다도 母穀 확보 문제 때문인 것이다. 그러면 賑恤廳穀의 대여와 什二率에 따른 6년 取耗 뒤의 元穀還納이 15세기에 실패한 방법이었음을 상기할 때,105) 이것이 17세기에 와서는 어느 정도 성공할 수 있을 것인지가 의문인 것이다.

이 節目은 전국에 頒下施行토록 결정되었다.106) 그러나 이 또한 조정의 거듭된 異論으로 곧 난관에 봉착하였다. 이단하는 이에 허물을 느끼고 乞退疏를 올리게 되었다.107) 그 異論의 내용을 밝히지 않았으나, 늘 '朝臣·守令의 인식부족'으로 표현되었던 바, 母穀 염출 문제였다고 생각된다. 즉 民間私聚, 富民에 의한 母穀확보안이 현지 民情의 반발에 부딪치자, 다시 官穀(賑恤廳穀)을 母穀으로 6년 取息 뒤 元穀還納하자는 대안을 내놓았던 것인데, 이것조차 반대여론에 직면한 것이었다. 결

任一人 句管社倉文書 察其勤慢 如或不勤奉行 輕則罪鄕任 重則罪守令"(주 101과 같음).

103) 주 87과 같음.

104) "甲寅事目 令民聚穀於社倉 故民情不願 終廢不行 今宜除出賑廳之穀 以貸社倉 定爲什二之耗 則收耗六年 可償元穀"(주 101과 같음).

105) 주 88 참조.

106) 「行狀」, 66장.

107) 위와 같음.

국 朝議는, 社倉을 원하지 않는 곳에는 설치를 중지하고 이단하로 하여
금 "益勤料劃 期於有成"108)하도록 하자는 김수항의 奏言대로 결정이
되었으므로, 그도 또한 퇴거만을 고집할 수는 없었다. 그는 더 적극적으
로 이에 대처하기로 하고 곧 "協力處之"할 수 있는 堂上官 1인의 증원
을 요청하는 한편,109) 社倉설치의 당위성을 천명하는 상소문을 다시 올
렸다.

그 내용은 社倉의 유래, 편의점, 현재 還穀을 둘러싼 문제점 등을 總
論한 것이었다.110) 주요 문제점으로는, 遠村民은 환곡의 혜택을 보기 어
려워서 小民들도 什伍之息의 私債를 선호하고 있다는 것, 이에 吏胥들
이 富戶의 私債・息穀 활동을 방해 탄압하므로 飢民들은 오직 환곡에
의존할 수밖에 없다는 것, 이렇게 민간에 '私儲掃絶'했으니 社倉이 설
수 없는 실정임을 지적하고 있다. 그리고 사창은 '私中之公'으로서 '無侵
奪之慮 貸殖之誚'하므로 官吏들이 착실히 권유하면 어려울 것이 없다는
것, 洞里士民이 '聚私穀而設倉'하여 取息이 倍에 이른 다음 元穀은 所納
者에 돌려주고 利息으로는 '並濟里中'할 수 있다는 것, 이는 또 '所息頗
優'(什二率)하므로 里中에서 환곡을 적게 받을 수 있다는 등의 편리점을
열거하였다.111) 여기에서는 앞서와 같이 '官穀 대여 6년 取息 뒤 還納'이
라는 母穀 획득방법을 말하지 않고 원래 추구하던 富民에 의한 '私聚設

---

108)『肅宗實錄』卷15上, 肅宗 10년 4월 丁未, 38冊, 687上.
109) 이때는 민정중・남구만이 적극 지원해서 사창에 밝은 李濡(1645~1721 ; 鹿川)를 差
　　任시키게 되었다(『肅宗實錄』卷15上, 肅宗 10년 6월 丁未, 38冊, 691上 ;『肅宗實錄』
　　卷15下, 肅宗 10년 10월 己亥, 39冊, 14下).
110)『肅宗實錄』卷15上, 肅宗 10년 7월 己丑, 38冊, 698下~699上.
　　『畏齋集』卷4, 論社倉事疏, 28~36장.
　　『增補文獻備考』卷170, 市糴考 8, 3~6장.
　　「行狀」, 67~68장.
111) 그는 이것을 다시 '社倉四益'으로 정리하고 있다.
　　"社倉什二之息 視官糴加一 視私債減三 收息適中 此一利也 設倉里中受納便近 又無
　　操縱侵沒之弊 此二利也 里人視社倉 如其家藏 不甚催督 自能齊償 此三利也 民間旣
　　有積儲 則趍受官糴 官糴始可留庫 不至枵然 此四利也"(『肅宗實錄』, 卷15上, 肅宗 10
　　년 7월 己丑, 38冊, 699上).

倉'을 먼저 강조하고 있음이 주목된다. 또 관념적·이상론이 아닌 향촌 실정에 바탕을 둔 구체적인 방안을 제시하고 있음을 볼 수 있다.

그러나 이번에도 朝野의 반응은 부정적이었던 것 같다. 그 이유로, 예상되는 몇 가지 문제점을 지적해보기로 하겠다. 무엇보다도 社倉制를 還穀制와 병행할 때 두 제도가 賑恤·救荒이라는 기본 기능의 동일성에도 불구하고 실제 운영에서는 상충 모순되지 않을 수 없었던 데 그 어려움이 있었다. 알려진 바와 같이 還穀은 賑恤을 목적으로 한 것이었지만, 이 시기에는 이러한 본래 기능 위에 取耗補用이라는 형태의 賦稅 기능이 추가되고 있었던 것이고 이 賦稅化 경향은 점차 강화되어가고 있었다. 그러면서도 환곡의 부세기능은 원천적으로 그 진휼기능에 매개됨으로써만 실효를 거둘 수 있는 것이었다. 만약 그러한 還穀의 기능을 일부라도 社倉에 이관해서 향촌사회의 自治機能에 돌리게 된다면, 이관된 만큼 耗穀에 의한 賦稅收入은 감소하게 되는 셈이었다. 이는 官收入의 감소뿐만 아니라 그 중간수탈에 의존하던 吏胥層에게는 생활기반의 위협이 되는 것이기도 하였다. 여기에 정부 재정기관이나 지방 관아의 입장에서는 사창제 시행에 호응할 수 없는 이유가 있었다.

이러한 사창제와 환곡제의 모순현상은 18·19세기 초 還穀制 釐整방안으로 社倉制가 거론되었을 때 크게 부각된 점이었다.112) 17세기 중엽에도 그 기본적인 상충현상은 충분히 예상되는 사정이었고 또 수령·아전의 농간이라는 점에서는 15세기에도 마찬가지였던 것이다.113) 그런데도 이단하 자신은 이 두 제도의 상충성을 간과하고 있었던 것일까. 앞서의 '社倉四益' 가운데 네 번째의 "官糴如可留庫"를 기대하는 점에서 그렇다고 할 수 있다.114) 또 그는 富民의 私債息利가 이미 지적한 바와 같이 지방 官吏層의 강한 반발에 부딪치고 있는 실정을 목격하면서도 그

---

112) 金容燮,「還穀制의 釐整과 社倉法」,『東方學志』34, 1982, 122~124쪽.
113) 李泰鎭, 앞의 글, 1973, 31쪽.
114) 주 111 참조.

富民들의 聚穀에 의한 社倉운영에 그러한 어려움이 있으리라는 점을 넘겨버리고 있는 것이다.

문제점은 또 예상될 수 있었다. 만약 官吏의 侵没을 방지할 수 있다고 하더라도 富民이 개인적이고 便宜的인 什伍之息의 私債方式을 버리고 社倉 쪽을 자발적으로 택할 것인가라는 문제이다. 조선 전기 이래 社倉의 운영권은 지역 안의 品官·鄉任 등 양반 有力者에게 주어지게 마련이었는데, 이때 社倉에서 聚穀主인 富民과 運營主인 鄉任이 두 개의 주체로 분리되어 있고 여기에 신분적 차등과 官權의 간섭까지 전제 조건을 이룬다면 社倉聚穀에 따르는 정당한 이식획득을 기대하기 어렵기 때문이다.115) 이는 실로 경제적 능력과 사회적 신분적 지위가 일치하지 않는 데서 생기는 근본 문제라고 할 수 있을 것이다. 또 富民이 社倉에 納穀을 기피한 이유는, 또 다른 富裕層인 豪戶·豪强·鄉豪들의 貧民을 대상으로 한 殖利행위가 社倉에 의해서 타격을 받게 된다고 할 때 이들 지방 有力者들은 한사코 社倉 개설을 방해하게 마련인 데 있었다. 이 현상은 15세기의 世宗·文宗代 社倉이 지방 여론의 저항을 받은 이유이기도 했던 것이다.116) 이단하의 사창개설론은 이상과 같이 중앙이나 지방 관아의 반대, 부민들의 기피, 향촌 유력자들의 반발에 부딪쳐 설행되기 어려운 것이었다. 그것이 다만 母穀 확보의 곤란으로만 표현될 뿐이었던 것이다.

그 실행실태를 관망할 수밖에 없게 된 2, 3년 동안에도 이단하는 賑恤堂上으로서 당장의 救荒對策에 부심하였다. 그것은 外方 各邑의 糶穀을 증대할 가능한 조치를 모색하고117) 松葉服食方을 申明하는 일,118)

---

115) 1717년(肅宗 43) 順天지방 「社倉節目」을 보면, 社首·直月은 各里의 風力兩班으로, 그 지휘를 받는 실무자인 保長·隊長은 常漢 가운데서 差任하되 운영 중에 생기는 過失 책임은 保長·隊長에게만 지우고 있음이 주목된다. 양반과 평민·천민이 함께 참여할 때 불평등은 불가피하게 인정되어야 했다(『華齋集』 卷6, 社倉節目, 33장).
116) 『世宗實錄』 卷120, 世宗 30년 5월 己亥, 5冊, 68下~69上.
　　　『文宗實錄』 卷12, 文宗 2년 3월 庚戌, 6冊, 475上.

御用 등의 裁省방도를 거듭 촉구하는 일들이었다.[119] 이 과정에서도 논란과 반대에 부딪치는 일이 없을 수 없었고, 특히 같은 賑恤堂上인 朴信圭(1631~1687, 竹村)와는 정책상의 異見이 깊은 개인적인 不和관계로까지 발전하기도 하였다.[120]

그러나 그는 儲積·賑恤 문제에 관한 한 社倉制를 떠나서는 더 좋은 방도를 생각할 수 없었다. 1686년(肅宗 12) 그로서는 마지막으로 社倉을 備局에서 다시 거론하였다. 이는 1684년(肅宗 10, 甲子)에 마련한 社倉勸設의 취지, 즉 「甲子事目」을 재확인하고 한두 가지 사항을 추가 강조한 것이었다. 곧 "貸與官食之穀 使民間遍設社倉 六年取息後 還捧本色"한다는 것, 또 사창을 "各道各邑 無處不設"하되 인구가 稀少한 山郡이나 "大邑坊里數多處"에는 1面 1倉을 원칙으로 하고 驛村에도 設倉하자는 것이었다.[121] 이어서 '社倉五益'을 들었는데 앞서의 四益說과 대동소이하고, 다만 "貸穀取息 還納本色"이 "永爲民業"임을 추가하고 있다. 이때에 와서는 富民에 의한 設倉聚穀이 여의치 못하다고 보고 元穀의 官穀 의존을 생각한 것으로 보인다.

常平倉의 啓文을 통해서 올린 社倉設行 실태보고에 따르면 이 방법이 어느 정도 성과를 거두었던 것 같다. 대체로 社穀의 準捧이 官糴보다 잘되고 있다는 것, 여러 가지 紛紜도 점차 사라지면서 다투어 設倉

---

117) 『肅宗實錄』 卷16, 肅宗 11년 2월 癸巳, 39冊, 26上.
　　　『肅宗實錄』 卷16, 肅宗 11년 7월 己卯, 39冊, 40上.
118) 『肅宗實錄』 卷17, 肅宗 12년 11월 丁酉, 39冊, 81下.
　　　『肅宗實錄補闕正誤』 卷17, 肅宗 12년 11월 丁酉, 39冊, 90上.
　　　「行狀」, 83장.
119) 『肅宗實錄補闕正誤』 卷16, 肅宗 11년 6월 壬子, 39冊, 56上.
　　　『肅宗實錄』 卷16, 肅宗 11년 7월 己卯, 39冊, 40上.
　　　『肅宗實錄』 卷17, 肅宗 12년 정월 乙丑, 39冊, 57上·下.
　　　『肅宗實錄』 卷17, 肅宗 12년 9월 壬寅, 39冊, 77下.
　　　「行狀」, 70~74장.
120) 『肅宗實錄』 卷17, 肅宗 12년 12월 癸亥, 39冊, 86上·下.
121) 『肅宗實錄』 卷17, 肅宗 12년 12월 丁丑, 39冊, 88上.

하려는 움직임이 있다는 것이었다.122) 그리고 社倉의 설치 단위를 1里 1倉을 기본으로 하되 인구분포 사정에 따라 1面 1倉의 융통성을 보인 것은 전적으로 受糶納糴의 便近을 위한 것이었다. 조선 전기 이래로 義倉·還穀이 邑治 중심으로 운영됨으로써 遠村民은 "失農事之期"123)하는 폐단이 적지 않았기 때문이다. 이는 栗谷이 '社倉契'의 참여 범위를 20里 이내 거주자로 제한한 것과도 대체로 일치하고, 송시열의 社倉記에 보이는 淸州의 靑川, 廣州의 宮村, 懷德의 新洞은 이러한 의미의 里이거나 面 규모였다.124) 1675년(肅宗 원년)의 「5家統事目」에서는 面 단위의 設倉이고, 1717년(肅宗 43) 黃翼再(1682~1747 ; 華齋)가 順天府에서 시행한 社倉은 里를 기본 단위로 한 것이었다.125) 이렇기 때문에 일시적이나마 壬實縣의 경우 30개소의 사창이 설치되었던 것이고, 驪州에는 40개소, 砥平에는 20개소, 京畿 전 지역에는 30여 개소나 設倉될 수 있었을 것이다.

1689년(肅宗 15) 이른바 己巳換局으로 老論의 집권이 무너지고 이단하도 65세의 나이로 세상을 떠났다. 이후 社倉設行의 문제도 자연히 지지부진해진 것으로 보인다.126) 18세기 말 還穀制의 釐整 방안으로서 본격 거론되기까지는 1세기 동안이나 기다려야 했다. 17세기의 社倉論은 실로 이단하와 운명을 함께 한 셈이었다.

---

122) 『文宗實錄』卷4, 文宗 즉위년 10월 庚辰, 6冊, 303下~304上.
123) 주 89, 91과 같음.
124) 『華齋集』卷6, 社倉節目, 31장.
　　　『華齋集』卷7, 年譜, 6장.
125) 『畏齋集』卷4, 辭大司成副提學備局副提調疏(甲寅, 1674), 5장.
　　　「行狀」, 68장.
126) 『肅宗實錄』卷30, 肅宗 22년 정월 戊午, 39冊, 407上.

4. 맺음말

이상에서는 17세기의 시대상황과 관련해서 이단하의 정치활동과 그 政策論의 일단을 살펴보았다. 총괄해볼 때, 그는 섬세하고 전형적인 서울 양반의 체질로, 易學的인 사유를 통해 一身의 起居出處로부터 사회·정치 현상에 이르는 모든 事象을 인식하고 그에 대한 실천적인 해결책을 제시하려고 하였다. 격화되어가는 黨爭的 정치국면을 타개하는 방안으로 송시열을 비롯한 老論 집권세력 중심의 保合論을 주장한 것이나, 또한 保合論의 연장선 위에서 마련된 사회·경제상의 變通論이 그것이었다. 이 시기 일반적인 變通論의 과제는 收取體制의 문란과 自然災害로 말미암아 한계점에 도달해 있는 농민층의 재생산기반을 회복하는 일이었으므로, 이단하 또한 이러한 측면에서 儲積의 확대를 통한 賑恤·救荒 對策을 모색한 것이었다. 그리고 그 궁극적인 방안으로 확신하게 된 것이 社倉制의 수용이었다. 이후 社倉制 실현은 그의 필생의 과제가 되었다.

이단하의 易學的 思惟過程의 귀결은 '治泰之道'의 실현에 있었고 그 방법론으로 老少保合論과 社倉設行論이 정립되기에 이른 것이었다. 그런데 그의 易學的 運世觀은 자연의 循環論的인 변화는 인정하되 辨證法的인 發展의 개념에 이르는 것은 아니었기 때문에 社倉制 도입의 구상 또한 保守的 改良論에 머물 수밖에 없었다.

그는 社倉制를 還穀制度의 보완기구로 활용함으로써 이 시기 還穀의 절대량 부족현상을 극복해보려고 하였다. 社倉의 母穀을 民間私聚로 충당하고 什二之率의 取息으로써 그 聚穀者의 이익을 보장해줄 수 있다고 생각한 것이다. "勸奬富民 廣設社倉"이 그것으로, 이때의 富民·富戶는 豪强·豪富와 같은 구래의 地主層과는 다른 부유한 농민층, 조선 후기 廣作·廣農으로 성장한 庶民地主·經營型富農과 같은 존재였다. 그러나 이 의욕적인 구상에도 불구하고 社倉設行은 부진했다. 그는 그 이유를 母穀 확보의 곤란으로 파악하고 6년 取息한 뒤 還納할 것을 조건으로 官穀의 貸賦를 통해 이를 해결하려고 하였다. 결과는 역시 마찬가지였다. 지역에 따라 부분적으로 시행되기는 했으나 그의 社倉은 결과적으로 실패로 돌아간 것이었다.

그는 이 시기 還穀制와 社倉制의 기본적인 相衝點을 인식하지 못하고 있었던 것이다. 사창제는 환곡의 取耗補用에 의존하고 있는 정부기관이나 지방 관아, 그 중간이득을 생활기반으로 하고 있는 吏胥層, 什伍之率의 高利貸 수입으로 富를 축적하는 豪富·豪强層의 반발을 사게 마련이었다. 富民·富戶들 또한 私穀을 社倉에 聚穀함으로써 便宜的인 殖利活動이 鄕任·品官 등 사창의 운영주체에 의해 제약받기를 원할 리가 없었다. 社倉制가 안고 있는 이러한 저해요인들 가운데는 조선 전기 이래 常存해온 것도 있는 만큼, 전반적인 제도개혁이 수반되지 않는 한 사창제의 원만한 수용이란 쉬운 문제가 아니었던 것이다. 사창제에 대한 그의 이러한 인식의 한계는, '大均'이란 貴賤大小가 各得其所하는 것이라고 하면서 철저한 신분차등 관념에 바탕을 두고 그가 戶布論에 반대했던 사실과 일맥상통하는 것이라고 하겠다.

그럼에도 불구하고 이단하의 社倉論은 또 다른 의미에서 중요한 의의를 지니는 것이었다. 17세기에도 많은 사람들이 사창제에 관심을 가지고 있었다. 송준길, 박세채는 사창을 儲積·備荒政·救飢民의 지름길임을 말하였다.127) 송시열은 사창 운영이 실효를 거두려면, "必須得田土 然後可爲久遠之圖"128)할 수 있다고 하였다. 특히 이유태는 社倉을 "正風俗, 廣儲蓄"의 두 가지 기능을 결합한 것으로 보고 鄕約·5家統과 함께 언급했으며, 윤휴도 5家統의 실현방안으로 社倉의 기능을 인정하고 있었다.129) 社倉을 鄕約과 결합시킨 경우는 이보다 앞서 栗谷이 있

---

127) 『顯宗改修實錄』 卷2, 顯宗 원년 3월 戊辰, 37冊, 144下.
　　　주 79 참조.
128) 『宋子大全』 卷142, 懷德新洞社倉記, 42장.

었다. 그는 「社倉契約束」에 鄕約의 조직과 實踐德目을 상세하게 규정함으로써 사창의 운영이 향약의 원리에 바탕을 두어야 할 것임을 明示한 것이다. 즉 향약의 道德的 自治기능에 社倉의 經濟的 相助기능을 보완한 것이다.

율곡의 이러한 의도를 17세기에 충실히 계승한 사람이 곧 이유태였다고 하겠다. 이 시기의 號牌法·5家統法·鄕約은 국가의 公的 처지에서나 향촌 지배층의 私的 처지에서나 다같이 적극적이고 효과적인 농민통제 수단이라고 생각되었던 것이다. 이는 제도의 지엽적 부분적 개선·개량을 통해서 체제유지를 도모하려는 보수세력의 대응책이 되고 있는 셈이었다. 이런 의미에서 社倉도 엄연히 鄕村統制 기능의 일부였던 것이다.[130]

이단하를 비롯한 社倉論者들이 이 점을 분명히 하지 않았다 할지라도 理念的으로 그것과 연결되는 사실에는 의문의 여지가 없다고 하겠다. 이렇게 보면 이단하가 富民을 권장 격려해서 聚穀設倉하게 했던 것은 富民層을 구래적인 지배계층의 범주에 흡수함으로써 전반적인 지배체제 강화를 꾀한 것이라고도 하겠다.

요컨대 이단하가 西人 및 老論 執權派의 정책이론가 가운데 한 사람으로서 위와 같은 인식수준에 머물렀음은 이 시기 집권세력에 의한 變通論의 전반적 한계를 특징짓는 것이라 하겠다. 이는 실로 같은 시대의 磻溪 柳馨遠(1622~1673)이 지배층의 양보를 통한 均賦均稅의 실현, 즉 土地制度 改革을 전제한 위에서 常平·社倉制의 수용을 통해 還穀制를 釐整하려고 했던 구상과는 거리가 먼 것이었다.[131] 이단하의 이러한 인식과 실천의 한계성은 그가 송시열과 마찬가지로 朱子的인 視角에서

---

129) 주 79 ;『肅宗實錄』卷4, 肅宗 원년 9월 辛亥, 38冊, 304上.
130) 韓相權, 「16·17세기 鄕約의 機構와 性格」,『震檀學報』58, 1984 및 김인걸, 「조선후기 鄕村社會統制策의 위기」,『震檀學報』58, 1984 참조.
131) 金容燮, 앞의 글, 1982, 113쪽.

현실문제에 대처하려고 한 保守朱子學者의 입장이었음을 말해준다.

(『漢南大學校論文集』 16, 1986)

연세국학총서 32

朝鮮後期 政治思想史 研究

김준석 지음/신국판/양장 672쪽/책값 33,000원

　　고 김준석 선생의 사상사 연구는 조선후기 사회변동에 대응하는 보수개량과 진보개혁의 논리를 밝혀, 이 시기 사상사의 역사적 성격을 거시적으로 살필 수 있게 하였고, 개항 이후 식민지와 분단에 이르는 한국근현대사의 역사적 흐름을 정치사상사적 관점에서 폭넓게 조망할 수 있는 방법론적·인식론적 틀을 세웠다. 이 책은 세 권으로 기획된 김준석 선생의 유고집 가운데 제1권으로, 선생의 박사학위논문과 이를 보완한 글 몇 편을 묶었다.

朝鮮儒敎社會史論

이태진 지음/신국판/반양장 286쪽/책값 12,000원

　　조선시기 농업 기술의 발달이 바로 성리학 정착의 기반이 되었음을 설파함으로써 조선사회의 발전과 유학 사이의 관계를 새롭게 연결짓는 입장을 보였으며, 당쟁을 종래의 부정적 관점에서 탈피하여 붕당정치라 하여 새롭게 긍정적으로 평가함으로써 성리학의 기능에 대하여도 시대적 합당성을 지니는 진일보한 중세 사유체제로 규정한 연구서이다.

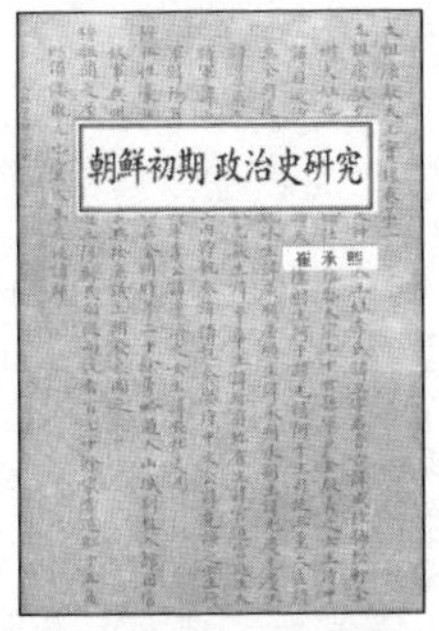

朝鮮初期 政治史研究

최승희 지음/신국판/양장 512쪽/책값 27,000원

　　조선초기의 정치사를 보면, 각 왕대(王代)마다 정치체제에 차이가 있었고, 왕의 명분·정통성의 유무, 왕의 자질·통치력(왕권)의 여하, 그리고 그 왕대(王代) 관료들의 자질과 충직성 여부에 따라서 국정의 내용이 좌우된 것을 알 수 있다. 조선초기에는 정치이념과 경제적 이해관계를 둘러싸고 대립한 정치세력은 크게 드러나지 않았으므로 저자는 왕권을 둘러싼 문제, 그 시대 정치의 틀인 정치체제, 국왕과 관료들의 화합으로 이루어지는 국정운영의 실제 등을 이 책의 대상으로 삼았다.

조선 후기의 정치사상

유미림 지음/신국판/반양장 416쪽/책값 20,000원

　　이 책은 주자학이 어떻게 조선에서·통치이념으로 자리 잡게 되고 역사의 방향을 규정했는지를, 정치적으로는 성학(聖學), 사회·경제적으로는 인정(仁政), 대외관계 측면에서는 중화적 인식을 기조로, 현실에 초점을 맞춰 분석하고 있다. 또한 그 내재적 특성인 도덕적 규범주의가 과거와 같은 통치이념으로는 더 이상 왕조를 유지할 수 없는 위기 상황에서도 계승됨으로써 정치세력의 통합에 따른 주체적인 대응에 실패하게 만들었다고 결론을 내리고 있다.

김용섭저작집 4-5

신정증보판 韓國近代農業史研究 I · II
- 農業改革論 · 農業政策 -

김용섭 지음/신국판/양장 I권 594쪽, II권 550쪽/책값 I권 33,000원, II권 30,000원

송암(松巖) 김용섭 교수의 저작집 제4권. 책 이름 앞에 붙은 '신정(新訂)', '증보(增補)'란 말들이 지난 50년 동안 한국 역사의 구조적 특질과 발전 양상을 규명하고자 했던 지은이의 끊임없는 노력을 말해 준다. 이 책은 19세기 전후 조선왕조의 근대화 과정에서 농업제도의 문제점을 둘러싸고 제출되었던 다양한 농업개혁론과 그 결과물이라 할 수 있는 정부의 농업정책들에 대해서 다루고 있다.

김용섭저작집 6

韓國近代農業史研究 III – 轉換期의 農民運動 –

김용섭 지음/ 신국판/양장 258쪽/책값 15,000원

저자는 일찍이 조선후기의 후반, 즉 18~19세기의 농업문제, 농업상의 모순구조를 타개하기 위한 진보적인 사람들의 농업개혁론과 그러한 사람들과 입장이 다른 보수 지배층의 개혁론 및 이를 시행하는 정부정책을 대비 정리하여 《韓國近代農業史研究》(I · II)로 묶어 간행한 바 있다. 이 책에서는 그 모순구조의 단적인 표현이고 귀결점인 국가와 체제에 대한 백성의 항쟁, 민란, 농민항쟁 등에 관해서 그 시기 농민운동의 흐름을 '轉換期의 農民運動'이란 제목으로 정리하였다.

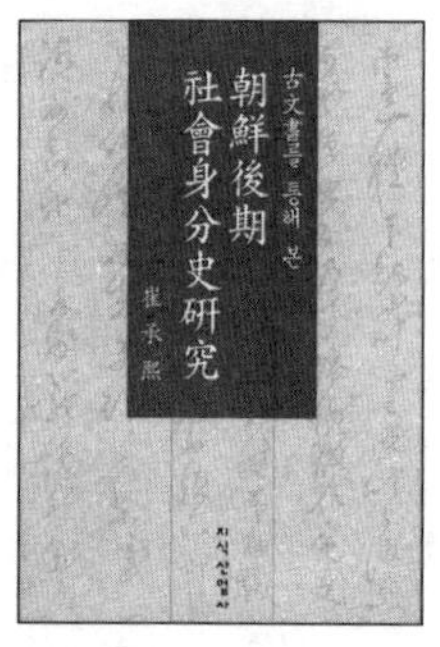

古文書를 통해 본 朝鮮後期 社會身分史研究

최승희 지음/신국판/양장 360쪽/책값 20,000원

한국 고문서의 정리와 활용에 독자적인 영역을 개척한 서울대학교 국사학과 최승희 명예교수가 그동안 연구하여 발표한 조선후기 사회신분사와 관련 논문들 9편을 묶어 한 권으로 만든 책으로, 고문서 자체가 갖는 한계와 그 고문서를 기계적으로 통계처리하는 데서 오는 오류에서 벗어나 조선후기 사회신분사 연구의 새로운 바탕을 만든 연구 성과물이다. 아직도 논의가 계속되고 있는 조선시대 신분제도에 대해 1차 사료인 고문서를 분석하여 조선후기 더 나아가서는 조선시대의 사회상(社會像)을 그려내고 연구해 나가는 데 이 책이 밑거름이 될 것이다.

한국사회사상사

이은순 · 이배용 외 지음/신국판/반양장 416쪽/책값 12,000원

원시시대부터 1900년대 전반까지 한국사회를 지배했던 사상의 흐름을 통시적으로 살핀 12편의 논문이 수록된 이 책은, 특히 한국사의 전개 과정에서 사회변동기에 어떤 사상이 대두되어 어떠한 역할을 했는지, 그리고 그 사상이 어떠한 함의를 지니는지를 심도 있게 파헤치고 있어서, 사상과 사회변동 또는 사상과 사회의 관계를 밝히려는 역사학의 한 분야인 사회사상사에 귀중한 업적이 될 것으로 보인다.